高等院校智慧物流与供应链系列教材

智慧物流装备与应用

王　猛　魏学将　张庆英　编著

机 械 工 业 出 版 社

本书系统全面地介绍了智慧物流装备的构成体系、理论知识以及行业应用。全书共分十章，内容包括智慧物流装备概述、智慧仓储装备、智慧运输装备、智慧配送装备、智慧装卸搬运装备、智慧分拣输送装备、智慧拣选装备、智慧包装装备、智慧集装单元化装备、智慧物流信息装备。

本书紧贴智慧物流行业的发展实际，通过大量实例详细阐述了智慧物流装备体系框架，具备良好的知识性、实用性和生动性。

本书适合物流管理、物流工程、电子商务管理、管理科学与工程等相关专业学生使用，也可作为智慧物流领域从业人员的业务培训教材以及科研人员的参考书。

本书配有电子课件、教学大纲、授课计划、教学扩展视频和课后练习等教学资源，需要的教师可登录 www.cmpedu.com 免费注册，审核通过后下载，或扫描关注机械工业出版社计算机分社官方微信订阅号——身边的信息学，回复 68366 即可获取本书配套资源链接。

图书在版编目（CIP）数据

智慧物流装备与应用 / 王猛，魏学将，张庆英编著. —北京：机械工业出版社，2021.6（2024.8 重印）
高等院校智慧物流与供应链系列教材
ISBN 978-7-111-68366-7

Ⅰ. ①智… Ⅱ. ①王… ②魏… ③张… Ⅲ. ①互联网络-应用-物流-设备管理-高等学校-教材 ②智能技术-应用-物流-设备管理-高等学校-教材
Ⅳ. ①F253.9-39

中国版本图书馆 CIP 数据核字（2021）第 103493 号

机械工业出版社（北京市百万庄大街 22 号　邮政编码 100037）
策划编辑：王　斌　　责任编辑：王　斌
责任校对：张艳霞　　责任印制：李　昂

北京联兴盛业印刷股份有限公司印刷

2024 年 8 月第 1 版 • 第 6 次印刷
184mm×260mm • 15.75 印张 • 384 千字
标准书号：ISBN 978-7-111-68366-7
定价：69.00 元

电话服务
客服电话：010-88361066
　　　　　010-88379833
　　　　　010-68326294

网络服务
机　工　官　网：www.cmpbook.com
机　工　官　博：weibo.com/cmp1952
金　　书　　网：www.golden-book.com
机工教育服务网：www.cmpedu.com

高等院校智慧物流与供应链系列教材
编委会成员名单

出版说明

当前，物联网、云计算、大数据、区块链、人工智能、无人驾驶、自动化与机器人等技术在物流领域的广泛应用，推动传统物流向智慧物流转型。党的二十大报告明确提出："加快发展物联网，建设高效顺畅的流通体系，降低物流成本。"对现代物流与供应链人才的专业知识、管理技能和综合素质提出了更新、更高、更全面的要求。

为了适应创新型、复合型和应用型智慧物流与供应链人才培养的需要，机械工业出版社联合多所高校，汇集国内专家名师，共同成立教材编写委员会，组织出版了"高等院校智慧物流与供应链系列教材"，全面助力高校智慧物流与供应链人才培养。

本套教材力求实现物流与供应链管理专业同工科、理科等相关专业的充分结合，突出交叉学科融合特性；以我国智慧物流与供应链人才需求为牵引，在继承经典的物流与供应链理论、方法和技术的基础上，充分吸收国内外智慧物流与供应链发展的新理论、新技术和新方法，突出学科前沿性；以现代高等教育理论为依据，在充分体现智慧物流与供应链相关专业（方向）先进教学理念的基础上，引入优质合作企业的案例、技术、产品及平台，实现产教融合、协同育人，突出实践应用性。同时，系列教材教学配套资源丰富，便于高校开展教学实践；主要参编者皆是身处教学一线、教学实践经验丰富的名师，教材内容贴合教学实际。

我们希望这套教材能够充分满足国内众多高校智慧物流与供应链相关专业的教学需求，为培养优质的智慧物流与供应链人才提供强有力的支撑。并希望有更多的志士仁人加入到我们的行列中来，集智汇力，共同推进系列教材建设！

高等教育智慧物流与供应链系列教材编委会

前　言

当前物流领域进入智慧物流时代，强调通过大数据、云计算、智能硬件等智慧化技术与手段，提高物流系统感知、学习和思维的能力，提升整个物流系统的智能化、自动化水平，从而降低物流成本、提高作业效率。智慧物流的发展加速了物流装备行业的转型升级，物联网、大数据、人工智能的应用使得物流装备的自动化、智能化程度越来越高，成为打造智慧物流系统的核心要素。

从物流行业发展与企业应用上看，无论是物流企业（如京东物流、顺丰速运、菜鸟物流、苏宁物流等），还是生产、销售企业物流系统（如华为、亚马逊等），均在积极进行以无人仓、无人车、无人机为代表的智慧物流装备应用布局，物流操作的自动化、智能化、智慧化程度越来越高。智慧物流装备越来越多地应用于企业物流实践之中，是当前物流发展的重要趋势之一。从物流人力资源现状来看，当前企业工作人员对于智慧物流装备的基本理论知识还不够了解，对智慧物流装备的操作、使用、维护等还不够熟悉，还不能很好地适应当前物流装备的发展应用需求。因此，迫切需要补充和更新智慧物流装备理论知识，培养和具备智慧物流装备操作、使用、维护的基本技能。

本书全面、系统地介绍了智慧物流装备的构成体系、理论知识以及行业应用问题，对于智慧物流背景下的物流装备应用人才培养具有重要价值。全书共有 10 章，包括智慧物流装备概述、智慧仓储装备、智慧运输装备、智慧配送装备、智慧装卸搬运装备、智慧分拣输送装备、智慧拣选装备、智慧包装装备、智慧集装单元化装备、智慧物流信息装备，为读者全面构建智慧物流装备知识体系与应用框架。

本书编写过程中注重体现 4 个特点：一是体系性，构建科学完整的智慧物流装备体系框架，包括智慧物流仓储、运输、配送、装卸搬运、分拣输送、拣选、包装、集装单元化和信息装备；二是前沿性，进行充分调查，体现企业应用和研发的最新智慧物流装备和技术；三是知识性，详细介绍智慧物流装备的技术原理、技术参数，提升理论深度；四是应用性，结合行业应用介绍智慧物流装备的应用场景，详述典型装备的操作使用与维护管理，提出智慧物流装备规划设计与实训任务，开展案例问题分析探讨，加强装备实践应用指导。

本书由武汉工商学院王猛（教授）、魏学将（副教授）和武汉理工大学张庆英（教授）联合编著。具体分工如下：张庆英编写第 1 章，王猛编写第 2～6 章，魏学将编写第 7～10 章。全书大纲由张庆英和王猛共同拟定，由王猛统稿。感谢普罗格科技为本书提供丰富的案例、视频及图片资料。

本书在编写过程中，从大纲拟定、初稿到定稿无不凝聚着机械工业出版社编辑的鼓励和支持；同时在编写过程中参考了业内多名专家的成果，以及极智嘉（GEEK+）、南京音飞、快仓、上海速锐等装备企业网站的视频图片资料。在此一并表示真诚的谢意。

本书配备了免费的教学 PPT、教学大纲、授课计划、教学扩展视频和课后练习等教学资源，读者可通过以下方式免费获取资料。

1）访问 www.cmpedu.com 下载本书配套资源。

2）扫描关注机械工业出版社计算机分社官方微信订阅号——身边的信息学，回复 68366 即可获取本书配套资源下载链接。

由于作者水平及时间有限，加上智慧物流装备发展迅速，相关技术和应用不断更新，书中难免有疏漏和不足之处，敬请专家和读者批评指正。

编　者

2021.4

目　录

第1章　智慧物流装备概述

学习目标

- 了解物流装备的概念与类型，掌握智慧物流装备的概念与特征；
- 掌握智慧物流装备的体系构成；
- 理解智慧物流装备的地位作用；
- 熟悉智慧物流装备的应用现状与发展趋势。

引例

抗疫第一线的“无人物流”

2020 新冠肺炎疫情防控期间，要最大限度阻止病毒传播，关键是减少人与人之间的接触。为降低传染风险，各大电商平台和快递公司纷纷推出了“无接触式配送”，无人配送车、无人机、无人仓、医院物流机器人等纷纷上岗。

京东无人配送车为武汉市第九医院运送医疗物资，打通面向定点医院的“最后一公里”；苏宁无人仓以 AGV 系统为核心载体，以控制与调度平台为大脑，结合无人叉车、自动包装机、机械臂等无人设备，组成了高效安全的“战疫”团队，保障居民居家隔离购物无忧；顺丰无人机为医院和小区居民定点投送物资，打通物资运送空中通道；诺亚物流机器人驰援武汉医院抗疫第一线，实现医院内部物资无接触运送，最大限度减少交叉感染风险。

“无人物流”呼唤综合性物流人才。企业对物流人才的需求将会从基础性岗位向技术性岗位转移，智能化装备的操作、维护与保养，无人化作业的组织实施，智慧物流的运行管理等方面将会产生更多的岗位需求，需要加强实践操作能力、技术创新与应用能力、协同与合作能力、大数据思维等综合素质的培养。（资料来源：武汉工商学院物流学院官网，2020 年 4 月）

二维码 1-1

“互联网+”高效物流的发展，促进技术与物流的有机融合，智慧物流应运而生。智慧物流的发展加速物流装备行业的转型升级，物联网、大数据、人工智能的应用使得物流装备的自动化、智能化程度越来越高，成为打造智慧物流系统的核心要素。

1.1　智慧物流装备的概念与特征

1.1.1　物流装备的概念

物流装备是指用于存储、运输、装卸搬运、包装与分拣、流通加工、配送、信息采集与处理等物流活动的装备总称。现代物流的发展离不开物流装备，物流装备是现代物流的主要技术支撑，在整个物流活动中，对提高物流能力与效率、降低物流成本和保证物流服务质量等方面具有非常重要的作用。

按照功能不同，可以将物流装备分为运输装备、仓储装备、装卸搬运装备、包装装备、流通加工装备、集装单元化装备、物流信息装备 7 个部分，如表 1-1 所示。

表 1-1 物流装备的分类

按功能进行分类	具体内容
运输装备	铁路运输装备、公路运输装备、水路运输装备、航空运输装备及管道运输装备
仓储装备	货架、托盘、立体化仓库等储存装备，以及计量装备、保管养护装备、仓库消防装备等
装卸搬运装备	叉车、起重机械、堆垛装备、搬运和输送机械等
包装装备	裹包机械、封口机械、捆扎机械、贴标机械、封箱机械等
流通加工装备	剪切加工机械、冷冻加工机械、分选加工机械、精制加工机械、组装加工机械、分装加工机械等
集装单元化装备	集装箱、托盘、集装袋、集装网、集装装卸装备、集装运输装备、集装识别系统等
物流信息装备	计算机及网络、通信设备、信息感知识别装备等

1．运输装备

运输装备是货物从某地运往其他地区的载体，是运输方式的工具。利用运输装备，通过运输活动解决物资在生产地点和需求地点之间的空间距离问题，创造商品的空间效用，满足社会需要。

运输装备按运输方式可分为公路运输装备、铁路运输装备、航空运输装备、水路运输装备和管道运输装备。

2．仓储装备

仓储装备是指仓库进行生产作业和辅助生产作业，以及保证仓库及作业安全所必需的各种机械设备的总称。仓储装备是有效实现仓储作业的技术保证，科学有效地运用仓储装备，加强仓储装备的管理，是保证仓库高效、低耗、灵活运行的关键。

常用的仓储装备有仓库、货架设备、堆垛机械设备、月台、计量装备、通风装备、温湿度控制装备、养护装备和消防装备等。

3．装卸搬运装备

装卸搬运是对运输、仓储、包装、流通加工等物流活动进行衔接的中间环节，包括装车、卸车、堆垛、入库、出库，以及连接这些作业活动的搬运。装卸搬运装备是用于升降、搬移、装卸和短距离输送货物的机械设备。

装卸搬运装备根据作业性质不同可分为装卸机械、搬运机械和装卸搬运机械；根据用途和结构特征可分为起重机械、连续运输机械、装卸搬运车辆和专用装卸搬运机械等；根据物品运动方式不同可分为水平运动方式、垂直运动方式、倾斜运动方式、垂直及水平运动方式、多平面运动方式等类型。

常用的装卸搬运装备包括叉车、手推车、手动搬运车、自动导引搬运车、吊车，以及各种输送机、升降机、堆垛机、堆高机等。

4．包装装备

包装装备是指能完成全部或部分产品和商品包装过程的设备。包装过程包括充填、裹包、封口等主要工序，以及与其相关的前后工序，如清洗、堆码和拆卸等。此外，包装还包括计量或在包装件上盖印等工序。使用机械包装产品可提高生产率，减轻劳动强度，适应大规模生产的需要，并满足清洁卫生的要求。

包装装备按照功能标准不同可分为灌装机械、充填机械、裹包机械、封口机械、贴标机械、清洗机械、干燥机械、杀菌机械、捆扎机械、集装机械、多功能包装机械，以及完成其他包装作业的辅助包装机械和包装生产线。

5. 流通加工装备

流通加工装备是指货物在物流中心根据需要进行包装、分割、计量分拣、添加标签条码、组装等作业时所需的机械设备。它可以弥补生产过程加工程度的不足，有效地满足用户多样化的需要，提高加工质量和效率以及设备的利用率，从而更好地为用户提供服务。

流通加工装备按流通加工形式可分为剪切加工设备、集中开木下料设备、配煤加工设备、冷冻加工设备、分选加工设备、精制加工设备、包装加工设备、组装加工设备等；根据流通加工的对象可分为金属加工设备、水泥加工设备、玻璃加工设备、木材加工设备、煤炭加工设备、食品流通加工设备、组装产品的流通加工设备、生产延续的流通加工设备及通用加工设备等。

6. 集装单元化装备

集装单元化装备是指用集装单元的形式进行货物储存运输作业的器具设备。通过集装单元化装备使货物形成集装单元，能够实现物流作业的机械化和自动化，缩短作业时间和提高作业效率；能够改善劳动条件，降低劳动强度；能够促进物流各功能环节有效衔接，方便清点交接；能够节省包装费用，降低物流作业成本；能够有效保护物品，减少物品破损、污损和丢失；能够提高设施面积利用率和容积利用率。

集装单元化装备主要包括集装箱、托盘、集装袋、集装网、集装装卸装备、集装运输装备、集装识别系统等。

7. 物流信息装备

物流信息装备是指实现物流信息采集、存储、传输、管理和使用的设备，是实现物流信息化的硬件基础，是信息技术在物流领域中应用的重要保障。

物流信息装备主要包括计算机及网络、信息采集设备、信息处理设备、通信设备等。

1.1.2 智慧物流装备的概念

1. 智慧物流

伴随信息技术和智能科技在物流领域的逐步应用，现代物流的发展经历了从粗放型物流、系统化物流、电子化物流，再到智能物流、智慧物流的发展阶段。智慧物流是物流发展的高级阶段，是现代信息技术发展到一定阶段的必然产物，与之前发展阶段相比，智慧物流强调应用先进的信息技术和管理方式“武装”物流系统，包括物流活动所涉及的各个作业环节、物流实体、物流装备乃至整个物流系统，形成一种具备类似人类智慧的全新物流系统，其具备信息化、网络化、集成化、智能化、柔性化、敏捷化、可视化、自动化等突出特征。

许多专家和研究机构从不同角度对智能物流、智慧物流进行了定义。王继祥认为，智能物流是利用集成智能化技术，使物流系统能模仿人的智能，具有思维、感知、学习、推理判断和自行解决物流中的某些问题的能力，它包含了智能运输、智能仓储、智能配送、智能包装、智能装卸及智能信息的获取、加工和处理等多项基本活动。

汪鸣认为，智能物流是在物流行业广泛应用信息化技术、物联网技术和智能技术，在匹配的管理和服务技术的支撑下，使物流业具有整体智能特征，服务对象之间具有紧密智能联系的发展状态。

李芏巍认为，智能物流是将互联网与新一代信息技术应用于物流业中，实现物流的自动化、可视化、可控化、智能化、信息化、网络化，从而提高资源利用率的服务模式和提高生产力水平的创新形态。

王之泰在技术应用基础上增加了管理属性，将智能物流定义为：将互联网与新一代信息技术和现代管理应用于物流业，实现物流的自动化、可视化、可控化、智能化、信息化、网络化的创新形态。

王喜富认为，智慧物流是以互联网+为核心，以物联网、云计算、大数据及“三网融合”（传感网、物联网与互联网）等为技术支撑，以物流产业自动化基础设施、智能化业务运营、信息系统辅助决策和关键配套资源为基础，通过物流各环节、各企业的信息系统无缝集成，实现物流全过程可自动感知识别、可跟踪溯源、可实时应对、可智能优化决策的物流业务形态。

何黎明认为，智慧物流是以物流互联网和物流大数据为依托，通过协同共享创新模式和人工智能先进技术，重塑产业分工，再造产业结构，转变产业发展方式的新生态。并提出：当前物流企业对智慧物流的需求主要包括物流大数据、物流云、物流模式和物流技术四大领域。

中国物联网校企联盟认为，智慧物流是利用集成智能化技术，使物流系统能模仿人的智能，具有思维、感知、学习、推理判断和自行解决物流中某些问题的能力。

亿欧智库认为，智慧物流是通过智能硬件、物联网、大数据等智慧化技术与手段，提高物流系统分析决策和智能执行的能力，提升整个物流系统的智能化、自动化水平。

《中国智慧物流 2025 应用展望》中将智慧物流定义为：通过大数据、云计算、智能硬件等智慧化技术与手段，提高物流系统思维、感知、学习、分析决策和智能执行的能力，提升整个物流系统的智能化、自动化水平，从而推动中国物流的发展，降低社会物流成本，提高效率。

综上可以看出，智慧物流是一种运用科学的思路、方法和先进技术解决物流问题，创造更好社会效益和经济效益的物流新业态、新模式。智慧物流在物流系统中采用物联网、大数据、云计算和人工智能等先进技术，使整个物流系统如同在人的大脑指挥下运作，实时收集并处理信息，做出最优决策，实现最优布局，物流系统中各组成单元能实现高质量、高效率、低成本的分工、协同。

智慧物流的实现需要方法与技术的支撑，从智慧物流的运行框架上看，主要包括智慧思维系统、信息传输系统、智慧执行系统 3 个部分。

1）智慧思维系统是智慧物流的大脑，是主宰智慧系统的控制核心，其中，大数据是智慧思考的资源，云计算是智慧思考的引擎，人工智能是智慧思考与自主判断的能力，平台、软件和智能终端是实时分析和科学决策的实施载体。

2）信息传输系统是智慧物流的神经，其中，物联网是信息感知的起点，也是信息从物理世界向信息世界传输的末端神经网络；互联网+是信息传输基础网络，是物流信息传输与处理的虚拟网络空间；信息物理系统（CPS）是虚实一体的物流信息传输、计算与控制的综合网络系统。

3）智慧执行系统是智慧物流的躯体，如智能机器人、无人机、自动驾驶汽车等，呈现的是自动化、无人化作业，核心是作业执行中智能化装备技术的使用，是智慧物流在仓储、运输、配送、分拣、包装、装卸搬运等作业领域的全面应用。

2. 智慧物流装备

物流装备水平在一定程度上代表社会物流的发展水平，由传统物流向现代物流的发展演变过程也体现了物流装备发展的不同阶段。总体上看，物流装备的发展经历了由机械化向自动化，再到智慧化的发展历程。

传统物流时代，如何提升物流作业效率，使人们从繁重的体力劳动中解放出来，是人们致力于研究的重点问题。以机械化为特征的物流装备，用机械辅助或代替人工进行作业，使作业能力和作业效率大大提升。“叉车+托盘+货架”作为物流装备的三大基础部件对提升物流效率产生了革命性影响，在物流作业过程中得到普及应用。起重机械、运输设备、包装机械、输送机械等的广泛应用使得机械化覆盖到物流作业的全过程。

物流自动化时代，在信息技术、自动控制技术的推动下，机械设备在不需人工操作的情况下自动运行，从而使人们从一线单调、重复的物流作业活动中脱离出来，更多的人力可以投入到物流作业管理工作和特殊物流作业活动中。自动化立体仓库系统、自动化搬运与输送系统、自动化分拣与拣选系统、自动信息处理与控制系统等自动化物流装备应用于物流活动中，极大提升物流作业效率。代表性的产品有自动导引车（AGV）、穿梭车（RGV）、堆垛机、自动输送机、自动分拣机等。

进入智慧物流时代，在自动化基础上进一步集成感知传感、信息化、人工智能等技术，使装备系统不再是固化处理信息的程序，只能按照事先的设定对外部信息进行判断和处理，而是具备智能感知和自主分析、自主判断、自主处理的能力，能够对系统程序进行适应性的修改，可以在一定程度上实现无须人工干预即可自动达成特定目标。当前在物流装备的智慧化升级过程中，有三大装备已经脱颖而出，成为推动智慧物流快速实现的主力军，分别是物流机器人、快递无人机和自动驾驶货车。物流机器人包括配送机器人、仓储机器人、分拣机器人、码垛机器人、智能搬运 AGV 等，实现物流仓储和最后一公里的智慧化；快递无人机和无人驾驶货车，具备智能环境感知、自主选择路线、自主避障、人机交互等功能，实现空中运输和地面运输的智慧化。

同时，智慧物流时代不仅仅是上述具备智慧功能的物流装备的应用，而且还强调以系统集成、网络互联的思维和模式，运用智能控制的方法和技术，将各类物流作业装备包括自动化仓储装备、叉车、托盘、货架、输送分拣装备、运输配送装备、信息处理系统等集成起来，使各种物料最合理、经济、有效地流动，并使物流、信息流、商流在计算机的集成控制管理下，实现物流的信息化、自动化、网络化、智能化、快捷化、合理化。

由此，我们可以从广义和狭义两个方面给出智慧物流装备的概念。从广义上看，智慧物流装备是在智慧物流系统运行中所涉及的各种物流装备，包括传统物流装备、自动化物流装备以及智能化物流装备。从狭义上看，所谓智慧物流装备，是指运用物联网、大数据、云计算、智能控制等技术手段，具有实时感知、自主决策、自动执行能力，应用于智慧仓储、运输、配送、装卸搬运、包装及物流信息管理领域的智能化物流装备。

1.1.3 智慧物流装备的特征

智慧物流装备是智慧物流系统的执行机构和运作依托，是打造智慧物流系统的核心要素，应能够满足智慧物流运作与管理要求，体现智慧物流的系统特色，具有以下特征。

1. 智能化

智慧物流装备的核心特征是借助于信息技术、人工智能、商务智能、管理智能、自动识别和控制、运筹学和专家系统，智能化地获取、传递、处理、利用信息和知识，使智慧物流装备能模拟人的思维进行感知、学习、推理和判断。在功能上要能够实现以下内容。

1）状态感知，即能够实时感知物流系统运行环境及装备运作的状态、数据及问题。

2）自主决策，即能够根据感知数据，通过自我学习训练和分析计算，能够对下一步装备动作进行自我决策和智能判断。

3）准确执行，即能够依托自动化技术将决策意图落实到装备执行末端，准确完成装备动作，并对运行进行控制。自动化也是实现装备智能化的基础和前提。

同时还可能具备自我检测、自我修复等更高级智能化能力。

2. 集成化

智慧物流发展推动机械化、自动化物流系统装备向网络化、集成化方向变革，物流装备联网运作、互联互通、信息共享、全面集成，成为智慧物流大系统的执行物联网。集成化，即智慧物流装备在网络技术支持下能够实现装备与装备互联、数据与数据互通。主要包括以下 3 层含义。

1）集成各类现代物流技术、信息技术与自动化技术，使物流装备具备智能感知、决策与控制功能，满足智慧物流装备运作需要。

2）强调智慧物流装备与 ITS、WMS 等各种物流信息系统集成，实现数据及信息处理、信息决策互联互通。

3）强调智慧物流装备与其他设备、运作环境集成，根据外在环境变化实时调控装备行为。

3. 信息化

通过物流信息收集的数据化、代码化，物流信息处理的电子化，物流信息传递的网络化、标准化、实时化，物流信息储存的数据化，实现智慧物流装备的自动化、智能化运行。

例如，无人配送车能够通过激光、雷达、摄像头探测道路交通环境，并将环境信息数据化，信息处理系统收集传感器数据，进行分析计算、预估判断并执行决策，所有环境数据及决策信息会通过网络传递到数据中心进行集中存储。

4. 柔性化

柔性即对环境及任务的适应能力。智慧物流装备的柔性主要体现在以下两个方面。

1）能够根据运行环境的变化，智能调整物流装备的运行路径、作业动作、工作速率等状态参数。

2）物流装备自身的多用途性、接口的可转换性，以及多种装备动态多重组合的便捷性。

1.2 智慧物流装备的体系构成

智慧物流的基本功能包括智慧运输、仓储、包装、装卸搬运、配送、信息管理等诸多环节，各个功能环节的运行和管理都需要智慧物流装备的支撑。

按照智慧物流功能划分，智慧物流装备主要包括智慧仓储装备、智慧运输装备、智慧配送装备、智慧装卸搬运装备、智慧分拣输送装备、智慧拣选装备、智慧包装装备、智慧集装单元化装备、智慧物流信息装备等，如表 1-2 所示。

表 1-2 智慧物流装备按功能架构分类

按功能进行分类	具 体 内 容
智慧仓储装备	自动化立体仓库系统、穿梭车式密集仓储系统等
智慧运输装备	智能网联汽车、无人驾驶轨道列车、智能船舶、运输无人机等
智慧配送装备	配送无人车、配送无人机、智能快递柜、地下智慧物流管网等
智慧装卸搬运装备	巷道式堆垛机、自动导引搬运车（AGV）、搬运机械臂等
智慧分拣输送装备	自动输送机、自动分拣装置等
智慧拣选装备	“人到货”拣货系统、“货到人”拣货系统
智慧包装装备	智慧包装机器人、智慧包装作业线等
智慧集装单元化装备	智慧集装箱、智慧共享物流箱
智慧物流信息装备	智慧物流识别与追溯装备、智慧物流定位与跟踪装备和智慧物流监控与控制装备等

1.2.1 智慧仓储装备

智慧仓储装备，是物流仓储保管作业活动中所运用的智能化、自动化物流装备，包括立体货架、堆垛机、穿梭车、存取输送装置等。由上述装备组成的智慧仓储装备系统是智慧仓储装备应用的重点问题。

智慧仓储装备系统是综合利用物联网、云计算、互联网等技术，将立体货架、巷道堆垛机、升降设备、出入库输送装备、自动分拣装备、自动搬运车、机器人等设备进行系统集成，形成具有一定感知能力、自行推理判断能力、自动操作能力的仓储运作系统。

典型的智慧仓储装备系统主要包括自动化立体仓库系统和穿梭车式密集仓储系统。

自动化立体仓库（Automated Storage and Retrieval System，AS/RS）由高层货架、巷道堆垛起重机、入出库输送机系统、自动化控制系统、计算机仓库管理系统及其周边设备组成，可对集装单元货物实现自动化保管和计算机管理的仓库。AS/RS 系统以托盘单元为存储对象，对于以料箱存储为对象的 AS/RS 系统也称为 Miniload 系统。

穿梭车式密集仓储系统是基于高密度货架、穿梭车及升降机、输送机等设备，配合仓库管理系统完成货物出入库作业，具有较高空间利用率和存取效率的仓储系统。与 AS/RS 系统相比，存储密度和效率更高，系统柔性更强。穿梭车密集仓储系统同样可以适用于托盘单元或料箱存储单元。

1.2.2 智慧运输装备

智慧运输装备，是应用先进的人工智能、信息传感、控制执行技术，并融合现代通信与网络技术，具备复杂环境感知、智能决策、协同控制等功能，可实现自动化、智能化、无人化运行的运输装备。智慧运输装备能够实时感知道路状况，并将信息实时传递到运算中心，运算中心基于 AI 算法对行驶情况进行智能决策，实现人机交互、自动行驶，甚至无人化行驶，同时具备高度的安全性，能够减少由于人工驾驶而导致的失误。

典型的智慧运输装备主要包括智能网联汽车、无人驾驶轨道列车、智能船舶、运输无人机等。

智能网联汽车，是指搭载先进的车载传感器、控制器、执行器等装置，并融合现代通信与网络技术，实现车与 X（车、路、人、云等）的智能信息交换、共享，具备复杂环境感知、智能决策、协同控制等功能，可实现安全、高效、舒适、节能行驶，并最终实现替代人来操作的新一代汽车。应用于物流领域的智能网联卡车，当前已能够达到 L4 级高度自动驾驶，在干线物流，港口、机场、工业园、矿山等场景物流领域已进行落地应用。

无人驾驶轨道列车是采用高度自动化的先进轨道列车控制系统，由轨道控制中心用大型电子计算机监控整个线路网的站际联系、信号系统、列车运行、车辆调度等，完全实现了无人化、全自动化运行的轨道列车。轨道交通与道路交通相比，线路相对固定，站点相对固定，时间可控性好，更加适合无人驾驶。国内外目前已经有多条无人驾驶轨道线路开通运行。

智能船舶，是指通过利用传感器、通信、物联网、互联网等技术手段，自动感知和获得船舶自身、海洋环境、物流、港口等方面的信息和数据，并基于计算机技术、自动控制技术和大数据处理和分析技术，在船舶航行、管理、维护保养、货物运输等方面实现智能化运行的船舶。当前智能船舶的研发尚属于起步阶段，日本航运业致力于 2025 年打造无人驾驶船队，我国智能船舶 1.0 目前正处于实验阶段。

无人机，是指利用无线电遥控设备和自备的程序控制装置操纵的不载人飞机。无人机有固定翼、多旋翼、无人直升机等多种类型，可用于大载重量、中远距离支线运输，以及末端货物配送。当前，顺丰速运、京东物流等物流企业均在大力发展无人机运输，在快递运输配送领域已有普遍应用。

1.2.3 智慧配送装备

智慧配送装备，是以互联网、物联网、云计算、大数据等先进信息技术为支撑，应用于物流末端配送环节，具有系统感知、分析处理、运行调整和人机交互等功能的智能化物流装备。物流末端配送环节直接面向用户，要求具有完善的人机交互功能和良好的用户服务体验；同时末端场景具有十分复杂的场景特征，点多面广，各种因素和信息数据交织在一起，要求配送装备在环境感知、快速响应方面具备更高的智能化水平。

典型的智慧配送装备主要包括无人配送车、配送无人机、智能快递柜、地下智慧物流管网等。

无人配送车，又称为配送机器人，是指基于移动平台技术、全球定位系统、智能感知技术、智能语音技术、网络通信技术和智能算法等技术支撑，具备感知、定位、移动、交互能力，能够根据用户需求，收取、运送和投递物品，完成配送活动的机器人。无人配送车除了具备智能网联汽车的技术特征，在高精度定位导航特别是室内定位导航，以及人机交互方面还具有更高的要求。当前谷歌、京东、顺丰、苏宁等已将无人配送车应用于快递配送、外卖送餐、医院物资供应服务等。

配送无人机，是用于配送领域的无人机，多以多旋翼无人机为主。京东、顺丰、菜鸟、苏宁、中通等企业在无人机配送领域积极进行投入和研发应用，已在多个省市实现了常态化运营。

智能快递柜，是指在公共场合（小区），可以通过二维码或者数字密码完成投递和提取快件的自助服务设备。具有智能化集中存取、24 小时自助式服务、远程监控和信息发布的功能特征，目前已广泛配置于居民小区、园区、学校、办公楼等场所。涵盖智能快递柜、无人车、无人机的无人配送站，已成为快递企业研发的重点和未来发展的趋势。

地下智慧物流管网，是通过使用自动导引车、两用卡车或胶囊小车等运载工具或介质，以单独或编组的方式在地下隧道或管道等封闭空间中全自动化地输送货物，最终将货物配送到各终端的供应系统。地下物流系统末端配送可以与大型商超、居民小区建筑运输管道相连，最终发展成一个连接城市各需求点的地下管道物流配送网络，并达到高度智能化。目前北京、上海等城市建设规划中将地下智慧物流配送管网作为未来城市建设的重点工程。

1.2.4 智慧装卸搬运装备

智慧装卸搬运装备，是在机械化装卸搬运装备的基础上，引入应用传感定位、人工智能、自动控制等技术手段，能够自动化、智能化完成货物搬移、升降、装卸、短距离输送等作业的物流装备。智慧装卸搬运装备是对传统机械设备的升级，通过导航、定位以及多重传感器的部署，使得机械设备可以自动感应识别作业位置并精准对接，完成无人自动存取搬运的功能；同时能够实现装卸搬运过程的智能化控制，以及与整个物流运作过程的柔性化衔接。

典型的智慧装卸搬运装备主要包括巷道式堆垛机、自动导引搬运车（AGV）、搬运机械臂等。

巷道式堆垛机是通过运行机构、起升机构和货叉机构的协调工作，完成货物在货架范围内的纵向和横向移动，实现货物的三维立体存取的设备。巷道式堆垛机是立体仓库中用于搬运和存取货物的主要设备，是随立体仓库的使用而发展起来的专用起重机。巷道式堆垛机的主要用途是在高层货架的巷道内来回穿梭运行，将位于巷道口的货物存入货格；或者取出货格内的货物运送到巷道口。

自动导引搬运车（AGV）是指装备有电磁或光学等自动导引装置，能够沿规定的导引路径行驶，具有安全保护以及各种移载功能的运输小车。AGV 作为无人自动导引运输车，集声、光、电、计算机技术于一体，应用了自控理论和机器人技术，装配有电磁或光学等自动性导引装置，能够按照使用人员设定好的导引路径行驶，具备完成目标识别、避让障碍物和各种移载功能，同时具有自我安全保护的应急能力。目前 AGV 广泛应用在制造车间、港口码头、物流仓库以及特种行业等的货物搬运工作中。

搬运机械臂，也称搬运机械手，是用于物流搬运领域的工业机器人，指具有和人类手臂相似的构造，或者与人类手臂有许多相似的能力的，可以由人类给定一些指令，按给定程序、轨迹和要求实现自动抓取、搬运和操作的自动装置。特别适用于在高温、高压、多粉尘、易燃、易爆、放射性等恶劣环境中，以及笨重、单调、频繁的搬运操作中代替人工作业。机械臂在物流搬运中主要应用在出入库装箱、拣货、混合码垛、分拣机器人供包等作业场景。

1.2.5 智慧分拣输送装备

智慧分拣输送装备，是运用信息感知、自动识别、智能控制技术，根据计算机指令或进行自主判断，实现物流分拣输送自动化、智能化运作的机械设备。智慧分拣输送系统由中央计算机控制，应用大量传感器、控制器和执行器，能够自动完成货品的进出库、装卸、分类、分拣、识别、计量等工作，在现代物流运作中具有十分重要的作用，是生产制造和物流运作过程中，组成机械化、连续化、自动化、智能化流水作业线的不可缺少的组成部分，是自动化仓库、配送中心、大型货场的生命线。

典型的智慧分拣输送装备是自动分拣输送系统。自动分拣输送系统是按照预先设定的计算机指令对物品进行分拣，并将分拣出的物品送达指定位置的机械设备系统。主要由自动输送机构、自动分拣机构以及感知和控制机构等构成。其中，自动输送机构包括带式输送机、链式输送机、辊筒输送机、垂直输送机等样式；自动分拣机构包括浮动式、推杆式、转动导向块、滑块式、带台式、转向台式、托盘式、翻盘式、底开式、链条式、斜轮式和机器人式等类型的分拣转向装置。

1.2.6 智慧拣选装备

智慧拣选装备是将自动识别、导航定位、人工智能、自动化控制等技术应用于货物拣选过程中，能够实现辅助人工拣选或无人化拣选的物流装备。具有拣选效率高，拣选差错率低，可以实现少人或无人化运作的特征，能够有效提升配送中心运行效率，减少运营成本，降低拣选人员劳动强度，在当前仓储配送中心运作中得到普遍应用。

智慧拣选装备可分为“人到货”拣选系统和“货到人”拣选系统两类。

“人到货”（P2G）拣选是传统的拣选方式，即装载货物的货架静止不动，拣选人员带着拣货台车等容器到拣货区拣货。“人到货”常用的解决方案是拣选人员借助 RF 枪拣选、语音拣选系统、电子标签拣选系统等进行拣选；近些年出现了新型智能拣选装备，如智能眼镜、腕表等智能终端的引入，以及将智能终端（如 iPad 等）配备到拣选小车上辅助进行拣选作业。

“货到人”（G2P）拣选，即在物流拣选过程中，人不动，货物被自动输送到拣选人面前，供人拣选。相比传统的“人到货”拣选方式，“货到人”拣选能够有效提升拣选效率，提升拣选准确性，大大降低劳动强度，改善作业环境，是当前拣选系统的发展趋势。“货到人”拣选系统的典型应用包括 Miniload、多层穿梭车、类 Kiva 机器人、AutoStore、旋转货架等“货到人”解决方案，在大型配送中心中已有较多应用。

1.2.7 智慧包装装备

智慧包装装备是在机械化、自动化包装装备的基础上，运用智能感知、智能互联、智能控制等技术手段，具备自动识别包装货品、智能数据采集分析、自主规划自身行为、智能控制设备运行等功能的包装装备。具有自动化、智能化、集成化、柔性化的特征。

典型的智慧包装装备包括装箱机器人、码垛机器人和贴标机器人。装箱机器人，通过末端执行器对装箱产品采用抓取或吸取方式，将产品送到指定的包装箱或托盘中。码垛机器人，主要用于托盘物品的码垛和拆垛，具有抓放精度高、动作响应快的特点，能够使前道来料和后道码垛柔性衔接，大幅缩短包装时间。贴标机器人运用视觉技术，追踪定位搬送线上产品位置的同时，为产品自动精准贴上标签。

智慧包装作业线是将自动包装机、包装机器人和有关辅助设备用输送装置连接起来，再配以必要的自动检测、控制、调整补偿装置及自动供送料装置，成为具有独立控制能力的包装作业生产线。主要由控制系统、自动包装机和包装机器人、输送装置和辅助工艺装置等部分组成，主要应用于大型配送中心及生产加工作业线。

1.2.8 智慧集装单元化装备

智慧集装单元化装备，是指将信息感知、定位以及各类传感器应用于集装单元器具之中，能够在物流运作过程中具备数据采集、信息感知、定位跟踪和智能控制功能的物流装备器具，它是物流运作过程中的一个重要信息节点和智能终端。

典型的智慧集装单元化装备包括智慧集装箱、智慧共享物流箱等。

智慧集装箱，是具备全球定位、远程监测与数据交互的集装箱，目的是实现集装箱在互联网下的可视化，通过对集装箱在全球范围内的追踪和监测，保证全球集装箱供应链的安全，提高供应链的管理效率，提升效益。

智慧共享物流箱，是基于共享经济理念和互联网平台的装备。在物流箱上应用物联网技术，集成条码、RFID、DPS、LBS、Wi-Fi 及各功能传感器等智能化模块，实行统一编码，实时定位跟踪，能够实现物流箱共享共用、顺畅周转、便捷管理，并通过大数据支撑供应链上下游企业的库存、生产、物流优化，满足用户对箱体及货物的各种数据及状态需求。主要针对快递环节进行使用，能够实现快递包装的可回收循环利用。

1.2.9 智慧物流信息装备

智慧物流信息装备是指智慧物流系统运行所必需的，能够提供物流信息采集、传输、处理与应用的装备。智慧物流信息装备既包括传统的物流信息装备，也包括由于物联网、云计算、大数据和移动互联网等新技术应用而出现的专门针对智慧物流场景的各种信息装备。智慧物流信息装备有的以独立的装备实体存在，如条码阅读器、RFID 阅读器等；有的以信息模块的形式存在于智慧物流装备之中，如无人机、无人车中的信息感知模块；也有的以信息系统、云平台形式整合控制各智慧物流装备，如智慧物流云计算平台、供应链控制塔等。

智慧物流信息装备可以划分为智慧物流识别与追溯装备、智慧物流定位与跟踪装备和智慧物流监控与控制装备等。

智慧物流识别与追溯的实现源于自动识别技术的发展与应用，智慧物流系统中使用的自动识别技术主要有条码技术、射频识别技术、生物识别技术、图像识别技术等，其中以条码技术和射频识别技术的应用最为广泛。

物流定位与跟踪是智慧物流系统中两项重要的服务与功能。物流定位是基于位置的服务（LBS）在物流领域应用的结果，是物流跟踪的重要基础，而物流跟踪是物流定位的最终目的。智慧物流系统中的定位与跟踪装备主要表现为综合应用定位与跟踪技术的各种智能终端或系统。

智慧物流监控与控制装备是智慧物流系统用于解决物流作业场所的环境监测、安防监控以及物流作业自动化等问题的装备。此类装备具有很强的通用性，一般以信息采集终端或控制终端集成在智慧物流的各个应用系统中，主要包括仓储环境监测系统、视频监控系统、入侵报警系统和出入口管理系统等。

1.3 智慧物流装备的地位与作用

物流装备是物流系统中的物质基础，应用于物流活动的各个环节，在物流系统中处于十分重要的地位。随着智慧物流装备的发展与应用，物流运作水平、效率效益、服务质量得到极大提升，对于促进物流产业快速发展起到了重要作用，同时也为制造、电商等其他行业提供了有力支撑。

1.3.1 智慧物流装备的地位

1．物流系统运行的物质基础

从资产价值上看，在物流系统中，物流装备所占的价值比例较大，属于物流系统的重要资产。特别是对于智慧物流装备来说，技术含量较高，资金投入较大，不仅是一种技术密集型的生产工具，也是企业重要的资金密集型的财富与资产，建设一个现代化的物流系统所需的智慧物流技术装备购置投资相当可观。同时，为了维持智慧物流装备的正常运转，发挥良好效能，在装备长期使用过程中还需要持续投入大量的资金，才能保障物流系统的良性运行。

从智慧物流产业链上看，主要可分为上、中、下游 3 个部分。上游为装备提供商和软件提供商，分别提供硬件设备（输送机、分拣机、AGV、堆垛机、穿梭车、机器人等）和相应的软件系统（WMS、WCS 系统等）；中游是智慧物流系统集成商，根据行业的应用特点使用多种设备和软件，设计智慧物流装备应用系统；下游是应用智慧物流装备系统的各个行业，包括烟草、医药、汽车、零售、电商等诸多行业。智慧物流装备在整个智慧物流产业链中居于主体地位，涉及产业链的上、中、下游各个部分、各类实体，是物流产业运行的物质基础。

2．现代流通体系的构成要素

智慧物流装备是一种先进的生产力要素，涉及产品生产与社会流通体系的各个环节，在现代化大生产、大流通中地位突出。首先，为保证产品生产的顺利进行，需要组织原材料、零部件、燃料、辅助材料的供应，在供应过程中就涉及运用先进的物流装备、智能船舶、无人驾驶货车等，及时、高效地把生产所需材料按质、按量运送到仓库或使用场所；其次，生产所需材料从仓库或使用场所开始，进入车间或流水线，再进一步随生产加工过程一个一个环节地“流”，在“流”的过程中，本身被加工，同时产生一些废料、余料，直到生产加工终结，再“流”至成品仓库，而要实现“流”，必须应用不同的智慧物流装备来完成，如搬运机器人、物流 AGV、自动分拣作业线、智能包装作业线等；最后，企业把产品销售出去，于是，便通过拣货、配货、送货等一系列物流活动实现销售，在其中肯定离不开智慧物流装备，应用拣货机器人、配送无人车、无人车、地下智慧物流管网等提升拣选配送效率。

当前，国家正在大力推动形成“以国内大循环为主体、国内国际双循环相互促进”的新发展格局，这离不开高效的现代流通体系。建设现代流通体系对构建新发展格局具有重要意义，是当前国家经济建设中的一项重要战略任务。建设现代流通体系，要统筹推进硬件和软件建设，发展流通新技术、新业态、新模式。而智慧物流装备，是构成现代流通体系基础设施（如交通基础设施、物流枢纽、配送中心、储备库、冷链基地、公共信息平台等）的重要组成部分，是支撑现代流通体系高水平、高效率运行的关键构成要素，在当前国家现代流通体系建设过程中地位十分突出。

3．物流水平高低的主要标志

一个完善的物流系统离不开现代物流装备与物流技术的应用，随着科技的发展进步，物流活动的诸环节在各自领域中不断提高自身的装备与技术水平。先进物流装备的发展与应用，带来物流效率效益与服务质量的不断提升，反映了物流整体运作水平的高低。

从物流行业的发展阶段来看，先后经历了从机械化物流、自动化物流，再到智慧化物流的阶段，每一阶段的本质特征无不是以物流装备的更新换代为核心标志。机械化物流阶段，主要应用叉车、起重机、传送带、托盘、货架等物流机械设备及器材，作业方式以人力操作机械完成物流活动为主；自动化物流阶段，具有自动扫描、自动运行为主要特征的自动存取系统、电子扫描仪、自动堆垛机、自动输送分拣作业线、往复穿梭车等自动化物流装备得到广泛应用，作业方式以少人化自动运行为主；智慧物流阶段，具有智能感知、自主决策、智能控制为基本特征的物流机器人、AGV、无人车、无人机等智慧物流装备逐步深入应用，作业方式以无人化智慧运行为主。可以发现，物流装备的发展在一定程度上代表着物流行业的发展阶段，智慧物流装备的应用表明物流行业的智慧时代已经到来。

1.3.2 智慧物流装备的作用

1. 提升物流效率，优化物流服务

随着智能制造、电子商务等行业领域的快速发展，现代生产与流通领域呈现出柔性生产、快速响应、效率提升和小件化驱动等典型特征，要求推进物流技术与管理领域的不断革新。智慧物流装备的应用，能够更好满足上述需求特征要求，为行业发展提供更为优质的物流服务。

从智能制造领域看，《中国制造 2025》的实施意味着中国版工业 4.0 即将来临。工业 4.0 时代，客户需求高度个性化、碎片化，产品研发和生产周期缩短，这不仅是智能生产需要面对的问题，也对支撑生产的物流体系提出了巨大挑战。智慧物流系统在标准化、自动化的基础上，集成传感器、互联网、物联网进行信息化，实现物与物、物与人的互联，利用大数据、云计算、人工智能等技术充分提高物流效率，使供给方及时获取信息，迅速做出反应，需求方快速获得所需产品与服务。智慧物流系统作为连接供应、生产和客户的纽带，是工业 4.0 不可或缺的组成部分，发展智慧物流装备意义重大，如图 1-1 所示。

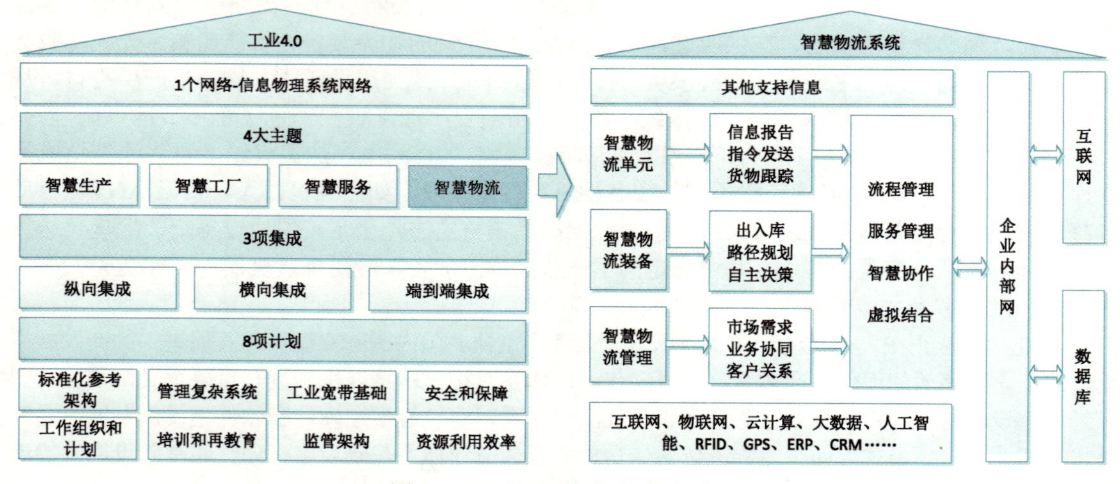

图 1-1 工业 4.0 与智慧物流系统

从快递行业发展看，我国快递业务量自 2014 年起已稳居世界第一位，2016 年 312.8 亿件，2020 年达到了 833.6 亿件，短短 4 年时间增长 1.7 倍。快递市场发展迅猛对仓储、分拣、配送效率和准确性均提出了更高要求。目前国内快递业以人工分拣为主，自动化分拣率低于 5%，对自动输送和分拣设备、智能拣选与配送装备系统、自动化立体仓库需求空间很大。加强智慧物流装备系统建设，能够有效提升快递配送服务水平。

我国电子商务发展势头同样惊人，数据显示，2010—2020 年我国电子商务交易规模从 4.55 万亿元增长至 37.21 万亿元，年均复合增速达 24%。电子商务交易闭环的完成依赖于线下物流配送，物流配送的质量直接影响用户体验，高效、准确的物流配送已成为电子商务企业的核心竞争力。电子商务企业，如阿里巴巴、京东、苏宁、唯品会等，为了提升市场份额纷纷斥巨资自建物流体系，带动了对智慧物流装备的需求（见表 1-3）。

表 1-3　国内主要电商物流建设及计划

公司名称	物流设施建设及计划
阿里巴巴	计划建立中国智能物流骨干网，首批布局全国 8 个物流基地，投资 1000 亿元，第二期投资 2000 亿元
京东	全国布局 7 个区域物流中心，运营仓库超过 750 个，运营仓储总面积 1800 万 m^2，100%覆盖中国大陆行政区县；亚洲一号智慧物流园区投用超过 25 座，建成亚洲电商物流领域规模最大的智慧物流仓群
苏宁	在全国 56 个城市投产物流设施，区域中心仓以及大型物流基地 60 座，以区域中心仓为中心布局前行仓、冷链仓等多样化仓储形式，仓储面积超过 1210 万 m^2；计划至 2025 年，在全国核心经济带的仓储基础设施布局将扩增到 2000 万 m^2
唯品会	全国建立六大物流仓储中心，总面积超 290 万 m^2；此外还在东京、首尔等地布局 9 个海外仓

2．降低物流成本，提高物流效益

2020 年我国社会物流总费用为 14.9 万亿元，占 GDP 的 14.7%，明显比欧美发达国家普遍 8%～10%的占比要高。中国社会物流费用偏高有产业结构、流通管理体制、企业管理模式等多方面的原因，同时也有物流技术与装备水平不够先进的问题。采用先进的物流技术和装备，提升物流系统的自动化、信息化和智能化水平，是降低物流成本，提高物流效益的重要手段。国外很多企业自动化程度超过 90%，我国企业物流自动化普及率低，且行业分化严重，已经实施或者部分实施信息化的物流企业仅占 39%，全面信息化的企业仅占 10%。采用智慧物流系统提升物流效益意义重大，是大势所趋。

智慧物流装备的加速应用是适应经济新常态发展、促进产业升级的必然要求。国际经验表明，人工成本上升，经济增速放缓，靠降低成本或扩大销售难以获得利润时，物流自动化、智能化降本增效的作用将使物流业作为“第三利润源”战略地位和重要作用凸显。随着国内企业发展壮大，对物资管理水平、物流效率提出了更高要求。在《中国制造 2025》全面推进的背景下，产业转型升级同样需要物流自动化、智能化技术的支持。

以往我国劳动力成本、土地成本低廉，企业没有采用先进物流装备的动力。随着经济进入新常态，人工、土地、仓储租金成本大幅上升，采用先进的物流技术与装备的成本优势逐渐显现。以自动化立体库为例（见表 1-4），以人工成本 6.5 万元/年、土地成本 100 万元/m^2 计，自动化立体库前期投资已经低于传统仓库，单位面积的存储量是传统仓库的 5～10 倍，占地面积只有 40%～70%。

表 1-4　普通横梁式平库与自动化立体仓库建设及运维费用对比

类别	项目	普通横梁式平库	自动化立体仓库
需求与规格	需求托盘数（个）	8000 个货位	相同
	托盘规格	1.3 m×0.9 m×1 m　300 kg/PL	相同
	方案	8970 托盘	相同
	地面面积使用率	40%	50%
	实际托盘数（个）	8970	相同
	层数	3	13
	巷道宽（m）	4	1.5
	单位货架长（m）	3.14	相同

（续）

类　　别	项　　目	普通横梁式平库	自动化立体仓库
需求与规格	单位货架宽（m）	1.3	相同
	单位货架托盘数（个）	3	相同
基建投资	货架面积（m^2）	4068	939
	总面积（m^2）	10171	1878
	建筑地面承重（t/m^2）	1	3
	建筑单价（万元/m^2）	0.38	0.45
	建筑成本（万元）	3661.554	844.974
	单位用地成本（万元/m^2）	0.15	相同
	总用地成本（万元）	762	141
	基建总成本（万元）	4424	986
硬件投资	货架数量（个）	8190	相同
	货架单位成本（元）	350	相同
	货架投资（万元）	285.65	相同
	堆垛机数量（台）	0	5
	堆垛机单位成本（万元）	0	280
	堆垛机投资（万元）	0	1400
	输送及控制系统投资（万元）	0	1500
	仓储管理系统软硬件（万元）	150	相同
	叉车数量（台）	15	3
	叉车单位成本（万元）	35	35
	叉车投资（万元）	525	105
	硬件总投资（万元）	961.65	3441.65
运作及维护费用	工人数量（个）	25	6
	人力成本（万元/年）	162.5	39
	硬件年维护费用（万元/年）	20	100
合计	20年费用合计（万元）	9036	7207

资料来源：中国仓储协会仓储设施与技术应用委员会根据调研数据整理，天星资本研究所

3. 降低劳动强度，节约物流人力

物流行业属于劳动力需求高，且需要重复体力劳动的行业。据公开数据表明，自 2012 年起，我国劳动年龄人口的数量和比重已连续 7 年出现双降，劳动力供给不断减少。同时根据国家统计局的数据，2018 年以来全国就业人员总量也出现下降。从交通运输、仓储和邮政业私营单位就业人员工资水平来看，近 10 年来一直处于稳步上升的状态。劳动力供给的不断减少和劳动力成本的不断提高，给物流行业的发展带来更大的挑战，倒逼传统的物流行业向无人化、智能化转型。无人仓、无人机、无人车等智慧物流装备的应用，能够使物流人工从繁重的拣选搬运送货等体力劳动中解放出来，有效节约人力，降低劳动强度，缓解物流行业日趋加剧的用工压力。

例如，无人仓技术与装备的应用可实现物流作业无人化、运营数字化和决策智能化。通过自动化立体库、机械臂、AGV、无人叉车等智能装备的应用，实现物流存储、搬运、拣选、包装等环节作业的无人化；通过数据感知技术为机器安装“眼睛”，采集和识别商品、设备等信

息，并迅速将这些信息转化为准确有效的数据上传至系统；通过智能决策系统，经人工智能算法、机器学习等生成决策和指令，指导各种装备自动完成物流作业。整个作业过程，仅需数位系统维护管理人员即可，能够实现成本、效率、体验的最优，可以大幅度地减轻工人的劳动强度，且效率是传统仓库的 10 倍。

再例如，基于类 KIVA 机器人的“货到人”拣选系统，可实现货架到人的拣选作业，拣货员只需要停在拣货台旁边，所有重体力的事情由自动行驶机器人来做，而且机器人比人效率更高。相比传统人工拣货，可节约 60%～70%以上的拣货人力；拣货员原地拣货，劳动强度大幅降低。

案例 1-1　京东物流无人仓

以无人仓为代表的智慧物流越来越成为物流变革的重要驱动力。京东无人仓是自动化技术与智慧系统的结合体。其智慧大脑能够 0.2 s 内计算出 300 多个机器人运行的 680 亿条可行路径；智能控制系统反应速度是人的 6 倍；分拣“小红人”速度达每秒 3 m，为全世界最快分拣速度；运营效率是传统仓库的 10 倍。（资料来源：搜狐网，2018 年 11 月）

二维码 1-2

1.4　智慧物流装备的应用与发展

1.4.1　智慧物流装备的行业政策现状

智慧物流装备的发展近年来受到国家相关部门的高度重视，相继出台了一系列政策文件，助推智慧物流装备的发展。部分法规和政策文件如表 1-5 所示。

表 1-5　国家支持智慧物流装备行业发展的部分政策文件

时　间	发布单位	文件名称	主要内容
2014 年 9 月	国务院	《物流业发展中长期规划（2014—2020 年）》	物流信息平台工程、物流新技术开发应用工程等 12 项重大物流工程
2015 年 5 月	国务院	《中国制造 2025》	加快人机智能交互、工业机器人、智能物流管理、增材制造等技术和装备在生产过程中的应用
2015 年 10 月	国务院	《国务院关于促进快递业发展的若干意见》	支持骨干企业建设工程技术中心，开展智能终端、自动分拣、机械化装卸、冷链快递等技术装备的研发应用
2016 年 7 月	国家发改委	《“互联网+”高效物流实施意见》	构建物流信息互联共享体系，提升仓储配送智能化水平，发展高效便捷物流新模式，营造开放共赢的物流发展环境
2016 年 7 月	商务部	《关于确定智慧物流配送示范单位的通知》	开展智慧物流配送体系建设示范工作
2017 年 2 月	国家邮政局	《快递业发展“十三五”规划》	加强移动互联网、物联网、大数据、云计算、虚拟现实、人工智能等现代信息技术在企业管理、市场服务和行业监管中的应用
2017 年 10 月	国务院办公厅	《关于积极推进供应链创新与应用的指导意见》	加快人机智能交互、工业机器人、智能工厂、智慧物流等技术和装备的应用，提高敏捷制造能力
2017 年 12 月	工业和信息化部	《促进新一代人工智能产业发展三年行动计划（2018—2020 年）》	提升高速分拣机、多层穿梭车、高密度存储穿梭板等物流装备的智能化水平，实现精准、柔性、高效的物料配送和无人化智能仓储
2018 年 1 月	国务院办公厅	《关于推进电子商务与快递物流协同发展的意见》	加强大数据、云计算、机器人等现代信息技术和装备在电子商务与快递物流领域应用，提高科技应用水平
2018 年 8 月	交通运输部	《关于推进长江经济带多式联运三年行动计划》	深化交通运输供给侧结构性改革，着力加快运输结构调整，着力发挥水运的比较优势和多式联运的组合效率，大力提升和完善长江黄金水道功能，为长江经济带发展提供更加顺畅、绿色高效的交通运输保障

（续）

时间	发布单位	文件名称	主要内容
2018年12月	国家发改委 交通运输部	《国家物流枢纽布局和建设规划》	顺应现代物流业发展新趋势，加强现代信息技术和智能化、绿色化装备应用，推进货物运输结构调整，提高资源配置效率，降低能耗和排放水平，打造绿色智慧型国家物流枢纽
2019年3月	国家发改委	《关于推动物流高质量发展促进形成强大国内市场的意见》	鼓励物流和供应链企业在依法合规的前提下开发面向加工制造企业的物流大数据、云计算产品，提高数据服务能力，协助制造企业及时感知市场变化，增强制造企业对市场需求的捕捉能力、响应能力和敏捷调整能力
2019年9月	中共中央 国务院	《交通强国建设纲要》	明确“交通装备先进适用、完备可控”的建设目标，提出要“广泛应用智能高铁、智能道路、智能航运、自动化码头、数字管网、智能仓储和分拣系统等新型装备设施，开发新一代智能交通管理系统”
2020年3月	国家邮政局	《邮政强国建设行动纲要》	提出要“加快产业数字化转型，拓展人工智能、区块链等重点技术应用范围”

1.4.2 智慧物流装备的行业应用现状

1．智慧物流装备市场的总体情况

智慧物流装备与下游行业密切相关，几乎覆盖全部工业制造领域，2019 年市场规模破千亿元。智慧物流装备在几乎所有的工业制造领域均有应用。现阶段智慧物流装备在烟草、汽车、工程机械、大型零售领域使用较多。预计未来在冷链、医药、电商、快递、纺织服装、食品饮料等行业会保持较快增长，行业战略机遇期还有4～6年，整体增速在20%左右。

国外厂商规模、技术、经验均处于领先，国内厂商通过高性价比和优势服务不断壮大。欧、美、日国际知名企业规模较大，拥有先进的技术、丰富的产品线和多年积累的项目经验，在中国占据了三分之二的市场份额，在高端市场优势尤其明显。代表性的企业主要有胜斐迩（SHAEFER）、大福（DAIFUKU）、德马泰克（DEMATIC）、瑞仕格（Swisslog）、范德兰德（Vanderlande Industries）、TGW 物流集团等。

我国已具有完整的产业链，尽管在技术、规模、经验等方面存在一定差距，还是发展了一批具有较强研发设计和项目集成能力的企业，通过高性价比的产品和本土化服务与国外厂商竞争。国内具有代表性的企业主要有昆船物流、今天国际、北京起重运输机械设计研究院等。

从装备类型上看，自动化立体库、输送分拣系统、物流机器人系统、自动识别与感知系统等先进的物流技术与装备快速成长，成为市场新的推动力。

2．主要智慧物流技术装备的发展应用情况

（1）仓内技术装备

主要有机器人与自动化分拣、可穿戴设备、无人驾驶叉车、货物识别四类技术装备，当前机器人与自动化分拣技术装备已相对成熟，得到广泛应用，可穿戴设备目前大部分处于研发阶段，其中智能眼镜技术进展较快。

机器人与自动化技术装备。仓内机器人包括 AGV（自动导引运输车）、无人叉车、货架穿梭车、分拣机器人等，主要用在搬运、上架、分拣等环节。国外领先企业应用较早，并且已经开始商业化，各企业将在机器人的应用场景深入推进。

案例 1-2　亚马逊 Kiva 机器人

二维码 1-3

亚马逊以仓储中心实现自动化，提升物流效率为目的，收购了机器人制造商 Kiva Systems，随后将之更名为亚马逊机器人（Amazon Robotics）。Kiva 机器人通过控制系统运行资源分配算法，调动机器人，实现“货找人、货位找人”的模式，实现整个物流中心库区无人化。Kiva 机器人以远高于人工的效率、更低的成本和错误率极大地

提升了亚马逊物流的运营和盈利能力，Kiva 系统目前已经成为全世界仓储物流领域最成功的物流机器人解决方案。（资料来源：百度，文/金融仓储践行者，2018 年 8 月）（扩展视频 1-1）

可穿戴设备。在物流领域可能应用的产品包括免持扫描设备、智能眼镜、外骨骼、喷气式背包，国内无商用实例，免持设备与智能眼镜小范围由 UPS、DHL 应用外，其他多处于研发阶段。整体来说离大规模应用仍然有较远距离。智能眼镜凭借其实时的物品识别、条码阅读和库内导航等功能，提升仓库工作效率，未来有可能被广泛应用。

案例 1-3：菜鸟 AR 智能物流

通过 AR 技术，仓内人员可以快速核对入库商品的数量和质量，并快速分类，同时快速录入商品的重量与体积。可视化的仓内导航和库区识别系统也能促进商品精准快速上架。出库时，AR 技术能智能帮助工作人员找到商品，快速核对及进行质量检测，准确找到合适的包材，同时完成线上录入并出库。（扩展视频 1-2）

（2）干线运输技术装备

干线运输装备主要是无人驾驶卡车。无人驾驶卡车将改变干线物流现有格局，目前尚处于研发阶段，但已取得阶段性成果，正在进行商用化前测试。

无人驾驶乘用车技术已经取得了阶段性成果，目前多家企业开始了对无人驾驶卡车的探索。无人驾驶卡车技术核心产品包括传感器、硬件设施和软件系统，目前已经进入测试阶段，虽然公路无人驾驶从技术实现到实际应用仍有一定距离，但从技术上看，发展潜力非常大，未来卡车生产商将直接在生产环节集成无人驾驶技术。目前，无人驾驶主卡车主要由整车厂商主导，如戴姆勒等，但也有部分电商、物流企业正尝试布局。

案例 1-4：图森未来启动无人驾驶货运网络

2020 年 7 月 2 日，图森未来在美国启动全球首个无人驾驶货运网络（Autonomous Freight Network, AFN）。该运输网络由无人驾驶卡车、物流枢纽中心和运营监控系统构成，图森未来将以安全高效的方式将无人驾驶卡车推向市场。图森未来无人驾驶货运网络计划将分 3 个阶段推出，目标是在 2024 年实现商业化落地。（资料来源：网易科技报道，2020 年 7 月）

二维码 1-4

（3）最后一公里技术装备

最后一公里相关技术装备主要包括无人机与 3D 打印技术两大类。

无人机。无机技术已经成熟，主要应用在人口密度相对较小的区域如农村配送，中国企业在该项技术具有领先优势，且政府政策较为开放，制定了相对完善的无人机管理办法，国内无人机即将进入大规模商业应用阶段。未来无人机的载重、航时将会不断突破，感知、规避和防撞能力有待提升，软件系统、数据收集与分析处理能力将不断提高，应用范围将更加广泛。

案例 1-5：京东无人机物流——构建“天地一体”智慧物流体系

京东作为世界范围内无人机物流领域的翘楚之一，旗帜鲜明地提出了以智能化平台为核心，通过无人机、无人仓和无人车等智能硬件，搭建“天地一体”的立体式智慧物流网络。2018 年 2 月，京东获得民航局西北地区管理局的授牌，成为首个国家级无人机物流配送试点企业。（资料来源：搜狐，文/无人机物流联盟，2018 年 11 月）

二维码 1-5

3D 打印。3D 技术对物流行业将带来颠覆性的变革，但当前技术仍处于研发阶段，美国 Stratasvs 和 3D Systems 两家企业占绝大多数市场份额。未来的产品生产至消费的模式将是“城市内 3D 打印+同城配送”，甚至是“社区 3D 打印+社区配送”的模式，物流企业需要通过 3D 打印网络的铺设实现定制化产品在离消费者最近的服务站点生产、组装与末端配送的职能。

案例 1-6：联邦快递将 3D 打印纳入供应链运营

3D 打印技术对供应链的影响主要是体现在能够实现与传统大规模制造不同的小批量、按需制造，并通过分布式的服务中心，将产品快速交付到用户手中。2019 年 1 月，联邦快递与 UPS 等竞争对手一起宣布将 3D 打印作为其商业模式的一部分。该公司推出了 FedEx Forward Depots，在库存和服务零件物流、维修和包装解决方案中提供 3D 打印服务。（资料来源：知乎，2019 年 1 月）

二维码 1-6

（4）末端技术装备

末端技术装备主要是智能快递柜。智能快递柜技术较为成熟，已经在一二线城市得到推广，包括顺丰为首的蜂巢、菜鸟投资的速递易等一批快递柜企业已经出现。但当前快递柜仍然面临着使用成本高、便利性智能化程度不足、使用率低、无法当面验货、盈利模式单一等问题。

案例 1-7：丰巢快递柜的阿喀琉斯之踵

丰巢快递柜的阿喀琉斯之踵——成本高、收费难：一方面是营收方面，用户不愿为此付费，而快递员支付的费用较低；另一方面是成本方面，设备生产成本较高，同时投放点位租金较高。但当快递柜成为未来快递行业重要的终端配送补充时，需从战略角度看待这一市场，随着快递量持续上涨，人工成本不断上升，快递柜市场必然会随之增长。（资料来源：亿欧网，文/王利阳，2018 年 10 月）

二维码 1-7

3. 行业企业的智慧物流装备布局现状

以亚马逊、京东、阿里等为代表的互联网科技企业：注重通过科技手段提升物流效率，依托自身互联网科技基因，在智慧物流装备领域积极布局，力图实现弯道超车。如亚马逊的 Prime Air 快递无人机、Kiva 搬运机器人、Scout 送货机器人，京东的无人仓、无人车、无人机，阿里的智能机器人仓及智慧平台，都代表着行业先进水平。

以 UPS、DHL、顺丰等为代表的领先快递物流企业：通过组建研发团队，设立研发机构，或与第三方合作等方式，在应用前景明确，与自身需求紧密相关的智慧物流技术上，如无人机、仓内 AGV 机器人，进行积极布局。

以 G7、汇通天下为代表的智慧物流物联网企业：独立于物流公司和电商平台，专注于物联网、大数据和人工智能平台开发和服务，具有很强的技术实力和商业模式优势。在具有互联网思维的专业团队和资本的助力下，发展前景巨大。

案例 1-8：G7 智慧物联助传统产业释放新动能

作为一家持续创新的物联网科技公司，基于行业物联网技术平台，G7 正在积极投身产业互联网浪潮，用 IoT、大数据搭建煤炭、化工、食品等传统巨头企业与物流企业之间的平台，不断打造细分产业更多元的解决方案与服务，助力传统行业降本增效，智慧转型。（资料来源：物流指闻，2019 年 11 月）

二维码 1-8

4. 智慧物流装备在各行业领域的应用现状

各行业的智慧物流装备使用情况差异较大，烟草、电子商务、快递、汽车、冷链、工程机械、医药、机场、纺织服装、大型零售业、食品饮料等是智慧物流装备发展较好或者较快的应用行业，制造业仍是智慧物流装备应用的主要领域。

烟草。烟草行业使用自动化物流系统较早，普及率最高，是中国物流自动化发展的助推器。目前烟草企业一般只有 1～2 个立体仓库，完全实现仓储物流自动化需要 5～6 个自动化立体仓库。烟草原叶的流通对先进物流系统的需求已经起步，升级改造的市场也在不断增长。近年来国内烟草自动化物流系统市场年均增速高于 10%。主要系统供应商有德马泰克、瑞仕格、昆船物流、今天国际、山东兰剑等。

电子商务。京东、苏宁易购、亚马逊中国、当当网、1 号店、唯品会、凡客诚品等大型电商均在自建物流体系，需要建设仓储物流基地，对物流装备，特别是输送分拣设备需求旺盛。电子商务自动化物流装备渗透率低于 20%，处于快速成长阶段，市场潜力巨大。主要供应商有瑞仕格、德马泰克、胜斐迩，国内有德马科技等。

快递业。近年来快递公司密集登陆资本市场，快递企业融资后，有望增加资本开支以提升自身软硬件实力，相当一部分资金将用于物流系统建设，像分拣中心就需要大规模使用先进物流装备，这将直接刺激智慧物流装备需求提升。

汽车行业。汽车输送线在汽车冲压、焊装、涂装、总装环节均有使用，总装环节最为普遍。目前我国已成为汽车第一大生产国。尽管汽车产量增速放缓，但是仍然处于增长态势，还存在现有设备更新需求。国内汽车物流自动化系统供应商主要是北高科、日本大福、德马泰克等公司。

冷链。我国综合冷链流通率仅为 19%，而美、日等发达国家在 85%以上。我国冷库以中小型传统平库为主，大型自动化立体库数量较少。新医改推动了冷链医药物流配送中心的建设，食品安全推动了食品冷链的建设，生鲜电商对冷链物流提出了新的要求。未来几年，中国果蔬、肉类、水产品冷链流通率将从 5%、15%、30%提升至 20%、30%、36%以上，冷藏运输率将分别由 15%、30%、40%提升至 30%、50%、65%。这为智慧物流装备提供了巨大的市场空间。

工程机械。工程机械是国内智慧物流系统应用较多的行业，对智慧输送成套装备需求较大。主要供应商有北起院、日本冈村、日本大福等。

医药。物流成本高是药价昂贵的重要原因。医药运输有其特殊性，进行智能化改造，提高效率、降低成本是医药物流未来发展方向。中药材的现代物流体系也在建设之中。行业主要系统供应商有北起院、日本冈村、日本大福等。

机场。机场需要行李、货运、配餐物流系统。国家民航局预测，我国民航业将保持 10.5%～13.5%的年增长率，对新建系统和升级改造均有较大需求。主要供应商有范德兰德、西门子、日本大福、昆船物流。

纺织服装。纺织服装行业受劳动力成本上升的影响较大，设备取代人工，加强成本管控已经成为趋势。服装具有时效性，需要高速周转以降低库存，对供应链的快速反应能力提出了更高要求，采用智慧物流装备可满足小批量、多品种、短交期的市场需求。海澜之家、森马、美邦等服装企业都在建设自己的仓储物流基地。

大型零售业。连锁超市等大型零售业存货和订单数量大、品种多、频率高，自动化物流系统应用较多。主要系统供应商有北起院、德马泰克等。

食品饮料。食品饮料行业对自动化物流系统也有较旺盛的需求。主要供应商有北起院、英洛华、德马泰克等。

1.4.3　智慧物流装备的发展趋势

从技术变革角度看，随着互联网+、物联网、云计算、大数据、人工智能、机器智能、区块链等新技术发展，现代物流业正进入一个技术驱动的智慧物流时代。新时代将带来众多物流技术与装备的颠覆性变革，物流技术装备业将进入技术创新阶段的高速增长周期。随着中国电子商务与新零售继续保持高速增长，制造业产业升级推动智能制造全面发展，让机器换人、减少人工成本成为行业共识，种种因素推动着物流机械化、自动化、智能化快速发展，带动了智慧物流技术装备需求的快速增长。

1．更加突出物流装备与智能制造的系统集成

以物联网为基础的智慧物流是工业 4.0 的基础，是提升现代物流效率，降低全物流费用率的理想解决方案。物流装备制造商将逐步成为物流系统集成综合解决方案提供商，所以智能制造系统与智慧物流的融合发展将成为未来发展的大趋势。

智能化物流系统将融入智能制造工艺流程，是智能制造与智慧物流的系统集成。在工业 4.0 职能工厂的框架内，智慧物流是连接供应和生产的重要环节，也是构建智能工厂的基石。智能单

元化物流技术、自动物流装备以及智慧物流信息系统是打造智慧物流的核心元素。未来智慧工厂的物流控制系统将负责生产设备和被处理对象的衔接，在系统中起着承上启下的作用。

2. 软件定义物流装备成为技术创新亮点

物流技术装备正由数字化向程控化发展，物流技术装备的导航、控制、管理等系统软件进化成为物流技术装备发展趋势，推动着软件定义物流硬件的技术变革。“软件定义物流”的理念，是把物流作业设施、设备、货物等物流硬件资源虚拟化，按照单元化和标准化的思想，归类成基础的物流功能模块与基础货物单元，通过应用程序软件对虚拟的硬件单元进行更开放、灵活、智能的管理与调度，实现系统智慧进化。其本质是实现硬件资源虚拟化，管理控制可编程。

在物流技术装备领域，搬运机器人的调度管理系统、智能导航系统等软件越来越成为技术创新亮点；无人仓和智能仓的 WCS 仓库控制系统越来越成为核心竞争力；网络货运、智能运输调度管理越来越成为货运领域技术创新热点；无人驾驶卡车等先进运输装备更是依靠众多软件系统组成的大脑驾驶卡车。“软件定义硬件”发展趋势十分明显。

“软件定义硬件”带来的一个创新体现在柔性自动化领域，物流业发展对柔性自动化提出了很多要求，要实现柔性自动化必须通过软件管理硬件资源，实现硬件资源虚拟化，物流流程数据化，管理过程可编程，一切数据流程化，通过软件运行处理大数据，做出科学决策，赋能智慧物流。

3. 更加强调装备的一体化集成应用

从目前物流装备自身功能的研发趋势来看，包括 AGV、叉车、堆垛机等设备之间的功能不断趋向于同质化，特别是在自动化控制技术进一步发展的条件下，操作人员的介入在不断弱化。叉车目前安装自动定位系统等越来越普遍，作业人员的作用在一定程度上减弱，这种物流装备跨界融合的趋势在局部领域会体现得越来越明显。

同时在物流系统集成的背景下，智慧物流装备的一体化集成应用趋势成为必然。目前将智慧物流装备集成实现协同化作业已经变得越来越普遍，典型的是搬运拣选一体化设备、存储拣选一体化设备等都在不断地出现，如在物流自动分拣领域出现了机器人搬运+智能分拣+在线称重+智能打包+自动贴标等技术融合创新，交叉带、模组带、皮带、滚筒、麦克纳姆轮等组合应用创新。

4. 更加注重系统控制的柔性自动化

劳动力总人口减少、仓库规模大、存储商品多、时效要求高等挑战推动着物流行业自动化的发展。针对订单变化快、业务变化快的问题，要通过人工智能技术，使得应用更多智慧装备解决物流自动化问题；同时适应市场环境的变化，要求自动化仓库的机器人更加灵活、具备柔性，容易扩张及改造。这些问题是当前大型配送中心致力于解决的问题，推进自动化立体库柔性化、自动分拣系统的柔性化是目前的重要发展趋势。柔性自动化控制逻辑非常复杂，需要强大的智能算法和数据服务支撑，发展云端智慧物流是解决这一问题的良好途径。

5. 5G 推动智慧物流装备创新

智慧物流装备的信息传输网络系统核心技术是物联网，相关技术是互联网+、移动互联网、5G 等通信技术。目前物联网技术已经在物流技术装备上得到了普遍应用。如自动识别、RFID、红外感知、传感器、视觉感知等各类感知技术，已经普遍应用于智能分拣、机器人导航、数据采集等方面，为无人仓、机器人等智能物流装备发展装上了“眼”和“耳”。

5G 是智慧物流的强大动力，其显著特点就是传输速率高、端口延时短和网络容量大，5G 的万物互联及物联网技术，为智慧物流装备发展提供了非常难得的条件。5G 信息通信技术在物流自动化系统中也得到了应用，如昆船物流、京东物流等都开发了基于 5G 环境的物流自动化系统。2020 年 6 月，华为作为领先的 5G 解决方案提供商，与移动、昆船、倍福联合发布了《5G 智慧物流应用场景与解决方案白皮书》，携手打造全国首个 5G 全场景智慧物流新装备孵化基地。推动 5G 融入物流领域，是物流产业打造新装备、新业态和新模式的“催化剂”，是对产业基建的数字化、网络化、智能化升级，是智慧物流装备发展应用的必然趋势。

6．强调装备的绿色化发展内涵

智慧物流装备技术的绿色化具有丰富的内涵，装备的占地、能耗、可降解性等都是具体的绿色指标，这种绿色化的趋势更加受到重视。例如日本某些企业正在使用的利用电子纸张研制出的可视化 RFID Tag 表示器，此表示器的最大特点是在变更显示内容时完全达到无能耗；利用近距离无线通信技术（NFC），可以更换文字、图解、条码等内容；能够显示大部分手持终端、条码扫描枪所能识别的条码，因此可以迅速导入现有的系统当中，大幅度降低电量消耗，有效地解决了条码的浪费问题。该表示器还可以直接安装在零件、商品放置的货架上，用来表示商品名称、条码、在库数量等，并可以安装在分拣集装箱上，用来表示分拣对象、店铺名称、装入数量等；在制造工程方面可以作为看板加以利用；如果安装在滚动的周转箱上，则可以用来表示编号，作为配送对象的条码。

7．实现装备服务的市场化与专业化

智慧物流装备服务的市场化和专业化主要表现在以下方面：一是对智慧物流装备正常运行的保障性服务，如设备的定期维护、故障排出、零备件供应、远程网络监控运营服务等；二是对物流运作或管理的支持服务，如设备运行质量分析、物流各环节绩效与运行情况分析等；三是技术改进和系统升级服务，可以定时提供整个技术改进和信息系统及控制系统的升级服务。

本章小结

智慧物流是现代物流发展的趋势。智慧物流的发展加速物流装备行业的转型升级，物联网、大数据、人工智能的应用使得物流装备的自动化、智能化程度越来越高，成为打造智慧物流系统的核心要素。智慧物流装备，是运用物联网、大数据、云计算、人工智能、自动化等技术手段，具有实时感知、自动执行、智能控制能力，应用于智慧仓储、运输、配送、装卸搬运、包装及物流信息管理领域的自动化、智能化、网络化物流装备。

按智慧物流技术架构进行分类，可将智慧物流装备分为感知层装备、网络层装备和应用层装备；按照智慧物流功能划分，智慧物流装备主要包括智慧仓储装备、智慧运输装备、智慧配送装备、智慧装卸搬运装备、智慧分拣输送装备、智慧拣选装备、智慧包装装备、智慧集装单元化装备、智慧物流信息装备等。

智慧物流装备由感知模块、控制模块、通信模块、执行模块等模块组成，以智慧物流技术体系为基础，是智慧物流技术体系在装备运行与控制中的具体应用，涉及感知技术、数据处理技术、数据计算技术、网络通信技术、自动化技术等。

智慧物流装备的兴起是经济、技术、政策发展的必然，智慧物流技术与装备将快速成长成为物流发展新的推动力。随着环境的变革、技术的进步与市场的需求，智慧物流装备技术在不断地发展，呈现出多元发展趋势。

本章练习

一、思考题

1．什么是智慧物流装备，如何理解发展智慧物流装备的意义？

2．与传统物流装备相比，智慧物流装备具有哪些特征？

3．智慧物流装备体系是如何构成的？

4．智慧物流装备涉及的技术主要有哪些？

5. 智慧物流装备的发展动因体现在哪些方面？
6. 当前主要智慧物流装备的发展现状是怎样的？
7. 智慧物流装备的发展趋势是什么？

二、讨论题

1. 通过调查了解，介绍智慧物流装备在现代物流中的应用场景。
2. 结合智慧物流的主要技术，讨论这些技术是如何应用于智慧物流装备中的。
3. 通过资料收集与整理，思考“中国制造 2025”战略与智慧物流装备发展的关系，探讨智慧物流装备发展如何为“中国制造 2025”战略提供支撑。

三、设计与实训

通过实训，理解智慧物流装备的体系构成，了解物流企业智慧物流装备的应用现状，体会智慧物流装备发展应用的重要意义。

要求：

（1）以某一物流企业为调查对象，调查了解该企业物流业务基本情况。

（2）调查了解该企业在物流业务中应用了哪些智慧物流装备，调查分析其主要功能、应用场景及技术参数等情况。

（3）分析思考该企业智慧物流装备应用的不足之处和发展前景。

四、案例分析

菜鸟“E.T.物流实验室”

“E.T.物流实验室”由菜鸟网络于 2015 年底组建，目标是研发物流前沿科技产品，追求符合未来科技发展的物流生产方式。

“E.T.物流实验室”成员包括一批来自全球顶尖高校、科研机构的博士。此外，阿里巴巴招揽多位全球高级科学家在西雅图、北京、杭州多个城市组建团队 IDST 也在为该实验室提供支持，这也是菜鸟秘密实验室能在短期内实现多项技术突破的关键之一。

“E.T.物流实验室”目前在末端配送机器人、仓内复杂拣货机器人矩阵、无人送货机等多个产品的关键技术得到突破，陆续在菜鸟物流业务中投入使用。“E.T.物流实验室黑科技”主要包括以下内容。

- 菜鸟小 G：菜鸟网络自主研发的末端配送机器人小 G，不仅是中国自主研发的机器人，也是全球物流行业最先进的机器人之一。主要采用激光与视觉并行的 SLAM 方案，通过深度学习识别环境中的行人、车辆等不同的实体，运用自适应粒子滤波算法，对动态实体进行准确的轨迹预测，有效解决最后一公里配送问题。
- 菜鸟小 G Plus：菜鸟小 G plus 具备车辆结构，适合在室外长距离运行。与菜鸟小 G 相比，菜鸟小 G plus 载重和容量更大，续航里程更长。
- 菜鸟小 G 2 代：菜鸟小 G 升级版，是一种更智能的末端配送机器人。
- 菜鸟 AR+：菜鸟网络借助增强现实（AR）技术助力物流服务流程，实现仓内智能拣选，智能导航等功能，让未来仓库各种操作不仅变得可视化，而且可以有效解放工作人员的双手，提升工作效率与愉悦度。
- 菜鸟小鹫：菜鸟小鹫是菜鸟 E.T.物流实验室自主开发的第一款适用于园区安防巡检的无人机安防系统，能够稳健快速地完成园区智能巡检安防任务。

根据案例回答问题。

（1）菜鸟投入建设“E.T.物流实验室”的目的和意义是什么。

（2）结合案例及进一步调查了解，认识菜鸟智慧物流装备体系主要包括哪些装备。

第2章　智慧仓储装备

学习目标

- 了解仓储装备的概念与类型；
- 理解智慧仓储装备的概念与特征；
- 掌握自动化立体仓库系统的主要类型、构成参数、管理维护及应用发展；
- 掌握穿梭车式密集仓储系统的主要类型、构成参数、管理维护及应用发展。

引例

华为松山湖供应链物流中心

华为松山湖供应链物流中心，采用射频（RF）、电子标签拣货系统（PTL）、货到人挑选（GTP）、旋转式传送带（Carrousel）等多种先进技术，集物料接收、存储、拣选、齐套、配送功能于一体，是华为重要的样板点基地之一。它是华为全球物流供应网络中的典型代表，也是华为供应、物流体系，从被动响应走向主动感知，向敏捷供应、智慧物流转型的结晶之一。在松山湖自动物流中心建成之后，华为启动了智慧物流与数字化仓储项目，旨在通过构建实时可视、安全高效、按需交付的物流服务能力，主动支撑交付保障，提升客户体验，改善物流运营效率。（资料来源：华为官网，2020年8月）

二维码 2-1

目前，《中国制造 2025》“智能制造”等新兴理念正以前所未有的频率和强度冲击着各行各业。作为“工业 4.0”的核心组成部分，以及构建未来“智能工厂”的重要基石，智慧仓储装备系统正受到业界的高度关注。

2.1　智慧仓储装备概述

2.1.1　仓储装备的概念与类型

仓储装备是指仓库进行生产作业和辅助生产作业，以及保证仓库及作业安全所必需的各种机械设备的总称。仓储装备是有效实现仓储作业的技术保证，科学有效地运用仓储装备，加强仓储装备的管理，是保证仓库高效、低耗、灵活运行的关键。

仓储装备按其用途和特征可以分成储存保管装备、装卸搬运装备、计量装备、养护检验装备、通风照明装备、消防安全装备、劳动防护装备等。

1. 储存保管装备

储存保管装备是用于保护仓储商品质量的用品用具，主要包括以下内容。

1）苫垫用品。包括苫布（油布、塑料布等）、苫席、枕木、石条等，主要起遮挡雨水和隔潮、通风等作用。

2）存货用具。包括各种类型的货架、货橱等。其中货架在流通量大的仓库，特别是立体仓库中作用突出，能够便于货物进出，又能提高仓库容积利用率。

2. 装卸搬运装备

装卸搬运装备主要用于商品的出入库、库内堆码以及翻垛作业，对改进仓储管理、减轻劳动强度、提高收发货效率具有重要作用。通常可以分成以下 3 类。

1）装卸堆垛设备。包括桥式起重机、轮胎式起重机、门式起重机、叉车、堆垛机、滑车、跳板以及滑板等。

2）搬运传送设备。包括电瓶搬运车、带式输送机、电梯以及手推车等。

3）成组搬运工具。包括托盘、周转箱等。

3. 计量装备

计量装备是用于商品进出时的计量、点数，以及货存期间的盘点、检查等，如地磅、轨道秤、电子秤、电子计数器、流量仪、带式秤、天平仪以及较原始的磅秤、卷尺等。

4. 养护检验装备

养护检验装备是指商品进入仓库验收和在库内保管测试、化验以及防止商品变质、失效的机具、仪器，如温度仪、测潮仪、吸潮器、烘干箱、风幕、空气调节器、商品质量化验仪器等。

5. 通风保暖照明装备

通风保暖照明装备，包括各类风机、灯具、取暖设备等，根据商品保管和仓储作业的需要而设。

6. 消防安全装备

消防安全装备是仓库安全必不可少的设备用具，包括报警器、消防车、手动抽水器、水枪、消防水源、砂土箱、消防云梯等。

7. 劳动防护用品

劳动保护用品主要用于确保仓库职工在作业中的人身安全，包括头盔、防护面罩、防护服、手套、套鞋等。

2.1.2 智慧仓储装备的概念与特征

1. 智慧仓储装备的概念

智慧仓储装备，是物流仓储保管作业活动中所运用的智能化、自动化物流装备，涉及的装备种类较多，主要包括智能存储装备、自动输送装备、智能分拣装备等。其中，智能存储装备主要用于货品的存放，包括自动化立体仓库和密集仓储系统所涉及的立体货架、堆垛机、穿梭车、升降机等；自动输送装备，主要包括带式输送线、辊筒输送线以及链式输送线等，主要用于托盘和周转箱的输送；智能分拣装备，包括交叉带分拣系统、翻盘分拣系统、滑块分拣系统、摆轮分拣系统等，以及以 AGV 和机械臂为核心的机器人分拣系统。

由上述装备组成的智慧仓储装备系统是智慧仓储装备应用的重点问题。所谓智慧仓储装备系统，是综合利用计算机、云计算、互联网和物联网等先进技术，将高位立体货架、巷道堆垛机、升降设备、自动出入库输送装备、自动分拣系统装备、室内搬运车、机器人等设备进行系统集成，形成具有一定感知能力、自行推理判断能力、自动操作能力的智慧系统。典型的智慧仓储装备系统包括自动化立体仓库系统和穿梭车式密集仓储系统。

智慧仓储装备系统与传统的仓库装备相比，具有能耗低、无污染、效率高、技术含量高的特点，是《中国制造 2025》中的重要组成部分，承载着国家对企业“转型升级、智能制造”等的重要期望，也是各级政府部门提高自身形象的重要抓手，得到国家政策的大力支持。同时，第三方物流、电商等行业的兴起，对仓库规模、出入库效率和准确率要求更高，仓储物流企业面临库存扩容、减员增效、技术升级、降本增需的现实需要，智慧仓储装备系统建设成为企业首选，已不再是大型规模企业的“专利”，更多企业具有智慧升级改造的迫切需求，成为智慧仓储装备高速发展的重要动力。

2．智慧仓储装备的特征

智慧仓储装备具有管理系统化、操作信息化、作业自动化、数据智慧化、网络协同化等突出特点，与传统仓储装备相比，具有无可比拟的优势。

（1）管理系统化

智慧仓储装备不再是简单的独立运作的仓库设备，而是通过 WMS、WCS 管理系统进行集中管理、集成调度，并与仓储活动涉及的各类人力资源、货品器具、信息数据等集成在一起进行统一管理控制，实现在管理系统支撑下的功能集成、一体控制。

（2）操作信息化

智慧仓储装备一般不需人工直接进行操作，而是通过计算机进行管理控制，操作人员仅需录入有关信息参数，监测装备运行状态数据，装备系统会自动感知识别信息并执行仓储作业活动。

（3）作业自动化

智慧仓储装备普遍应用机械自动化、人工智能技术，能够实现出入库、分拣输送、包装集装等作业活动的自动化，快速准确地完成货品存取收发，作业环节部分或全部实现无人化，作业效率大大提升。

（4）数据智慧化

智慧仓储装备在作业过程中，能够实时记录作业数据，并将数据信息上传至信息系统数据库，通过数据的集中存储管理与分析处理，挖掘有用信息，监控装备运行，智能完成装备启停、状态报警、货位分配、货品指定、路线选择、库存控制等运行控制与管理决策活动，实现仓储作业智慧化。

（5）网络协同化

智慧仓储装备系统与企业采购系统、生产系统、销售系统、配送系统等有机对接，形成一种智慧物流链，使企业的物变成智能化的“活”物，在需要的时间，以需要的数量、需要的状态，出现在需要的地方。智慧仓储装备的前伸后延，不仅为智慧仓储装备行业带来新的发展契机，也能为客户带来更多价值，助力客户实现智能制造。

2.1.3　典型智慧仓储装备

智慧仓储装备主要包括智能存储装备、自动输送装备、智能分拣装备等。关于输送与分拣装备在后续章节会专门介绍，本章重点介绍典型的智能存储装备及系统。主要包括自动化立体仓库和穿梭车式密集仓储系统。

1．自动化立体仓库

自动化立体仓库（AS/RS）是现代物流系统的重要组成部分，是一种多层储存物品的高架仓库系统，一般由高层货架、巷道堆垛起重机、入出库输送系统、自动化控制系统（WCS）、仓库管理系统（WMS）及其周边设备组成，可对集装单元货物实现自动化保管和计算机管理。AS/RS 通过入出库输送系统将货物送至仓库货架前，由巷道堆垛机实现自动出库和入库，整个过程通过计算机网络化管理和自动控制系统完成。一般 AS/RS 以托盘单元为存储对象，对于以料箱存储为对象的 AS/RS 通常也称为 Miniload 系统。

自动化立体仓库最大化利用了空间，整合了物流资源，优化了物流程序，缩短了物流作业周期，提高了物流效率，并降低了物流成本，实现物流标准化和规范化，优质高效地保证物品的综合管理、控制和配送，因此 AS/RS 是集取送、储存和需求预测等多功能为一体的高度自动化、信息化的物流系统。

自动化立体仓库广泛应用于机械、轻工、货物、医药、电器、商业、配送中心、军队后勤、纺织、烟草等行业。（扩展视频 2-1）

2．穿梭车式密集仓储系统

密集仓储系统可解决空间利用率较低的问题，通过取消叉车通道和辅助空间极大地提高仓库内物料的密度，节省叉车存取物料时间及降低工人工作时间。纵深式货架是密集式仓储系统最重要的组成主体，常见的密集式仓储货架主要有穿梭车式货架、驶入式货架、重力式货架、重型移动式货架、压入式货架、多深位自动化立体仓库货架等。

穿梭车式密集仓储系统是基于高密度货架、穿梭车及升降机、输送机等设备，配合仓库管理系统完成货物出入库作业，具有较高空间利用率和存取效率的仓储系统。与 AS/RS 相比，存储密度更高，存取效率更高，系统柔性更强。穿梭车密集仓储系统同样可以适用于托盘单元或料箱存储单元。（扩展视频 2-2）

2.2 自动化立体仓库

2.2.1 自动化立体仓库的概念与特点

1．自动化立体仓库的概念

自动化立体仓库简称“立库”，一般是指采用高层货架来储存单元货物，用相应的物料搬运设备进行货物入库和出库作业的仓库。利用立体仓库设备可实现仓库高层合理化，存取自动化，操作简便化。

自动化立体仓库主要是指基于高层货架和巷道堆垛机进行自动存取的立体仓库。可以定义为：自动化立体仓库，也称为自动存取系统（Automated Storage and Retrieval System，AS/RS），是由高层货架、巷道堆垛机、入出库输送系统、自动化控制系统、计算机仓库管理系统及其周边设备组成的，可对集装单元货物实现自动化保管和计算机管理的仓库，如图 2-1 所示。

图 2-1　自动化立体仓库（AS/RS）效果图

2．自动化立体仓库的特点

自动化立体仓库的优势体现在以下 7 个方面。

1）提高空间利用率。充分利用仓库垂直空间，单位面积存储量远大于传统仓库；可以实现随机存储，任意货物存放于任意空仓内，由系统自动记录准确位置，避免传统仓库分类存放货物所造成的大量空间闲置，大大提高了空间的利用率。

2）实现物料先进先出。传统仓库由于空间限制，将货物码放堆砌，常常是先进后出，导致货物积压浪费。自动化立体仓库系统能够自动绑定每一票货物的入库时间，自动实现货物先进先出。

3）智能作业账实同步。传统仓库的管理涉及大量的单据传递，且很多由手工录入，流程冗杂且容易出错。立体仓库管理系统与 ERP 系统对接后，从生产计划的制定开始到下达货物的出入库指令，可实现全流程自动化作业，且系统自动过账，保证了信息准确及时，避免了账实不同步的问题。

4）满足货物对环境的要求。相比传统仓库，能较好地满足特殊仓储环境的需要，如避光、低温、有毒等特殊环境。保证货品在整个仓储过程的安全运行，提高了作业质量。

5）可追溯。通过条码技术等，准确跟踪货物的流向，可以实现货物的物流全过程可追溯。

6）节省人力资源成本。立体仓库内，各类自动化设备代替了大量的人工作业，大大降低人力资源成本。

7）及时处理呆滞料。立体仓库系统的物料入库，自动建账，不产生死料，可以搜索一定时期内没有操作的物料，及时处理呆料。

自动化立体仓库的劣势体现在以下 4 个方面。

1）投资建设成本高、周期长。

2）存储货物有严格要求。

3）管理维护要求高。

4）柔性相对较差。

2.2.2 自动化立体仓库的主要类型

1. 按照存取货物单元的形式进行分类

（1）托盘式自动化立体仓库

托盘式自动化立体仓库是一种以托盘单元为基本存取单元的自动存取系统。一般应用于整箱、整件货物的存取，具有适用范围广、承载能力强、存储密度大的特点，如图 2-2a 所示。

托盘式自动化立体仓库高度可达 40 m，常用荷重为 1000 kg，储位量可达 10 万余个托盘，适用大型的仓库。而一般使用最普遍的高度以 6～15 m 为主，储位数为 1500～2000 个。可应用于大型生产性企业的采购件、成品件仓库、柔性自动化生产系统（FAS），流通领域的大型流通中心、配送中心等。

托盘式自动化立体仓库在货物入库前，首先须进行集装单元化工作，即根据货物包装及重量等特性进行组盘，符合托盘尺寸、承重和堆高要求，再由巷道式堆垛机将其送至指定货位。

（2）料箱式自动化立体仓库

料箱式自动化立体仓库是针对物流箱、吸塑盘或者纸箱的存储和订单拣选系统。荷重一般小于 300 kg，以储存重量较轻的物品为主，是一种轻负载式立库。为保证拣货效率，料箱式自动化立体仓库一般高度为 5～10 m，随着定位技术和堆垛机运行速度的不断提升，也有超过 20 m 的大型料箱式立库出现，如苏宁南京云仓的料箱式立库系统，整个货架高 22 m，共有 338400 个料箱存储位。“堆垛机+料箱拣选”结构的箱盒式自动化立体仓库通常也称为 Miniload，如图 2-2b 所示。

作业时，物流箱和纸箱被传送到配有针对巷道设计的起重设备的订单拣货工作站，以便拣货人员直接操作。箱盒式自动化立体库可以与流利式货架和电子标签拣选系统结合。借助于箱盒式自动化立体库可以自动补货到拣选位置，从而使订单拣货系统更有效。

与 AS/RS 相比，Miniload 具有更高的作业效率。如苏宁南京云仓 AS/RS 每小时可实现自动存取双循环 30 个托盘（单循环 50 个托盘），而 Miniload 高密度存储系统每小时可实现小件料箱和硬纸箱自动存取双循环 1400 箱（单循环 1800 箱），能够实现每天 60 万件商品的补货出库功能。

a)

b)

图 2-2

a) 托盘式自动化立体仓库　b) 料箱式自动化立体仓库

案例 2-1　苏宁云仓

以超级云仓南京雨花基地为例，2016 年开始投入使用，建筑面积达 20 万 m^2，配备了 AS/RS、Miniload、SCS 货到人拣选等一系列先进物流设备，可以实现约 2000 万件商品的入库、补货、拣选、分拨到出库全流程的智能化作业。（资料来源：中国物流与采购网，2018 年 11 月）（扩展视频 2-3）

二维码 2-2

2．按照自动化立体仓库建筑形式进行分类

（1）整体式

整体式是库房货架合一的仓库结构形式，仓库建筑物与高层货架相互连接，形成一个不可分开的整体，货架除了存储货物以外，还作为建筑物的支撑结构，构成建筑物的一部分。一般整体式高度在 12 m 以上。这种仓库结构重量轻，整体性好，抗震性好，如图 2-3a 所示。

（2）分离式

库架分离的仓库结构形式，货架单独安装在仓库建筑物内。分离式高度一般在 12 m 以下，但也有 15 m 至 20 m 的。适用于利用原有建筑物作库房，或在厂房和仓库内单建一个高货架的场合。无论哪种形式，高层货架都是主体，如图 2-3b 所示。

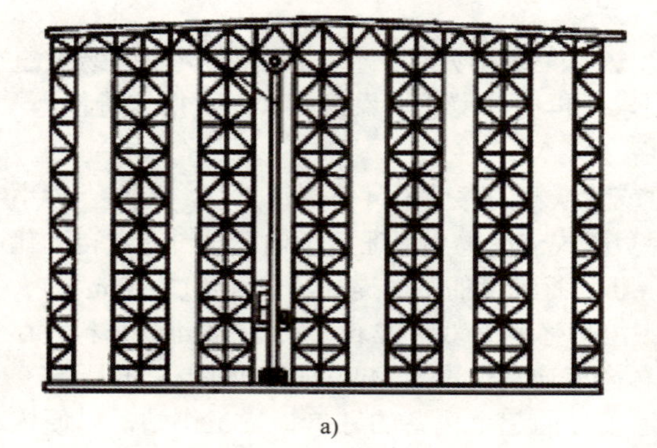
a)

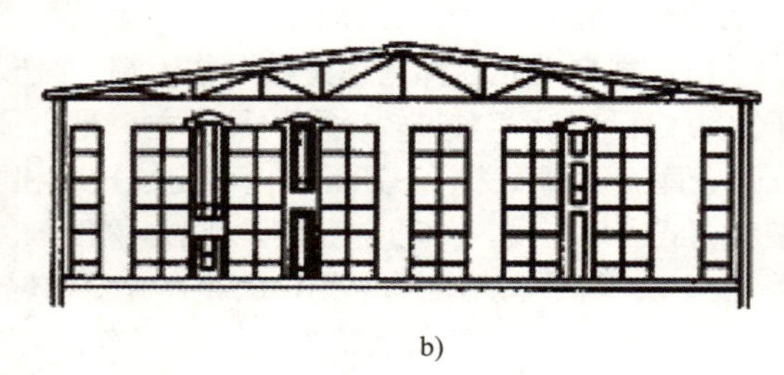
b)

图 2-3

a) 整体式自动化立体仓库　b) 分离式自动化立体仓库

3．按巷道轨道形式进行分类

巷道轨道的形式，即堆垛机存取过程在巷道中行走方式，主要有直行巷道、U 型巷道以及转轨巷道 3 种形式，如图 2-4 所示。

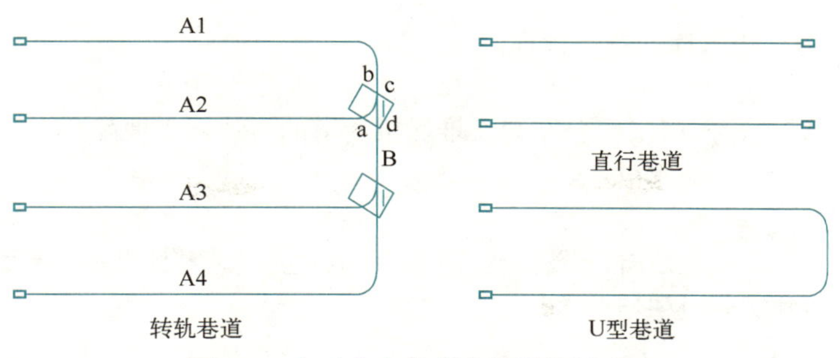

图 2-4　自动化立体仓库巷道轨道形式

（1）直行巷道

直行巷道特点是每个巷道必须配置一台堆垛机在轨道上来回行走，这种形式可以使出库入库分布在巷道的两头，也可以使出入库都在一头，出库和入库分时进行，系统出入库的效率较高。

（2）U 型巷道

U 型巷道特点是两个直行轨道中间直接采用弯道连接堆垛机可以在两个巷道内自由运行往返。与直行巷道相比，出入库效率有一定下降，但是在满足需求的前提下，可以两个巷道共用一台堆垛机，可减少资金投入。但如果堆垛机出现故障，两个巷道左右的货架都不能进行货物存取。

（3）转轨巷道

转轨巷道能实现多巷道轨道之间的转移，通过转轨机构自动切换运行轨道，使得轨道具有可扩展性。其特点是在满足出入库频率要求的前提下，减少堆垛机的数量，可以降低立体仓库的设备成本，自动化程度高。但控制过程复杂，通信难度大，出入库效率较低，成本也较高，适用于大型立体仓。

4．按货物单元出入高层货架的形式进行分类

货物单元出入高层货架的工作台，可根据仓库各区域布局总体情况进行灵活选择，包括贯通式、同端出入式、旁流式、分层式等多种形式，如图 2-5 所示。

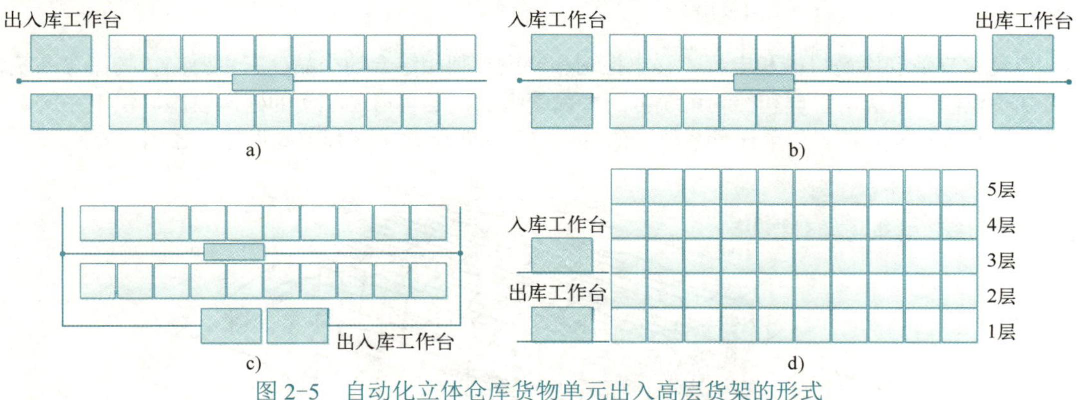

图 2-5　自动化立体仓库货物单元出入高层货架的形式

a) 同端出入式　b) 贯通式　c) 旁流式　d) 分层式

（1）贯通式

贯通式即货架区出、入库工作台布置在堆垛机巷道的两端，货物单元由异侧出入，这样可以避免出入库交叉。

（2）同端出入式

同端出入式即货架区出、入库工作台布置在堆垛机巷道的同一端，可设置为同口出入或异

口出入，这样能够方便出入库的统一管理。

（3）旁流式

旁流式即货架区出、入库工作台布置在堆垛机巷道的旁边，需要配合自动输送系统将货物送到工作台。

（4）分层式

分层式即货架区出、入库工作台布置在不同楼层口，以适应仓库整体出入库流程及区域布置需要。

5. 按照储存货物的特性进行分类

（1）常温自动化立体仓库

一般控制在 5～40℃，相对湿度控制在 90%以下。

（2）低温自动化立体仓库

恒温仓库：根据物品特性，自动调节储存温度和湿度。

冷藏仓库：温度一般控制在 0～5℃，主要用于蔬菜和水果的储存，要求有较高的湿度。

冷冻仓库：温度一般控制在-2～-35℃。

（3）防爆型自动化立体仓库

以存放易燃易爆等危险货物为主，系统设计时，应严格按照防爆的要求进行。

6. 按照仓库作用进行分类

（1）生产性仓库：工厂内部工序、车间之间设立

生产性仓库是工厂内部为了协调工序和工序、车间和车间、外购件和自制件物流的不平衡而建立的仓库。这类仓库与生产紧密衔接，距离企业生产线较近，是一种在线仓库。如华为公司、东风汽车公司为满足生产线供应而建立的自动化立体仓库。

（2）流通性仓库：生产工厂和顾客之间设立

流通性仓库是一种服务性仓库，是为了协调生产厂和用户间的供需平衡而建立的仓库。这种仓库进出货物比较频繁，吞吐量较大。京东、苏宁等大型配送中心建立的自动化立体仓库属于这种类型。

2.2.3 自动化立体仓库的构成及参数

自动化立体仓库是机械和电气、强电控制和弱电控制相结合的产品。它主要由货物储存系统、货物存取和输送系统、管理和控制系统等三大系统组成，还有与之配套的建筑设施、供电系统、空调系统、消防报警系统、称重计量系统、信息通信系统等土建工程和辅助设施，如图 2-6 所示。

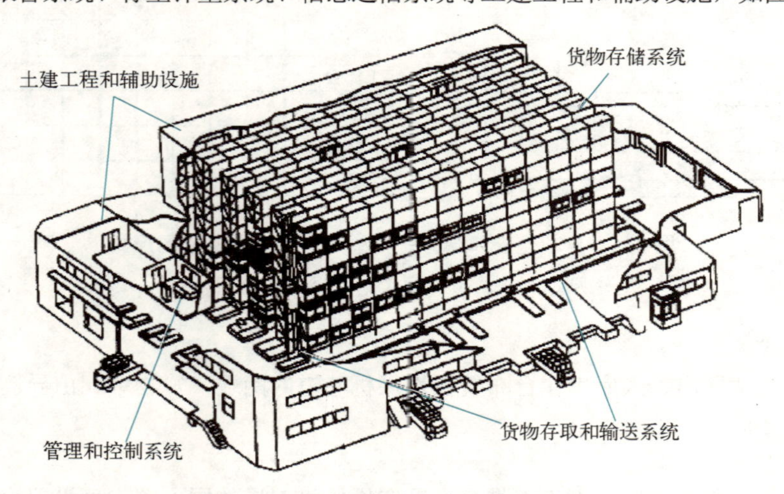

图 2-6　自动化立体仓库的基本构成

1. 货物存储系统

货物存储系统系统由立体货架的货格（托盘或货箱）组成。

（1）货架

从设备折旧和工作效率的角度考虑，一般自动化立体仓库货架的最佳高度在 15～21 m。

货架的最大长度与一台堆垛机在一条通道中所服务的货位数有关，需要考虑堆垛机的纵向和横向服务能力的均衡。设 L 为货架长度，H 为货架高度，v_x 为堆垛机沿长度方向的移动速度，v_y 为堆垛机沿高度方向的移动速度。则存在：$H/L \approx v_y/v_x$。为保持均衡，使堆垛机的载货台垂直和水平移动平稳，推荐采用货架高度 H 和长度 L 比值为：$H/L = 1/6 \sim 1/4$。

货架按照排、列、层组合而形成立体仓库储存系统，如图 2-7 所示。

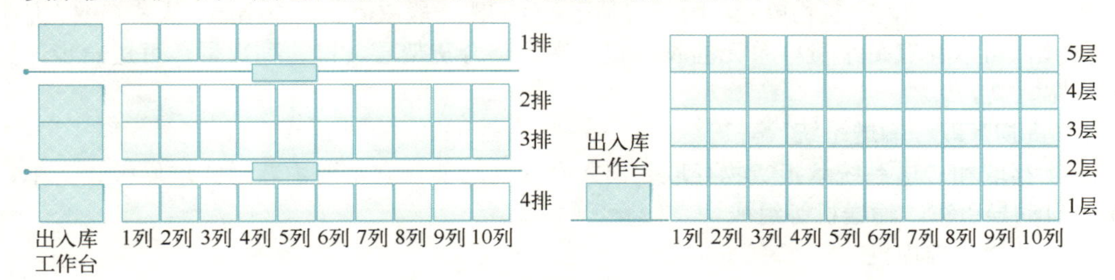

图 2-7　自动化立体仓库货架排、列、层示意图

高层货架有钢货架和钢筋混凝土货架两种，自动化立体仓库中多用钢货架。

货架按承载能力大小大致分为重量型货架、中量型货架以及轻量型货架 3 种形式。轻量型货架每个单元层能够承载重量为 100～150 kg，货架主要适合中小单元、零部件等轻型货物的存储；中量型货架每个单元层能够承载重量为 200～500 kg，适用于中小型仓库存放货物；轻型与中型货架结构简单，由立柱、横梁、层板组装而成。重型货架承载重量大约为 800 kg，结构强度和刚度较大，不易发生变形或破坏，多应用于大型或超大型仓库中。

按货架的使用高度可以分为高层（>15 m）、中层（5～15 m）和低层（<5 m）。

具体的尺寸规格选择都是根据仓库的大小与高度，以及所需存储的货物尺寸与重量来决定的。

（2）货格

货格用于存放货物托盘或货箱，是货架的基本组成单元。货格尺寸由托盘或货箱的尺寸决定，货物单元与货格单元存在以下关系，如图 2-8 所示。

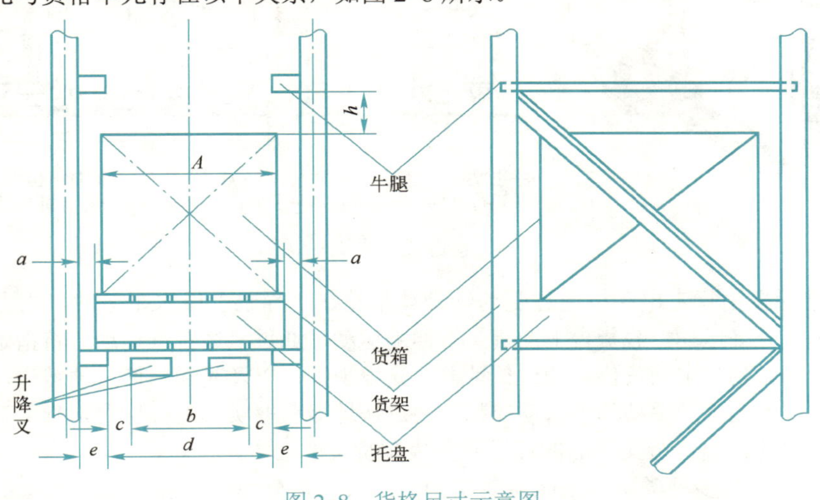

图 2-8　货格尺寸示意图

其中，

- 货箱宽度为 A；
- 托盘立柱间距 a=25～60 mm（大货箱取大值）；
- 货叉宽度 $b=0.7\times A$；
- 货叉与牛腿间距 $c=(0.075\sim0.1)\times A$（大货箱取大值）；
- 牛腿间距 $d=(0.85\sim0.9)\times A$；
- 牛腿宽度 e=60～125 mm（大货箱取大值）；
- 牛腿货箱高度差 h，应大于货叉厚度+货叉浮动行程+各种误差，一般取值为 70～150 mm（大货箱取大值）。

若每个货格存放两个货物单元，则货物单元之间间距一般取值 25～60 mm（大货箱取大值）。

据此，可以计算每个货格单元的长、宽、高，结合货架层、排、列数量，可进一步计算货架长、宽、高。

2．货物存取和输送系统

货物存取和传送系统承担货物存取、出入仓库的功能，它主要由巷道式堆垛机、叉车、穿梭车、自动导引车、输送机等组成。

（1）巷道式堆垛机

巷道式堆垛机是自动化立体仓库进行高层货架货物存取的关键装备，通过运行机构、起升机构和货叉机构的协调工作，完成货物在货架范围内的纵向和横向移动，实现货物的三维立体存取，如图 2-9 所示。

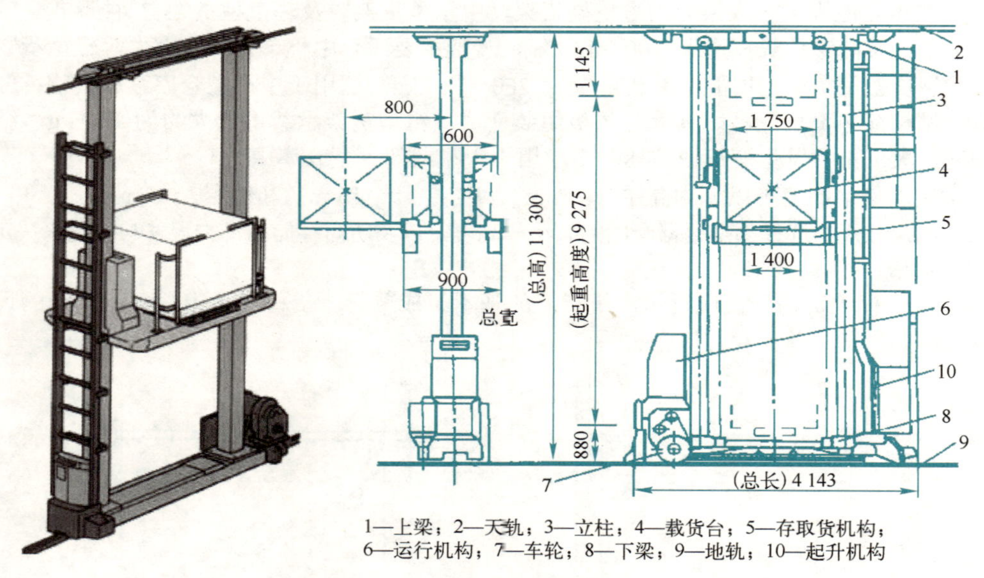

1—上梁；2—天轨；3—立柱；4—载货台；5—存取货机构；6—运行机构；7—车轮；8—下梁；9—地轨；10—起升机构

图 2-9 巷道式堆垛机示意图

巷道式堆垛机由行走电动机通过驱动轴带动车轮在下导轨上做水平运动，由提升电动机带动载货台做垂直升降运动，载货台上的货叉做伸缩运动，通过上述三维运动可将指定货位上的货物取出或将货物送到指定的货位。通过认址器、光电识别，以及光通信信号的转化，实现计算机控制，也可实现触摸屏的手动和半自动控制。通过认址器获取实际运行位置，货叉下面的行程开关控制货叉伸出的距离，货叉下面的接近开关控制货叉的回中定位。

巷道式堆垛机有多种类型，按照金属结构的形式，可分单立柱和双立柱堆垛机；按用途，可分为单元型、拣选型、单元—拣选型 3 种；按照有无导轨，可分为有轨堆垛起重机和无轨堆垛起重机（也称为高架叉车）；按照高度不同，可分为低层型（5 m 以下）、中层型（5～15 m）和高层型（15 m 以上）；按照驱动方式不同，可分为上部驱动式、下部驱动式和上下部相结合的驱动方式；按照自动化程度不同，可分为手动、半自动和自动堆垛起重机。

（2）叉车

叉车是具有各种叉具，能够对货物进行升降和移动，以及装卸搬运的搬运车辆。叉车按照动力类型，可分为人力叉车、电动叉车和内燃叉车；按照工况与功能，可分为平衡重式叉车、插腿式叉车、侧面式叉车、前移式叉车、窄巷道叉车、高货位拣选式叉车、集装箱叉车等。叉车在自动化立体仓库中主要承担从货架区到出入库台的搬运工作，用于室内载重量不大的托盘货物搬运，一般使用普通电动叉车。

当前智能叉车越来越广泛应用于自动化立体仓库作业中，通过激光导航以及多重传感器的部署，使得叉车可以自动感应识别货架上相应托盘的位置并精准对接，完成无人自动存取和搬运的功能，如图 2-10 所示。

（3）穿梭车

穿梭车又称为轨道式导引车（Rail Guide Vehicle，RGV），具有速度快、可靠性高、成本低等特点，在物流系统中有着广泛的应用，主要用于物料输送、车间装配等，并可与上位机或 WMS 系统通信，结合 RFID 技术、条码识别技术，实现自动化识别、输送和存取等功能，如图 2-11 所示。

图 2-10　智能叉车（极智嘉）

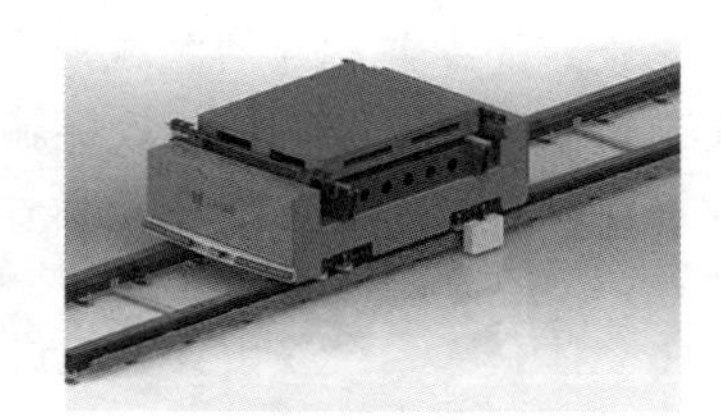

图 2-11　穿梭车

穿梭车是伴随着自动化物流系统和自动化仓库产生而产生的设备，它既可作为立体仓库的周边设备，也可作为独立系统。穿梭车可以十分方便地与其他物流系统实现自动连接，如出入库站台、各种缓冲站、输送机、升降机和机器人等，按照计划进行物料的输送。穿梭车无须人员操作，运行速度快，显著降低了仓库管理人员的工作量，提高了劳动生产率，同时它的应用可使物流系统变得非常简捷。

穿梭车根据其运行轨迹可分为往复式穿梭车和环形穿梭车等；根据轨道形式可分为单轨穿梭车和双轨穿梭车。

穿梭车台面根据用途可搭载多种移载装置：固定载货台、链式输送机型、辊道输送机型、顶升式和滑动货叉型等。

（4）自动导引车

自动导引车（AGV）是一种无人自动导引运输车，集合声、光、电、计算机技术于一体，应用了自动控制理论和机器人技术，装配有电磁或光学等自动性导引装置，能够按照使用设定好的导引路径行驶，具备完成目标识别、避让障碍物和各种移载功能，如图 2-12 所示。

AGV 应用于自动化立体仓库中，可实现从货架区到出入库台的无人化自动搬运。

按照导引方式，AGV 可分为电磁导引、磁带导引、光学导引、激光导引、惯性导引、图像识别导引等，可根据实际需要进行布置应用。

按照取货方式，可分为夹抱式——取货工具为夹爪，主要用于直接夹抱外形包装规则的货物；叉取式——取货工具为货叉，主要用于搬运有托盘装载的货物。

按照货物接驳的方式，可分为辊道移载搬运型 AGV、叉式搬运型 AGV、推挽移载搬运型 AGV、夹抱搬运型 AGV、升降接载搬运型 AGV 等，可根据需要搬运货物的种类以及不同接驳形式选择不同的搬运型 AGV 产品。

（5）输送机

输送机是以连续的方式沿着一定的路线从装货点到卸货点均匀输送货物和成件包装货物的机械设备。自动化立体仓库中通过计算机进行统一控制输送机运行，应用传感器、控制器和执行器，能够自动完成货物从货架区到出入库台的搬运工作，如图 2-13 所示。

图 2-12　自动导引车（极智嘉）

图 2-13　输送机

自动化仓库的库前和库后区域，为完成托盘货物、货箱货物的运输和传递，采用辊筒输送机、链式输送机、带式输送机、板链输送机等构成托盘货物输送系统，结合形位检测、拆叠盘机、顶升、移载、旋转等装置的转换，轻松实现送取货和堆垛机存取货之间的平滑过渡。

3. 管理和控制系统

自动化立体仓库系统采用计算机进行管理和控制，主要包括仓储管理系统（WMS）和仓库控制系统（WCS）两个系统。

（1）WMS 系统

WMS 是自动化立体仓库的管理中心，承担出入库管理、盘库管理、查询打印及显示、仓库经济技术指标计算分析管理功能。WMS 的基本功能如图 2-14 所示。

作为立体库的 WMS 系统，除了要求具备普通的 WMS 功能外，还有很多特别之处，主要包括以下内容。

1）组盘要求。组盘要求非常严格，绝对不能超差和超重，这是 AS/RS 的显著特点。AS/RS 有尺寸和重量监测装置，要求这两项均不超过设定值。

2）货位均衡。自动化立体库基于作业安全和效率的考虑，对货位分配有特别的要求。通常要求同一 SKU 的多个托盘被均匀分配到不同巷道，在整个作业过程中各巷道的托盘数基本相同。这是与普通的仓库管理系统不同的地方。

3）实时性要求。一方面，堆垛机完成每个作业的时间并不相同，另一方面，由于故障等原因，会导致分配的任务并不能按时完成，从而打乱了原先的分配原则。这时要求 WMS 系统根据实时情况分配货位。此外，由于堆垛机是自动完成作业的，所以 WMS 要实时记录货位的变化，避免出现账实不符。

图 2-14 WMS 的基本功能

4）故障处理。WMS 故障类型很多，主要有以下两类需要处理。第一类是货位空故障。出库时，当记录的货位有托盘，但实际监测没有，造成账实不符。这一类故障将直接影响发货，而系统也需要进行处理。通常处理此类错误首先需要人工确认监测结果是否正确。如果属于监测错误，则应修复设备，排除故障，重新作业；如果检测无误，则要求重新分配货位，并对当前货位进行跟踪处理。第二类是货位满故障。入库时，当记录的货位无货物，但实际监测有托盘，造成账实不符。这一类故障影响入库作业，处理此类错误首先需要人工确认监测结果是否正确。如果属于监测错误，则应修复设备，排除故障，继续作业；如果检测无误，则要求重新分配货位并对当前货位的货物进行跟踪，修复库存。此外，还有库存不准确等故障，也需要处理，维持库存准确是保证作业流畅的前提。

5）在线拣选。在线拣选是 AS/RS 的一项重要功能，WMS 对此要有相应支持。在线拣选对于波次拣选时，要求减少堆垛机作业次数，一次完成整个波次的拣选。在线拣选在拣选完成后，面临托盘回库的问题。有两种策略：一是回到原货位；二是重新分配货位。无论采用哪种策略，WMS 将担负管理货位和分配货位的责任。如果拣选完成后成了空托盘，堆垛机可将空托盘自动收集成垛存放在靠近拣选位的某个空货格内。

6）货位锁定。货位锁定对于 AS/RS 非常重要。有时是因为堆垛机故障需要锁定货位，有时是因为其他原因需要锁定。WMS 系统应提供自动和手工锁定货位的功能。

7）货位状态管理。AS/RS 的货位状态有很多种，如空货位、满货位、入库状态、出库状态、锁定状态，此外还要根据实际应用设计其他状态。

8）与 WCS 接口。除与 ERP 有接口外，WMS 必须与自动化监控系统 WCS 有接口。由于系统和设备的多样性，接口也具有多样性。WCS 将 WMS 与设备隔离开来，实现了 WMS 与设备无关，进而简化 WMS 的设计、发布和维护。

立体库 WMS 的特性还有很多，如盘库策略和方法、货位的优先级管理、双深度货位管理等，需要开发设计时在功能上予以考虑。

（2）WCS 系统

WCS 是自动化立体仓库的控制中心，它沟通并协调管理计算机、堆垛机、出入库输送机等的联系；控制和监视整个自动化立体仓库的运行，并根据管理计算机或自动键盘的命令组织流程，以及监视现场设备运行情况和现场设备状态、监视货物流向及收发货显示。WCS 的基本功能包括接受 WMS 的作业指令，经过整理、组合形成各自动化系统的作业指令，分发给各自动化系统。同时，接收各自动化系统的现场状态，反馈给 WMS。企业 ERP、WMS 与 WCS 的关系图如图 2-15 所示。

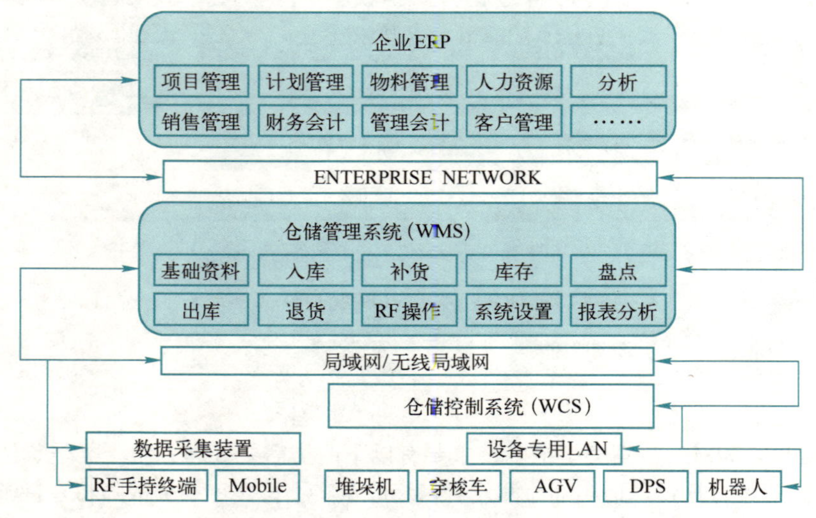

图 2-15　企业 ERP、WMS、WCS 系统的关系图

从 WCS 的角度看，WMS 是关于作业要求的发出者。在入库作业时，将托盘货物存放在什么位置，在出库作业时，要求货物从什么位置出，出多少，这些应是 WMS 的工作内容。而具体由什么系统去执行，并不是 WMS 要关心的事情，WCS 则完成了任务分发的工作。

WCS 具有如下显著特点：

- 明确了 WMS 与设备无关的概念，结构清晰，易于维护；
- 理清了 WMS 与监控系统的职责，各司其职，避免交叉；
- 对于大型物流中心，大大减少了联合调试的时间；
- 系统稳定性大大提高；
- 便于远程部署 WMS，尤其是云端系统的部署变得可行。

监控系统是 WCS 系统的重要组成部分，职责是完成自动化作业的任务监控。在一个自动化立体库系统中，监控系统要求与立体库设备发生紧密的互动，主要是堆垛机、输送机、穿梭车等。有的系统中还包括分拣机、AGV、机械手等自动化设备。

1）堆垛机监控系统。一个堆垛机的入库作业循环包括：

- 接受输送机系统的入库请求；
- 堆垛机达到入库口（其中包括堆垛机的加速、运行、减速、停准等动作，起升的载货台回原位动作）；
- 堆垛机取货作业（其中包括伸叉、叉体到位、微升、微升到位、回叉、回叉对中等动作），取货完成，还需要发给输送机一个取货完成指令，以便输送机释放占位；
- 堆垛机运行到指定位置（包括水平位置和高度位置）；
- 堆垛机检查货位是否有货（如有货则报故障）；
- 堆垛机放货作业（其中包括伸叉、叉体到位、微降、微降到位、回叉、回叉对中等动作）；
- 堆垛机待机。

一个完整的出库环节包括：

- 接受监控系统的出库请求（在一个队列里的第一条指令）；
- 堆垛机达到预定货位位置（其中包括运行的加速、运行、减速、停准等动作，起升的载货台要求同步运动到预定位置）；
- 堆垛机检查货位是否有货（如无货则报故障）；
- 堆垛机取货作业（其中包括伸叉、叉体到位、微升、微升到位、回叉、回叉对中等动作）；
- 堆垛机运行到指定出库口位置（包括水平位置和载货台高度位置），有时一个巷道有多个出库口，因此指定出库口非常重要；
- 堆垛机向输送机系统发出卸货申请，输送机即刻回复是否可以卸货；
- 当允许放货时，堆垛机执行放货作业（其中包括伸叉、叉体到位、微降、微降到位、回叉、回叉对中等动作）；
- 堆垛机待机。

在整个作业循环中，堆垛机要求时刻监控货物是否在运行中超差。如果发现超差，将立即停止运行，并报故障。

对于堆垛机系统来说，每个控制系统与监控系统的交互并不是完全一样的。有的是将整个作业循环作为一个事务来处理，这样交互的内容就很少；有的是将整个循环划分为多个小循环和多个小事务，交互的情形就比较多。

2）输送机监控系统。相比堆垛机监控系统，输送机监控系统相对简单。在输送阶段，几乎没有什么需要监控的，一切按照内部逻辑运行，只是在出现故障时需要处理。而在分流段，则需要根据系统规划的路线或外部的条码信息决定分流路线。但输送机也有复杂的地方，如条码的识别，系统不仅要求识别要准确，而且要求快捷，而这两点都具有难度。

3）穿梭车监控系统。穿梭车的监控类似于堆垛机，但比堆垛机要简单，主要是没有载货台的控制。

4）图形显示系统。监控系统需要将作业过程进行图形显示，可以安排专门的计算机系统完成。一个好的图形显示可以观看到整个中心的作业情况，对于日常维护是非常重要的。

4. 土建工程及辅助设施

1）土建工程。根据仓库的规模、仓储系统的功能要求，由建筑设计师根据地质概貌情况，按照国家有关标准进行设计。

2）消防系统。依据国家《建筑设计防火规范》进行设计，再根据所存物品的性质确定具体的消防方案和措施。自动化立体仓库的消防系统大都采用自动消防系统。

3）照明装置。自动化立体仓库的照明系统应由日常照明、维修照明和应急照明 3 部分组成。对存储感光材料的黑暗库来说，不允许储存物品见光，照明系统应特殊考虑。

4）通风及采暖装置。通风和采暖的要求是根据所存物品的条件提出的。自动化立体仓库内部的环境温度一般在−5～45℃，通常由厂房屋顶及侧面的风机、顶部和侧面的通风窗、中央空调、暖气等措施来实现。对储存散发有害气体物品的仓库要考虑环保要求，对有害气体进行适当处理后再排入室外。

5）动力系统。自动化立体仓库一般只需动力电源即可。总的电容量要根据所有用电设备的负荷，综合考虑来确定。

6）其他设施。包括给排水设施、避雷接地设施和环境保护设施等，需要进行综合考虑。给水设施：包括消防用水和工作用水两部分；排水设施：是指将工作废水及雨水及时排出仓库外部的系统；避雷设施：立体仓库属于高层建筑，应设置避雷设施以防止雷击。

2.2.4 自动化立体仓库的管理与维护

1. 自动化立体仓库的规划设计

对自动化立体仓库进行规划设计，主要包括以下步骤。

（1）收集、研究用户的原始资料，明确用户所要达到的目标

主要收集的原始资料包括以下内容。

1）明确自动化立体仓库与上游、下游衔接的工艺过程。

2）物流要求：上游进入仓库的最大入库量、向下游转运的最大出库量以及所要求的库容量。

3）物料的规格参数：物料的品种数、物料包装形式、外包装尺寸、重量、保存方式及其他物料的其他特性。

4）立体仓库的现场条件及环境要求。

5）用户对仓库管理系统的功能要求。

6）其他相关的资料及特殊要求。

（2）确定自动化立体仓库的主要形式及相关参数

所有原始资料收集完毕，可根据这些第一手资料计算出设计时所需要的相关参数，包括以下内容。

1）对整个库区的出入库总量要求，即仓库的流量要求。

2）货物单元的外形尺寸及其重量。

3）仓库储存区（货架区）的仓位数量。

4）结合上述 3 点确定储存区（货架区）货架的排数、列数及巷道数目等其他相关技术参数。

（3）合理布置自动化立体仓库的总体布局及物流图

自动化立体仓库包括入库暂存区、检验区、码垛区、储存区、出库暂存区、托盘暂存区、不合格品暂存区及杂物区等。规划时，立体仓库内不一定要把上述的每一个区都规划进去，可根据用户的工艺特点及要求来合理划分各区域和增减区域。

同时，还要合理考虑物料的流程，使物料的流动畅通无阻，这将直接影响到自动化立体仓库的能力和效率。

（4）选择机械设备类型及相关参数

1）货架：货架的设计是立体仓库设计的一项重要内容，它直接影响到立体仓库面积和空间的利用率。

① 货架形式：货架的形式有很多，而用在自动化立体仓库的货架一般有横梁式货架、牛腿式货架、流动式货架等。设计时，可根据货物单元的外形尺寸、重量及其他相关因素来合理选取。

② 货格尺寸：货格的尺寸取决于货物单元与货架立柱、横梁（牛腿）之间的间隙大小，同时，在一定程度上也受到货架结构形式及其他因素的影响。

2）堆垛机：堆垛机是整个自动化立体仓库的核心设备，通过手动操作、半自动操作或全自动操作实现把货物从一处搬运到另一处。它由机架（上横梁、下横梁、立柱）、水平行走机构、提升机构、载货台、货叉及电气控制系统构成。

① 堆垛机形式的确定：堆垛机形式多种多样，包括单轨巷道式堆垛机、双轨巷道式堆垛机、转巷道式堆垛机、单立柱堆垛机、双立柱堆垛机等。

② 堆垛机速度的确定：根据仓库的流量要求，计算出堆垛机的水平速度、提升速度及货叉速度。

③ 其他参数及配置：根据仓库现场情况及用户的要求选定堆垛机的定位方式、通信方式等。堆垛机的配置可高可低，视具体情况而定。

3）输送系统：根据物流图，合理选择输送机的类型，包括辊道输送机、链式输送机、带式输送机、升降移载机、提升机等。同时，还要根据仓库的瞬时流量合理确定输送系统的速度。

4）其他设备：根据仓库的工艺流程及用户的一些特殊要求，可适当增加一些辅助设备，包括手持终端、叉车、平衡吊等。

（5）设计 WCS 控制系统及 WMS 仓库管理系统的各功能模块

根据仓库的工艺流程及用户的要求，合理设计控制系统及仓库管理系统。控制系统及仓库管理系统一般采用模块化设计，便于升级和维护。

（6）仿真模拟整套系统

在有条件的情况下，对整套系统进行仿真模拟，可以对立体仓库的储运工作进行较为直观的描述，发现其中的一些问题和不足，并做出相应的更正，以优化整个 AS/RS。

（7）进行设备及控制管理系统的详细设计

明确具体技术参数和技术要求，形成设备及控制管理系统的详细设计方案。

（8）提出对土建及公用工程的要求

提出对基础承载、动力供电、照明、通风采暖、给水排水、报警、温湿度、洁净度等方面的要求。

（9）形成完整的系统技术方案

考虑其他各种有关因素，与用户讨论综合调整方案，形成切实可行的技术方案。

以上所述为自动化立体仓库设计的一般过程，在具体设计中，可结合具体情况灵活运用。

2. 自动化立体仓库的安全管理

自动化立体仓库涉及许多大型化、自动化机电设备，必须加强仓库安全管理，明确安全管理操作规程和有关要求。主要包括以下内容。

1）各岗位的操作人员，必须经过岗前培训并考核，以确认是否能胜任岗位工作。

2）严禁人员攀爬货架。

3）地面系统控制柜合闸通电前，操作者必须首先检查各巷道有无异物，确认没有后，方可合闸通电。

4）设备运转中，货架区严禁人员进入。

5）除检修时需要（此时应采取相应措施将载货台固定在导轨上）外，其他任何情况下，载货台下严禁站人。

6）自动化立体仓库设备正常工作环境温度范围为-5～45℃，当环境温度超过此温度范围时，必须采取适当的措施，以满足设备正常启动条件；否则，将会给设备造成不可逆转的损害。

7）禁止挤压、踩踏滑触线、认址片、各类开关及固定支架、各类传感器及固定支架等易变形易损坏部件。

8）严禁遮挡红外通信器和激光测距仪。

9）根据环境条件，定期检查，并使用软布擦拭各种光电开关及光通信、反射镜表面的灰尘，防止影响传感器正常工作；对已损坏元器件应及时更换，以免对设备造成更大的不必要的损失。

10）立体库区内，不得有易燃易爆的气体或粉尘存在，以免发生危险。

11）对具有腐蚀性、挥发性的液体或固体，应妥善包装，以免对设备造成损害，降低设备的使用寿命。

12）货物入库时，操作员应该检查货物外形是否超差，特别是长度方向，同时检查货物是否放平稳。

13）对因托盘卡阻原因造成的故障，不得使用野蛮作业方式排除，以免造成设备损坏，导致更大的损失。

3. 自动化立体仓库的维护保养

（1）维护保养的基本要求

- 清洁：设备内外整洁，作业场地清扫干净；
- 整齐：工具、附件等要放置整齐；
- 润滑良好：按时加油或换油；
- 安全：遵守安全操作规程，设备的安全防护装置齐全可靠，及时消除不安全因素。

（2）堆垛机与输送设备维护

重点做好以下工作：

- 巷道内有无障碍物；
- 设备运行区域有无漏油、漏雨现象；
- 机体螺栓、螺母有无松动；
- 机体有无破损及附着异物；
- 限速器是否完好；
- 限速防坠装置是否运行可靠；
- 行走轮及导向轮的磨损情况；
- 钢丝绳磨损情况：按相关技术规范检查是否需要更换，检查是否润滑良好，检查有无异常声音；
- 链条磨损情况：延伸量是否达到更换条件，注油情况是否润滑良好，有无异常声音、振动，链条销轴有无伤损；
- 结构部分：框架是否变形，有无材料裂纹及破损，材料焊接处有无异常，轴有无损坏，连接处的螺栓、螺母有无松动；
- 轨道部分：有无障碍物，导轨两端限位装置有无异常，清轨器及安全夹钩是否完好，导轨的磨损、裂纹及因挤压凸起等现象，导轨的固定螺母有无松动，底板垫板有无异常；
- 电动机、减速机部分：工作时有无异常声音、振动，温升情况，注油情况，有无漏油；
- 链轮及齿轮部分：安装部分有无松动，齿面磨损状态是否有龟裂，回转时有无异常声音、振动，注油情况；
- 轮、轴与轴承部分：外观有无弯曲和扭曲，轴承环有无破损、龟裂，键或键槽有无变形，回转时有无异常声音、振动，注油情况，温升情况；
- 拉力弹簧外观有无断裂，扭曲；
- 扭力限制器是否可靠；
- 安全爬梯及安全绳是否有异常。

（3）电气系统维护

重点做好以下工作：

- 配电箱、控制箱的清洁；
- 接地装置定期检查；
- 电气元件的完好情况；
- 电气装置接触部位有无过热现象及放电痕迹；
- 电线、电缆的损伤及更换；
- 滑触线，集电器触头的磨损、接触是否可靠；
- 电动机接线及过热现象；
- 传感器接收及发射端的清洁；
- 各安全保护及联锁装置的工作情况：各机构终端限位保护，堆垛机行走终端限速保护，堆垛机升降超速保护，堆垛机载货台松绳保护，堆垛机货物虚实探测，堆垛机货物位置和外形检测，堆垛机紧急停车装置，堆垛机声光报警装置，堆垛机微升降的行程保护，堆垛机货叉与行走、升降机构的联锁等。

（4）信息化系统维护

- 信息化系统硬件维护包括：网络与服务器的正常运作；网络与服务器内部资料的维护、数据库的数据备份和冗余数据的定期清理等；网络安全和网络通畅。
- WMS、WCS 软件维护包括：完善 WMS、WCS 软件；为适应软件运行环境的变化而进行修改（必要时）；为扩充功能和改善性能而进行修改和扩充。

2.2.5 自动化立体仓库的应用与发展

1．自动化立体仓库的发展历程

第二次世界大战之后，随着生产和技术的发展的产生了立体仓库。二战后 20 世纪 50 年代，美国分别出现了采用桥式堆垛起重机和司机操作的巷道式堆垛起重机立体仓库；随着计算机控制技术的发展，美国在 60 年代又建成世界上第一座在仓库管理中由计算机控制的立体仓库。此后，自动化立体仓库在世界范围内得到迅速发展，并逐渐形成了专门的学科。

在国外，美国学者 J. A. White 将仓储技术发展划分为 5 个阶段，其中也能够体现出自动化立体仓库的发展历程。

第一阶段：人工仓储技术阶段。在这一阶段，主要靠人工来实现货物的输送、存储、管理和控制。

第二阶段：机械化仓储技术阶段。在这一阶段，货物的移动和搬运主要通过各种各样的传送带、工业输送车、吊车、机械手、升降机和堆垛机，货物的存储则是依靠托盘和可移动式货架，同时人工操作机械存储设备，并采用限位开关和监视器等来控制设备的运行。这一阶段，高层立体货架得到应用，作业活动处于机械化作业阶段，还没有实现自动化运行。

第三阶段：自动化仓储技术阶段。自动化技术对仓储技术的发展起到了非常重要的促进作用。20 世纪 50 年代末和 60 年代，自动引导车（AGV）、自动存取机器人、自动货架、自动识别和自动分拣系统等被相继研制和采用。70 年代和 80 年代，移动式货架、旋转式货架、巷道式堆垛机等也开始加入自动控制的行列。随着计算机技术的快速发展，自动化技术的工作重点开始向货物的控制和管理（实时、协调和一体化）方向发展，也逐渐成为仓储自动化技术的核心。自动化立体仓库出现并开展应用。

第四阶段：集成自动化仓储阶段。在这一阶段，越来越多的行业领域开始应用自动化仓储系统，这一系统中包括人、设备和控制系统，形成了“集成系统”的概念。20 世纪 90 年代以来，自动化立体仓库在全世界迅速发展，先进的技术手段在自动化仓库中得以应用，实现了货物自动存取、自动运输、自动分拣，高效率采集货物信息、资源和库存管理和控制的智能化。由于更多的自动化仓储物流系统（WMS、WCS）和设备（RGV、AGV、AMR、手持终端）等得到广泛应用，极大地提高了仓储物流作业效率并降低了成本。

第五阶段：智能自动化仓储技术阶段。以智能制造为主的第四次工业革命，大力提倡物联网、数字化技术、人工智能技术，推动了自动化技术向智能自动化方向发展，物流行业迎来智能化时代，仓储管理及识别设备的智能升级进一步提高了存取货物的效率，库位分配、智能搬运、智能分拣、智能监控等智慧决策和智能运行得以实现。自动化立体仓库已经进入了智能化发展阶段。

2．我国自动化立体仓库的发展现状

我国自动化立体仓库建设起步于 1975 年，20 世纪 70 年代中期，“自动化立体库”被作为国

家级十大技术攻关项目之一提出，原北京起重运输机械研究所以国外技术为蓝本，依靠自有能力开发出国内第一座自动化立体库，但由于当时中国对物流系统技术的认识不足，工业基础薄弱，致使其不能大力推广，造成了其技术起点高、发展慢的局面，到 20 世纪 80 年代中期总共只建设了不足 10 座自动化立体仓库。

20 世纪 80 年代末至 90 年代，自动化立体仓库逐渐被企业所认识，需求开始增加，德国德马泰克公司、日本大福公司、村田公司，瑞士 Swisslog 公司等国际上先进的物流系统集成商的部分技术被引进国内，在这一时期，国内物流系统集成项目开始有了需求增长，但基本上还局限在烟草、胶片、汽车制造等特殊行业，供应商也不多。

21 世纪以来，随着物流市场需求与行业规模迅速扩大，技术全面提升，现代仓储系统、分拣系统及其自动化立体仓库技术在各行业开始得到应用，尤其是医药、食品、烟草、汽车等行业更为突出。

当前，我国的自动化立体仓库技术已经基本成熟，并进入大量应用阶段，已建成自动化立体仓库数量 4000 座以上。昆船物流、今天国际、太原刚玉、北京高科、新松机器人、沈飞、自动化所、江苏六维、南京音飞等国内企业异军突起，在与国外先进的立体仓库系统集成商竞争中不断发展，在一些中低端项目中具备了较强的竞争优势，有些企业也成功进入高端项目领域。

相比国外先进国家，美国拥有各种类型的自动化立体仓库 2 万多座，日本拥有 3.8 万多座，德国 1 万多座，我国自动化立体仓库保有量依然很少，技术水平与先进国家在高速性能、工艺可靠性等方面还存在差距，未来发展潜力巨大。

3．我国自动化立体仓库的行业应用

我国自动化立体仓库应用范围很广，几乎遍布所有行业。目前已经投入应用的行业主要有烟草、医药、连锁零售、机械制造、汽车、食品、军队系统、电子商务等，此外在化工、航空航天、电子、图书、配送中心、机场、港口等领域也有较广泛的应用。我国自动化立体仓库的应用领域所占比重，如图 2-16 所示。

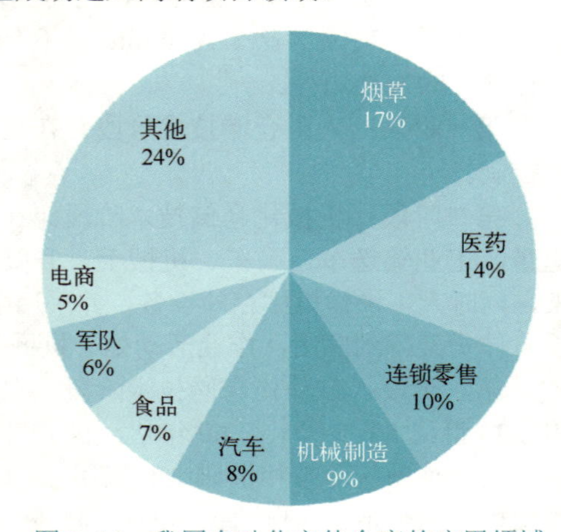

图 2-16　我国自动化立体仓库的应用领域

案例 2-2：蒙牛乳业自动化立体仓库

蒙牛乳业自动化立体仓库（六期项目）包括原辅料的自动化输送，成品的自动化输送及存储。集成了自动化仓库系统 AS/RS、空中悬挂输送系统、码垛机器人、环行穿梭车、直线穿梭车、自动导引运输车 AGV、自动整形机、自动薄膜缠绕机、液压升降台、货架穿梭板、连续提升机以及多种类型的输送机等众多自动化物流设备。作为国内自动化水平最高的物流项目，被国家发改委评为“机电一体化示范工程”。（资料来源：太原刚玉企业官网——食品行业应用案例，2020 年 8 月）（扩展视频 2-4）

2.3　穿梭车式密集仓储系统

2.3.1　穿梭车式密集仓储系统的概念与特点

1．密集仓储系统

传统的自动化立体仓库，又称为二维存储系统、AS/RS，自 20 世纪 50 年代诞生以来已经广泛应用于物流和生产活动中。自动化立体仓库主要由巷道、存储货架、堆垛机和入出库台等组成，堆垛机能够在巷道中沿 x、y 两个方向自主地移动、拣选和卸载货物。货物通常储存在单深位货架里，巷道占据了地面空间相当大的一部分。

在密集仓储系统中，单元货物是存储在多深位的货架里，比二维存储系统更加节省空间。图 2-17 说明了密集存储比传统二维系统更加节省空间。

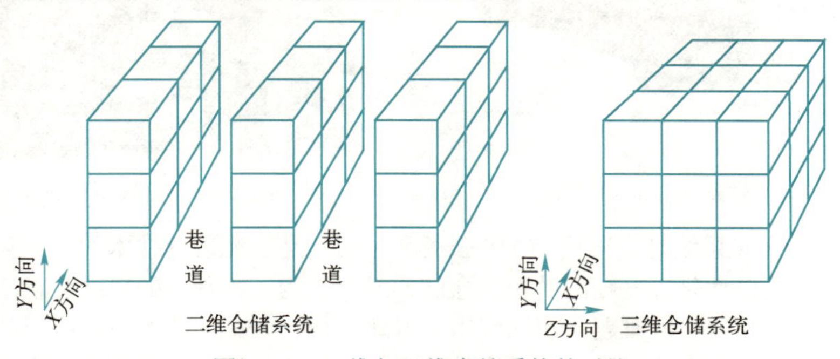

图 2-17　二维与三维仓储系统的对比

和二维仓储系统（自动化立体仓库）相比，密集仓储系统主要有以下两个优势。

一是减少了货道占用的空间，而且大大降低了设备移动所需要的空间，从而提高了仓储密度，使得单位面积货物的存储量大大提升。

二是采用的纵深式货架在纵向上能够缩短负载单元间的距离，在横向上能够减少设备行走的距离和时间，而且它还能够通过对 x、y、z 3 个方向的同时运动来降低货物存取时间，从而大大提高仓储效率。

纵深式货架是密集式仓储系统最重要的组成主体，常见的密集式仓储货架主要有穿梭车式货架、驶入式货架、重力式货架、重型移动式货架、压入式货架、多深位立体仓库货架等。考虑到水平、垂直和深度运动的不同，产生了不同的运载系统（如堆垛机、输送机、穿梭车、升降机），也产生了不同的密集仓储系统，如表 2-1 所示。

表 2-1　密集仓储系统的主要类型

	x 方向	y 方向	z 方向	应用场景
基于输送机的密集仓储系统	叉车或堆垛机	叉车或堆垛机	重力或动力输送机	驶入式货架系统、重力式货架系统、压入式货架系统等
基于穿梭车的密集仓储系统	叉车或堆垛机	叉车或堆垛机	两向穿梭车	穿梭板式货架系统
	穿梭车（母车）	升降机	穿梭车（子车）	子母车式仓储系统
	四向穿梭车	升降机	四向穿梭车	四向车式仓储系统

2. 穿梭车式密集仓储系统

穿梭车（RGV），是物流系统中一种执行往复输送任务的小车，其基本功能是在物流系统中（平面内）通过轨道上的往复运动完成货物单元（主要是托盘和料箱）的输送，如图 2-18 所示。穿梭车有两向穿梭车、子母穿梭车、四向穿梭车等类型，有别于提升机（垂直输送）、AGV（自动导向、无轨道）以及堆垛机（托盘式 AS/RS 与箱式 Miniload），穿梭车具有较好的灵活性，能够广泛应用于物流配送中心和生产物流系统。

穿梭车式密集仓储系统是基于高密度货架、穿梭车及升降机、输送机等设备，配合仓库管理系统完成货物出入库作业，具有较高空间利用率和存取效率的仓储系统，如图 2-19 所示。

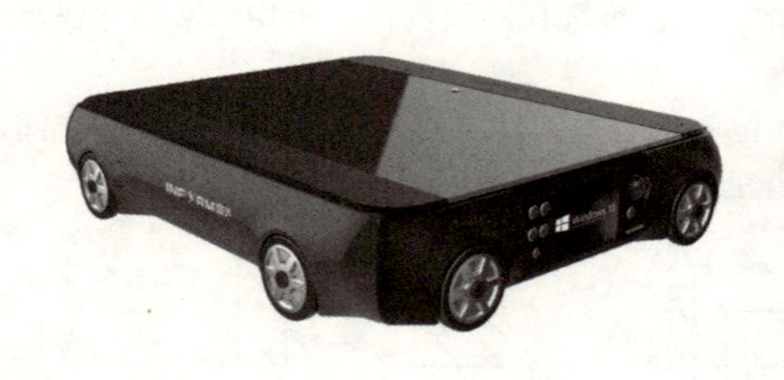

图 2-18　穿梭车（南京音飞）

图 2-19　穿梭车式密集仓储系统

穿梭车式密集仓储系统是由瑞典 EAB 公司所发明，是物流装备技术的一次重大创新。穿梭车式密集仓储系统是自动化程度较高的密集仓储形式，作为一种独特的自动化物流系统，主要解决了货物密集存储与快速存取难题，空间利用率可达 80%～85%，成为应用广泛的新型物流仓储系统。特别是随着穿梭车电池、通信和网络等关键技术的逐步解决，穿梭车式密集仓储系统将得到进一步广泛应用。

3．穿梭车式密集仓储系统的特点

1）密集存储。采用高密度货架存储货物，取消了叉车或堆垛机作业通道，大大提高了空间利用率。

2）快速存取。可实现多维度、多层、多小车同步运作，大大缩短了作业时间；同时，穿梭车具有高度的灵活性，可实现货到人拣货，提高工作效率。对比发现，基于堆垛机的 Miniload 自动化系统，每个巷道配置 1 台堆垛机，作业效率一般为 80～150 箱/h（进+出）；而穿梭车货架系统，每个巷道每层配置 1 台穿梭车，单车效率 60～120 箱/h，受提升机能力影响，每巷道效率可达 600～1000 箱/h（进+出）。

3）系统柔性。可根据订单任务量大小，灵活增减小车数量，适应性强，特别适用于订单波动性较大的仓储环境；同时，当穿梭车发生故障时，可快速更换故障小车，保证仓库运行不受影响。

2.3.2　穿梭车式密集仓储系统的主要类型

1．按处理货物单元不同进行分类

根据所处理货物单元的不同，可以分为托盘式穿梭车系统和料箱式穿梭车系统两大类，其中，前者是密集存储的有效解决方案，后者则为拆零拣选而生，主要用于“货到人”拣选系统。

（1）托盘式穿梭车系统

主要用于密集存储，其收货系统中主要包括输送机（包括提升机）；储存系统则包括货架、穿梭车、提升机等，有些也采用堆垛机（AS/RS）完成穿梭车的换层；发货系统包括输送机及拣选系统等。有些系统比较简单，如穿梭板可以自行构成系统，有些系统则比较复杂，如采用机器人完成入库码垛和出库拆垛等。

（2）料箱式穿梭车系统

主要用于“货到人”拣选系统，其收货系统包括收货换箱工作站和收货输送系统；储存系统包括货架及轨道、穿梭车（包括多层穿梭车、子母车、四向穿梭车等）、提升机等；发货系统则包括拣选工作站、包装工作站和输送系统等，根据实际应用不同，有些系统会更简单或复杂一些。对于以料箱存储为对象的穿梭车密集仓储系统，主要是为了满足轻量化、高柔性、高速率的货物拣选需要。

2. 按存取方式不同进行分类

按照存取方式不同，托盘式穿梭车系统和料箱式穿梭车系统均可分为 3 种类型：穿梭板式、子母穿梭车式和四向穿梭车式密集仓储系统。

（1）穿梭板式密集仓储系统

穿梭板式密集仓储系统，也称为两向穿梭车货架系统，由密集仓储货架、穿梭板、叉车（或堆垛机）和入库/出库点组成。叉车（或堆垛机）具备同时在水平和垂直方向移动的能力，将穿梭板送至待取货物所在深货道首端，穿梭板能够移动到深层货架里面来存取货物，此时叉车（或堆垛机）在深货道首端等待，穿梭车完成取货任务后，由叉车（或堆垛机）将货物送至出库点，如图 2-20 所示。（扩展视频 2-5）

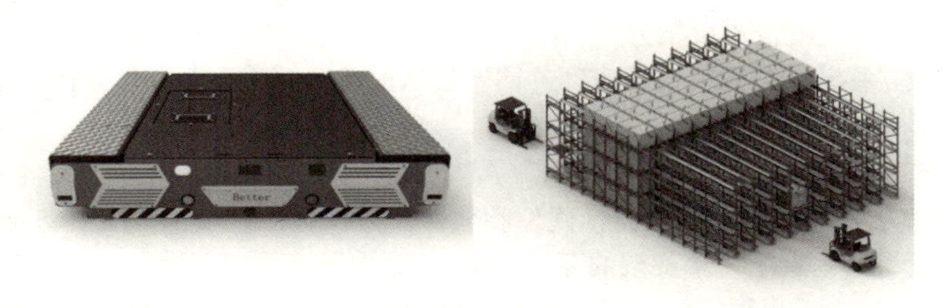

图 2-20　穿梭板式密集仓储系统（南京贝特）

（2）子母穿梭车式密集仓储系统

子母穿梭车式密集仓储系统由轨道式密集货架、穿梭车主轨道（垂直于密集货架的存储巷道）、穿梭式母车、穿梭式子车、货物提升机、进/出库站台和货物输送系统等组成。

其突出特点是穿梭车包括穿梭式母车和穿梭式子车两部分，穿梭式母车载着子车在主轨道运行，穿梭式子车在货物存储通道运行进行货物的存取，母车与子车在货物存储通道与主轨道的交叉口进行接驳，子母穿梭车如图 2-21 所示。子母穿梭车与各层出入库点、缓冲站、穿梭车提升机等立体仓库周边设备配合完成高密度仓储中货物的水平运输，这种设计保证了穿梭车在同层或跨层的四向运作，同时也尽可能地降低调度控制的复杂度，具有行走速度高、定位精度准等特点。（扩展视频 2-6）

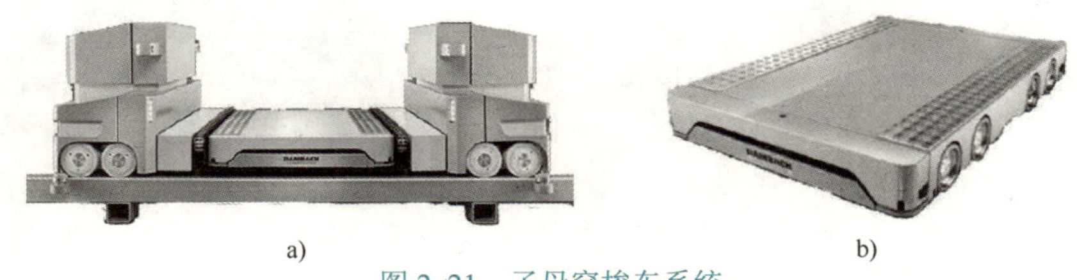

a)　　　　b)

图 2-21　子母穿梭车系统

a) 一套子母穿梭车　b) 穿梭式子车

（3）四向穿梭车式密集仓储系统

四向穿梭车式密集仓储系统，也称可移动立方体结构仓储系统，由轨道式密集货架、穿梭车主轨道（垂直于密集货架的存储巷道）、四向穿梭车、货物提升机、进/出库站台、货物输送系统等部分组成，能够达到一个非常高的存储密度和非常短的响应时间，如图 2-22 所示。（扩展视频 2-7）

图 2-22　四向穿梭车系统（普罗格智芯科技）

和其他类型的密集式仓储系统相比，四向穿梭车式密集仓储系统最大的优点是能够实现在 3 个维度的独立运动。在每一层，所有的货物都存储在一个可向 x 方向和 z 方向移动的穿梭车上，提升机负责在不同层之间沿着 y 轴方向的移动。提升机的运动独立于穿梭车，而位于不同层次的穿梭车又可以独立移动。只要前面有空间，同一层次的多个穿梭车甚至可以同时移动。

2.3.3　穿梭车式密集仓储系统的构成及参数

典型的穿梭车式密集仓储系统包括硬件和软件两大部分：硬件部分主要包括轨道式密集货架、穿梭车主轨道（垂直于密集货架的存储巷道）、穿梭车（两向穿梭车、四向穿梭车或子母穿梭车）、货物提升机、进/出库站台（I/O point）、货物输送系统等；软件部分包括仓库控制信息系统（WCS）以及仓库管理信息系统（WMS）等。有的穿梭车式密集仓储系统还需要配合堆垛机、叉车进行穿梭车的移动和换层作业，如图 2-23 和图 2-24 所示。

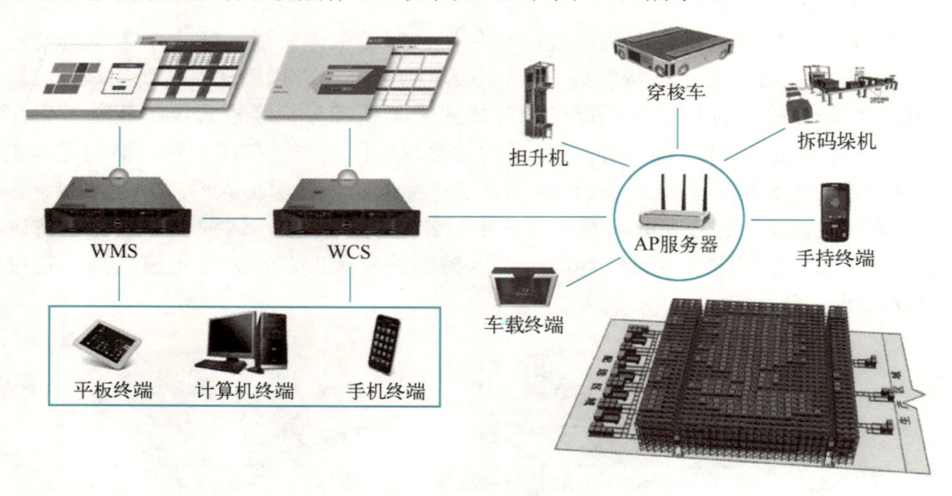

图 2-23　穿梭车式密集仓储系统的基本构成

1．穿梭车

穿梭车是一种智能机器人，是密集仓储系统的核心装备，可以编程实现取货、运送、放置等任务，并可与上位机或 WMS 系统进行通信，结合 RFID、条码等识别技术，实现自动化识别、存取等功能。

穿梭车具有动态移载的特点，能使物料在不同工位之间的输送布局更加紧凑、简捷，从而提高物料的输送效率。在电控系统控制下，通过编码器、激光测距等认址方式精确定位于各个输入、输出工位，接收物料后进行往复运输，主要应用于自动化物流系统中单元物料高速、高效的平面自动输送，具有高度的自动化和灵活性。

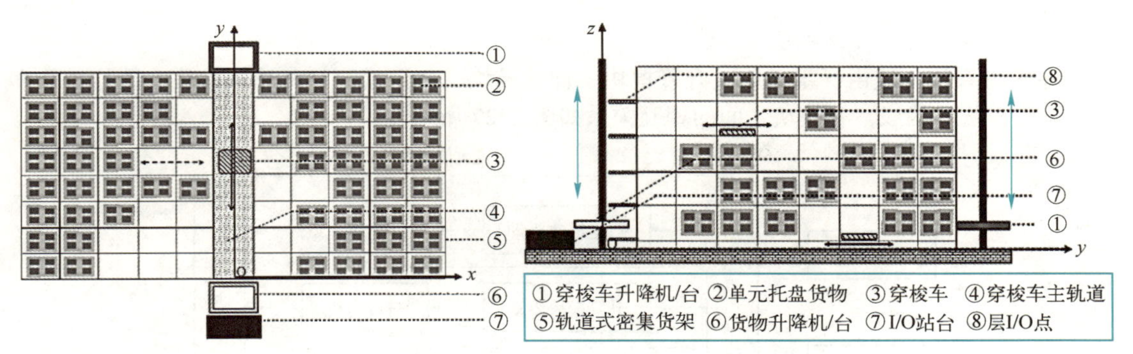

图 2-24 穿梭车式密集仓储系统的结构示意图

（1）穿梭车基本结构

穿梭车系统主要由机械系统和电气系统组成，机械部分由机架组合、顶升机构、限位轮和行走机构等组成；电气系统主要由 PLC、伺服驱动系统、低压电气、传感器、遥控器、按钮信号组合、电池供电系统等组成，如图 2-25 和图 2-26 所示。

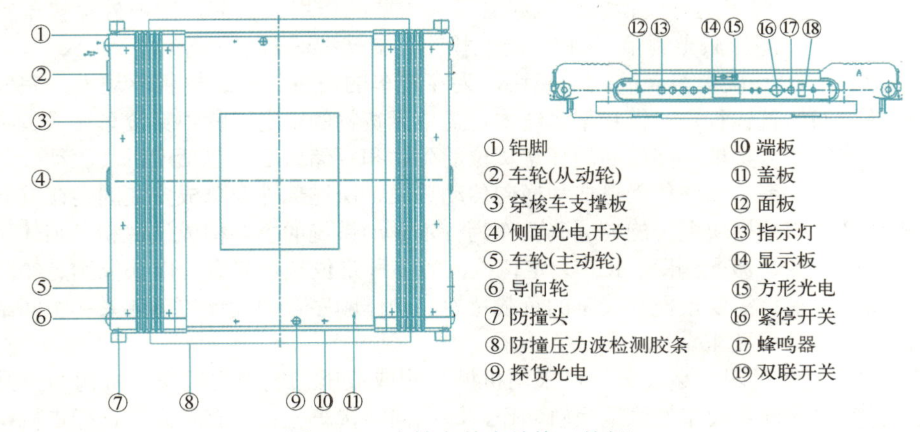

图 2-25 穿梭车基本结构（外部）

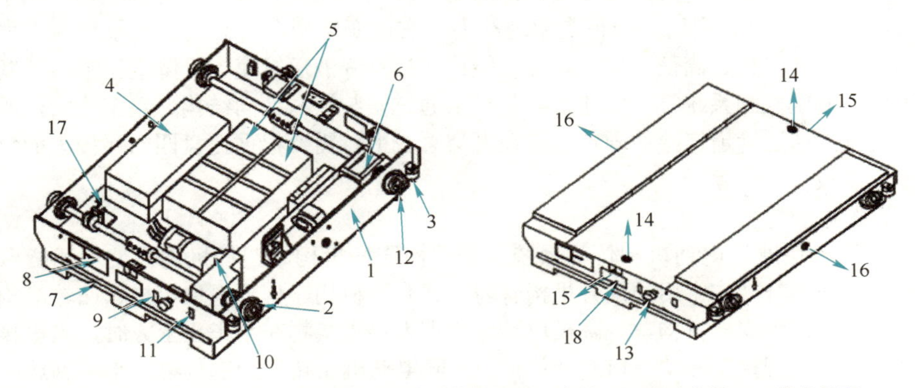

1—穿梭车主体；2—升降轮；3—导向轮；4—电子控制器；5—电池；6—行走电机；7—防撞气囊；8—指示灯；9—充电插头；10—升降电机；11—双联电源开关；12—行走轮；13—紧停开关；14—上光电；15—前后光电；16—左右侧光电；17—升降定位接近开关；18—显示板

图 2-26 穿梭车基本结构（内部）

（2）穿梭车系统模块构成

穿梭车系统一般由行走模块、升降模块、伸叉模块、电源模块、传感器模块、通信模块和控制系统模块等构成。各模块之间的相互关系如图 2-27 所示。

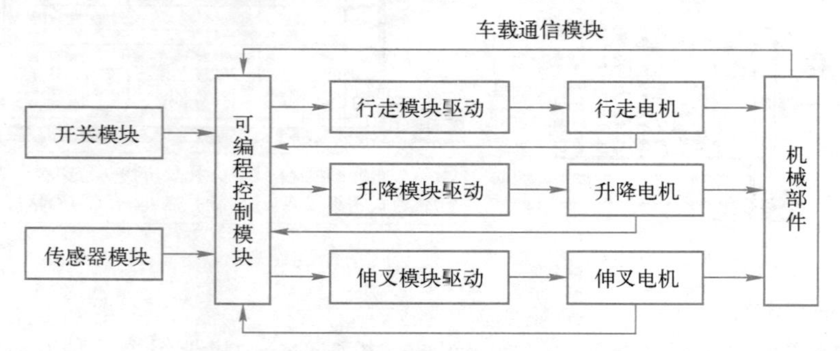

图 2-27　穿梭车系统各模块的相互关系

1）行走模块。

行走定位系统对整车运行及换向转轨起着至关重要的作用。目前，国内外穿梭车常用的定位方式有条码定位检测、激光测距、RFID 定位检测、旋转编码器定位等。

行走模块主要为行驶电机及其驱动模块，为穿梭车的前进、后退提供驱动力，完成穿梭车在货架纵横轨道间的直线行走。钢货架系统内托盘单元货物的输送过程由穿梭车完成货物在水平面的纵横双向运输，可实现存储层面的任意货位的到达和存储搬运；包括电机及驱动控制器、减速机构、链及轴传动系、纵向传动总成和横向传动总成，所述部件及总成安装固定在框架体上；直流伺服电机及其驱动模块配合旋转编码器作为行走驱动系统的主要构成硬件和控制体系，并综合利用条码定位检测、激光测距、RFID 定位检测等多种定位技术复合，以获取满足实际工况要求的定位精度和要求。需要根据穿梭车的负载特性和动作顺序合理设计传动体系和空间结构，以满足整车的结构、功能要求。

换向机构主要针对四向穿梭车。可采用机械机构或液压系统来实现换向机构的上升与下降动作互锁，并实现四向穿梭车的原地换轨动作，即四向穿梭车上设计有双向垂直行走机构，通过内部换向模块实现行走驱动轮的升降与变换，从而实现变轨变向行驶；电动机驱动液压系统可实现 90° 原地换轨动作，并利用一套行走驱动动力，实现变轨变向行驶，具有承载能力大、升降动作平稳同步、过载保护、高低位安全限位功能；包括升降液压缸座、升降液压缸、活塞杆及其附属换向机构、液压控制系统等，所述机构与模组通过安装板与换向结构、整车连接，所述液压动力单元、液压缸通过管道连接并固定连接在框架总成上。需要根据托盘四向穿梭车的负载特性和动作顺序合理设计液压系统。

2）升降模块。

穿梭车升降模块通过电动机和传动系统驱动曲柄连杆机构、四杆机构，使承载货台上下移动。托盘或料箱的举升动作常用的顶升机构有剪叉式升降机构、楔形滑块机构、凸轮机构、丝杠螺母机构、电驱动蜗轮蜗杆机构。升降模块动作原理为：当货物在小车正上方时，光电传感器感应后将信号传给可编程控制模块（PLC）并驱动升降电动机正转，抬起货物；小车到达终点后电动机反转，卸货。

电动机驱动液压系统实现顶升动作，具有承载能力大、动作平稳、过载保护、高低位安全限位功能，满足荷载作用下结构的强度、刚度及稳定性；顶升液压控制系统、多个顶升液压缸、电机输出端与液压动力单元连接且固定安装于框架总成上，液压动力单元与多个顶升液压缸通过液压管道进行连接，多个顶升液压缸分别固定设置于车体结构、顶升托架上，液压系统的动作逻辑形成托架的举升动作。需要根据穿梭车的负载特性和动作顺序合理设计整体结构，以适应荷载的承载及穿梭车的运动附加荷载。

3）伸叉模块。

伸叉模块为穿梭车完成货物的存、取动作，完成货物的入库、出库（存货、取货）功能。主要部件构成包括伸叉电动机、货叉板（下叉、中叉、上叉）、动力传输机构、工字型导轨、轴承、拨叉机构等。

主要机械动作是：在接收到上位机管理系统发送过来的出库或入库（取货或存货）指令后，货物所在层的穿梭车会自动运行到货架的指定位置，伸叉电动机驱动货叉向前伸出即可取出或送入货物，当取到货物或送入货物后，货叉向后缩回车体，完成命令。

产生驱动力使货叉伸出或收回有多种实现方式，主要包括齿轮—齿条传动、链轮—链条传动、同步带传动、蜗轮—蜗杆传动等。一般中叉与下叉之间采用齿轮—齿条传动，中叉与上叉之间采用同步带传动，如图 2-28 所示。

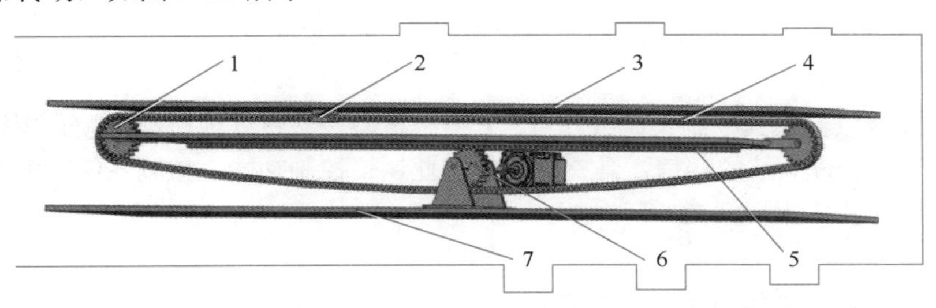

1—同步轮；2—滑台；3—上叉；4—同步带；5—齿条；6—齿轮；7—下叉

图 2-28　穿梭车伸叉模块结构

4）电源模块。

电源模块为穿梭车的运行提供恒定的电源，方便穿梭车的快速调运。一般采用自带蓄电池来为穿梭车提供电源。必须测试和选定合适的产品品质和电源管理系统，实时监控电池健康状态，确保托盘四向穿梭车的可靠运行和电源的实时自动充电。

也有的穿梭车系统采用滑触线方式为穿梭车供电，主要通过工业拖链电缆或柔性电缆取电，但这种方式对安装、维修及更换都有一定要求且拆卸相对复杂，需要定期更换，成本相对较高。

5）传感器模块。

传感器模块通过收集穿梭车在行驶过程中的实时变量，传递给控制模块并及时做出相应动作。传感器模块主要是各类传感器的组合，如扫描及校准传感器等，传感器模块通过收集穿梭车在行驶过程中的实时变量与状态参数、搬运装载托盘单元的可控感知信息、位置定位信息与雷达避障感知等，传递给控制模块并及时做出相应动作，也是实现穿梭车状态监控的关键模块。

穿梭车系统需要配置多个传感器，用于识别、定位、测距、防护等功能，主要包括进/出货端激光传感器、前/后托盘识别传感器、前/后定位测距传感器、升降限位传感器、安全防撞传感器、从动轮转角检测传感器等，如图 2-29 所示。

6）车载通信模块。

穿梭车是移动设备，各模块及各设备之间需要进行大量的信息交换，车载通信系统负责与总控系统之间相关信号的接收与发送。以 Wi-Fi 技术为系统架构，采用无线通信方式，可通过上位管理控制信息系统无线操控，在各类元器件的协作下完成各项功能的控制与实现。此外，ADS（Automation Device Specification）协议处于网络通信的应用层，为设备之间的通信提供路由，进行数据、信息的交换，实现有穿梭车与区域控制系统之间的无线通信。

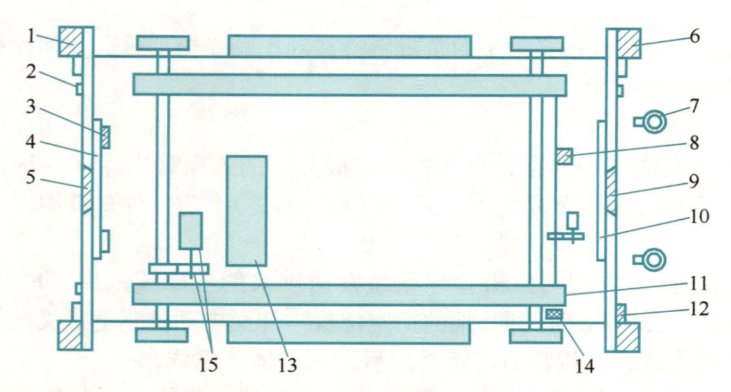

1—进货端激光传感器；2—启动按钮；3—红外线接收器；4—前托盘识别传感器；5—前定位测距传感器；6—出货端激光传感器；7—牵引环；8—升降限位传感器；9—后定位测距传感器；10—后托盘识别传感器；11—升降运动装置；12—安全防撞传感器；13—电池盒；14—从动轮转角检测传感器；15—动力传动系统

图 2-29　穿梭车系统传感器模块构成

7）控制系统模块。

控制系统模块以嵌入式控制系统或 PLC 为控制核心，负责处理运动规划、逻辑控制、安全保护以及与上位机管理系统的通信，具有完善的作业逻辑控制功能；控制系统匹配得当，能最大程度发挥整车的智能化搬运性能。

（3）技术参数

穿梭车的主要技术参数包括以下内容。

1）适用托盘。

尺寸：托盘包括 1200 mm×1000 mm、1200 mm×800 mm、1100 mm×1100 mm 等，料箱尺寸根据不同的货物类型选择，一般为宽度 200～600 mm，深度 200～800 mm，高度 100～400 mm。

类型：托盘可分为川字型、田字型，单向叉入型、双向叉入型、四向叉入型；料箱有敞口式、封闭式。

材质：托盘主要有木制、塑料、钢制；料箱一般为塑料材质。

挠度：一般最大允许挠度 20 mm。

2）最大载重量。

托盘式重型穿梭车最大载重量一般为 500～1500 kg，料箱式轻型穿梭车载重量一般不超过 100 kg。

3）行走方式。

一般可分为双轨型、单轨型；直线轨、环形轨，无轨型（AGV），空中轨道悬挂式穿梭车（EMS）。

4）行走参数。

空载速度：60～180 m/min。

满载速度：30～60 m/min。

行走加速度：0.3～0.5 m/s。

行走马达功率：根据载重量及运行速度要求确定。

5）顶升参数。

顶升高度：20～40 mm。

顶升时间：1～2 s。

顶升马达功率：根据载重量及运行速度要求确定。

6）设备尺寸与重量。

主要包括设备外尺寸、设备自重、托盘托板尺寸、托叉内宽、单托叉宽度等。

7）行走轮。

数量：4 个、6 个、8 个。

材质：塑料、金属。

方向：两向、四向。

8）供电参数。

供电方式：滑触线供电、电池供电。

与电池相关参数包括电池容量、电池重量、充放电次数（电池寿命）、充电时间。

9）定位方式。

行走定位，主要方式包括行走电机编码器与单个定位检测孔、条码定位检测、激光测距方式+定位片、定位检测点+RFID 定位方式、上位机调度系统控制定位。图 2-30a 为穿梭车条码定位方式；图 2-30b 为激光测距方式+定位片方式。

托盘定位：一般为激光定位。

顶升定位：一般依靠接近开关进行定位。

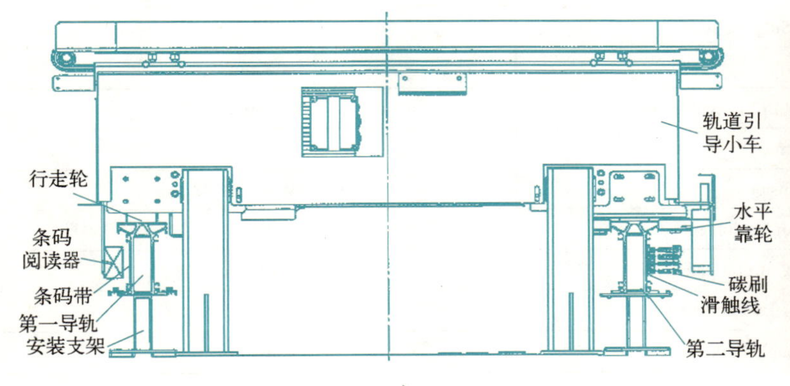

a)

b)

图 2-30　穿梭车行走定位方式

a) 穿梭车条码定位方式　b) 激光测距方式+定位片

10）控制方式。

程序控制器：可编程逻辑控制器（PLC）。

遥控方式：红外、射频（RF）。

遥控器：手持。

控制模式：自动、半自动、手动。

速度控制方式：伺服控制，低速恒转矩方式。

11）通信方式。

主要包括无线网、光通信、总线通信等方式。

12）其他参数。

主要包括环境温度要求，运行噪声等参数。

一般标准型穿梭车系统参数，如表 2-2 所示。

表 2-2　一般标准型穿梭车系统的主要技术参数

编号	参数规格（The Specification）	设备型号（Equipment Model）		
		RGV-500	RGV-1000	RGV-1500
1	适用托盘（Suitable Pallets）			
1.1	适用标准托盘（Standard Pallet）	W1200 mm×D1000 mm		
1.2	可用托盘规格（Size Range Available）	W1100～1250 mm，　D800～1100 mm		
1.3	托盘类型 Styles of Pallet Bottom	川字型、田字型		
1.4	托盘材质（Material of Pallet）	木制（Wood）、塑料（Plastics）、钢制（Steel）		
1.5	托盘挠度（Deflection of Pallet）	最大 20 mm		
2	输送负载总重量（Total Weight of Loading）	最大 500 kg	最大 1000 kg	最大 1500 kg
3	行走方式（Model of Running）	直轨内行走（Inside the two rails）		
4	行走参数（Data of Running）			
4.1	空载行走（Running without Loading）	1.1 m/s		
4.2	满载行走（Running with Max Loading）	0.9 m/s	0.7 m/s	0.5 m/s
5	顶升参数（Data of Lifting）			
5.1	顶升单动时间（Time of Single Lift）	1.1 s	1.3 s	1.5 s
5.2	顶升行程（Distance of Lift）	22 mm		
5.3	顶升后托盘与轨道间隙（Lift Height from Rail）	13 mm		
6	设备尺寸（Size of Equipment）			
6.1	设备外寸（Outside Dimensions）	L1100×W977×H198 mm		
6.2	设备自重（Total Weight of Equipment）	242 kg	248 kg	260 kg
6.3	托盘托板尺寸（Plate Size of Equipment）	L960×W85×T3 mm，2 件		
6.4	托叉内宽（Inner Width of Two Forks）	230 mm		
6.5	单托叉宽度（Width of Single Forks）	236 mm		
7	行走驱动电机（Driver Motor for Running）	Lenze　24 V 200 W		
8	行走轮（Wheels of Running）	φ120 mm Vulkollan 高性能聚氨酯轮		
9	顶升电机（Driver Motor for Lift）	Lenze　24 V 370 W		
10	电池容量（Battery Packs Capacity）	BYD　2 set×24V 30 Ah		
11	电池重量（Weight of Battery Packs）	2 set×11 kg		
12	充放电次数（Numbers of Charge-discharge）	900 次		
13	充电时间（Duration of Charging）	约 5 h		
14	遥控方式（Methods of Remote Control）	射频 433 MHz，3.7 V 1500 mAh		
15	遥控器（Remote Controller）	手持遥控器控制		
16	控制模式（Model of Control）	手动 Handling/自动模式 Automatic Model		
17	使用环境温度（Temperature of Warehouse）	-18～40℃（普通）/-30～-18℃（低温）		
18	程序控制器（Programmable Logic Controller）	Siemens PLC		
19	控制回路电压（Voltage of Controller loop）	DC 24 V		
20	运转噪声值（Noise Peak of Running）	< 70 dB		

2．穿梭车货架

穿梭车货架用于存放货物，并安装有穿梭车导轨，使穿梭车能够在货架上行驶。穿梭车在托盘下面的导轨上，可以顶着托盘运行，把托盘上的货物存入货位或从货位取出。

穿梭车货架主要由立柱片、支撑横梁、子轨道、母轨道、拉杆、端部支撑件、换向轨道等组装而成。穿梭式导轨是小车行走的主要构件，通过螺栓固定在横梁的连接板上。导轨的侧面在出入库两端设置有减速定位孔，可使穿梭车运行到端头时准确定位及减速，防止小车开出货架，对小车起到保护作用。货架主要结构如图 2-31 所示。穿梭车与货架的配合如图 2-32 所示。

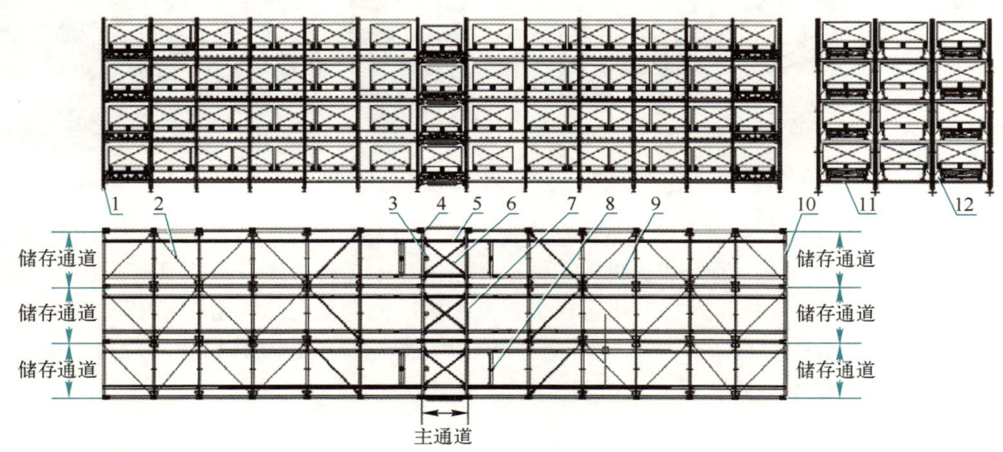

1—立柱片；2—子轨道梁水平拉杆；3—光电定位支架；4—母通道端头保护栏杆；5—换向轨道；
6—换向轨道交叉拉杆；7—母轨道（坡道）；8—充电桩；9—子轨道（巷道）；10—子通道端头保护栏杆；
11—支撑横梁；12—端部支撑件

图 2-31　穿梭车货架的主要结构

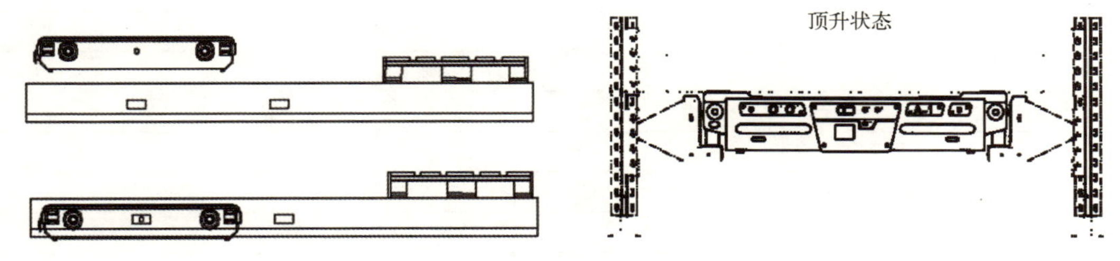

图 2-32　穿梭车与货架的配合示意图

3．提升机

提升机主要包括货物提升机与穿梭车提升机两种设备，主要配置在仓库主巷道两端，实现货物和穿梭车的换层作业，如图 2-33 所示。

提升机主要由提升机主体、伺服电机与齿轮齿条构建的提升机构、载货台和电气控制系统等部分组成，通过操作载货台的升降将货物提升到相应高度（或立体货架指定架层，部分输送段考虑链条输送机及穿梭车轨道兼容），再由穿梭车实现货物的进出库搬运与存储，实现货物的存取作业。

伺服驱动电机安装在提升载货台上，通过电机配置的一体式减速机构带动啮合齿轮同步运动，通过齿轮在齿条上直线运动，实现提升机载货台的升降与精准定位，依靠载货台自身的结构刚度以及齿轮齿条的无间隙啮合刚度，从而实现载货台或穿梭车运动轨道与周边设备或结构的精准对接，实现货物的存取作业或穿梭车的换层作业。

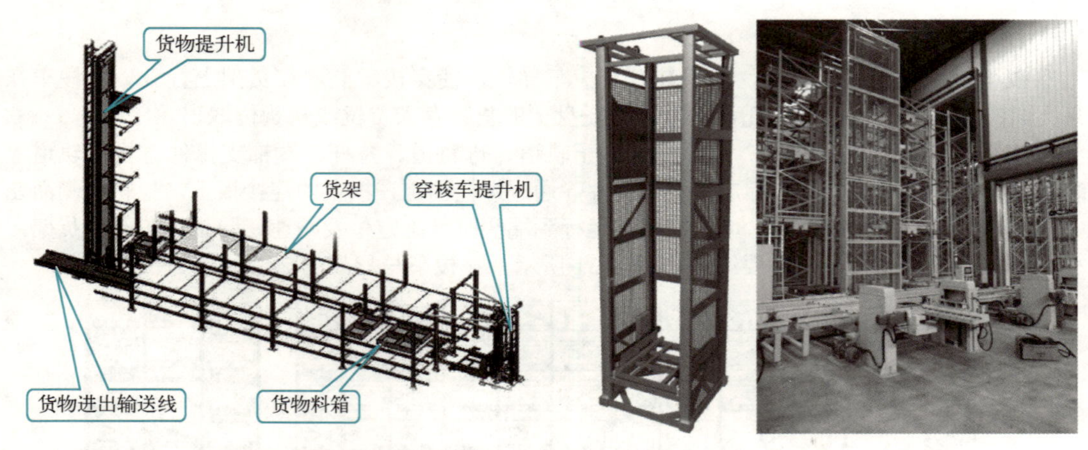

图 2-33　提升机（上海速锐）

提升机可同时满足货物和穿梭车上下换层输送需求。可与仓库控制软件 WCS 进行无障碍通信，实现作业流程协同一致；为保证货物转运效率和系统稳定运行，提升机应具有一定的运载能力和运行速率。合理配置穿梭车及提升机可极大提高密集库的仓储空间利用率和出入库效率。尤其适合货品数量大，货物较重，出入库量大，货物体积规格标准的自动化密集库等应用场景。

提升机主要性能指标参数如表 2-3 所示。

表 2-3　提升机主要性能指标（上海速锐）

项目			单位	技术参数
1	适用托盘		mm	宽度 W：1200，深度 D：1000
2	载货单元尺寸		mm	W1200×D1000×H2200
3	额定载荷		kg	最大 2000
4	升降速度范围		m/min	满载最大速度 45
				空载最大速度 54
5	升降加速度		m/s^2	0.3
6	定位方式/精度	提升定位精度	mm	±1
		提升机下沉量	mm	≤3
		串行编码器定位		23 bit（8388608 分辨率）
		上下限位		行程开关
		探测货物		P+F 或 LEUZE 光电
7	提升主电机	功率	kW	12
		品牌		AC380 V 松下伺服电机
		控制方式及 PLC		松下伺服+PLC 同步
		额定/最大转速	r/min	2000～3000
		额定/最大转矩	Nm	14.3～43
8	输送机	速度	m/min	16
		电机形式		AC380 V 三相异步交流电机
		电机功率	kW	0.55
9	编码器、检测开关			SICK、HENGSTLER
10	光电品牌			德国 SICK 等品牌

（续）

项　目		单　位	技 术 参 数
11	红外光电开关		倍加福、劳易测
12	主开关、电机断路器、接触器、选择开关、按钮、信号灯、中间继电器等		Schneider、SIEMENS TE、OMRON 等品牌
13	供电方式		动力电缆，AC380 V，50 Hz
14	提升机控制方式		手动/单机自动/联机自动
15	主要传动形式		伺服驱动+齿轮齿条传动

4．称重系统、射频识读设备及外形检测系统

计算机管理监控系统据输入数据生成入库作业单，并向执行设备发出作业指令，对入库货物进行标称重量检测与校核，货物的长、宽、高检测以及托盘信息识读等操作，已完成入库货物的完整系统信息的绑定。

称重系统对货物的标称重量进行检测与校核。货物重量若不符或超标，系统将停止作业，并将货物退回入库口。货物通过标称重量检测后，计算机系统根据标定信息进行绑定。

在货架端口设置射频识读设备，由于托盘货物进出货架通常都要经过货架端口处垂直提升机的链式输送机通道，射频识读设备的天线通常固定安装在链式输送机两侧，尽量不与链式输送机固接，以免链式输送机的振动造成识读错误，影响系统正常运作。

货物外形检测采用框架结构、光电非接触式，系统工作可靠稳定，外表造型美观。对托盘入库物料的长、宽、高进行检测。货物宽度若超长、超宽或超高，超差信息能有效报警，系统将锁定或停止作业，并将货物退回入库口。人工进行整理后，后续入库程序正常流转，保证尺寸合格的物料通过。货物通过外形检测后，计算机系统根据检测得到外形按照一定货位分配原则（如由近及远、均匀分布原则）自动分配货物入库地址。

外形检测装置包括：龙门检测框架，跨设于输送线上；形位检测触发光电开关、端面触发光电开关，沿输送方向依次设于输送机一侧；端面旋转光电开关，设于龙门检测框架一侧，其反光装置设于龙门检测框架内的左右侧及顶部；左、右侧光电开关，设在龙门检测框架前侧上部的两侧，其反光装置设在对应左、右侧光电开关的下方、输送机左右侧；高度检测光电开关，固定在龙门检测框架后侧中上部一侧，其反光装置设在龙门检测框架后侧中上部相对的另一侧。

5．输送线、地面 AGV 及其他配置设备

输送机控制系统通过输送机上的位置光电传感器判断托盘的状态，自动控制输送机实现托盘的进出、到位和停止。主要有链式输送机和辊式输送机等，需要根据客户的工艺流程和设备布局进行灵活配置，既要考虑系统的布局与操作流程，又要考虑各配置设备的吞吐能力、搬运效率等设备能力的匹配和平衡，以充分发挥系统的运行效率和运行质量。

地面 AGV 可以实现地面多工位之间的托盘单元货物的调拨与货物进入钢货架区域上料台的进库上架动作，或叉车与输送线配置的进入库模式等多种进入库操作。

其他还要考虑系统的输入输出设备、信息交互与控制等设备的匹配，包含 LED 显示服务器、无线基站 AP、交换机、手持终端等。

2.3.4 穿梭车式密集仓储系统的管理与维护

1．穿梭车式密集仓储系统的作业管理

（1）两向穿梭车货架系统的基本作业模式

先入先出货架模式（FIFO 模式）。穿梭式货架从一端存托盘，另一端取托盘，可以实现先

存入的托盘先取出，实现按照时间顺序出库的原则；存入托盘定义为 A 端（图片左侧），取出为 B 端（图片右侧），如图 2-34a 所示。

后入先出货架模式（LIFO 模式）。穿梭式货架仅从一端存托盘，另一端不操作，可以实现后存入的托盘先取出，对出入库顺序没有时间要求的仓库可以这样存放；托盘存入、取出定义为 A 端，B 端不进行任何操作，如图 2-34b 所示。

a)　　b)

图 2-34　穿梭板式密集仓储系统的作业模式

a) 先入先出货架模式　b) 后入先出货架模式

1）存入托盘。

- 叉车司机先将已经开机准备好的穿梭车，放到需要存放作业的巷道轨道端头；
- 叉车司机再将托盘货物叉运至该巷道端头位置；
- 叉车司机确认存放位置正确后，按下遥控器上的存托盘按钮后就可以离开了；
- 穿梭车单个巷道内首次启动时，先远离端头，再返回至托盘下方，确认对应托盘位置正确后，穿梭车升起将托盘顶离轨道面；
- 穿梭车驮着托盘向巷道另一端运行，将该托盘存放在巷道内可以存放的最远的可存放位置。穿梭车自动判别是否为巷道端头第一个位置，还是第二个或以后的位置；
- 穿梭车到位置后，停止后下降，将托盘放置到轨道上；
- 在先入先出的货架模式作业中，穿梭车在完成上一个动作后在原地待命；在后入先出的货架模式作业中，穿梭车在完成上一个动作后，返回到端头第二个托盘位置待命。

2）取出托盘。

- 叉车司机首先将存放在货架最端头的托盘取走，留出放置穿梭车的位置；
- 叉车司机再将已经开机准备好的穿梭车，放到需要存放作业的巷道轨道端头；
- 叉车司机按下遥控器上的取单个托盘的按钮；
- 穿梭车在接收指令后，向远离端头运动，直至第一个托盘下方停止，确认正对该托盘时，穿梭车升起将托盘货物顶离轨道面；
- 穿梭车驮着该托盘，向回来的方向运行直至到巷道端头。穿梭车到位置后，停止并下降，将托盘放置到轨道上；
- 穿梭车在将该托盘放置到轨道上后，向远离巷道方向运行约大半个托盘位置，以避让叉车司机不小心将叉车的叉子顶到穿梭车上；
- 执行完该动作后，穿梭车原地待命。叉车司机可以叉取该托盘货物离开；
- 如果该叉车司机还需要再取一个托盘，在叉取货物离开前，可以再按下遥控器上的取单个托盘的按钮，穿梭车会自动搬运第二个托盘，等待叉车司机来取托盘。

3）整理托盘。

巷道整理，是为先入先出存储模式设计的，主要用于节约巷道内空间，可以存放更多的托盘。操作方式如下。

- 当巷道内存在较多空位时，且巷道内不够存放空间时，建议对巷道内进行整理，整理结果可以参照图 2-35。

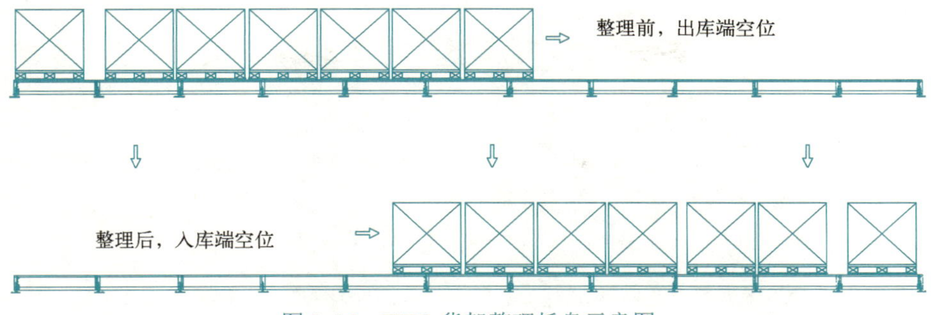

图 2-35　FIFO 货架整理托盘示意图

- 在入库端，叉车司机按下遥控器上的巷道整理按钮两次，穿梭车接收指令后连续搬运，直至将巷道内的所有托盘由堆积在入口端搬运至出口端；
- 搬运结束后，穿梭车回到入口端（A 端）等待下一个指令。

（2）四向/子母穿梭车系统的作业流程

四向穿梭车或子母穿梭车系统智能化程度更高，能够实现穿梭车同层或跨层存取的自动运行。四向或子母穿梭车式自动化密集仓储系统由穿梭车本体依据作业指令实现同一平层作业巷道的四向物流作业，可实现同层任意储位的存储调度与管理，再结合提升机实现智能穿梭单车或存储物品的换平层作业，以实现存储单元在整个存储区域内的三维动态化存储管理，是穿梭式立库建设与改造的升级换代，也是智能化穿梭密集存储的理想物流形态之一；管理控制信息系统负责整个货架系统内部设备的运行状态监控和调度。货架系统内穿梭车和垂直提升机的数量配比、部署位置等由作业需求（作业效率、出入库方式）决定，可动态调整。货架货位通过存储巷道轨道连接，单一货架层内的存储巷道通过主轨道连接，各个货架层之间的主轨道通过垂直提升机连接，所有相连的轨道形成一个轨道交通网。在这个交通网内，包括存储货位、存储轨道、主轨道、垂直提升机和货架端口等设施设备，其中存储货位位于存储轨道上，存储货位和存储轨道都位于存储巷道内。在一个存储巷道内，存储巷道轨道将多个货位连接形成一个货格。若存储巷道两端均可进出货物，则还可从存储巷道中部某处将其切分为两个相邻货格。

其执行出入库复合作业时的作业流程是：系统接收到出入库指令后，首先对出入库作业任务进行优化配对，然后发布设备操作指令，单次作业周期内完成一个入库和一个出库任务，即双倍命令周期（Double Command Cycle，DCC），货物升降机将待入库货物运送到货位所对应的层 I/O 点并将其放在该层的缓存区，然后由该层的穿梭车将其运送到相应货位后，再行驶至待出库货物所在列，将货物取出运送至层 I/O 点并将其放在该层的缓存区，穿梭车回归层 I/O 点，最后由升降机将货物运送至 I/O 站台，出入库任务完成。

同时，根据存取货是否同层及存货层是否有穿梭车考虑是否进行穿梭车换层作业，可分为 4 种子情况：即 DCC1 模式、DCC2 模式、DCC3 模式和 DCC4 模式，如图 2-36 所示。

1）执行 DCC1 模式：待入库货物与待出库货物位于同一层，且该层有穿梭车。设备执行过程为货物升降机将待入库货物从 I/O 站点运送至货位所对应层 I/O 点并将其放置在该层缓存区，随后由该层穿梭车将其运送到货位所对应的货架列口，随后穿梭车进行转向进入货架通道，将货物运送至相应货位后，转向重新回归主巷道行驶至待出库货物所在列口，转向进入货物通道将货物取出后，重新回归主巷道，将货物运送至层 I/O 点并将其放在该层的缓存区，此时穿梭车回归层 I/O 点，货物升降机将待出库货物运送至 I/O 站台。

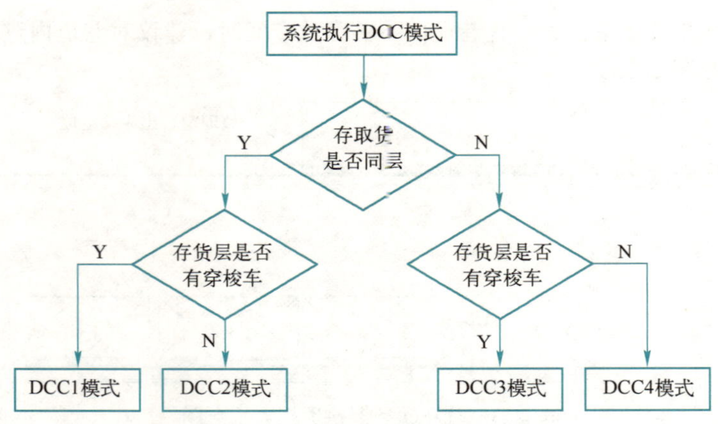

图 2-36　穿梭车跨层作业模式

2）执行 DCC2 模式：待入库货物与待出库货物位于同一层，且待入库货位层没有穿梭车。设备执行过程为货物提升机将待入库货物从 I/O 站点运送到入库货位所对应层 I/O 点并将其放在该层缓存区，与此同时，穿梭车升降机从上一次任务完成点运行至此次过程中系统确定的有穿梭车的货架层，对穿梭车进行接驳，将其运送至待入/出库货位所在层。此后，由穿梭车执行入库以及出库作业，货物升降机完成出库作业任务，返回 I/O 站台。

3）执行 DCC3 模式：待入库货物与待出库货物位于不同层，且待入库货位层有穿梭车。设备执行过程为货物提升机将待入库货物从 I/O 站点运送到入库货位点对应的层 I/O 点并将其放在该层缓存区，然后由该层的穿梭车将其运送至相应货位后，穿梭车重新回归主巷道行驶至货架主巷道末端。在货物升降机与穿梭车运送入库货物整个过程的同时，穿梭车升降机从上一次运送穿梭车位置运行至入库货位所在层，等待接驳穿梭车。之后，穿梭车行驶至主巷道末端并搭载上穿梭车升降机，由穿梭车升降机将其运送至出库货位所在层的主巷道末端，穿梭车从主巷道末端行驶至待出库货物所在列口，转向进入货架通道取出货物后，回归主巷道，将待出库货物送到层 I/O 点并将其放在该层的缓存区，此时穿梭车回归层 I/O 点。同时货物升降机从存货位置所在层已运行至出库货位层 I/O 点，将待出库货物送到 I/O 站点。

4）执行 DCC4 模式：待入库货物与待出库货物位于不同层，且待入库货位层没有穿梭车。设备执行过程为货物提升机将待入库货物从 I/O 站点送到入库货位所对应层 I/O 点并将其放在该层缓存区，与此同时，穿梭车升降机从上一次运送穿梭车的位置运行至此次过程中系统确定的有穿梭车的货架层，对穿梭车进行接驳，将其运送至待入库货位点所在层。此后，由穿梭车执行入库作业，然后通过换层升降机实现换层至出库货位所在层的巷道末端，执行出库作业并回归层 I/O 点，货物升降机完成出库作业任务，返回 I/O 站台。

2. 穿梭车系统的安全装置设计

（1）电气联锁保护装置

穿梭车的货叉伸缩和行走装置是互锁的，即在巷道中水平行走时，必须保证货叉伸缩装置锁定在收缩状态，同样当穿梭车存取货物即伸叉机构工作时，行走机构是锁定的。

（2）检测装置

穿梭车必须具有物料超长、超宽和超高的检测装置，如激光测距、超声波反射、红外识别等。当检测到物料超过系统设定的最大长、宽或高时，穿梭车停止运行，并将情况反馈给上位机管理系统处理。

（3）货叉回位检测装置

穿梭车还具有检测货叉是否完全回位的装置。如果货叉没有完全回位，穿梭车就不能水平运行，以免发生事故。

（4）断电保护

如果发生意外断电时，行走和伸叉的电动机自动锁住电动机轴，穿梭车停止工作，将情况反馈给上位机管理系统，并保持断电时的工作状态。

（5）过载保护装置

一般超载限制器有机械式或电子式，集控制、显示、报警功能于一体。当伸叉机构存取的货物超过限定的最大负载值时，穿梭车的过载保护装置启动，穿梭车立刻停止工作，并将情况反馈给上位机管理系统。

（6）物理保护装置

当电子保护元器件失灵或者操作失误时，穿梭车碰撞不可避免。此时物理保护装置可以有效减少冲击力，降低车体的损坏程度。一般在车体周围安装挡板或者在穿梭车关键部位放置橡胶等防撞装置。

（7）异常处置装置

当异常状况发生时，禁止穿梭车运行，且发出警报声。

3. 穿梭车系统的日常操作与维护

（1）使用前准备

要求每天在使用穿梭车前，需要做如下检查：

- 检查外壳等，是否有明显异常；
- 打开电池盖板，检查内部电池是否摆放整齐，电池盖板关闭后是否齐平，无变形、翘曲；
- 穿梭车将从入库端放入巷道内时，请先确认叉车司机看到的是穿梭车的 A 面，以保证穿梭车在被放进巷道后，A 面朝着巷道 A 端（入库端）；
- 按下穿梭车开机按钮“ON”，指示灯亮起；
- 检查各指示灯、电池电量灯显示等，是否正常；
- 打开遥控器电源按钮，按照之前上述的操作方式，配好车后，切换到手动模式，检验车行走与举升是否正常。

（2）使用后操作

在每天设备使用完毕后，建议按照以下方式操作：

- 建议将穿梭车放置在专用的搁置架上，搁置架最好与充电柜等在一个专用区域；
- 尽量不要随意放置穿梭车，特别是货架中间位置，需要把穿梭车取出；
- 若不能给穿梭车一个专用的位置，建议将穿梭车放置在入库或出库端头的底层位置；
- 在每日下班后，关闭穿梭车电源，A 面或 B 面上“OFF”按钮，切断电池电源供给；
- 在每日下班后，尽量取出电源，放置在充电柜上充电。

（3）日常检查

穿梭车使用过程中的例行检查，包含对穿梭车的检查以及使用的货架、轨道检查。

- 检查穿梭车外观，看是否有明显被撞击、变形、开裂等异常；
- 检查各传感器，打开穿梭车电源“ON”按钮，各外部传感器都会有指示灯亮起，逐一检查各传感器（其中前后检测端板的传感器为不可见光）；
- 检查各部分螺丝是否有松动，各防撞块等是否已经松动；
- 检查行走轮，看其磨损情况，当其聚氨酯被轨道刮去较多坑口时，需要做更换。

（4）故障处理

典型的两向穿梭车货架系统主要包含穿梭车本体部分、遥控器、电池、充电柜、货架部分、托盘部分等。当任何故障发生时，应由易到难来进行判定。

1）判定托盘。是否存有不合规定的托盘，包含严重变形、异物、缺料等，导致穿梭车无法判定。

2）检查轨道。是否有产生变形、轨道内夹杂异物、缠绕物，轨道上有油、脂、水等，造成穿梭车无法行走、打滑，轨道严重弯曲，导致车在斜坡上无法停位、爬坡等。

3）检查电池。检查电池是否有电，电池没有电就会导致穿梭车、遥控器等都无法使用；电池有电仍无法启动时，若条件允许，更换一块已充电电池检查是否可以使用。

4）检查遥控器。当穿梭车发生预定的故障时，其故障代码会通过 PLC 发送带车载显示屏、遥控器显示屏上，通过比对故障代码可以判定穿梭车的故障原因；而当遥控器手持端、车载接收端或其相互之间通信产生故障时，无法通过故障代码显示其故障，通过切换遥控选车功能键，比对其他车或比对遥控器，来判定是否为手持端遥控器或车载端遥控器发生故障。

5）检查穿梭车本体部分。在穿梭车本体发生故障时，基本可以分为电气故障、软件故障、硬件故障：硬件故障指机械传动部分产生故障，如无法行走、无法举升等；电气故障指电气硬件出现故障，包括各传感器、编码器、PLC、接触器、继电器等，电气硬件出现故障时，会造成穿梭车无法使用。软件故障指 PLC 程序软件或判定逻辑部分产生故障，当穿梭车使用过程中出现了原先没有判定的逻辑时，或其程序本身产生逻辑错误时，都会导致其无法判定而出现的故障现象。

在经过简单的故障归属判定后，可尝试自行排除故障，或以电话、邮件，配合照片发送故障信息给经销商或产品制造商，由制造商派出人员进行现场检修和故障排除。

2.3.5 穿梭车式密集仓储系统的应用与发展

1. 穿梭车式密集仓储系统的发展现状

穿梭式货架系统由瑞典 EAB 公司发明，大福、DEMATIC、KNAPP、TGW 等国外物流系统集成商都有各自的货架穿梭车产品。双向穿梭车在 2000 年左右已经在日本和欧洲开始应用，四向穿梭车和子母式穿梭车的实际应用时间不长，即使在欧洲，最早的应用也是在 2013 年前后。

2009 年前后，穿梭车产品开始涌入中国，以 EAB、BT、胜斐迩、十通、欧导、德仕安等为主要供应商代表，他们大多采取与国内货架企业合作的方式进行市场拓展；也有少数几家国内企业（如世仓）自主研发该技术。2012 年以后，不断有国内企业推出自主品牌的穿梭车产品，并出现了以英锋、华章、兰剑、音飞、伍强科技为代表的专业穿梭车设备制造商。如音飞 2015 年开始应用两向穿梭车，伍强科技 2019 年开始四向穿梭车的研发应用。

由于四向穿梭车和子母式穿梭车的实际应用时间不长，国内外水平并未表现出很大的代差。从主要技术参数看，国内外基本处于同一技术水平，但国外产品在技术稳定性、效率、技术成熟度等方面更胜一筹。虽然国外企业的穿梭车产品相对成熟，但他们在中国大多依靠货架企业代理销售的方式发展，缺乏完善的售后服务制度和专业的运维服务团队，加上产品价格偏高，因此市场拓展的效果并不明显。相比之下，国内企业则在这条路上越走越稳。目前，国内大多数主流货架企业都推出了以穿梭车为核心的密集存储系统，并拓展出了子母车穿梭系统、穿梭车立体仓库系统、四向穿梭车系统等自动化程度更高、集成性更强的系统类型。

在密集存储系统供应商里，物流系统集成商的优势在于，可以提供更为复杂的整体解决方案（包括存储、输送、拣选等物流系统），穿梭车以及以穿梭车为核心的密集存储系统一般仅是其整体解决方案中的一部分，且占比较小。尤其是国内的系统集成商，货架及穿梭车基本都为外采。因此在以货架及穿梭车设备为主或占比较大的解决方案中，货架厂商以及穿梭车设备厂商更具成本优势，并且具备该类设备的研发和生产能力，是推动密集存储技术及应用的创新主力。

2．穿梭车式密集仓储系统的应用挑战

纵观密集存储技术的发展不难发现，从最初的穿梭式货架，到穿梭式自动化立体库、子母车穿梭、四向穿梭车，都是以穿梭车作为核心设备解决一些节点问题。而随着系统复杂程度不断攀升，如何实现穿梭车产品性能更加稳定，设备之间的高效配合等，已经成为摆在相关企业面前的一项挑战。

结合穿梭车的应用特点，其重点在于运行速度、供电技术、智能程度 3 个方面：运行速度，穿梭车的行驶速度在一定程度上决定了整个货架仓库的作业效率；供电技术，穿梭车的供电方式、持续运行能力等决定了货架仓库安装施工的难度；智能程度，穿梭车的智能程度决定了货架仓库的智能化程度以及设计难度。

与国外同类产品相比，目前国产穿梭车在速度、定位精度等方面还存在一定差距。不过我们也看到一些企业在努力改进产品，例如，世仓围绕系统安全、作业效率、实现无人化作业、避免数据差错等实际应用需求，不断升级产品和系统功能，推出了智能穿梭系统；天津万事达针对穿梭车在低温环境下的应用特点，与电池供应商合作，开发了 24 小时轨道供电+快充技术，并着力克服冷凝水导致短路、充电块氧化等各种问题；音飞则在穿梭车的电源管理技术（电池、超级电容、滑触线）、无线充电技术、无线布点技术、控制技术等方面不断发力。

除了硬件升级外，密集存储系统自动化的发展趋势也对穿梭车的控制系统提出了更高要求。因为随着系统中穿梭车数量的增加，控制系统的逻辑运算也呈几何倍数增加，系统设计更加复杂。

同时，密集存储项目的个性化需求很强。不仅是不同行业企业对密集存储系统的需求特点存在一定差异，即使在同一个项目中，可能会同时使用多种密集存储形式，以适应不同的仓储条件（如仓库的层高、承重、位置等）与不同的货品类型的存储要求。因此对设备和解决方案提供商的系统集成经验和能力也提出了较高要求，需要具备相应的软件开发、项目实施及管理能力，引导并满足客户的个性化需求。

此外，随着密集存储系统复杂程度的不断提高，设备企业要参与这类项目还需要配备系统规划、电控、机械、实施、软件等方面的专业人才，打造系统规划、项目实施、售后服务等系统集成服务能力。对此，不少企业也展开了积极探索，例如，世仓推出一项十分有特色的售后培训工作，定期针对全国各地用户企业的设备操作人员开设一次穿梭车技术培训班，提供免费的培训指导。世仓也通过这项服务与客户建立了更加紧密的联系，并根据客户反馈不断完善自身的产品和服务。

案例 2-3　音飞四向穿梭车系统让物流仓储更加智慧

南京音飞与达威股份合作，通过应用托盘式四向穿梭车系统，为整个物流系统的高效运行提供了技术保证。密集存储库采用先进现代化物流设备，包括 6 台托盘式四向穿梭车系统、4 套垂直升降系统、输送系统以及物流管理系统（WMS），打造成一个集信息化、自动化和智能化于一体的综合型智能仓库。（资料来源：南京音飞搜狐号，2020 年 3 月）

二维码 2-3

本章小结

智慧仓储装备系统是综合利用计算机、云计算、互联网和物联网等高科技技术，将高位立体货架、巷道堆垛机、升降设备、自动出入库输送装备、自动分拣系统装备、室内搬运车、机器人等设备进行系统集成，形成具有一定感知能力、自行推理判断能力、自动操作能力的智慧系统。自动化立体仓库和穿梭车密集仓储系统是两种重要的智慧仓储装备系统，在当前物流企业应

用广泛，特别是穿梭车式密集仓储系统具有良好的应用前景。

本章练习

一、思考题

1. 什么是智慧仓储装备？有何特征？
2. 自动化立体仓库的优势与劣势有哪些？
3. 简述自动化立体仓库的主要构成？
4. 什么是穿梭车式密集仓储系统？有何特征？
5. 穿梭车式密集仓储系统的主要类型有哪些？
6. 比较四向穿梭车系统与子母穿梭车系统的不同？
7. 穿梭车主要由哪些模块构成？

二、讨论题

1. 比较自动化立体仓库和穿梭车密集仓储系统的优势与不足，以及各自的适用场景。
2. 对某物流企业仓储装备进行调查，探讨如何进行智慧化升级改造？

三、设计与实训

某卷烟物流配送中心的作业区域主要包括三层货架储存区（面积约为 2000 m^2）、件烟备货区（面积约为 400 m^2）、件烟分拣区 3 个部分，配送中心总体布局如图 2-37 所示。当前配送中心的件烟总储量为 31490 件，储存区件烟平均储存密度为 13.1 件/m^2。配送中心储存区货架布置如图 2-38 所示，物流作业流程如图 2-39 所示。

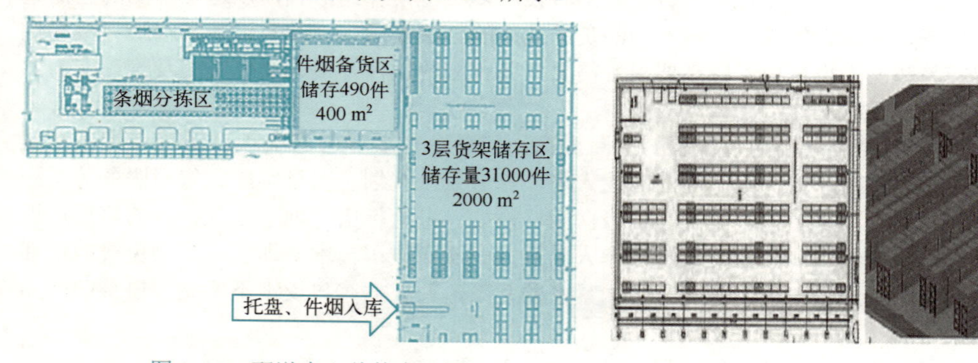

图 2-37 配送中心总体布局图

图 2-38 配送中心储存区货架布置图

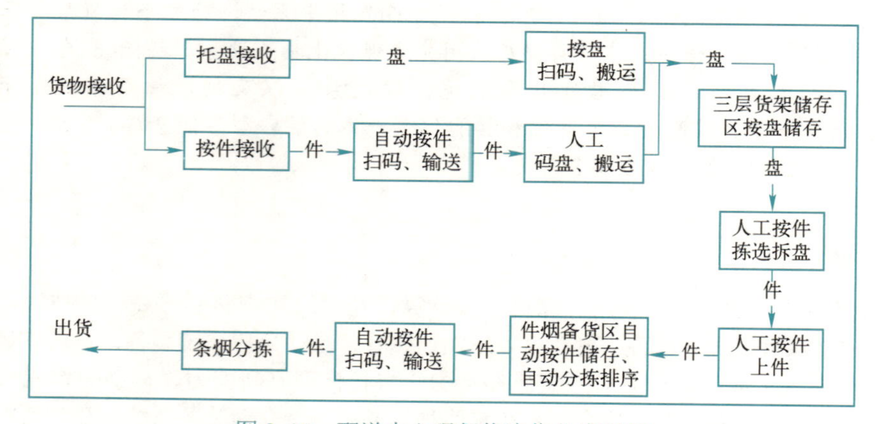

图 2-39 配送中心现行物流作业流程图

当前配送中心储存区件烟储存设备主要为横梁式 3 层货架对托盘件烟进行储存，托盘件烟的搬运存取作业主要靠人工操作叉车完成。当件烟入库时按照托盘入库，根据出库作业计划，大品规件烟采用以托盘为单位出库作业，中小品规件烟则按照订单批次采用人工拣选的方式出库。在件烟备货区，出入库件烟进行暂存和分拣排序操作，实现向存储区和件烟分拣区的有序补给。

采用托盘规格：塑料托盘：1000 mm×1200 mm×150 mm；堆高：<1500 mm（含托盘）；堆放重量：<500 kg，平均 400 kg；如图 2-40 所示。

件烟常用包装规格：尺寸：400 mm×300 mm×260 mm；重量：10 kg。

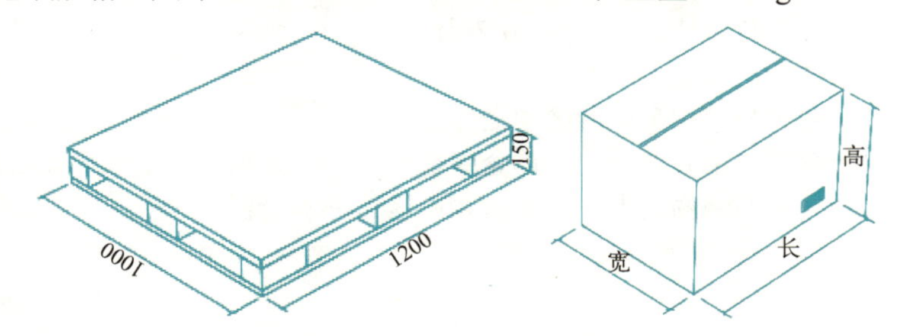

图 2-40　托盘规格与货物包装规格

现公司决定对该物流配送中心进行改造，要实现以下目标：①提高储存量；②降低工人劳动强度；③取消件烟备货区，实现储存与分拣一体化；④减少作业环节，提高作业效率。

请根据以上条件，基于南京音飞公司智能仓储设备（http://www.informrack.com/），对该卷烟物流配送中心仓储作业区域进行改造。要求如下。

（1）选择合适的货架、存取及输送设备。

（2）优化设计该配送中心作业流程。

四、案例分析

九州通武汉东西湖自动化仓储物流中心

九州通医药集团东西湖物流中心由自动化立体仓库、楼层库和穿梭车库 3 部分组成。整个物流中心的存量为 60 万件，品规数达到 4 万个，订单处理能力及出库能力均可实现 10 万行/天，差错率控制在万分之一，支持年销售额达 120 亿元。该物流中心是全球最大单体医药物流中心，同时也是亚洲技术最为先进的医药物流中心，箱式穿梭车库、螺旋输送机、自动条码复核系统、自动输送分拣系统等均为国内乃至亚洲最先进和首次使用的技术。

（1）托盘式自动化立体仓库

自动化立体仓库有 14 个巷道，共 28000 个托盘货位，按照入、出、补货和拣选等四大功能分层设多个进口和出口，适合多频次小批量订单的 BC 类商品、U 型拣选，采用整托盘自动补货、自动行走天轨小车拣选的 A 品八层钢平台。通过九州通多年立体库自主研究和使用经验，对原本多应用于高密度存储领域的立体库进行优化，适应九州通多品规、小批量、周转快，兼容商业、终端、电商等业务形态。该立体库日吞吐能力达 5600 托盘、日拣选能力达 40000 箱。在提高作业效率的同时，大大降低了库内的搬运强度。

（2）箱式穿梭车库

结合九州通集团订单量大、折零比例高、月台面积需求大以及装车集货困难等问题，九州通自主设计的自动调度装车系统，并据此引进奥地利智能穿梭车设备，这种新技术是迄今为止世界上存储密度最高、节能环保效果最好的物流系统之一，为国内首次引进，该系统吞吐量达 6000 箱/h，能够实现月台多次周转使用，准确率为 100%。

（3）楼层库

东西湖楼层库建筑面积为 40000 m^2。楼库存量为 20 万件，品种数达 4 万个，楼库共有五层：一层主要是收发货作业区及快销品暂存区；二层是拆零拣选、包装复核区，以及穿梭车库托盘加载/卸载区；三层是器械类库区、特管药品库房区以及电商商品库区；四层是中药库区和原料药品库区；五层是西药整件库区。

各存储区的货物除按照国家药品存储条例分区存储外，还根据销售的快慢分层存储。通过贯穿全程的输送设备系统和灵活安全的仓储管理系统，工作效率大大提高，拣选自动化使配送能力提高 50%以上，日订单行处理能力达到 10 万行。

根据案例回答问题。

（1）自动化立体仓库与穿梭车库的区别是什么?

（2）九洲通东西湖物流中心自动化立体仓库与穿梭车库分别是为了解决什么问题?

（3）试描述九洲通东西湖物流中心的库内物流运作基本流程。

第3章　智慧运输装备

学习目标

- 了解运输装备的概念与类型；
- 理解智慧运输装备的概念与特征；
- 掌握智能网联汽车的概念原理、技术架构与应用发展；
- 掌握无人驾驶轨道列车的概念原理、技术架构与应用发展；
- 掌握智能船舶的概念原理、技术架构与应用发展。

引例

无人驾驶重卡开进洋山港

从上海深水港物流园经东海大桥到洋山码头，来回 72 千米的物流环线，涵盖普通道路、高速公路、桥梁、码头、堆场、夜间大交通流量等复杂场景。融合 AI（人工智能）、5G、V2X（车联通信）等先进技术的上汽智能重卡，成功实现了在港区特定场景下的 L4 级自动驾驶、厘米级定位、精确停车、与自动化港机设备交互以及东海大桥队列行驶，可为港口运输客户提供更智能、安全、高效、环保的集装箱转运方案。（资料来源：新华网，经济日报，2019 年 11 月）（扩展视频 3-1）

二维码 3-1

3.1　智慧运输装备概述

3.1.1　运输装备的概念与类型

运输装备是将货物从某地运往其他地区的载体，是运输方式的工具。现代运输方式有铁路运输、公路运输、水路运输、航空运输和管道运输等。运输装备按运输方式可分为公路运输装备、铁路运输装备、航空运输装备、水路运输装备和管道运输装备。

1. 公路运输装备

公路货物运输的特点：机动灵活，可实现“门到门”直达运输；运输作业组织方便，运输适应性强，适用于各类货物的运输；中短途运输送达速度快；运输经营初期投资少，投资回收快，易于小规模经营；单车运量小，能耗大，运输成本高；污染严重，事故率高；公路建设投资大，占地多。

公路货运功能：主要承担中、短距离的“门到门”直达运输；可用于衔接其他运输方式，为其他运输方式进行货物集疏运输；能够独立承担长距离直达运输。

公路货物运输的主要装备是载货汽车。一般可分为：①普通货车，载货部位的结构为栏板的载货汽车，不包括具有自动倾卸装置的载货汽车；②厢式货车，载货部位的结构为封闭厢体且与驾驶室各自独立的载货汽车；③封闭货车，载货部位的结构为封闭厢体且与驾驶室联成一体，车身结构为一厢式载货汽车；④罐式货车，载货部位的结构为封闭罐体的载货汽车；⑤平板货车，载货部位的地板为平板结构且无栏板的载货汽车；⑥集装箱车，载货部位为框架结构且无地板，专门运输集装箱的载货汽车；⑦自卸货车，载货部位具有自动倾卸装置的载货汽车；⑧特殊结构货车，载货部位为特殊结构，专门运输特定物品的载货汽车，如运输小轿车的双层结构载货汽车，运输活禽畜的多层结构载货汽车。

载货汽车的主要技术参数有：①质量参数，包括整车整备质量、最大总质量、最大装载质量、最大轴载质量、平均燃料消耗量等；②尺寸参数，包括车长、车宽、车高、轴距、轮距、最小转弯半径等；③性能参数，包括发动机标定功率、最高车速、最大爬坡度等。

2. 铁路运输装备

铁路货物运输的特点：运输能力大，运输成本较低；运输适应性强，适宜各类货物的运输；运输速度较高，准时性强；运输安全性好，能耗低，污染小；运输计划性强，机动性差。

铁路货运功能：主要用于担负大宗低价值货物、集装箱以及化工产品和石油产品等罐装货物的中、长距离运输，是我国煤炭、粮食、木材、钢材等大宗货物的主要运输力量，是集装箱多式联运的重要运输环节。

铁路货物运输装备主要由铁路、信号设备、机车车辆和车站等部分构成。

（1）铁路机车

一般铁路列车是由机车和车辆两部分共同组成的。机车是铁路列车的动力来源，主要用于牵引列车运行和牵引或推送车辆在车站内有目的地调车移动。按原动力可分为蒸汽机车、内燃机车、电力机车。

（2）铁路货运车辆

铁路车辆是承载旅客和货物的铁路运输工具　一般不具备动力装置，需要连接成列车后由机车牵引运行。铁路货运车辆一般有敞车（C）、棚车（P）、平车（N）、集装箱车（X）、长大货物车（D）、罐车（G）、冷藏车（B）、矿石车（K）、粮食车（L）、特种运输车（T）等类型。

（3）铁路货运站

铁路货运站是主要办理货物承运、交付、装卸以及货物列车到发、车辆取送等作业的车站。主要设备有货物列车到发线、编组线、牵出线和货场（如铁路货场）等。按类型可分为中间站、区段站、编组站、铁路车站货场等。

3. 水路运输装备

水路运输的特点：运输能力大，能源消耗小，单位运输成本最低；续航能力大，运输连续性好；基建投资较小，占用土地少；初期投资（购船）较大，而且回收期长；运输速度低，受气候影响大；运输机动性差。

水路货运功能：主要适宜担负中、远距离大宗货物运输和集装箱运输。远洋运输主要承担进出口贸易货物运输，包括大宗散货运输、杂货运输、石油和国际集装箱运输，是国际贸易运输的主要工具。沿海及内河水路运输主要承担煤炭、矿石、建材、粮食等大宗货物运输和国内集装箱运输。

水路运输的主要设施装备包括船舶、水域（海洋、江河、湖泊等）及其航道、港口码头以及通信导航等基础设施。

（1）货运船舶

货运船舶是货物水路运输的载体。按用途可分为散货船、杂货船、集装箱船、冷藏船、液货船、滚装船、汽车运输船、驳船和载驳船、铁路车辆渡船。

船舶的主要性能参数有：重量性能参数，包括船舶排水量和载重量；容积性能参数，包括货舱容积和船舶登记吨位；船舶主尺度参数，包括船长、船宽、船深、吃水和干舷等；船舶航速，包括试航航速和营运航速。

（2）港口及设备

港口是指具有船舶进出、停泊、靠泊，旅客上下，货物装卸、驳运、储存等功能，具有相应的码头设施，由一定范围的水域和陆域组成的区域。

港口水域设施主要包括港池、航道和锚地。港池是指码头周边的水域，具有足够的深度和广度，供船舶临时停泊、靠离码头和调头操作；航道是指在内河、港口等水域内供一定尺度的船舶安全航行的通道；锚地是供船舶抛锚候潮、等候泊位、避风、办理进出口手续、接受船舶检查或过驳装卸等停泊的水域。

港口陆域设施主要包括码头、泊位、港口作业区及港口道路和铁路设施等部分。码头是指沿港口的水域和陆域交界线构筑的供船舶靠泊、旅客上下船、货物装卸和其他船舶作业的水上建筑物；泊位是供一艘船停泊的码头岸线长度；港口作业区是根据货物种类、吞吐量、货物流向、船型和港口布局等因素，将港口划分为若干个相对独立的装卸生产单位，一般由码头前沿作业地带、仓库及堆场等设施组成；港口集疏运设施是与港口相互衔接、为集中与疏散港口吞吐货物服务的交通运输设施，主要由港口道路、铁路、内河航道及相应的交接站场组成。

4. 航空运输装备

航空运输的特点：运行速度快；舒适性和安全性高；基本建设周期短、投资少、占地少；装载能力小，运输成本高；受气候条件影响大。

航空货物运输的功能：主要适用于对时间性要求较强的邮件、快件货物、鲜活易腐货物和价值较高的高科技机电产品等货物的运输，其货物的体积和重量以及运输批量一般都较小，运输距离主要适用于中、长距离的运输。此外，航空运输是救灾、抢险等紧急物资运输的主要方式。

航空货物运输装备主要由飞机、飞行航线、机场和空中交通管理系统等部分构成。

（1）飞机

飞机的基本结构主要由机身、机翼、动力装置、尾翼和起落装置以及驾驶操纵控制系统等部分组成。

货运飞机的主要性能参数有：①飞机的重量参数，包括飞机基本重量、最大起飞重量、最大着陆重量、最大业务载重量；②飞机的飞行性能参数，包括最大平飞速度、巡航速度、航程和续航时间。

（2）航线和机场

航线是由航空管理部门设定的飞机从一个机场飞达另一个机场的路线，是航空运输网络中的线路。航线按照飞行范围分为国内航线和国际航线。国内航线根据所连接的城市不同可分为国内干线、国内支线和地方航线。

机场也称为航空港，是用于飞机起飞、着陆、停放、维护、补充给养等活动，以及组织旅客上下和货物装卸等航空运输服务的场所。一般由飞行区、客货运输服务区和机务维修区 3 个部分组成。按航线性质，可分为国际机场和国内航线机场；按机场在民航运输网络中的地位，可分为枢纽机场、干线机场和支线机场。

5. 管道运输装备

管道运输就是利用管道设施，通过一定的压力差驱动管道内的货物沿着管道流向目的地的一种运输方式。管道运输的特点：连续性强、运输量大；占用土地少、对环境影响小；安全可靠、不受气候影响；自动化程度高、运输费用低。

管道运输的功能：主要用于输送液体、气体和浆料等流体货物，包括原油、成品油、天然气、煤浆和其他矿浆等。

输油管道系统的主要装备包括管道、输油站（首站、中间站、末站）、自动控制系统、输油泵机组以及储油罐等。

输气管道系统主要由矿场集气管网、干线输气管道、城市配气管网等部分组成。主要装备包括输气管道、输气站、压缩机组以及储气设备等。

3.1.2 智慧运输装备的概念与特征

当前，以互联网为代表的信息技术正与交通运输领域深度融合，超级铁路、自动驾驶、新能源车船、无人机（车、船）等智能化交通基础设施和技术装备成为各国竞相角逐的热点，交通运输新模式、新业态、新产业不断涌现并焕发出强大生机活力。加快智慧运输发展，对于推动物流行业高质量发展，加快建设交通强国，具有十分重要的意义。

智慧物流运输在智能交通的基础上，充分利用物联网、空间感知、云计算、移动互联网等新一代信息技术，综合运用交通科学、系统方法、人工智能、知识挖掘等理论与工具，以全面感知、深度融合、主动服务、科学决策为目标，通过建设实时的动态信息服务体系，深度挖掘物流运输相关数据，形成问题分析模型，实现行业资源配置优化能力、公共决策能力、行业管理能力、公众服务能力的提升，推动物流运输更安全、更高效、更便捷、更经济、更环保、更舒适的运行和发展，带动物流运输相关产业转型、升级。

智慧运输装备是实现智慧物流运输的基础和依托，只有实现运输装备的智慧化升级改造，才能在运输过程中实现信息实时感知、资源集成调配、运行智能控制，才能实现智慧物流运输的整体目标。所谓智慧运输装备，是指应用先进的人工智能、信息传感、控制执行技术，并融合现代通信与网络技术，具备复杂环境感知、智能决策、协同控制等功能，可实现自动化、智能化、无人化运行的运输装备。

智慧运输装备具有以下特征。

一是环境感知与实时通信。智慧运输装备在运行过程中，能够实时感知周边环境状况，包括汽车、行人、道路、信号灯等，并将信息实时传递到运算中心。

二是 AI 算法与智能决策。车载或后台运算中心基于收集到的数据，能够运用人工智能算法进行智能决策判断，并发出运行指令。

三是自动化控制与无人化运行。智能运输装备能够进行充分的人机交互，辅助进行装备行驶控制，或根据人的意图进行自动控制、自动行驶，有的甚至能够做到无人化行驶。

四是安全性与可靠性。通过人工智能、自动控制，使得智慧运输装备在运行时具备高度的安全性，减少人工驾驶失误。同时，安全性与可靠性也是智慧运输装备落地的基本前提。

3.1.3 智慧运输装备的分类

智慧运输装备按照运输方式不同可分为以下 5 种类型。

1．智慧公路运输装备：智能网联汽车

智能网联汽车（ICV），搭载先进的车载传感器、控制器、执行器等装置，融合现代通信与网络技术，能够与 X（车、路、人、云等）智能信息交换、共享，具备复杂环境感知、智能决策、协同控制等功能，可实现安全、高效、舒适、节能甚至无人驾驶。主要应用包括无人驾驶卡车和无人配送车。菜鸟、京东、苏宁、德邦、G7 等纷纷布局无人重卡，无人驾驶卡车正在各运输场景中进行测试和应用。无人配送车归属于配送装备，将在第 4 章中详细介绍。

2．智慧铁路运输装备：无人驾驶轨道列车

无人驾驶轨道列车，采用高度自动化的先进轨道列车控制系统，由轨道控制中心用大型电子计算机监控整个线路网的站际联系、信号系统、列车运行、车辆调度等，可完全实现无人化、全自动化运行。国外无人驾驶轨道列车已得到实际应用，我国目前已经有 7 条试验用无人驾驶轨道列车实现了示范性运行。当前无人驾驶轨道列车主要应用于短途客运，未来在长途货运中具有良好应用前景。

3．智慧水路运输装备：智能船舶

智能船舶，通过利用传感器、通信、物联网、互联网等技术手段，自动感知和获得船舶自身、海洋环境、物流、港口等方面的信息和数据，并基于计算机技术、自动控制技术和大数据处理和分析技术，在船舶航行、管理、维护保养、货物运输等方面实现智能化运行。当前英国、日本、芬兰等国企业在政府支持下正在大力推进智能船舶系统研发，我国也已启动了智能船舶 1.0 的研制计划。

4．智慧航空运输装备：无人机

无人机，利用无线电遥控设备和自备的程序控制装置，实现不载人飞行。无人机应用于物流运输领域，能够发挥其运行速度快、受道路条件影响小的特点，特别适用于山区偏远地区道路设施不完备情况下的物流运输。当前国外的 Amazon、UPS、Google、WalMart、DHL、GeoPost、Matternet、Bizzby Sky、Flytrex Sky 与国内的顺丰、京东、菜鸟等多家电商企业、物流企业都相继宣布其无人机研发项目和试验进度，并已在某些地区和领域进行实际应用。无人机有多种类型，可用于干线、支线的物流运输，也可用于末端配送。配送是无人机当前应用的主要领域，本书将在第 4 章中对无人机进行详细介绍。

5．智慧管道运输装备：地下智慧物流管网

地下智慧物流管网，通过使用自动导引车、两用卡车或胶囊小车等运载工具或介质，以单独或编组的方式在地下隧道或管道等封闭空间中全自动化地运输货物，最终将货物配送到各终端。地下智慧物流管网系统与物流配送中心和大型零售企业结合在一起，实现网络相互衔接，客户在网上下订单以后，物流中心接到订单，迅速在物流中心进行高速分拣，通过地下管道物流智能运输系统和分拣配送系统进行运输配送。当前京东提出基于 5G 智能胶囊的地下物流运转系统，雄安、深圳、北京等地城市地下物流建设正在规划建设之中。地下智慧物流管网包括地下干线运输和城市地下配送等部分，而城市地下物流配送是当前应用的重点，本书将在第 4 章中对地下智慧物流管网进行详细介绍。

3.2 智能网联汽车

3.2.1 智能网联汽车的概念

国务院印发的《中国制造 2025》中，节能与新能源汽车被归为重点发展领域之一，其中智能网联汽车是重点发展内容。《中国制造 2025》明确了智能网联汽车的发展目标，即到 2025 年，掌握自动驾驶总体技术及各项关键技术，建立较完善的智能网联汽车自主研发体系、生产配套体系及产业群，基本完成汽车产业转型升级。国务院印发的《关于积极推进“互联网+”行动的指导意见》明确提出了促进人工智能在智能汽车领域的推广应用，“互联网+”人工智能为 11 个重点行动之一。

科技部推出了多个国家计划，对车路协同、车联网等方面进行政策支持，同时，在国家重点研发计划的新能源汽车重点专项中，对智能网联汽车做出重要布局。工信部发布的“智能网联汽车技术路线图”描绘出智能网联汽车发展所需的关键核心技术及发展路径。中国汽车工业协会发布的汽车工业发展规划意见中，智能网联汽车也被列为我国汽车工业 8 个重点发展方向之一。

所谓智能网联汽车（Intelligent and Connected Vehicle，ICV），是指搭载先进的车载传感器、

控制器、执行器等装置，并融合现代通信与网络技术，实现车与 X（车、路、人、云等）的智能信息交换、共享，具备复杂环境感知、智能决策、协同控制等功能，可实现安全、高效、舒适、节能行驶，并最终实现替代人来操作的新一代汽车。

智能网联汽车主要由传感器系统、自动驾驶控制与运算单元、人机界面（HMI）系统、数据记录系统组成。通过搭载的视觉传感器、激光雷达、毫米波雷达、车辆与外界的信息交换系统（Vehicle to Everything，V2X）等传感器及通信设备，可实时观测车辆周边环境态势，识别道路、交通标志，感知其他交通参与者（其他车辆、行人等）等与驾驶行为相关的信息并进行分类，追踪及预测其行为轨迹，生成以自身为中心的周边交通态势，通过高精度地图及周边交通态势智能决策并规划最优驾驶方案，同时根据该方案对车辆进行精确控制。

智能网联汽车是国际公认的未来发展方向和关注焦点，发展智能网联汽车有利于推动汽车出行经济新模式，解决交通安全、能源消耗问题，构建数据驱动、跨界融合、共创共享的智能交通和智能社会。研究表明，在智能网联汽车的初级阶段，通过先进智能驾驶辅助技术有助于减少 30%左右的交通事故，交通效率提升 10%，油耗与排放分别降低 5%。进入智能网联汽车的终极阶段，即完全自动驾驶阶段，甚至可以完全避免交通事故，提升交通效率 30%以上，并最终把人从枯燥的驾驶任务中解放出来，这也是智能网联汽车最吸引人的价值魅力所在。

3.2.2 智能网联汽车的发展阶段

1. 智能驾驶分级

按照美国汽车工程师学会 SAE 分级标准，汽车智能驾驶主要分为 6 个等级，如图 3-1 所示。

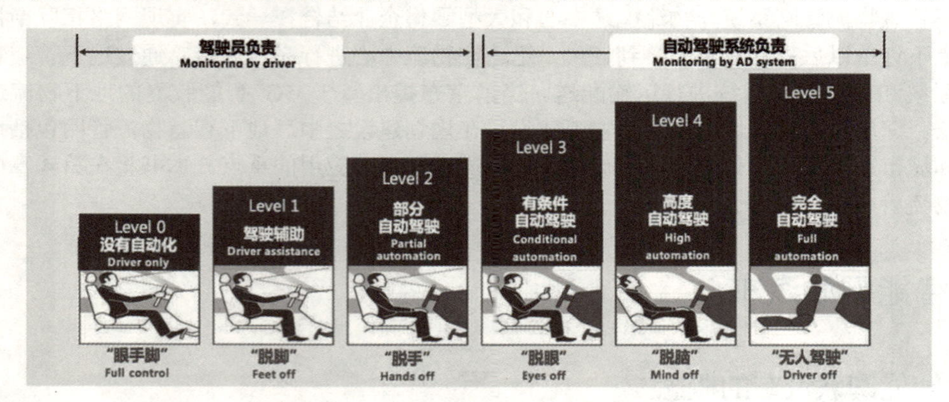

图 3-1 汽车智能驾驶分级示意图

L0 级别：完全由驾驶员进行操作驾驶，包括转向、制动、油门等都由驾驶员自行判断，汽车只负责命令的执行。

L1 级别：能够辅助驾驶员完成某些驾驶任务，例如许多车型装配的自适应巡航（ACC）功能，雷达实时控制车距和车辆加减速。

L2 级别：可自动完成某些驾驶任务，并经过处理分析，自动调整车辆状态，例如车道保持功能就属于此级别，除了能控制加减速，同时还能对方向盘进行控制，驾驶员需观察周围情况提供车辆安全操作。

L3 级别：该级别通过更有逻辑性的行车电脑控制车辆，驾驶员不需要手脚待命，车辆能够在特定环境下独立完成操作驾驶，但驾驶员无法进行睡眠或休息，在人工智能不能准确判断时，仍需人工操作。

L4 级别：车辆自动做出自主决策，并且驾驶者无须任何操作，一般需依靠可实时更新的道路信息数据支持，实现自动取还车、自动编队巡航、自动避障等出行的真实场景。

L5 级别：与 L4 级别最大的区别是完全不需要驾驶员配合任何操作，实现全天候、全地域的自动驾驶，并能应对环境气候及地理位置的变化，驾驶员可将注意力放在休息或其他工作上。

2. 智能汽车的发展路径

从技术发展路径来说，智能汽车分为 3 个发展方向：网联式智能（Connected Vehicle, CV）、自主式智能（Autonomous Vehicle, AV），及前二者的融合，即智能网联汽车（Connected and Automated Vehicle, CAV 或 Intelligent and Connected Vehicle, ICV），如图 3-2 所示。

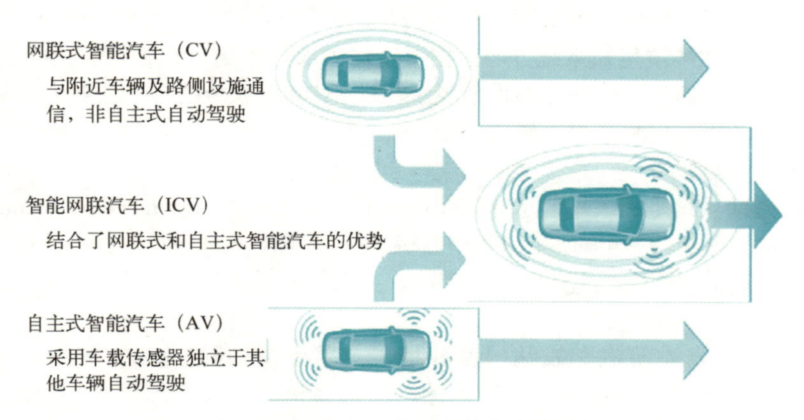

图 3-2　智能汽车的 3 种技术发展路径

从发展阶段上划分，智能网联汽车的发展过程可大致分为：自主式驾驶辅助（对应美国汽车工程师学会 SAE 分级 L1、L2）、网联式驾驶辅助（对应 SAE 分级 L1、L2）、人机共驾（对应 SAE 分级 L3）、高度自动/无人驾驶（对应 SAE 分级 L4、L5）4 个阶段。目前在全球范围内，自主式驾驶辅助系统已经开始大规模产业化，网联化技术的应用已经进入大规模测试和产业化前期准备阶段，人机共驾技术和无人驾驶技术还处于研发和小规模测试阶段。

3. 智能网联汽车的发展阶段划分

（1）自主式驾驶辅助（ADAS）

自主式驾驶辅助系统（Advanced Driver Assistance Systems, ADAS）是指依靠车载传感系统进行环境感知并对驾驶员进行驾驶操作辅助的系统（广义上也包括网联式驾驶辅助系统），目前已经得到大规模产业化发展，主要可分为预警系统与控制系统两类。

其中常见的预警类系统包括前向碰撞预警（Forward Collision Warning, FCW）、车道偏离预警（Lane Departure Warning, LDW）、盲区预警（Blind Spot Detection, BSD）、驾驶员疲劳预警（Driver Fatigue Warning, DFW）、全景环视（Top View System, TVS）、胎压监测（Tire Pressure Monitoring System, TPMS）等。

常见的控制类系统包括车道保持系统（Lane Keeping System, LKS）、自动泊车辅助（Auto Parking System, APS）、自动紧急刹车（Auto Emergency Braking, AEB）、自适应巡航（Adaptive Cruise Control, ACC）等。

美日欧等发达国家和地区已经开始将 ADAS 系统引入了其相应的新车评价体系。美国新车评价规程（United States New Car Assessment Program, US-NCAP）从 2011 年起引入 LDW 与 FCW 作为测试加分项，美国公路安全保险协会（IIHS）从 2013 年起将 FCW 系统作为评价指标之一；而欧洲新车评价规程（European New Car Assessment Program, E-NCAP）也从 2014 年起引入了

LDW/LKA 与 AEB 系统的评价，2016 年增加了行人防撞 AEB 的测试，2018 年加入了自动车防撞 AEB 系统的测试。2014 年起，汽车驾驶辅助技术已经成为获取 E-NCAP 四星和五星的必要条件。我国的 C-NCAP 已将 LDW/FCW/AEB 等驾驶辅助系统纳入其评价体系之中。

在引入新车评价体系之外，各国也纷纷开始制定强制法规推动 ADAS 系统安装。2015 年起，欧洲新生产的重型商用车要求强制安装车道偏离警告系统（LDW）及车辆自动紧急制动系统（AEB)。2018 年起，美国各车企被强制要求对其生产的的车辆安装后视摄像头。而从 2017 年开始，中国也逐步在大型客车上开始强制安装 LDW 与 AEB 系统。

从产业发展角度，目前 ADAS 核心技术与产品仍掌握在境外公司手中，尤其是在基础的车载传感器与执行器领域，博世、德尔福、天合、法雷奥等企业垄断了大部分国内市场，Mobileye 等新兴的高技术公司在环境感知系统方面占据了全球大部分市场；TTE 等一些中国台湾省企业也有一定市场份额。近年来，中国内地也涌现了一批 ADAS 领域的自主企业，在某些方面与境外品牌形成了一定竞争，但总体仍有较大差距。

（2）网联式驾驶辅助

网联式驾驶辅助系统是指依靠信息通信技术（Information Communication Technology, ICT）对车辆周边环境进行感知，并可对周围车辆未来运动进行预测，进而对驾驶员进行驾驶操作辅助的系统。通过现代通信与网络技术，汽车、道路、行人等交通参与者都已经不再是孤岛，而是成为智能交通系统中的信息节点。

在美国、欧洲、日本等汽车发达国家和地区，基于车-路通信（Vehicle-to-Infrastructure, V2I）/车-车通信（Vehicle-to-Vehicle, V2V）的网联式驾驶辅助系统正在进行实用性技术开发和大规模试验场测试。典型的是美国在密歇根安娜堡开展的示范测试，在美国交通部与密歇根大学等支持下，Safety Pilot 项目进行了车辆示范测试，并建设了智能汽车模拟城市（m-city)，作为智能网联汽车的专用测试场。通过此示范测试，得到了车联网技术能够减少 80% 交通事故的结论，直接推动了美国政府宣布将强制安装车-车通信系统以提高行驶安全。美国交通部预测，到 2040 年美国 90%的轻型车辆将会安装专用短距离通信（Dedicated Short Range Communication, DSRC）系统。

除美国外，欧洲以及日本等都开展了大量对车联网技术的研究与应用示范。欧盟 eCoMove 项目展示了车联网技术对于降低排放和提高通行效率的作用，综合节油效果可达到 20%，simTD 项目开展“荷兰-德国-奥地利”之间的跨国高速公路测试，验证基于车联网的智能安全系统。日本 Smartwa 系统可提供导航、不停车收费（Electronic Toll Collection, ETC)、信息服务、驾驶辅助等多种功能，基于车路协同的驾驶安全支援系统（Driving Safety Support Systems, DSSS)，可以提供盲区碰撞预警、信号灯预警、停止线预警等多种功能。

我国清华大学、同济大学、长安汽车等高校与企业合作，在国家“863”高新技术研究开发计划项目的支持下开展了车路协同技术应用研究，并进行了小规模示范测试，各汽车企业也在开展初步研究。

在工业和信息化部支持下，上海、北京、重庆等多地都开始积极建设智能网联汽车测试示范区，网联式驾驶辅助系统均为测试区设计时考虑的重要因素。华为、大唐等企业力推的车间通信长期演进技术（Long Term Evolution-Vehicle, LTE-V）系统相比 DSRC 具有兼容蜂窝网、可平稳过渡至 5G 系统等优势，目前已发展成为我国特色的车联网通信系统，并在国际市场与 DSRC 形成了竞争之势。但中国内地也存在缺少类似美日欧的大型国家项目支撑、各企业间未能形成合力等问题，导致网联式驾驶辅助系统发展相对较慢。

案例 3-1　车联网

车联网（Internet of Vehicles, IoV)，是以车内网、车际网和车载移动互联网为基础，按照约定的通信协议和数据交互标准，在车-X（X：车、路、行人及互联网等）之间，进行无线通信和信息交换的大系统网络，是能够实现智能化交通管理、智能动态信息服务和车辆智能化控制的一体化网络，是物联网技术在交通系统领域的典型应用。（资料来源：百度百科）

二维码 3-2

（3）人机共驾

人机共驾指驾驶人和智能系统同时在用，分享车辆控制权，人机一体化协同完成驾驶任务。与一般的驾驶辅助系统相比，共驾型智能汽车由于人机同为控制实体，双方受控对象交联耦合，状态转移相互制约，具有双环并行的控制结构，因此要求系统具备更高的智能化水平。系统不仅可以识别驾驶人的意图，实现行车决策的步调一致，而且能够增强驾驶人的操纵能力，减轻其操作负荷。

广义的人机共驾包含感知层、决策层和控制层 3 个层次。感知层主要是利用特定传感器（如超声波雷达、摄像头、红外热释电传感器等）向人提供环境信息，增强人的感知能力。例如通过方向盘的力反馈协助驾驶人进行车道保持，既减轻了驾驶负担又提高了车辆安全性。决策层主要技术包括驾驶人决策意图识别、驾驶决策辅助和轨迹引导。例如通过建立基于实际道路的驾驶人换道意图预测模型，系统能够在实际换道行为发生前 3 秒有效预测驾驶人换道意图。控制层主要实现人和系统的控制互补，驾驶人操控动力学与智能系统操控动力学互相交叉，交互耦合，具有双环交叉的特点。

（4）高度自动/无人驾驶

处于高度自动/无人驾驶阶段的智能汽车，驾驶员不需要介入车辆操作，车辆将会自动完成所有工况下的自动驾驶。其中高度自动驾驶阶段（对应 SAE 分级 L4），车辆在遇到无法处理的驾驶工况时，会提示驾驶员是否接管，如驾驶员不接管，车辆会采取如靠边停车等保守处理模式，保证安全。在无人驾驶阶段（对应 SAE 分级 L5），车辆中可能已没有驾驶员或乘客，无人驾驶系统需要处理所有驾驶工况，并保证安全。目前以谷歌为代表的互联网技术公司，其发展思路是跨越人机共驾阶段，直接推广高度自动/无人驾驶系统，而传统汽车企业大多数还是按照渐进式发展路线逐级发展。

3.2.3 智能网联汽车的技术架构

智能网联汽车集中运用了汽车工程、人工智能、计算机、微电子、自动控制、通信与平台等技术，涉及汽车、信息通信、交通等诸多领域，是一个集环境感知、规划决策、控制执行、信息交互等于一体的高新技术综合体。

智能网联汽车技术架构较为复杂，可划分为“三横两纵”式技术架构：“三横”是指智能网联汽车主要涉及的车辆、信息交互与基础支撑 3 个领域技术，“两纵”是指支撑智能网联汽车发展的车载平台以及基础设施条件，如图 3-3 所示。

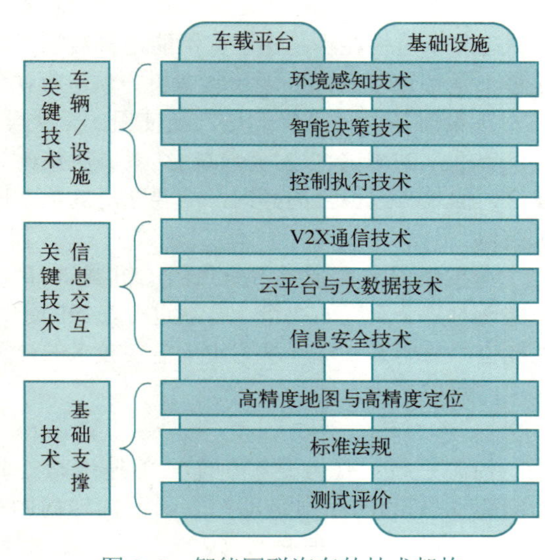

图 3-3 智能网联汽车的技术架构

1. 环境感知技术

环境感知系统的任务是利用摄像头、毫米波雷达、激光雷达、超声波等主要车载传感器以及 V2X 通信系统感知周围环境，配合高精度地图与定位技术，通过提取路况信息、检测障碍物，为智能网联汽车提供决策依据。

主要包括利用机器视觉的图像识别技术，利用雷达（激光、毫米波、超声波）的周边障碍物检测技术，多源信息融合技术，传感器冗余设计技术等。

案例 3-2　基于车载图像的行人及骑车人联合识别方法

针对复杂行驶环境下行人及骑车人的有效识别，清华大学研究团队建立了基于车载图像的行人及骑车人联合识别方法，其架构如图 3-4 所示。（资料来源：李晓飞. 基于深度学习的行人及骑车人车载图像识别方法[D]. 北京:清华大学, 2016.）

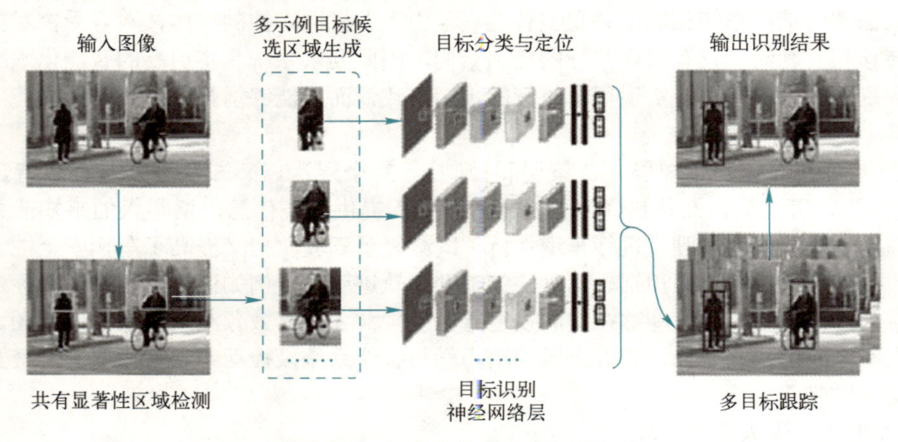

图 3-4　行人及骑车人联合识别架构

2．智能决策技术

决策系统的任务是根据全局行车目标、汽车状态及环境信息等，决定采用的驾驶行为及动作的时机。包括危险事态建模技术，危险预警与控制优先级划分，群体决策和协同技术，局部轨迹规划，驾驶员多样性影响分析等。常用的决策方法包括状态机、决策树、深度学习、增强学习等。

状态机是一种简便的决策方法，用有向图表示决策机制。状态机的优点在于：具有高可读性，能清楚表达状态间的逻辑关系，在状态明确且较少时设计简单；缺点在于：需要人工设计，在状态复杂时性能不易保证，不能用机器学习。目前的自动驾驶系统多针对部分典型工况，状态迁移不是特别复杂，故采用状态机方法进行决策的案例较多。

决策树是一种简单但是广泛使用的分类器，从根到叶子节点实现分类，每个非叶子节点为一个属性上的测试，边为测试的结果。决策树具有可读的结构，同时可以通过样本数据的训练来建立，但是有过拟合的倾向，需要广泛的数据训练。在部分工况的自动驾驶上应用，效果与状态机类似。

深度学习与增强学习是热门的机器学习方法。在处理自动驾驶决策方面，能通过大量的学习实现对复杂工况的决策，并能进行在线的学习优化；但是其综合性能不易评价，对未知工况的性能也不易明确。深度学习由于需要较多的计算资源，一般是计算机与互联网领域研究自动驾驶采用的热门技术。

3．控制执行技术

控制系统的任务是控制车辆的速度与行驶方向，使其跟踪规划的速度曲线与路径。包括面向驱动/制动的纵向运动控制，面向转向的横向运动控制，基于驱动/制动/转向/悬架的底盘一体化控制，融合车联网（V2X）通信及车载传感器的多车队列协同和车路协同控制等。

常用的控制方法，如比例-积分-微分（PID）控制、滑模控制、模糊控制、模型预测控制、自适应控制、鲁棒控制等。国内目前对制动、转向系统关键技术已有一定研发基础，但是相比博世、德尔福等国外大型企业，在控制稳定性、产品一致性和市场规模方面仍有较大差距。主要应用包括以下 3 个方面。

（1）自适应巡航控制

同时具备自动跟车行驶、低燃油消耗和符合驾驶员特性 3 类功能，对于全面提升行车安全性、改善车辆燃油经济性、减轻驾驶疲劳强度具有重要的意义。

（2）协同式多车队列控制

将单一车道内的相邻车辆进行编队，根据相邻车辆信息自动调整该车辆的纵向运动状态，最终达到一致的行驶速度和期望的构型。

（3）人机共驾技术

控制层的控制互补是目前人机共驾领域的核心关注点。在传统主动安全系统中融入驾驶决策识别及周车轨迹预测信息，构建包含动力学稳定性风险和运动学碰撞性风险的双重安全包络控制系统，是提高人机共驾行驶稳定性和主动安全性的核心。主要有以下两种控制方式。

共享型控制：指人机同时在线，驾驶人与智能系统的控制权随场景转移，人机控制并行存在。主要解决因控制冗余造成的人机冲突，以及控制权分配不合理引起的负荷加重等问题。

包络型控制：指通过获取状态空间的安全区域和边界条件形成控制包络，进而对行车安全进行监管，当其判定可能发生风险时进行干预，从而保证动力学稳定性和避免碰撞事故。

4. V2X 通信技术

V2X 通信技术主要包括车辆专用通信系统，实现车间信息共享与协同控制的通信保障机制、移动自组织网络技术、多模式通信融合技术等。通过网联无线通信技术，车载通信系统有效地获得的驾驶员信息、车辆自身的姿态信息和汽车周边的环境数据，进行整合与分析。

车载通信的模式，依据通信的覆盖范围可分为车内通信、车际通信和广域通信。

车内通信：从蓝牙技术发展到 Wi-Fi 技术和以太网通信技术。

车际通信：包括专用的短程通信（DSRC）技术和车间通信长期演进技术（LTE-V）。

广域通信：移动互联网领域的 4G、5G 等通信方式。

5. 云平台与大数据技术

云平台与大数据技术包括智能网联汽车云平台架构与数据交互标准、云操作系统、数据高效存储和检索技术、大数据的关联分析和深度挖掘技术等。主要应用包括以下内容。

大数据云计算技术可基于车辆在特征道路环境、不同交通因素中的行驶特征和不同领域驾驶员的行驶需求，对车辆危险的预警阈值、行驶策略进行适应性调整，以便预警效果能够更加符合相应领域、状态下驾驶员的安全需要。

基于地图大数据信息的挖掘和分析可以基于路况特征、车辆性能、驾驶员操作习惯等因素提供节能减排、降低驾驶疲劳程度的行驶方案。

大数据存储及管理技术可对智能网联车载系统交互数据、控制系统数据的在线监控，提供车辆启动时的数据稳定性与可靠性检查，提供车载控制系统级安全性的在线检查。

对于商用车辆的管理，大数据技术的应用可以针对特定区域对不同车辆设定准入分级，设置电子围栏，如队列管理场景下的车辆进出队列的协调控制。

对于物流等高强度运营车辆的位置、故障信息、行驶时间、时长、路线驾驶的信息进行采集、存储和分析，判断高危运营车辆是否出现违章和疲劳驾驶行为，并通过智能网联车辆的远程控制功能，根据大数据分析结果采取碰撞发生前的紧急制动等安全防护措施。

对于突发交通事故，大数据技术通过对交管、医疗、保险等资源的有效调度，可以大幅提高道路安全救援、实时道路管理的效率。

案例 3-3　基于云控平台的汽车节能驾驶系统

车辆通过车与云平台的通信将其位置信息及运动信息发送至云端，云端控制器结合道路信息（如坡道、曲率等）以及交通信息（如交通流、交通信号灯等）对车辆速度和档位等进行优化，以提高车辆燃油经济性和交通效率。基于云控平台的汽车节能驾驶系统框架如图 3-5 所示。（资料来源：李克强,戴一凡,李升波,边明远.智能网联汽车（ICV）技术的发展现状及趋势[J].汽车安全与节能学报,2017,8(01):1-14.）

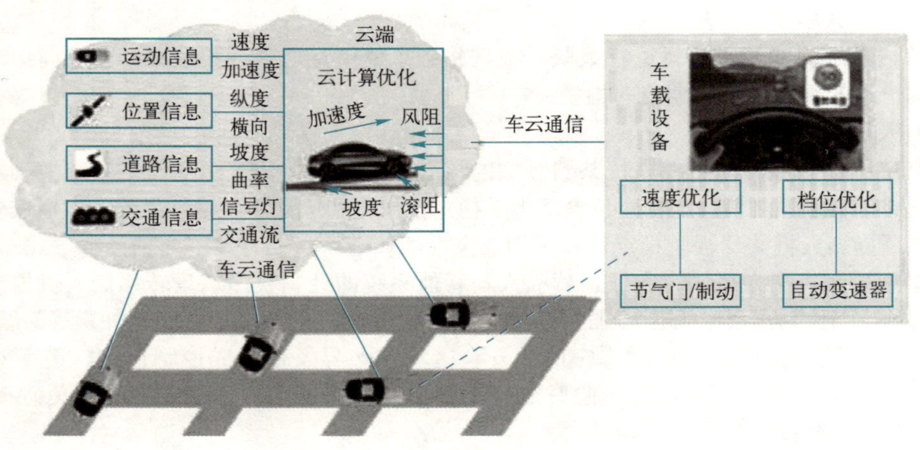

图 3-5 基于云控平台的汽车节能驾驶系统框架

6. 信息安全技术

信息安全技术包括汽车信息安全建模技术，数据存储、传输与应用三维度安全体系，汽车信息安全测试方法，信息安全漏洞应急响应机制等。

智能网联汽车信息安全防护重点包括节点安全防护（包括 ECU、智能传感器、执行器等）、车载网络防护（包括 CAN、LIN、FlexRay、以太网等）、安全网关防护（包括 OTA、智能网关、T-BOX、TCU 等）、接口安全防护（包括 OBD、OBU、蓝牙、Wi-Fi、GPS 等）和云平台防护（包括 TPS、移动终端、RSU、信息云平台等）。

智能网联汽车主要应用“端-管-云”数据安全技术框架。端安全：实现车载安全网关、安全监测监控系统、车载防火墙、车载入侵检测技术的应用；管安全：基于 802.11p/IEEE1609.2，实现通信加密体系、身份认证体系、证书体系、防重放、防篡改、防伪造等技术应用；云安全：实现数据加密、数据混淆、数据脱敏、数据审计等技术的应用。

7. 高精度地图与高精度定位技术

高精度地图与高精度定位技术包括高精度地图数据模型与采集式样、交换格式和物理存储的标准化技术，基于北斗地基增强的高精度定位技术，多源辅助定位技术等。

（1）高精度地图

高精度地图可以为自动驾驶车辆环境感知提供超视距路况信息，并帮助车辆进行规划决策。高精度地图，通俗来讲就是精度更高、数据维度更多的电子地图。精度更高体现在精确到厘米级别，数据维度更多体现在包括了除道路信息之外的与交通相关的周围静态信息。

高精度地图作为实现自动驾驶的关键能力之一，将成为对自动驾驶传感器的有效补充，为车辆提供了更加可靠的感知能力。与传统的导航地图相比，服务于自动驾驶的高精度地图在各方面要求更高，并能配合传感器和算法，为决策层提供支持。

（2）高精度定位

与高精度地图一并而来的是高精度定位，并且在自动驾驶系统中发挥着重要作用，定位精度越高，自动驾驶的可靠性越高，但是必须先有高精度地图，才能实现高精度定位。高精度定位一方面帮助自动驾驶系统更好地使用高精度地图提供的信息，为自动驾驶系统的路径规划和车辆控制提供准确的车辆位置和姿态；同时可以辅助感知系统，得到更加准确的检测和跟踪结果。

从定位的技术发展来看，大体可分为三代：第一代是 GNSS 定位，基于卫星定位技术，提供 10 m 精度的定位能力；第二代是惯导定位，目前前装导航采用惯导定位的技术；第三代是高精度定位，基于视觉传感器、毫米波雷达、激光雷达等，提供亚米级到厘米级定位能力。

定位技术是自动驾驶的关键核心。自动驾驶有 3 个关键因素：感知层、决策层、控制层，其中感知层由电子地图和传感器信息组成，电子地图包含传统的导航、导航电子地图数据和高精度电子地图数据；决策层通过传感器的数据和传感器信息，对车辆进行定位，对路径进行规划，对环境进行理解，对车的行为进行预测；针对车的行动进行规划，从而代替驾驶员通过控制层的电子驱动，对车辆进行控制，从而逐步实现自动驾驶。

8. 标准法规

标准法规包括智能网联汽车整体标准体系以及汽车设计、交通、通信等各领域的关键技术标准。

智能网联汽车标准体系框架如图 3-6 所示，包括基础标准、通用规范、产品与技术应用、相关标准 4 个部分。

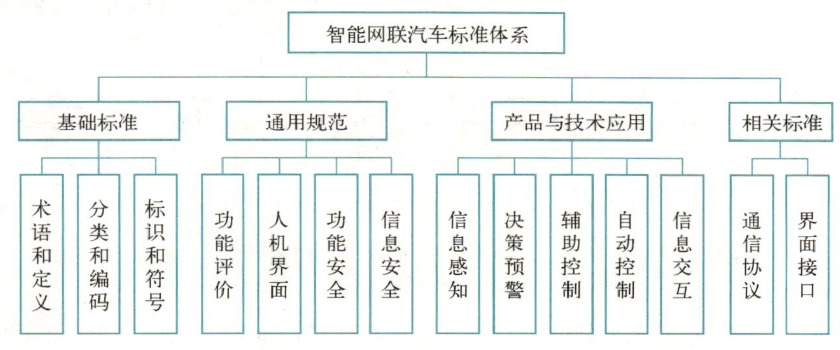

图 3-6 智能网联汽车标准体系框架

基础标准主要包括智能网联汽车术语和定义、分类和编码、标识和符号三类基础标准。

通用规范类标准主要从整车层面提出全局性的要求和规范，主要包括功能评价、人机界面、功能安全和信息安全等方面。

产品与技术应用类标准主要涵盖信息感知、决策预警、辅助控制、自动控制和信息交互等智能网联汽车核心技术和应用的功能、性能要求及试验方法，但不限定具体的技术方案，以避免对未来技术的创新发展和应用产生制约或障碍。

相关标准主要包括车辆信息通信的基础——通信协议，主要涵盖实现车与 X（人、车、路、云端等）智能信息交互的中短程通信、广域通信等方面的协议规范；在各种物理层和不同的应用层之间，还包含软硬件界面接口的标准规范。

9. 测试评价

测试评价包括智能网联汽车测试评价方法与测试环境建设。

测试评价方法主要包括“端-管-云”测试评价技术方法、功能安全测评技术方法、信息安全测试评估技术方法和试验验证技术方法等。

测试环境建设主要针对自主式驾驶辅助（ADAS）测试、V2X 测试和自动驾驶测试 3 类场地进行建设。

3.2.4 智能网联汽车的应用与发展

1. 智能网联汽车的产业链

智能网联汽车的产品体系可分为传感系统、决策系统、执行系统 3 个层次，分别可类比人类的感知器官、大脑以及手脚，如图 3-7 所示。产业链上下游主要包含车规级芯片、传感系统（视觉传感、雷达系统等）、决策算法、定位通信（高精地图、定位、V2X 等）、系统集成、终端与云控平台、智能出行等。

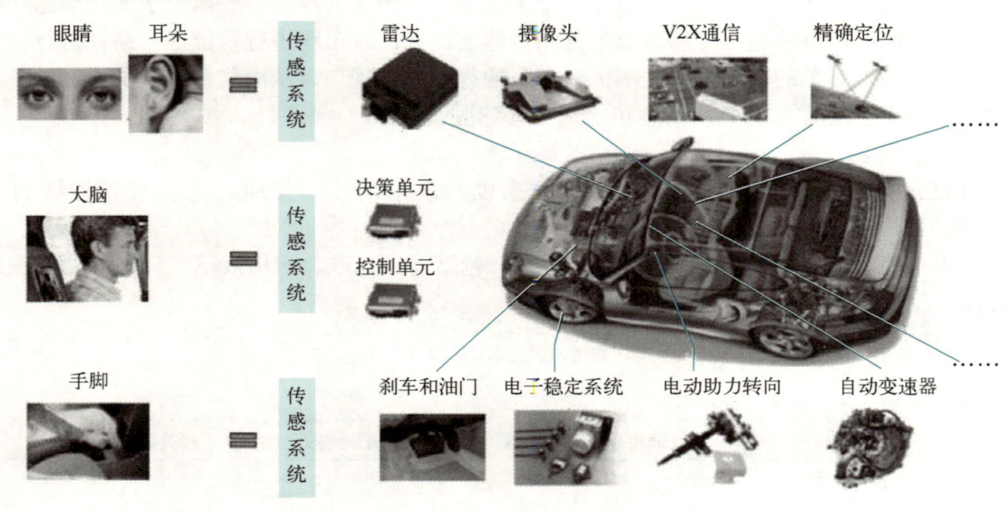

图 3-7 智能网联汽车的 3 个产品层次

智能网联汽车的产业链涉及汽车、电子、通信、互联网、交通等多个领域，按照产业链上下游关系主要包括以下内容。

芯片厂商：开发和提供车规级芯片系统，包括环境感知系统芯片、车辆控制系统芯片、通信芯片等。

传感器厂商：开发和供应先进的传感器系统，包括机器视觉系统、雷达系统（激光、毫米波、超声波）等。

汽车电子/通信系统供应商：能够提供智能驾驶技术研发和集成供应的企业，如自动紧急制动、自适应巡航、V2X 通信系统、高精度定位系统等。

整车企业：提出产品需求，提供智能汽车平台，开放车辆信息接口，进行集成测试。

平台开发与运营商：开发车联网服务平台，提供平台运营与数据挖掘分析服务。

内容提供商：高精度地图、信息服务等的供应商。

图 3-8 展示出国内智能网联汽车产业结构及部分企业。

2. 我国智能网联汽车的发展现状

从产业发展上看，长安、一汽、比亚迪、宇通、东风均已开展无人驾驶汽车研发。大部分主流乘用车企业在部分量产车型上装配了 L1 级驾驶辅助系统，部分企业则在少数高端车型上装配了 L2 级部分自动驾驶系统，并对 L3 和 L4 阶段自动驾驶系统进行了研发和试验。根据智能网联汽车指数（Intelligent Connected Vehicle Index，ICVI）评价体系，当前美、德、日等传统汽车发达国家仍然在智能网联汽车的技术端和生产端上有着巨大优势，而我国在该产业的消费端和使用端保有一定优势，产业竞争力与发达国家相比存在一定差距，但和传统汽车领域相比，差距有所缩小。

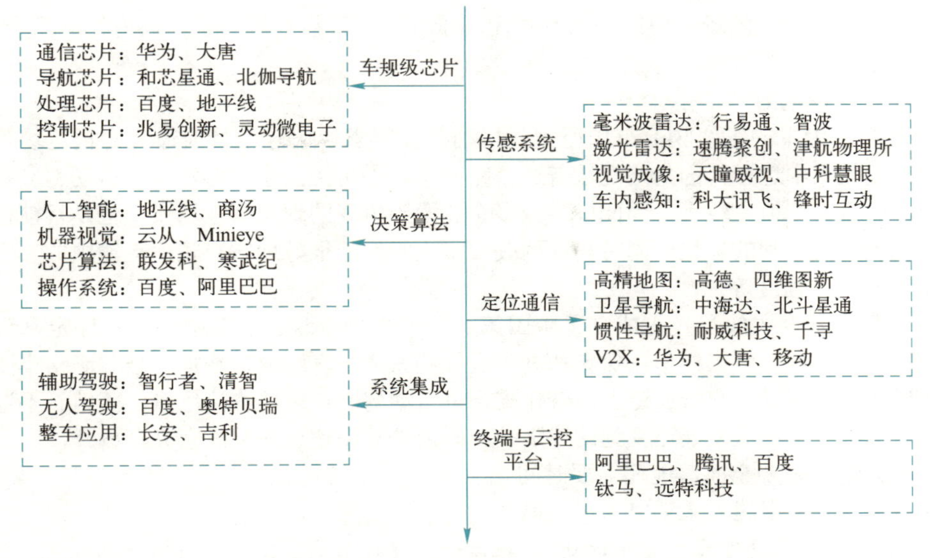

图 3-8　国内智能网联汽车产业结构及部分企业

从技术水平上看，在车内人机交互方面，语音交互在车载领域应用广泛，比亚迪、长安等企业新一代车型几乎全部采用了触摸屏车机产品；科大讯飞、云知声等供应商开发的相关引擎日趋完善；TOF、双目等企业的手势交互技术快速发展，能与语音识别无缝结合，融合眼动、面部识别等前沿技术，多种交互技术并存的趋势越来越显著。在车辆决策与控制技术方面，国内企业对路径规划、行为决策、轨迹规划、车辆控制等核心算法开展了深入的研究，其中一些企业在前撞预警、车道线偏离预警、全景泊车辅助等方面已经达到国际先进水平，商用车的自动紧急制动系统（AEBS）已经开始装车应用。在环境感知方面，雷达和图像传感器的融合是未来发展的主要趋势，国内厂商在车载摄像头镜头上优势突出，其中舜宇光学的镜头出货量为全球第一；模组市场上国内厂商占有率超过 50%，但市场集中度较低，上游核心芯片为国外产业巨头所垄断，国内车载毫米波雷达、激光雷达厂商面临巨大竞争压力和挑战。在计算平台系统方面，以百度为首的互联网和算法公司推出了自有的自动驾驶软硬件平台，逐渐开始路测，但自动驾驶计算平台依赖于国外提供的硬件芯片；国内芯片企业如华为、地平线、深鉴科技等研发了针对智能网联汽车的计算芯片平台，但与国际先进水平还有一定差距。

从行业投资上看，互联网企业在计算能力、海量数据、优秀算法等核心人工智能技术方面具备得天独厚的优势，腾讯、百度、乐视、阿里巴巴等国内互联网巨头纷纷宣布跨界造车或发布超前概念，并在车联网、整车制造及出行服务等领域展开布局。百度的 Apollo 计划，旨在提供开放、完整、安全的软硬件和服务平台，帮助开发者快速搭建属于自己的完整的自动驾驶系统，并与奇瑞、一汽、长安等超过 50 家企业达成战略合作；阿里巴巴和上汽签署互联网汽车战略合作协议，并合资设立 10 亿元的互联网汽车基金，用于共同推进智能网联汽车的开发和运营，同时与斑马网络、神龙汽车就未来汽车智能化达成战略合作；腾讯投资滴滴和四维图新，并持有特斯拉 5%的股份。

3．智能网联汽车在物流领域的应用场景

基于人工智能的自动驾驶系统应用于物流领域，能够有效减少交通事故发生、降低碳排放，让长途货运更加安全、绿色和清洁。此外，自动驾驶还可以通过节省油耗及人力成本，极大地降低物流运输成本。

自动驾驶卡车是智能网联汽车应用于物流领域的主要体现形式。从自动驾驶卡车企业运营

的情况来看，其商业化的场景应用主要有封闭场景（包括干线物流场景、场内物流场景），非封闭场景和全场景运营。

（1）干线物流场景

以高速公路为主的干线物流市场巨大，自动驾驶需求也大，是目前最大的货运场景之一。在这样的封闭场景中运行，因为路况较普通公路简单，不可控因素相对较少，自动驾驶技术相对容易落地，而且其产值比较大，因此成为众多企业激烈争夺的理想商业场景。也是目前被认为最有可能实现大规模盈利的场景，同时自动驾驶技术也刚好能很好地解决长途运输中的一些痛点，如降低司机的工作强度等。

例如赢彻科技、主线科技等成立了中国第一个干线物流联合创新中心，从保定拿到了中国第一张干线物流测试牌照，样车在保定和湖南进行测试。一汽解放、智加科技、满帮集团和英伟达等也通过在自动驾驶卡车产业链上的合作来推进自动驾驶在干线物流场景的落地。不过，目前自动驾驶卡车的干线物流发展还受到法律限制，国内外对高速公路并没有完全放开，因此，干线物流场景的自动驾驶要全面落地还需要时间。

案例 3-4　菜鸟组建无人驾驶卡车编队

2018 年 5 月，菜鸟宣布“驼峰计划”，联合一汽解放等多家公司共同推进无人设备量产，以打造新型立体智慧物流网络。其中一款无人驾驶产品是与一汽解放联合发布的新产品“公路高铁”，“火车头”使用无人驾驶技术，跟随的车队则是通过无线网络与车头协同，进行列车式运营，主要用于规模化的高速公路干线运输。（资料来源：运联智库搜狐号，2018 年 6 月）

案例 3-5　京东打造 L4 级别无人重卡

2018 年 5 月，X 事业部总裁肖军在 JD CUBE 大会上透露，京东美国研发中心正在打造 L4 级别的无人重卡，并在美国完成智能驾驶测试累计长达 2400 个小时。未来京东将基于该项成果建立自动驾驶物流网络，承接北上广三地和京东七大区域中心之间的干线中转和长途运输任务。（扩展视频 3-2）

（2）港口、机场、工业园、矿山等场内场景

目前港口、机场、工业园、矿山等也成为货运自动驾驶商业化落地的重要场景。这些场景道路路线相对固定，便于自动驾驶落地，但与干线物流相比，单个产值相对较低，不过从长远而言，它们的综合价值也不容小觑。例如在矿山场景，有数据显示，200 多辆自动驾驶矿用车累计运输矿石超过 20 亿吨，运输成本降低 15%，轮胎寿命提高 40%，运输效率提高 30%。

很多企业较早开始该类场景试验。如主线科技在中国重汽等支持下在天津港进行自动驾驶集装箱卡车的运营尝试；西井科技在上汽红岩等支持下，2018 年在珠海的港口已完成集装箱卡车自动驾驶的演示；驭势科技在机场尝试货运自动驾驶业务；智加科技与苏宁合作，完成 L4 级仓对仓场景（从一个物流园区仓库到另一个远端物流园区仓库）的卡车自动驾驶作业；慧拓智能与临工重机合作在矿山运行自动驾驶矿用车；易控智驾推出矿用自动驾驶整体解决方案；卡特彼勒公司在美国的矿山尝试自动驾驶矿用车；日本小松公司的自动驾驶矿用车在智利的铜矿运营等。图森未来 2018 年 10 月在上海获得全国第一张自动驾驶重卡道路测试牌照，在上海临港地区进行测试。

（3）非封闭场景

除了封闭场景，城市、乡村等非封闭场景也是自动驾驶公司追逐的货运战场。由于非封闭场景的路况等环境更为复杂，因此对货运自动驾驶提出了更高要求。从目前市场情况来看，以城市快递、外卖等“最后一公里”配送为主的低速城市物流场景更容易商业化落地。

非封闭场景的无人驾驶车辆主要以无人配送车为主，顺丰、京东、菜鸟、美团、饿了么等均在积极布局和实践尝试。此部分主要在第 4 章中详细介绍。

（4）全场景运营

全场景运营即实现无人驾驶从干线、支线到终端物流等的全场景覆盖。当前，菜鸟、京东、苏宁、百度等公司均在积极布局物流全场景的无人驾驶技术装备。

案例 3-6　百度 Apollo 自动驾驶物流闭环

百度自动驾驶平台 Apollo 实现了物流干线、支线到终端的全场景覆盖，完成全球物流领域的首次自动驾驶闭环。其搭载的百度 Apollo 3.5 平台，支持在高速公路和复杂的城市道路上进行自动驾驶，包括在市中心和住宅小区等区域的窄车道、无信号灯路口、借道错车行驶等。（扩展视频 3-3）

3.3　无人驾驶轨道列车

3.3.1　无人驾驶轨道列车的概念

无人驾驶轨道列车是采用高度自动化的先进轨道列车控制系统，由轨道控制中心用大型电子计算机监控整个线路网的站际联系、信号系统、列车运行、车辆调度等，完全实现了无人化、全自动化运行的轨道列车。

无人驾驶轨道列车，是轨道列车自动化控制水平的最高体现，是未来轨道列车运行的基本运行模式。国内外轨道列车领域对无人驾驶轨道列车方向都已经积累了数十年的研究、设计和应用经验，并且，国内外都已经有多条无人驾驶轨道线路开通运行。轨道交通与道路交通相比，线路相对固定，站点相对固定，时间可控性好，因此更加适合无人驾驶。

国际标准按照轨道交通线路自动化程度定义了 4 层自动化等级（GOA），自动化程度从低至高为 GOA1 至 GOA4。

GOA1：在列车自动防护系统（ATP）防护下的完全人工驾驶，由司机控制列车的启动、停止、车门的开关，以及突发情况的处理。

GOA2：半自动驾驶，车辆的启动、停止是自动运行，但是司机室配备一名司机开动车辆，控制车门的开关，以及应对紧急情况下列车的驾驶。大部分地铁自动驾驶子系统（ATO）是这个级别。

GOA3：无司机驾驶，列车的启动、停止是自动化的，但列车配备一名服务人员，列车服务人员控制列车车门的开关以及紧急情况下对列车的控制。

GOA4：完全自动驾驶，列车唤醒、休眠、启动、停止、车门的开闭，以及紧急情况下的列车运行全部为自动驾驶，不需要任何一名工作人员参与。

3.3.2　无人驾驶轨道列车的技术架构

无人驾驶轨道列车的总体架构如图 3-9 所示。

全自动无人驾驶系统较以往系统相比，地面新增部分设备及车辆调度和乘客调度；车载新增全自动驾驶车载设备、紧急呼叫按钮、障碍物探测器、车头视频监控系统（CCTV）等；同时对于系统原有的行车调度及综合监控系统、车站站台门控制系统、通信系统、视频监控系统等设备的功能进行增强。其中，信号系统增设的设备主要包括列车唤醒模块、选择性开关门控制盘（PSL）、作业封锁开关（SPKS）、智能化列车自动控制系统（ATC）设备等；同时，车载列车数据管理系统（TDMS）和车载列车自动驾驶子系统（ATO）设备均按冗余方式配置。

人工智能在无人驾驶轨道列车应用中的关键技术包括以下内容。

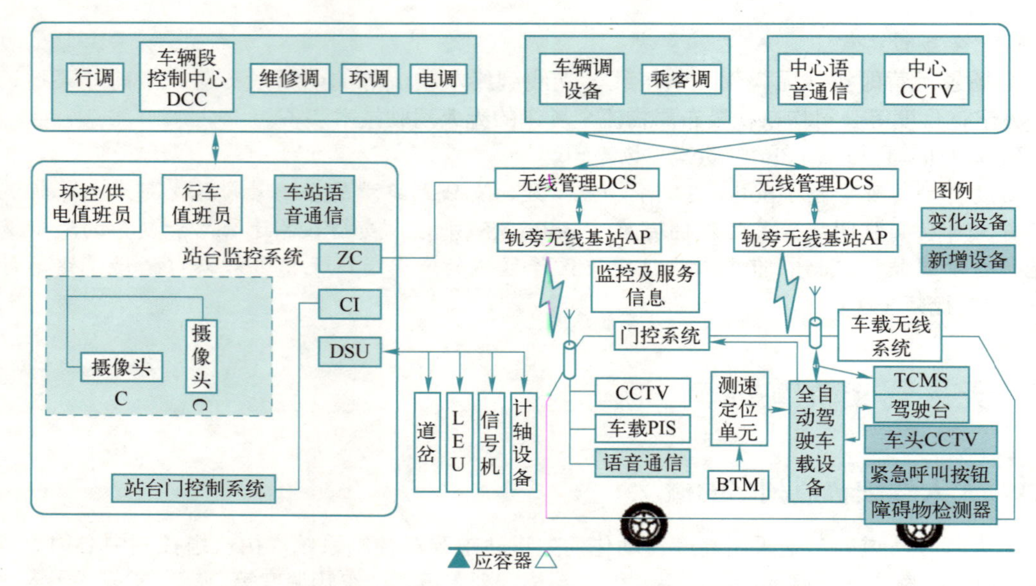

图 3-9　无人驾驶轨道列车的总体架构

1．基于深度强化学习的轨道列车控制技术

对于城市内的地铁和轻轨，车次与车次之间的时间间隔很短，如何控制列车运行的车速、刹车的时间、在不同站点等待的时间，对于无人驾驶的列车是至关重要的。基于深度强化学习的控制技术对于上述轨道列车的运行控制是最有效的解决途径。同时，人工智能系统随着列车车况变化的不断学习，能够积累更多的解决算法，能够处理更复杂的车况变化。特别是通过环境感知是无人驾驶汽车进行一切决策和控制行为的基础，而目标检测与识别是环境感知最基本和最重要的功能之一，在线和离线决策以及车辆车次规划的方法，是最适用于轨道列车控制的方法。

2．基于大数据分析的轨道车辆配置技术

根据不同车辆路线的大数据分析对该路线的配置车辆的数量、车次、运行时间、运行数量等做到最合理的配置，达到最优化利用有限资源。既能够降低运行成本，又能够提高运输效益，还能够完全满足乘客出行或货物运输要求，可以说基于大数据分析的轨道车辆配置技术应用对于车辆运行方和用户是双赢的方案。基于大数据分析的轨道列车配置技术是针对多条运输线路、大规模运输最优的解决方案。

3．基于 5G 通信和云计算的整车物联网技术

在道路交通领域，5G 通信和车联网都已经是道路交通发展必要的技术手段。5G 技术的高速发展将大大推动整车物联网和车联网的深度运用。5G 和云计算将会最大限度地释放车载系统的应用潜力，为用户提供最好的技术服务和算力支持。5G 带来的超高速通信能够在列车运行过程中大幅提高系统与控制中心的连接速度，能够在第一时间完成数据传输和系统升级。保证列车在无人驾驶条件下能够通过车载系统与控制中心实施链接，保证列车行驶安全可控。5G 和云计算技术也必将是支撑无人驾驶轨道列车实现的核心关键技术。

3.3.3　无人驾驶轨道列车的应用与发展

目前，国内外在无人驾驶轨道列车技术研究上已有丰富的技术基础积累和工程运行经验。在国外，英国、法国、德国、丹麦和澳大利亚等国家都依托自身的条件和技术建设了无人驾驶轨道列车。在我国，目前已经有七条试验用无人驾驶轨道列车实现了示范性运行。其中，北京机场

快轨、广州珠江新城旅客自动运输系统、上海轨道交通 10 号线在运行初期采用过一段时间无人驾驶，但是由于技术条件不成熟，后期运营开始加入驾驶人员。随着我国轨道交通技术的迅速发展，由我国自主知识产权经营的无人驾驶轨道列车陆续开始示范工程建设并运行，这些线路分别是香港南港岛线、上海轨道交通 8 号线三期工程、北京地铁燕房线、上海轨道交通浦江线。

无人驾驶轨道列车同样可以应用于客流和物流活动。无人驾驶轨道列车配合站台货物自动装卸与分拣系统，能够实现物流从干线到末端的全领域自动运行，具有良好的应用前景。例如，北方北斗基础设施投资有限公司轨道交通事业部于 2019 年 7 月启动建设金华—义乌—东阳市域轨道交通无人驾驶智能物流项目。

虽然目前国内外都已经有无人驾驶轨道列车的示范案例，但是总体来说，无人驾驶轨道列车在整个轨道列车运行行业中仅属于非常小的一部分。随着人工智能的飞速发展和在交通行业中应用成熟度越来越高，人工智能在轨道交通的中的应用将是无人轨道交通发展的必经之路。

3.4 智能船舶

3.4.1 智能船舶的概念

所谓智能船舶，是指利用传感器、通信、物联网、互联网等技术手段，自动感知和获得船舶自身、海洋环境、物流、港口等方面的信息和数据，并基于计算机技术、自动控制技术和大数据处理和分析技术，在船舶航行、管理、维护保养、货物运输等方面实现智能化运行的船舶。

当前智能船舶的发展主要是在传统船舶基础技术基础上，通过对环境感知、传感、网络、数据传输、数据处理、自动控制、大数据应用、人工智能等技术在船舶控制和管理方面的应用，实现船舶智能化的感知、判断分析，以及决策和控制等智能化功能要求，以有效解决船舶在节能减排、人力成本、船舶安全性等方面面临的主要问题。船舶智能化功能应用涉及船体和设备系统的安全管理、能效管理、船舶航行、系统和设备控制等各方面。

智能船舶的发展可以分为以下 3 个阶段。

智能船舶 1.0：智能互联阶段，智能化系统能够对船舶航行提供智能辅助支持，实现系统及数据集成、辅助决策和全寿命周期的数据服务。

智能船舶 2.0：智能物联阶段，能够进行半自主化的智能航行，实现机舱、舱室等的部分自主控制以及远程控制。

智能船舶 3.0：完全自主阶段，能够进行完全自主的无人化航行，实现船岸港互联、自主靠泊、自主航行功能。

3.4.2 智能船舶的技术架构

智能船舶是一个庞大且复杂的系统，涉及船舶设计与制造、传感器技术、智能决策、海上通信、岸基遥测遥控和气象海况预报等诸多理论和技术。智能船舶的关键技术主要包括船舶智能控制系统、高性能海上通信系统和岸基支持系统 3 部分。

1. 船舶智能控制系统

船舶智能控制包含多方面的内容，如进出港、系泊、智能航行等。

船舶的系泊系统分为全自动和半自动两种，目前多数普通运输船舶采用的都是半自动系统，即船舶与码头的连接可自动进行，但需操作员来确保对接，智能船舶的系泊系统无人参与，因此对系统的精确度要求极高，罗-罗公司的 AAWA 项目曾模拟完成全自动无人的大型船舶系泊系统。

当智能船舶进出拥堵的港口时，岸基控制系统里的操作员可选择直接控制船舶航行或监控携带“周围环境感知系统”的船舶航行。在进出港控制中，受港口船舶数量的影响，需采用高带宽和低延迟的通信链路，目前大多数港口的陆地通信网络已不能胜任。

在开阔的海域航行，岸基控制中心掌握了智能船舶的位置、航向和速度等参数，若要改变船舶预定轨道，岸基控制中心操作员可通过多次更改速度、航向等达到控制效果。但由于智能船舶装有自主航行系统，因此操作员只需进行点位控制即可，控制船舶到达某一坐标点，智能船舶会自动进行速度和航向的计算，规划出一条可行的路径。

船舶智能航行包括路径规划、避碰等，就控制来说，包含航迹控制和航向控制。在规划路径时必须考虑船舶的运动和动力约束条件，以便实施规划策略，例如，船舶的转弯半径会限制航道所允许的最小转弯角度。此外，还需考虑船舶的动力，即船舶转弯半径也取决于运载工具的速度。对于智能船舶而言，在规划其路径时还需考虑到环境因素，天气条件也会对选择最佳路径造成很大的影响。

在公海和港口区域，可使用电子海图获取有关航道和沿海地形的信息，类似其他船舶的动态障碍物可通过智能船舶的情境感知系统，并结合船舶自动识别系统（Automatic Identification System, AIS）进行规避。

2. 船舶通信系统

智能船舶通信技术是在海上航行的船舶之间、船舶与港口交通管理中心之间、船舶与公司之间及船舶本身的交通信息处理、控制和通信技术，包括电子海图显示与信息系统、全球海上遇险和安全系统（Global Maritime Distress and Safety System, GMDSS）、全球定位系统、AIS、Internet 与数字交通信息技术以及多传感器信息技术等。

从目前的发展情况来看，对智能船舶发展产生阻碍的是船舶与岸上控制中心如何才能实现有效的通信。海上航行有可能会遇到各种复杂的问题，气候条件、交通条件随时可能发生变化，虽然自动化程序可处理部分问题，但若问题较为复杂，则处理的难度较大，甚至可能出现航行事故，导致财产严重受损。智能船舶在航行期间，岸基系统要对其进行实时监控，并及时下达指令，对船舶实施有效的控制，保证智能船舶航行的安全性和可靠性。

3. 岸基支持系统

岸基支持系统指的是船舶公司为船舶提供资源、技术支持的基站，对于智能船舶而言，岸基系统具有比普通船舶更多的功能，如远程遥控、船舶控制器的更新等。图 3-10 为智能船舶岸基支持系统的功能框图，图中 4 种功能相辅相成。

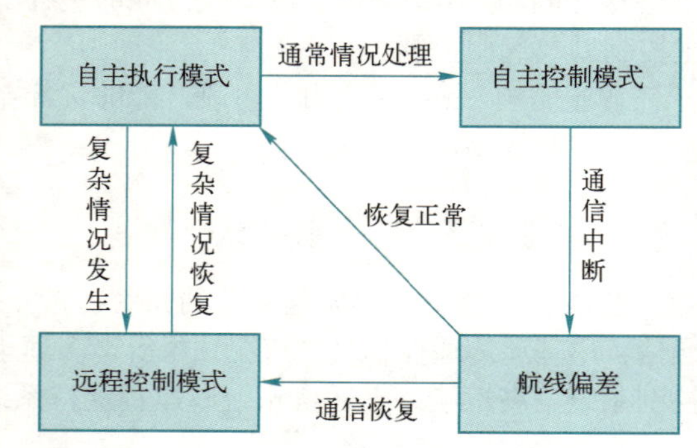

图 3-10　智能船舶岸基支持系统的功能

当智能船舶处于正常运行状态时，岸基系统承担起远程监控的重任，实时接收智能船舶的信息，当船舶正常航行时，岸基系统一般不会进行干预。

当船舶受到洋流和风向的影响时，船上的控制器和传感器无法预测和掌握船舶运行的状态，为避免环境对船舶航行造成影响，岸基系统要发挥重要的作用，定时对船舶自主航行控制器进行更新。

若岸基系统在接收数据时发现了问题，则立即进入检视状态，自主航行器进入自主更新模式，由岸基系统对船舶的状态进行全面检查，找到出现异常和问题的原因。若问题并不严重，岸基系统在后面的周期中会进行更新操作，使航行控制器中的控制程序处于最新状态，使异常情况被消除，同时岸基进入到监控模式。若在检测时某些值处于不正常状态，船舶状态出现了变化，该情况下岸基系统会做出反馈，进入远程控制模式。但是，若属于非航行问题，例如舰载设备出现故障等，为了解决问题，岸基系统必须进行远程干预操作。

3.4.3 智能船舶的应用与发展

1. 智能船舶的国内外发展现状

智能船舶是未来航运发展的新趋势，各大造船国家针对智能船舶的研究已形成群雄逐鹿之势。英国罗-罗公司基于其在系统设备领域积累的技术优势，正积极构建智能船舶基础性技术框架，目前已启动研制首套船舶智能感知系统，同时罗-罗公司针对船舶的远程遥控和无人驾驶也开展了预研。日本自 2012 年就已启动“智能船舶应用平台”项目，建立了船舶及岸上获取船舶设备数据的标准化方法，当前日本航运业正大力研发无人驾驶船，计划在 2025 年打造出大型无人驾驶船队；芬兰等欧洲企业正在政府的支持下合作推进自主控制无人船的研发进程，旨在到 2025 年实现波罗的海无人自主控制的海上商业运输。

作为航运大国，我国正在积极推动智能船舶技术的发展。2018 年 12 月，我国工业和信息化部、交通运输部、国防科工局发布了《智能船舶发展行动计划（2019—2021 年）》，该计划对我国智能船舶未来数年的发展做出了规划。2019 年 5 月，交通运输部等 7 部门发布了《智能航运发展指导意见》对智能船舶的定义、分级标准、系统架构、技术体系和发展路线图等基础性和宏观战略性问题进行分析。

在智能船舶的定义和规范方面，我国走在了世界前列，并且体系更为全面。2017 年，中国船舶工业集团公司研制的 iDolphin 38800 吨智能散货船“大智”轮，成为首艘通过船级社认证的智能船舶，也成为我国智能船舶发展的里程碑事件。

2. 智能船舶的应用重点问题

当前，智能船舶的环境感知技术、通信导航技术、状态监测与故障诊断技术等已经得到实际应用，但能效控制技术、航线规划技术、安全预警技术、自主航行技术等还缺少在真实环境下的验证。智能船舶仍处于快速发展阶段，还未完全成熟。船舶技术、信息技术的发展，以及“大数据”的智能应用，推动着智能船舶的加速出现，除了信息感知、通信导航、能效管控等关键技术，自动靠泊、离岸，自主维修，自动清洗，自动更换设备部件，自我防护等同样将会趋于智能化发展，最终可实现由智能系统设备逐步转变为会思考的智能船舶，促进船舶安全、高效航行。当前技术研究与应用的重点问题在于以下几个方面。

1）智能航行。在控制技术、计算机技术等的支撑下，针对识别及取得的数据信息开展深度分析及相应的处理，对船舶的航行路线及航行速度加以规划及优化；在条件允许的情况下，依靠岸基支持中心提供的帮助，智能船舶可以在狭窄水道、开阔水域以及复杂环境下自动躲避障碍物及他船，从而实现智能航行。

2）智能船体。以船体数据库的构建及更新为基础，为船体全过程的安全及结构维保提供参考数据，并且还能够经过对船体有关数据的智能搜集及检测，辅助船舶操作。

3）智能机舱。以状态监测系统所掌握的各类数据及信息为基础，对船舶机舱内部机械设施的健康情况、运作状况等加以分析与评估，为机械设备的操纵决策及维保计划提供参考。

4）货物智能管理。通过传感器等感知装置及时、自动地搜集货舱、货物相关的数据信息，同时使用自动控制技术、计算机技术以及大数据处理技术等，实现对货物、货舱状态的及时检测、警报，为合理决策及管理提供参考；并且还能够以感知及取得的数据为基础，针对货物装配及卸载进行自动化管理，从而实现船内货物的智能化管理。

5）智能集成平台。该平台主要包括智能机舱、智能航行以及智能能效管理等多个方面的数据信息，构建起船舶数据及应用高度集成的平台。集成平台应当具有较强的开放性，可以有效融合船舶已有的信息管理系统及未来可能构建的新系统，以实现对船舶的智能管理，更好地与岸基进行信息互动。

随着综合船桥系统、云计算、人工智能和“大数据”等科学技术的不断突破，一些关键技术正在不断发展完善，人类对安全性、环境保护和高质量生活的追求会不断提高航运业成本。逐渐减少船舶配员，提高船舶智能化水平乃至最终实现无人化，将是航运业发展的必然趋势，未来的航海将是高度信息化的智能航海。

本章小结

智慧运输装备，是指应用先进的人工智能、信息传感、控制执行技术，并融合现代通信与网络技术，具备复杂环境感知、智能决策、协同控制等功能，可实现自动化、智能化、无人化运行的运输装备。具备环境感知与实时通信、AI 算法与智能决策、自动化控制与无人化运行、安全性与可靠性等基本特征。

智能网联汽车、无人驾驶轨道列车、智能船舶是典型的智慧运输装备，通过利用传感器、通信、物联网、互联网等技术手段，自动感知和获得装备自身、周边环境、运输设施等方面的信息和数据，并基于计算机技术、自动控制技术和大数据处理和分析技术，实现智能化、无人化运行。当前智慧运输装备正处于研发测试阶段，离真正落地成熟应用还有一段距离，但随着人工智能技术的发展，智慧运输装备将越来越多地应用于物流实践之中。

本章练习

一、思考题

1．什么是智慧运输装备？如何理解智慧运输装备的特征？

2．什么是智能网联汽车？按照智能化程度不同，智能驾驶一般分为哪 6 个级别？

3．智能网联汽车的发展阶段是如何划分的？

4．智能网联汽车的技术架构是什么？

5．智能网联汽车在物流行业的主要应用场景有哪些？

6．什么是智能船舶？

7．智能船舶的关键技术有哪些？

二、讨论题

智能网联汽车应用于物流运输领域的难点是什么？需要重点解决哪些问题？

三、设计与实训

通过实训，理解无人驾驶卡车的关键技术，了解物流行业无人驾驶卡车的应用现状，体会无人驾驶卡车的发展前景。

要求：

（1）以无人驾驶卡车为调查对象，调查其技术架构，了解其关键技术及实现手段。

（2）调查了解物流行业相关企业发展与应用无人驾驶卡车的规划思路与实际应用。

（3）分析思考无人驾驶卡车在物流行业应用中存在的问题及发展前景。

四、案例分析

东风无人驾驶集卡驶入港口

2020 年 5 月 11 日，厦门远海码头上一辆东风商用车设计的无人驾驶港口集装箱卡车顺利地完成了停车、卸箱等一系列装卸船作业流程，这是继去年 9 月武汉花山港打造全国首座内河 5G 智慧港口后，将该项技术向国内大型海港技术应用的延展。

东风无人驾驶港口集装箱卡车，由“底盘+传感器”构成，采用了“无驾驶舱”设计。无人集卡采用无驾驶室纯电动底盘，双电机直驱、双向转向系统，综合 5G、卫星定位、机器视觉、激光雷达、毫米波雷达等技术于一身，能够实现环境主动感知、自定位、自主智能控制、遥控控制和远程通信五大功能，可完成白天黑夜、晴天雨天等复杂环境作业，为港口 24 小时运行提供技术保障，一年 365 天无休，技术一旦得到推广普及，将节约大量的人力成本。

港口作为现代交通运输的重要枢纽，立足 5G 技术和无人集卡应用这一新起点，将极大地促进港口数字化转型和高质量发展。东风无人集卡技术，为港口提供了更为完善的智慧物流解决方案。未来，东风商用车无人驾驶集装箱卡车将在港口作业中被进一步广泛应用，能够满足港口对接，后台统一调度、规划路线，实现车辆远程监控、智能化管理。随着智能港口物流解决方案的推出，为港口降低运营成本，提升运营效率，实现绿色港口、自动化港口建设提供了保障。

根据案例回答问题。

（1）无人驾驶卡车应用于港口作业的意义体现在哪些方面?

（2）思考 5G 技术在无人驾驶中的功能作用是什么？

第 4 章　智慧配送装备

学习目标

- 理解智慧配送装备的概念与特征；
- 掌握无人配送车的概念特征、功能要求、关键技术及行业应用；
- 掌握无人机的概念类型、系统构成、关键技术及行业应用；
- 掌握智能快递柜的概念特征、结构功能及行业应用；
- 掌握地下智慧物流管网的概念特征、运行模式、系统构成及行业应用。

引例

京东无人智慧配送站

京东自主研发的全球首个无人智慧配送站，可以实现真正的全程无人配送中转。该配送站运行时，无人机将货物送到无人智慧配送站顶部，并自动卸下货物。货物将在内部实现自动中转分发，从入库、包装，到分拣、装车，全程 100%由机器人操作，最后再由配送机器人完成配送。（资料来源：太平洋电脑网，2018 年 7 月）

二维码 4-1

4.1　智慧配送装备概述

4.1.1　智慧配送装备的概念

配送，作为一种源于传统送货的现代经济活动，在一定的经济合理区域范围内，在用户的要求下，展开拣选、加工、包装、分割、组配等一系列物流作业流程，然后按时送达用户指定的地点。配送与运输的区别主要在于：运输是针对物流干线、支线的中远距离、大批量货物运送活动；配送是在一定区域内面向最终用户的近距离、多频次、小批量送货活动，处于物流的末端环节。

智慧配送，进一步强调信息流在配送过程中的作用。信息化、自动化、协同化、敏捷化、集成化镶嵌在配送活动之中，使配送活动更加便捷、更加高效、更加宜人。因而，智慧配送可以看作是以现代信息技术为支撑，有效融合了物流与供应链管理技术，使效率、效果和效益持续提升的配送活动。

车辆是传统的配送装备，随着智慧物流装备技术的发展及物流配送模式的不断创新，越来越多的具备智能控制功能的物流装备应用于物流配送过程中，如无人配送车、配送无人机等，大大提升了物流配送的效率和服务水平。

所谓智慧配送装备，是应用于物流配送过程中，具备复杂环境感知、智能决策、协同控制等功能，能够实现自动化、智能化、无人化运行的物流装备。

4.1.2　智慧配送装备的特征

智慧配送装备主要具有以下特征。

1．无人化运行

智慧配送装备能够实现无人驾驶，自动将货物送达用户，真正实现了“无接触式”配送。如 2020 年新冠疫情期间，京东应用无人配送车为医院配送药品及所需物资，诺亚物流机器人穿梭于医院内部各科室递送药品及器材，实现了“无接触式”配送，最大限度减少病毒传播风险。

2．智能感知与决策

物流配送面对的是末端复杂的开放式环境，如城市主干道、小区内部道路、空中或地下环境等，情况复杂、干扰较多，要求智慧配送装备能够具备高度的智能感知与决策系统，能够根据环境实际情况进行快速灵活的自我调整。

3．强调人机交互

智慧配送装备直接面向末端用户进行送货，应能够和用户进行良好沟通和信息交互，因此需要具备功能完善、界面友好的人机交互能力。

4.1.3 典型智慧配送装备

典型的智慧配送装备主要包括无人配送车、配送无人机、智能快递柜、地下智慧物流管网等。

1．无人配送车

无人配送车，又称为配送机器人，是具备感知、定位、移动、交互能力，用于收取、运送和投递物品，完成配送活动的机器人。无人配送车除了具备智能网联汽车的技术特征，还在高精度定位导航特别是室内定位导航，以及人机交互方面具有更高的要求。当前谷歌、京东、顺丰、苏宁等已将无人配送车应用于快递配送、外卖送餐、医院物资供应服务等领域工作中。

2．配送无人机

无人机有固定翼、多旋翼、无人直升机等多种类型，可用于大载重、中远距离支线运输，也可用于末端货物配送。配送无人机，是用于配送领域的无人机，多以多旋翼无人机为主。当前，顺丰速运、京东物流等物流企业均在大力发展无人机配送，在快递领域已有普遍应用。

3．智能快递柜

智能快递柜，是用于公共场合（小区）投递和提取快件的自助服务设备，具有智能化集中存取、24 小时自助式服务、远程监控和信息发布的功能特征。目前已广泛配置于居民小区、园区、学校、办公楼等场所。未来，涵盖快递柜、无人车、无人机的无人配送站是配送装备发展的趋势。

4．地下智慧物流管网

地下智慧物流管网，在末端配送环节可以与大型商超、居民小区建筑运输管道物相连，最终发展成一个连接城市各需求点的地下管道配送网络，并达到高度智能化。目前北京、上海等城市建设规划中都将地下智慧物流管网作为未来城市建设的重点工程。

4.2 无人配送车

4.2.1 无人配送车的概念与特征

1．无人配送车的概念

无人配送车又称为配送机器人，是指基于移动平台技术、全球定位系统、智能感知技术、智能语音技术、网络通信技术和智能算法等技术支撑，具备感知、定位、移动、交互能力，能够根据用户需求，收取、运送和投递物品，完成配送活动的机器人，如图 4-1 所示。

a)

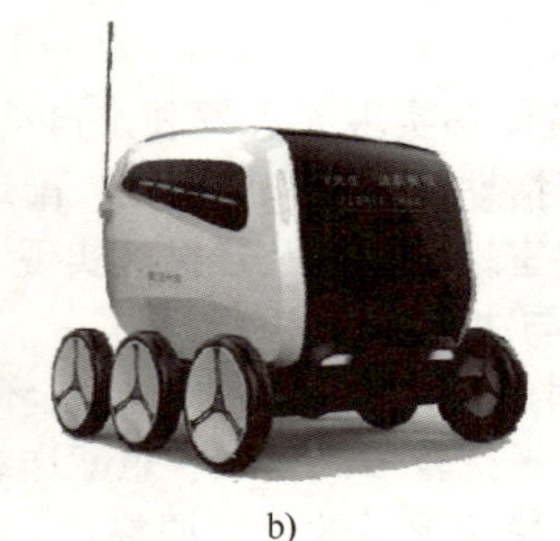

b)

图 4-1　无人配送车

a) 京东无人车　b) 美团无人车

当前，菜鸟、京东、顺丰、美团等电商和物流企业，积极布局无人配送，其末端配送的无人车开始在高校、园区内进行测试运营。一些机器人和无人驾驶研发公司也在末端配送做着诸多努力，例如新石器、智行者在测试园区的无人配送，赛格威、优地、云迹等机器人公司在测试楼内的配送。2020 年应对新冠疫情，无人配送车在运送医疗物资、保障居民生活物资需求等方面发挥了重要作用。

案例 4-1　美团无人配送助力抗疫

2020 年新冠疫情期间，最大限度减少人与人接触，美团启动“无人配送防疫助力计划”。配送范围内的居民在美团买菜下单后，美团智能配送调度系统会把订单指派给无人配送车，无人车在美团买菜站点取货，自动行驶到目的地社区的无接触配送点，与取货人交接，打开餐箱取出物品，全流程隔绝人与人的接触。（资料来源：人民邮电报搜狐号，2020 年 2 月）（扩展视频 4-1）

二维码 4-2

2．无人配送车的优势

无人配送车的优势主要体现在以下几个方面。

（1）提高配送效率

无人配送车可以实现全天候、全时段运行投递，弥补快速员不足的实际，提高配送效率。特别是针对零星小批量订单更具效率，能够把配送员解放出来，更多地去订单量大的区域。

（2）实现无接触配送

通过无人化配送，减少人与人的接触，特别适用于特殊危险环境以及特殊情况下（如疫情）的货物配送。

（3）提升用户体验

无人配送车的出现，与用户的沟通交流更具智能化，能够更好满足用户的需求；同时在一定程度上也能满足部分用户“求鲜”的心理，提升部分用户体验。

3．无人配送车的运行场景特征

无人配送车在运行过程中面临以下场景特征。

（1）面临复杂开放性场景

配送机器人是智慧物流体系生态链的终端，面对的配送场景是一种非常复杂的非封闭式场景，需要应对各类订单配送的现场环境、路面、行人、其他交通工具以及用户的各种情况，进行及时有效的决策并迅速执行，这需要配送机器人具备高度的智能化和自主学习能力。这些已经具备人工智能的配送机器人，具有自主规划路线、规避障碍的能力，可以自如地穿梭在道路上。

（2）具有“小、轻、慢、物”的特点

无人配送车具有“小、轻、慢、物”的特点，因此对无人驾驶技术的可靠性要求相对较低，无人配送可以更早地落地应用，帮助研发人员进行无人驾驶技术的测试和迭代。

小：以餐饮外卖的配送场景为例，盒饭的尺寸一般都只有不到 30 cm，配送车可以做得比较小，实际使用的配送车的宽度都在 50～100 cm 以内，长度不超过 2 m。

轻：这么小的车子重量也会轻一些，几十 kg 到几百 kg。设备比较“小”“轻”，万一发生故障，对周围环境造成严重伤害的概率就会小很多。

慢：设备的行驶速度也比较慢，既然是“末端配送”，距离通常比较近，例如餐饮外卖一般在 3 km 的范围，20 km 左右的时速就足够满足这种短距离运输的需求。由于设备的行驶速度较慢，其刹车距离也比较短，一般在米级，所以对传感器、计算单元的要求都相对较低，传感器的感知距离大于 20～30 m 即可，而计算单元做出感知、决策、控制、执行的全周期只要不超过一秒就可以接受。

物：运送的是盒饭、包裹等物品，而不是乘客。载物的设备对行驶的平稳舒适性的要求就比载人低很多，控制算法实现起来就容易一些；另外，因为车内没有乘客，设计时可以去掉传统车辆上用于保护乘客的装置，例如安全带、气囊等，同时增加保护周围人或车的设计，例如柔性外壳等，这进一步降低了对无人驾驶安全性的要求。这些因素使得无人配送车将会很容易大规模落地应用，早于载人场景的应用。

一旦无人配送在末端物流场景大规模落地应用，对整个无人驾驶的行业都是非常有帮助的。第一，无人配送有非常丰富的场景，覆盖了除高速路之外的大部分城区、园区、室内的道路。以美团外卖为例，其业务覆盖全国 2800 个市县、从北到南、一年 365 天四季不同的天气、白天黑夜不间断的业务、覆盖山区高原城区等各种道路，因此可以给无人驾驶提供丰富的数据。第二，有足够大的容量，例如目前活跃在美团外卖平台上每天有近 60 万配送员，同时外卖行业也还在快速增长，未来很容易在这上面部署几十万甚至几百万辆无人配送车。大规模的无人配送车，能够很快速地积累运行里程和数据，便于无人配送的进一步优化分析。

4.2.2 无人配送车的能力要求与工作流程

1. 能力要求

鉴于无人配送车面临的上述场景特征以及功能定位，通常要求其具备以下能力。

（1）定位和移动能力

是指将物品准确地从一个点运送到另一个点的定位和移动能力。

作为短途自主配送机器人，路线规划是一项必备技能。除了由操作人员预先设定的简单方式之外，现在越来越多的机器人可以参照精准的卫星定位和地图测算，根据行驶过程中景物的变化，实时地智能改变既定路线。

例如阿里菜鸟的小 G 就可以根据景物识别结果和地图定位情况，根据内置算法变更已有路线。此外，小 G 还能根据目标配送点的分布情况，灵活调整配送顺序，以达到最高效迅捷的配送。而亚马逊的货架机器人则可以沿着仓库地板上的条形码列队行走，不发生碰撞。

（2）人机交互能力

配送机器人面对的是终端用户，因此需要强大的与人交互能力。在投递和收取物品时，它需要与人产生交互动作，如人机和语音的交互。

收货人通过 APP、手机短信等方式收到货物送达的消息，在手机短信中直接点击链接或者在配送机器人身上输入提货码，即可打开配送机器人的货仓，取走包裹，同时配送机器人也可以支持刷脸取货以及语音交互，让用户能够感受到科技在智能物流中的应用。

作为新一代的智能配送手段，这些机器人通常还具有一些额外技能。例如云迹科技和美国 Savioke 的服务机器人都可以通过无线信号连接与建筑物内部的电梯控制器通信，加上智能感知的技能，它们可以完全自主地乘坐电梯到目标楼层。更厉害的是，菜鸟小 G 还可以根据电梯里的拥挤情况主动放弃乘坐。

（3）智能感知和避让能力

在运输过程中，为避免与人、车、障碍物等发生碰撞，需要实时探测距离，识别周围环境，并及时调整行程中的路线，以便尽快将物品送达。

由于无人配送车需要在无人化的情况下实现短途配送，因此这类机器人都必须具备智能感知和避让的能力。通常可以通过摄像头、距离传感器甚至雷达等模块，收集外界环境的信息，通过内置的智能算法对这些信息进行建模和加工，形成一个对外部世界的抽象理解，构建地图，并根据自身的运行轨迹进行实时规划和避让。

例如京东的无人配送车就配备了一个 16 线激光雷达、3 个单线雷达和双目摄像头等，可以通过生成视差图等方式构建外部环境的三维环境，检测障碍物的大小和距离等，并对路线进行规划。阿里菜鸟的小 G 可以通过深度学习算法智能识别环境中的车辆和行人，并利用自适应粒子滤波算法对识别出的实体进行准确的轨迹预测，然后提前进行避让。

（4）信息同步能力

能够将配送的所有信息同步至其控制终端，便于人员追踪其配送记录等。

安全信息的实时同步也是非常重要的，无人配送车还应具备实时报警功能。因为无人分配小车是在无人配送的情况下配送货物，所以一定要有智能配货货物的功能，以防乱拿、错拿。在发生货物被盗、自身故障的情况下，要能实时地发出报警信号。例如，京东的无人配送车就可以通过总控台的实时监控和位置查询保证安全。

2．工作流程

无人配送车从接单到送货完成大体可以分为以下工作流程。

（1）接单

配送站接收到来自附近消费者的订单，配送系统会自动跟消费者沟通确认交货时间及交货地点，形成配送单信息，工作人员会迅速根据配送单信息完成取货，并交给无人配送车。

（2）送货

无人配送车通过物联网技术已经同步更新配送信息，包括地址与运送路线。装好货物后的无人配送车便出发送货，它会通过头顶安装的摄像头和激光制导雷达避让障碍物，识别场景信息，构建三维地图。

（3）自主定位

基于三维地图，结合 GPS 导航的信息，无人配送车可以利用搭载人工智能芯片的“大脑”自主分析出目前所在的位置以及目的地方位。

（4）自主规划路径及避障

无人配送车借助激光雷达和视觉实时识别技术，规避周围的行人、车辆和障碍物，从而规划出最优运行路径。同时，它会发出语音提醒过往的行人和车辆，并自行避让、加减速。如发生故障可在第一时间联系工作人员处理。

（5）货物送达

抵达消费者地点后，无人配送车会通过短信将含有商品取件码的链接发送给消费者，消费者通过取件码即可打开无人配送车的车身取出货物。

4.2.3　无人配送车的关键技术

无人配送车涉及的技术领域很多，融合了硬件、软件、算法、通信等多种技术，如图 4-2 所示。

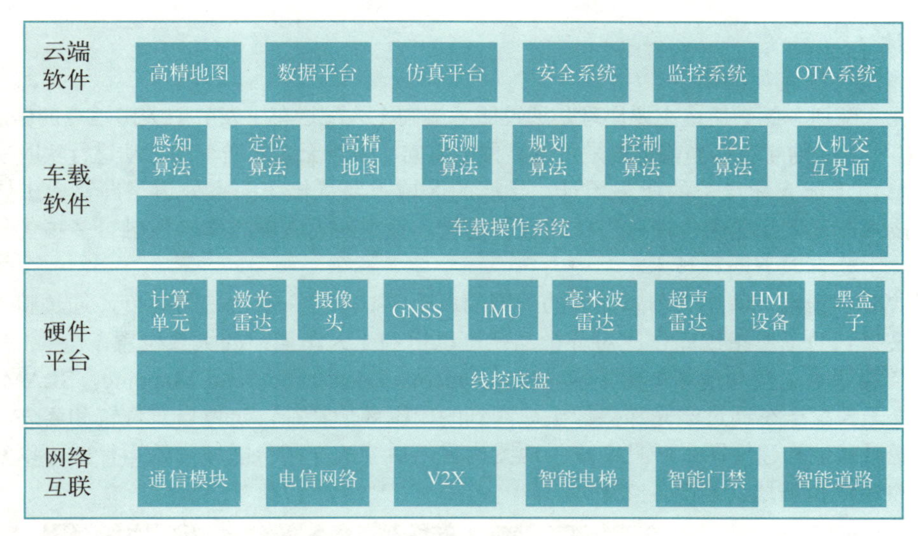

图 4-2　无人配送车的技术架构

无人配送是人工智能的典型落地场景，完成无人配送需要无人驾驶技术、机器人技术、视觉分析，自然语言理解，机器学习、运筹优化等一系列创新技术的高度集成。无人配送车首先是一种无人驾驶技术的应用，所以必不可少地需要用到无人驾驶通常都用到的技术，包括计算机感知、定位、规划、控制等算法，数据存储、仿真平台、监控系统等云端软件，激光雷达、摄像头、卫星定位 GNSS、惯导模块 IMU 等硬件传感器，以及汽车工业链中的线控底盘技术。除此之外，在一些技术领域，无人配送车还有相对更高的技术要求。

1. 高精度地图数据

尽管地图行业经过多年的发展，尤其是移动互联网时代手机地图与导航应用的快速发展，地图数据已经形成了行业通用的规范与格式标准（如统一的坐标系以及图幅标准、通用导航数据格式等），但传统地图数据是以人类认知为表达目的，因此在数据表达上完全以人类能够理解的可视化方式展现。然而，在无人配送体系中的高精度地图，是完全面向机器人的地图信息，在数据内容、关键信息表达方式上与传统地图都有较大差异，因此高精度地图的采集、制作工艺以及数据应用均有特殊之处。

高精度地图数据的获取方式，与传统地图相比也体现了很大的差异。传统地图数据大多通过全站仪、卫星图匹配等手段，能够实现地图数据的批量采集。而高精度地图数据由于在精度方面的更高要求，采集方式上主要依赖激光点云数据的采集以及其他高精度感应装置获取的数据加工而来，如图 4-3 所示。

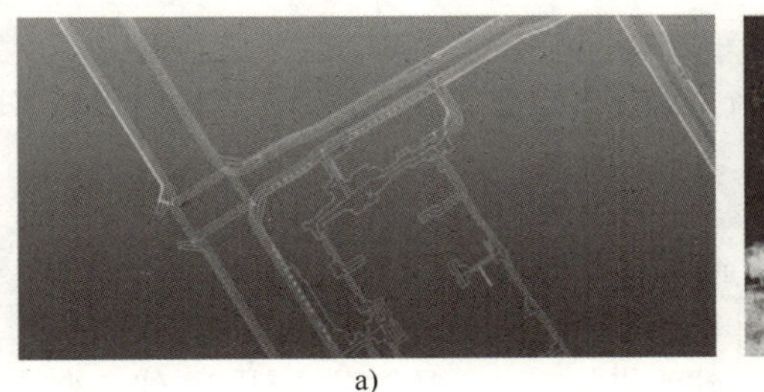

a)

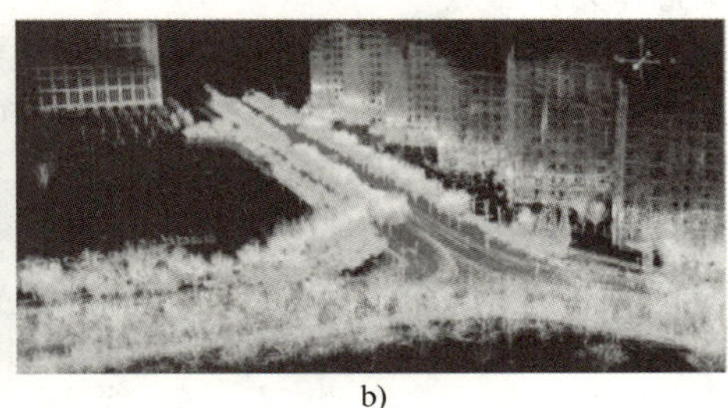

b)

图 4-3　高精度地图效果示例

a) 高精度地图效果图　b) 激光点云建图效果

2. 智能导航系统

（1）高精度导航行动指引

针对无人配送车的导航，主要原理是通过服务端向无人配送车下发导航关键地点的信息，并通过高精度传感器来判断车辆当前位置是否偏离预定航向，来对无人配送车的行动进行实时引导。

同时，由于无人配送车的业务场景，导航的区域需要从传统的室外道路向室内扩展，因此室内导航技术在无人配送中也拥有广泛的应用场景。室内的无人配送车一般融合多种信号进行定位和导航，主要有以下两种技术。

一是 Wi-Fi 指纹，即无人车感知到的周围的多个 Wi-Fi 接入点的信号强度，通过将 Wi-Fi 指纹与事先采集到的位置指纹库作比对分析，就可以得到无人车当前的大致位置。

二是使用即时定位与地图构建技术（Simultaneous Localization and Mapping，SLAM），基于这个技术，无人配送车通过激光和摄像头观测到的周围环境特征，定位自身位置和姿态，再根据自身位置增量式地构建地图。一旦完成了地图构建，后续的在同一区域内的运行就可以复用地图做进一步的定位和规划，如图 4-4 所示。

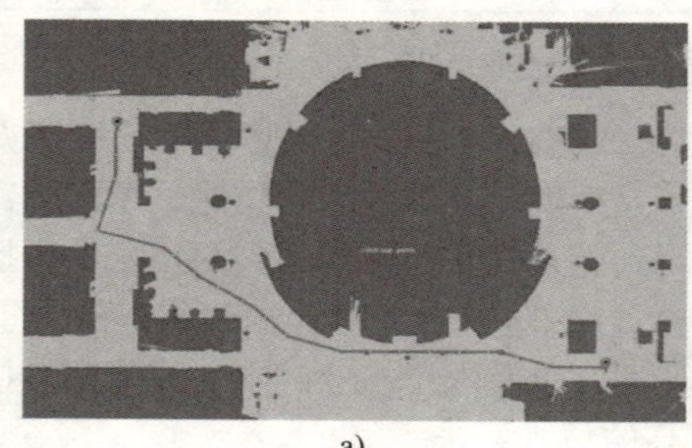
a)

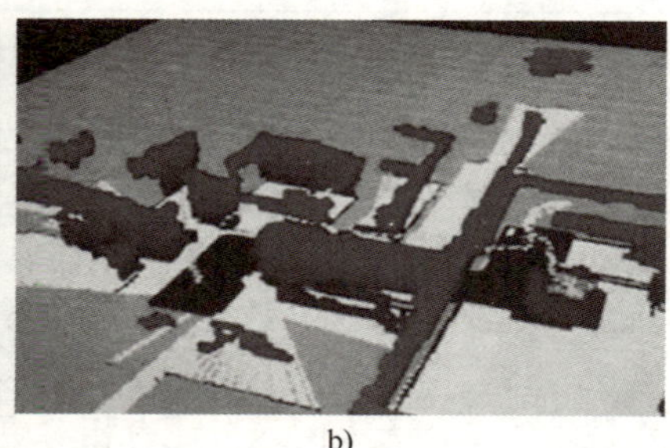
b)

图 4-4　无人配送车室内导航示意图

a) 室内导航示意图　b) SLAM 技术示意图

（2）以配送任务为核心的智能路径规划

无人配送车的核心任务是将货物配送到用户手中，因此无人配送车的导航路径规划需要综合考虑用户的订单，这里主要涉及地址解析功能，以及多途径点的配送规划。

地址解析。由于无人配送的目标为订单地址，因此订单地址需要转化为配送的地址。目前主流地图数据服务商均提供地理编码服务，能够将地址转化为经纬度信息。

到达点分析。由于无人配送的目的是将货物送到用户手中，因此对于目标地址的解析需要精细到可停靠或可进入的精准位置信息。例如，对于住宅楼，需要精确地停靠在楼栋门口来等待用户取货。因此，对于每一个地址（POI），需要分析出可停靠的精准位置，这样无人配送车可以将此位置作为停靠点。

多点配送。为了提高配送效率，无人配送车每次行程会针对某个区域进行沿途多点配送。进行多点配送时，需结合无人车自身的货舱容量来确定多点配送量，并确保配送路线能够以最短路径原则或最短耗时原则来进行统一规划。

3. 智能交互技术

无人配送还涉及大量物联网（IoT）网络互联的技术，以便与道路、电梯、门禁等顺利进行交互。这与无人配送车行驶的区域有关，例如非机动车道、人行道、工业园区、住宅小区、写字楼等。在这些区域内经常需要与人、车、道路、建筑进行交互。又如很多园区和住宅小区的出入口安装有门禁系统或者闸机系统，无人车需要能够与门禁、闸机系统交互才能进出。很多楼宇使用弹簧推拉门，有一些在开启时还需要旋转把手，无人配送车很难进行这些物理的操作；需要对无人车行进道路上的门进行改装，以使无人配送车能通过无线信号来开启或关闭这些门。无人配送车还需要具备与电梯交互的能力，能够呼叫电梯并指示电梯去往特定的楼层。

图 4-5 展示了无人配送车与电梯、闸机进行智能交互的一种实现方案。电梯和闸机上都加装了能够加收云端指令的通信模块。无人配送车通过移动通信网络向云平台发指令，云平台将指令下发到电梯或闸机的控制模块，控制模块将指令转码对机械控制信号。

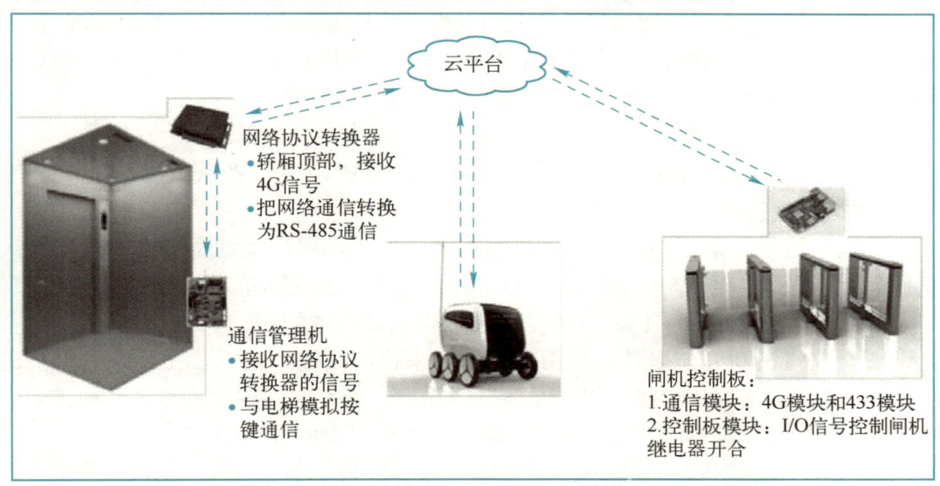

图 4-5 无人配送车和电梯、闸机的智能交互

4. 基于大数据的智能调度技术

高精度地图数据是无人车导航运行的数据基础，只有详细而全面的高精度数据，才能为无人车行驶提供可靠的行动指引。同时，无人车运行本身也是数据的感知行为，借助车身的各种传感器，无人车能够对实际道路情况有实时的感知，并且随着无人车运营数量的规模化，数据感知的范围能够覆盖更多的区域和场景，从而实现数据的实时感知更新。这种借助海量行驶感知数据的数据更新模式，被称为“众包式”数据更新，是目前无人驾驶领域实现地图更新的主要技术方式。

除了地图数据的更新之外，海量行驶感知的大数据能够给无人车带来以往调度模式无法实现的技术创新。在运营中的无人配送车辆能够通过摄像头等传感器对周边人流量、车流量以及交通状况进行数据感知，实现神经感知网络，从而对车辆的导航起到引导作用，例如：对于拥堵路段能够提前感知并提供躲避拥堵的导航路径规划。

无人配送的大规模落地应用还有一个关键的技术需要突破——大规模人机协同配送的智能调度系统。由于每一个配送订单都可以由多个配送员、无人车接力完成，调度系统需要确定指派哪个配送员、哪辆无人配送车来进行配送，以及要完美地安排指派的配送员、无人配送车经过的路径和时间，让他们刚好在相同的时间到达相同的地点，从而高效地完成订单的交接。考虑到整个系统的巨大规模，将来可能达到每天亿级的订单量、百万级的配送员和无人配送车，要做到高效的配送调度是非常有挑战的任务。

基于车辆大数据的分析系统能够对无人配送资源的配置起到辅助决策的作用。由于无人配送车的行动需要以订单为基础，因此对于海量历史订单信息的大数据分析，能够给无人车的调度和监控人员提供合理的资源分配方案。例如，对于订单密集的区域，需要提前部署更多的无人车运力资源，来确保运输效率。

5. 无人配送安全技术与措施

（1）无人配送车物流调度与监控

无人配送的物流系统，需要把安全作为首要因素。因此，尽管配送过程能够实现无人化，但是在无人配送车的背后仍然需要有调度以及监控人员的介入来应对突发状况。无人车调度与监控系统主要担负以下功能。

无人车的车辆调度。对于无人车的车辆调度，需要由调度系统统一调配，实现对所有车辆的行动调配。

车辆状态监控。监控系统能够对所有运行中的车辆进行状态查询，对于无人车辆在行进中遇到的情况，监控系统能够实时感知到紧急情况的上报，并且提示监控人员对紧急情况进行处理。

人工接管。对于各种紧急情况，监控系统将允许监控人员以人工接管的方式来对无人车辆进行远程遥控，包括远程喊话功能、遥控驾驶功能、路径修改等。

（2）多种验证方式的融合

在安全验证方面，无人配送车通常采用多重验证方式，用于确保货物准确地送达目标用户。目前已经采取的验证方式有以下几种。

验证码方式。这是目前使用最多，最通用的验证方式，用户接到短信内容后在无人车车身上的屏幕上输入验证码，无人车验证之后进行开箱。优点是快捷简单，但是存在安全隐患，且要求用户在接收货物时需要带着手机，一般是用于低保值商品的配送。

人脸识别。人脸识别的前提是必须由用户本人来接收快递，且需要在系统里提前进行面部采样。目前面部识别的成功率已经可以满足验证的精度，但是面部识别本身容易被破解，尽管已经有面部活体检测技术来应对“照片欺骗”，但仍然存在不少的技术漏洞。

声纹识别。将声纹技术加入识别验证的环节能够较好弥补面部识别存在的缺陷。所谓声纹，指的是利用每个人的发声器官（舌、牙齿、喉头、鼻腔）在尺寸和形态方面的个体差异性，来确定发声人的身份。声纹识别对语音识别、表情捕捉、图像分析都有较高的技术要求，这种验证方式的安全度也是非常高的一种方式，适用于高价值商品的多重验证，来确保安全性。

4.2.4 无人配送车的行业应用

1．发展现状

无人配送车作为实现无人配送的典型装备，在国内外受到广泛重视。特别是当前无人驾驶技术离完全成熟还有很远的距离，出于安全问题考虑具体落地应用还需要一段时间，但是无人配送由于“小、慢、轻、物”的特点，安全问题不是特别突出，可以帮助无人驾驶技术快速落地、快速迭代。目前国内外有多家公司在做无人配送车的研发和应用。

国外最早做无人配送车的是成立于2014年的英国创业公司 Starship Technologies，其机器人 Starship 配备9个摄像头，具备完整的避障系统，可完全自动执行任务，能够以4 km/h 的速度行驶，每次可以运送20磅（约9 kg）的物品。美国硅谷的初创公司 Nuro 也推出了全自动无人配送车 R-1，该无人配送车不是为低速园区内或者人行道而设计，而是可以在绝大多数城市内的地面道路上行驶。美国的机器人创业公司 Marble 正在和 Yelp 合作，用机器人配送外卖，用户使用 YelpEat24 的软件下单后，可以选择让机器人送餐上门。类似的无人配送车还包括美国 Robby Technologies 公司的 Robby 机器人、日本机器人开发创业公司 ZMP 发布的 CarriRo Delivery 等。

在国内，菜鸟、京东、美团等有配送业务场景的公司，也在加码无人配送，其末端配送的无人车开始在高校、园区内进行测试运营。一些机器人和无人驾驶的创业公司也在末端配送做着诸多努力，例如新石器、智行者在测试园区的无人配送，赛格威、优地、云迹等机器人公司在测试楼内的配送。

国内的无人配送起步比国外稍晚，但是国内的企业有着明显的场景优势。首先，从物流配送业务来看，国内的业务规模远超其他任何一个国家。国内2019年的快递包裹量突破600亿件，占全球总量的一半以上，外卖配送单量更是比其他任何国家多至少一个量级。依托如此巨大的业务体量，无人配送在国内的电商企业得到了更多的投入。其次，国内人口密度较大，每单配送需要的配送距离相对较短，对无人配送车的续航里程要求不高。小型的无人配送车因为可载电池容量小，天生有续航短的缺点，在国内的场景下无人配送车相对更容易落地。

总体而言，现在国内外众多的公司大多处在小规模试运营或者早期研发的阶段，还需要在无人驾驶、人机交互等多种技术上的不断完善，才能满足多种多样的、复杂的运行场景的需求。

2. 应用场景

当前无人配送车主要针对快递、生鲜配送、外卖、医院、酒店等场景运行。

（1）快递配送

随着电商行业日趋发展成熟，网络购物成为用户消费的首要选择，随之而来的是购物交易量的激增。如此大的业务量的背后，是众多快递小哥超长时间的工作，以及有时存在用户对快递速度的抱怨。面对城市内快递的短途运送，无人配送车加入，可以一次性投递，降低人力成本，分担快递小哥的部分工作，也可以完全依照用户的空闲时间送货，提高配送效率。

现有的快递无人配送车，主要专注于解决最后一公里的配送。例如“菜鸟小 G”，依托识别、定位和内置算法等技术，具备规划路线、避让行人、识别红绿灯、感知电梯拥挤程度及自行乘坐电梯等配送机器人的基本功能。一次装载 10 个包裹，在到达目的地时，会向收件人发送取件信息，同时在屏幕上显示一个二维码，取件人通过软件扫描二维码，即可开启抽屉拿到快件，取件人继续在手机操作即可关闭抽屉。在“菜鸟小 G”的基础上，菜鸟网络又推出“小 G plus”配送机器人，能够搭载多至 200 件包裹。

京东旗下的无人配送车，同样拥有配送所需的基本功能，其搭载量为 30 件。该产品主要功能亮点在于能依据物品尺寸调整柜子大小并做到车体与箱柜分离，便于整体更换箱柜。无人配送车到达配送点后，用户即可收到它发送的取货信息，并可以通过面部识别、取货码、链接等方式取货，取完关上舱门即可，便捷又高效。目前该配送车已经正式上路，在 2020 抗击疫情中大展身手，实现了全场景常态化运营，未来将会在更多城市应用。

案例 4-2　京东无人车

京东致力于构建能够用于高速公路、市政道路、小区、办公楼等全场景无人运输与配送的运行体系，包括无人驾驶卡车和无人配送车。（扩展视频 4-2）

（2）生鲜配送

生鲜配送日常需求大、时间要求紧，是配送领域的一项重要内容。无人配送车的加入能够大大提高生鲜配送效率，已得到良好应用。

苏宁推出的“卧龙一号”无人配送车，主要承担苏宁小店周边社区 3 km 范围内的订单，配送线上 1 小时生活圈的即时服务，保证生鲜果蔬日常用品和食物均能新鲜及时送达到家。能够突破天气和时间限制实现各种恶劣天气和夜晚时间配送，真正做到 24 h 的准时配送服务。车高在 1 m 左右，可承重 30 kg，配送的速度每小时可以达到 12 km，爬坡高度 35°，续航可达 8 h，定位精度 1～3 cm。在智能感应方面主要采用多线激光雷达+GPS+惯导等多传感器融合定位方式，融合激光雷达拥有更加灵敏的避障反应能力；在人机交互方面“卧龙一号”有着更加高效的地形适应能力，可以智能提示路过的行人、车辆和障碍物，为规划出最优绕行路径提供依据。

硅谷机器人技术公司研发的 Nuro R1，具备 L4 级自动驾驶能力，可以在市政道路行驶，时速 30～40 km。车体尺寸约为普通轿车的 1/3～1/2，车身两侧均是可以打开的货仓，最多可承载约 113 kg 的货物。车辆顶部架设有一台 16 线或 32 线激光雷达，而围绕车顶和车身一周，布置了 8 个或以上的摄像头，可以完成红绿灯识别、行人识别、自动变道以及自主通过四向停车路口等操作。

（3）外卖送餐

外卖经济的发展，突显了配送中的几点问题：其一，外卖属于即时送达的业务，随着业务量的增加，现有人力难以解决配送的准时性，从而给消费者带来较差的体验；其二，阴雨等恶劣天气的到来降低了长期奔波在路上的送餐员的送餐效率，且由于其收入与业绩挂钩，易因着急而产生交通事故，危及生命安全；其三，因取餐人个人原因造成的等待时间，会直接影响配送效率和后续其他消费者的取餐时间等。因此，智能送餐机器人（无人配送车）的出现可以分担短距离的送餐任务或与送餐员接力运送，节省送餐员等待取餐的时间成本，使送餐员按时安全地完成配送任务，提升服务质量。

我国第一款外卖送餐机器人，是“饿了么”平台于 2017 年 10 月推出的，名为“万小饿”，其主要是代替外卖小哥完成楼宇内最后一公里的送餐服务。该机器人具备自主设置路线、应对多种路面情况、自主上下电梯的能力。针对餐品的特殊性，它设计了 3 层超大恒温箱，餐品可冷热分离放置以保证其送达温度。在送餐和取餐的过程中，用户先在客户端点餐，机器人接到订单后启动配送，到达所在楼层后告知用户并进入等待取餐状态，用户根据触屏上的提示打开舱门完成取餐，整个过程高效便捷。

美团送餐机器人“小袋”，目标场景是园区门口到用户手中的末端配送。“小袋”同样具备路线规划和避障等配送的基础功能。工作模式：用户在美团 APP 上下单，机器人接到信息等待外卖小哥投递餐品，之后开启配送旅程。在抵达前它会发送短信，用户点击短信连接，即可从自动打开车盖的“小袋”里拿到自己的外卖。未来，“小袋”与楼宇内电梯系统打通后，可以向电梯发送信息指令，在楼宇内进行餐饮配送。

（4）医院物流

除了快递和外卖这种日常生活品的配送，相对特殊的医院因医药品、医疗耗材、被服等物资的大量流转，需要占用大批人力与时间成本；而且紧急状况下物资的调取仅以口头医嘱的形式传达，不利于管理。因此，为节省人力与时间成本，让医护人员将更多精力放在医治患者上，同时推进医院物资管理精准化，在医院中应用无人配送车（配送机器人）即可实现准确运送、配送信息可视化与管理可追踪。

上海木木机器人技术有限公司自主设计生产的诺亚医院物流机器人，主要聚焦药品、标本、手术室配送 3 个方向。因配送物资存在不同，诺亚的配送箱体具有一定差异，分为整体封闭式和全开放式两种形式。使用过程中，由医护人员在终端系统下单，库管人员配货，以密码锁和医护人员工作卡登记的形式，进行医用物资的放入和取出。而且，诺亚在配送过程中会发出语音信号，提示和提醒周围人群，及时避障。

上海钛米机器人科技有限公司研发的钛米自动配送机器人，产品设计上拥有多种形式，可应用于不同场景，例如，一体箱主要用于高级耗材的运输；抽屉式药柜用于普通耗材和药品等配送；冷链式用于运输需要冷藏的药品、检验样本或者医疗器械等；而推车式主要针对手术前被服、器械包的配送。该类配送机器人运送分类详细，管理精细化。统一由医护人员在终端系统申领耗材，再经库管人员扫码配货，最后由医护人员扫码或者指纹识别取货。由此可见，医院物流配送机器人实现了医疗物资智能管理与医护人员减负减压的双赢。

（5）酒店服务

酒店为用户提供全天服务，在人力分配和协调上，都需要花费一定的精力和成本。配送服务机器人的进驻，能够降低酒店的运营成本，辅助服务人员完成引路、送物和闲聊等基础服务，为客人带去新奇体验的同时提供个性化的贴心服务，有助于智慧酒店的建设及酒店服务质量和用户体验的提升。基于对安全性、供应链开放性、技术成熟性、生产成本和用户接受程度等方面的考量，现有酒店配送机器人主要服务于主流星级酒店。酒店配送机器人（无人配送车）更突出其服务的个性化和良好的体验。

云迹公司研发的服务机器人“润”，已进驻多家星级酒店，它具备配送过程中的自由移动、避障、自主乘电梯等基础功能，陪客人日常闲聊、导航引路和物品配送都是其服务范围。用户可以通过语音对“润”下达运送命令，由工作人员完成配货并输入房间号，即可上门投递，在物品送达房间门口时，它会自动拨打电话，等客人取走物品，返回等待下一次任务。

阿里巴巴推出的服务机器人“太空蛋”，将首先应用于阿里未来酒店，待产品成熟后有望推广至其他酒店。目前，它能为客人提供餐饮服务，客人可以通过语音命令、触摸或手势与它交流。“太空蛋”的前面有两束激光，提醒用户注意其行驶路线；舱门是密闭感应的，方便又卫生；到达客人房间门后，会发出语音提示，客人直接取走物品即可。未来，服务机器人可以代替酒店服务人员来满足客人的基本需求。

4.3 无人机

4.3.1 无人机的概念与特征

1. 无人机的概念

1927 年英国海军的“喉”式无人机试飞成功标志着无人机的正式诞生，至今已有 90 多年的历史了，并因科技进步历经多次演变和进化。

中国民用航空局飞行标准司对无人机下的定义是：无人机是由控制站管理（包括远程操纵或自主飞行）的控制器，也称远程驾驶航空器，其中控制站（也称遥控站、地面站）是无人机系统的组成部分，包括用于操作无人机的设备。

美国联邦航空总署（FAA）定义无人机为：无人在飞行器内直接操作的飞行器（An aircraft operated without the possibility of direct human intervention from within or on the aircraft）。

综上可以对无人机进行如下定义：无人机（Unmanned Aerial Vehicles，UAV）是指利用无线电遥控设备和自备的程序控制装置操纵的不载人飞机。无人机的主要价值在于替代人类完成空中作业，并且能够形成空中平台，结合其他部件扩展应用。

无人机按应用领域分为军用级及民用级；民用方面，又分为消费级和工业级。目前工业级无人机已广泛应用于农林植保、电力巡线、边防巡逻、森林防火、物流配送等领域。

用于物流领域的无人机称为物流无人机，按照承担运输或配送任务的不同，又分为运输无人机或配送无人机。因第 3 章未详细介绍无人机内容，故本节将对运输无人机和配送无人机一并进行介绍。

2. 无人机的特征

无人机是一种具备以下特征的飞行器。

（1）不载人且无人驾驶

最初无人机是应用在战争中，其研制初衷是无须人在飞机驾驶舱中驾驶，飞机就能够通过一定的指令携带炸弹飞至攻击目标的上方投弹，避免己方人员的伤亡。无人机技术日益更新换代，用途不断扩大，可用于航拍、勘探、农业喷药、运输货物等方面，但不载人且无人驾驶是其最基本特征，这也是区别于民用航空飞机的一个重要特征。

（2）具有以飞控系统为核心的无人机系统

无人机系统是由飞控系统、数据链路系统、发射回收系统和动力系统构成的。飞控系统是无人机系统的“大脑”，对无人机飞行稳定性、数据传输准确性起着决定作用；数据链路系统则是地面控制站（包含遥控器）和无人机之间的“桥梁”，保证无人机与地面控制站之间信息传送实时准确；发射回收系统确保无人机顺利安全起飞和降落。动力系统则是由电源、电机、电调和桨叶组成的，是无人机空中作业的能量来源。

（3）具有能够执行一定任务的载荷设备

无人机的研发目的是要完成一定的任务，包括军事目标轰炸和情报收集、娱乐航拍、货物运输配送和农业喷撒等任务。完成这些任务的前提是无人机装载相关的任务载荷设备。

（4）兼具视距内和超视距飞行能力

按照中国民用航空局飞行标准司所颁布的《轻小无人机运行规定》，视距内飞行是指无人机驾驶员或无人机观测员与无人机保持直接目视视觉接触的操作方式，航空器处于驾驶员或观测员目视视距半径 500 m 内，相对高度低于 120 m 的区域内；超视距运行是指无人机在目视视距以外运行。无人机因具有执行任务的特性既需要在视距内飞行也需要超视距飞行，但大多数情况下是处于超视距飞行状态。

（5）与航模具有本质上的区别

航模一般是由人通过遥控器控制的，没有飞控系统，只能在视距内飞行，用于娱乐用途，基本不具备执行特定任务的能力。

3．无人机在物流配送中的应用优势

（1）方便高效、超越时空

相比于地面运输，无人机具有方便高效、节约土地资源和基础设施的优点。在一些交通瘫痪路段、城市的拥堵区域，以及一些偏远地区，地面交通无法畅行，导致物品或包裹的投递比正常情况下耗时更长或成本更高。在这些环境和条件下，只有无人机运输方式才能实现“可达性”，这是其他方式所无法替代的。并且物流无人机通过合理利用闲置的低空资源，有效减轻地面交通的负担，节约资源和建设成本。

（2）成本低、调度灵活

相比于一般的航空运输和直升机运输，无人机运输具有成本低、调度灵活等优势，并能弥补传统的航空运力空白。随着航空货运需求量逐年攀升，持证飞行员的数量和配套资源以及飞行员和机组成员的人工成本等成为发展的制约因素。而无人机货运的成本相对低廉，且无人驾驶的特点能使机场在建设和营运管理方面实现全要素的集约化发展。

（3）节约人力

物流人力短缺问题一直存在，特别是每逢节假日和物流高峰期，人工短缺和服务水平降低的问题往往更为突出。无人机号称“会飞的机器人”，在盘点、运输和配送等物流环节加以合理的开发利用，并辅以周密部署和科学管理，能衔接配合好其他作业方式，节约人工，通过协助人力发挥“人机协同”效应，能产生最佳效益。

（4）产能协同和运力优化

在科学规划的基础上，综合利用互联网＋无人机、机器人等技术和方式，能实现产能协同和运力优化。为了处理一些快速交货和连续补货的订单，亚马逊、沃尔玛等企业在建设先进的信息系统、智能仓储系统以及优化业务流程的基础上，还规划了智能、高效的无人机城市配送中心（例如亚马逊的无人机塔）以及“无人机航母”（空中配送基地）等。

作为新技术的应用，无人机送货是对传统方式的有益补充，传统的“铁公机”、管道运输、水运和多式联运，加上无人机的末端配送和支线运输，必将使现代物流的服务能力再上新台阶，其整体的效率、成本和运力也将得到优化和重构。

4.3.2 无人机的分类

1．按用途划分

按用途，无人机可分军用级无人机、专业级无人机和消费级无人机，如表 4-1 所示。

表 4-1　按用途划分无人机类型

类　别	性　质	特　点	主要应用场景
军用级无人机	战争	科技含量最高、体积大、巡航时间长、速度快、航程远，主要使用燃料作为动力	携带导弹轰炸敌对军事目标、收集情报
专业级无人机（又称工业级无人机）	经济价值生产或转移	续航时间长、任务载荷设备较大、安全要求较高	影视航拍、电力巡检、农业植保喷撒、货物运输、快递配送
消费级无人机	娱乐	体积小、续航时间短、飞行距离短	遥控飞行娱乐、航拍

2. 按机身机构划分

按照不同机身机构来分类，可分为固定翼无人机、无人直升机和多旋翼无人机，以及综合应用固定翼和多旋翼的融合型无人机。

（1）固定翼无人机

机身外形特征：机翼与机身垂直，外形像“十”或“士”，与日常民用航空飞机外形类似。动力来源依靠螺旋桨或涡轮发动机产生的推力作为动力。固定翼无人机又分为上单翼、中单翼、下单翼、鸭式和无尾翼无人机，其中中单翼、下单翼、鸭式无人机机动灵活性好，动力性能好，但稳定性较差，一般用于军用。物流无人机主要应用上单翼和无尾翼无人机。

固定翼无人机具有续航能力较强、能量利用率高的特点，且由于其产生升力的原理，可以达到很高的飞行速度。另外，固定翼无人机承载能力强，在飞行中可通过对襟翼和尾翼的微调来适应变化的载重，维持平衡和稳定。但固定翼无人机灵活性较差，转向较慢且转向弧度较大，对起降场所要求比较苛刻，另外由于结构复杂，生产成本昂贵。

例如，京东推出的重型固定翼无人机，有效载重量达到 1～5 吨，飞行距离超过 1000 km。顺丰“双尾蝎”无人机系统由无人机、地面站、任务载荷（含物流吊舱）和综合保障系统组成，无人机机长 10 m、机高 3.3 m、翼展 20 m，最大飞行高度 6000 m，最大起飞重量近 3000 kg，任务载荷能力近 1200 kg，机体采用上单翼、双尾撑、双发翼吊设计布局，如图 4-6 所示。

a)

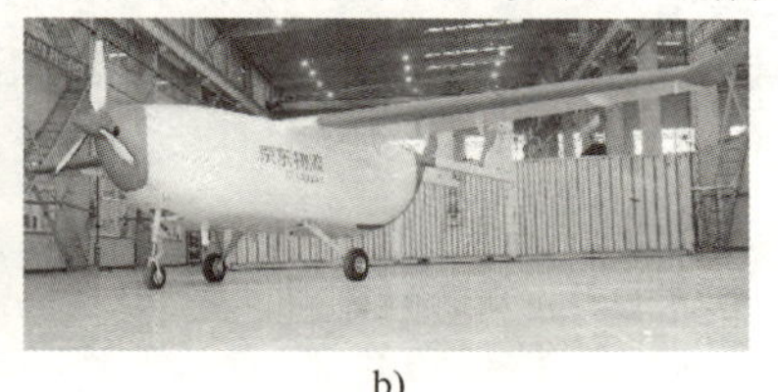
b)

图 4-6　固定翼无人机

a) 顺丰“双尾蝎”无人机　b) 京东重型固定翼无人机

（2）无人直升机

机身外形类似于有人直升机，主要依靠主旋翼提供升力，一般有一个尾翼用以抵消主旋翼产生的自旋力，起到增稳的作用。

优点是能够定点悬停；缺点是体型较大、结构复杂、技术难度大、造价高。

例如，菜鸟网络与北京通用航空江西直升机有限公司联合研发的 JH-1 无人直升机，起飞重量达 600 kg，最高时速 160 km/h，高度可达 3000 m，续航时间 4 h，抗风可达 7 级，能够一键起飞降落，操控简单。对起降场地无要求，且燃料为 97 号汽油，具备较强的稳定性、经济性和可靠性，应用前景广泛，如图 4-7 所示。

图 4-7　菜鸟 JH-1 无人直升机

（3）多旋翼无人机

机身有多个桨叶，主流的多旋翼无人机有四旋翼无人机、六旋翼无人机和八旋翼无人机。升力来源于桨叶旋转产生的推力。

优点是体积较小、结构简单、造价低，能够定点悬停，相比只有一个旋翼的无人直升机，悬停精度更高，稳定性和灵活性得到提升。缺点是一般采用纯电驱动，持续工作时间较短，一般适用于小型货物末端配送。

例如，京东 Y3 无人机，采用三轴六旋翼，载重 10～15 kg，续航能力约 30 km。亚马逊无人机，采用安全型四旋翼，载重 2.5 kg，续航能力 24 km。顺丰方舟无人机，采用八旋翼，装载量 10 kg，容积 54 L，航程 18 km，具有 IP55 防水、防尘性能，可在温度低至-20℃、海拔 4000 米以下环境中飞行，基于机载视觉定位系统可实现精准降落，如遇突发情况则可凭借降落伞紧急迫降系统安全降落，如图 4-8 所示。

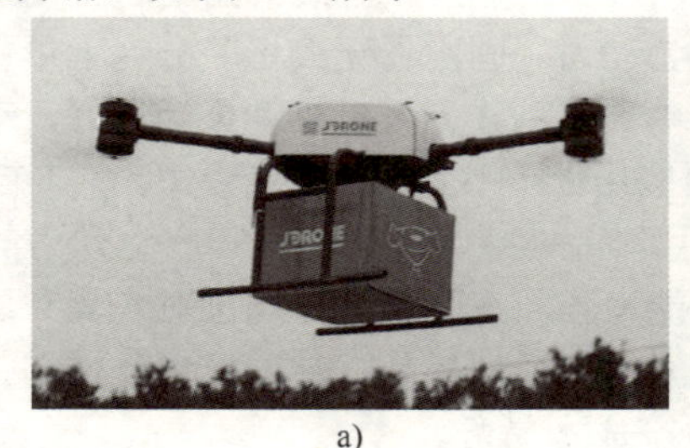

a)

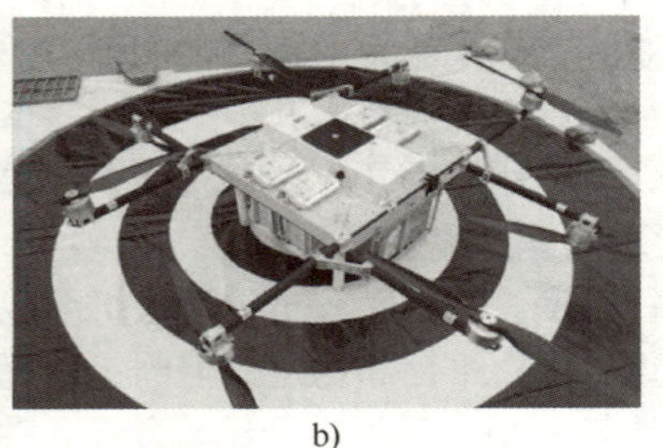

b)

图 4-8　多旋翼无人机

a) 京东 Y3 无人机　b) 顺丰方舟无人机

（4）垂直起降固定翼无人机

融合固定翼无人机和多旋翼无人机，是改良后兼具二者优点的机型。相比于固定翼无人机和多旋翼无人机具有更好的稳定性。起降方式相比于固定翼无人机和多旋翼无人机，垂直起降固定翼无人机可以垂直起降，不受场地限制，复杂地形和建筑物密集区域均可顺利作业，又可以在飞行过程中有空气动力性能和流线型。

例如，京东 VTOL 垂直起降固定翼无人机，载重 5 kg，续航 1 小时。顺丰固定翼垂直起降无人机 Manta Ray，翼展 3.5 m，机身长 2 m，高 0.8 m，最大载重 10 kg，飞行 120 km，续航时间可达 90 min，最大飞行速度可达 30 米每秒，属于中长段距离飞行的无人机，可在海拔 3000 m 等复杂环境中飞行，具备 IP45 级防水、防尘的能力，最低飞行温度可达-10℃。中国成都飞机设计研究所设计的 VD-200 垂直起降固定翼无人机，翼展 4.6 m，全长 1.8 m，起飞重量 200 kg，载荷 20 kg，最大飞行速度 260 km/h，航程 150 km，留空时间 3 h，如图 4-9 所示。

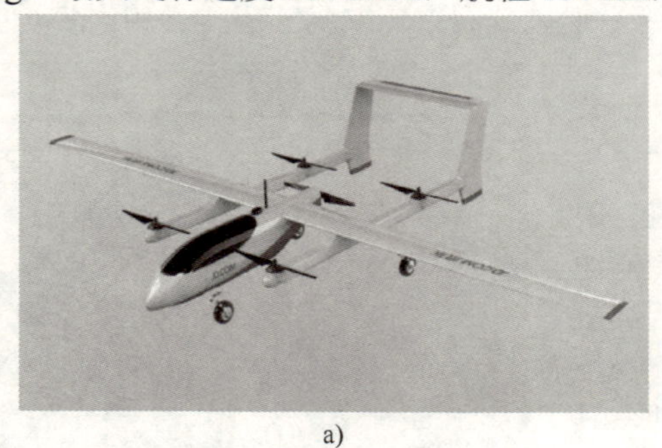

a)

b)

图 4-9　垂直起降固定翼无人机

a) 京东 VTOL 垂直起降固定翼无人机　b) VD-200 垂直起降固定翼无人机

4.3.3 无人机的主要构成及技术难点

1. 主要构成

无人机主要由飞控系统、导航系统、动力系统、通信链路系统等部分构成。

（1）飞控系统

飞控系统是无人机完成起飞、空中飞行、执行任务等整个飞行过程的核心系统，相当于飞行器的“大脑”，要求具有高稳定性、精确性。飞控系统一般包括传感器、机载计算机和伺服传动设备三大部分，主要实现无人机姿态稳定和控制、无人机任务设备管理和应急控制三大功能，如图 4-10 所示。

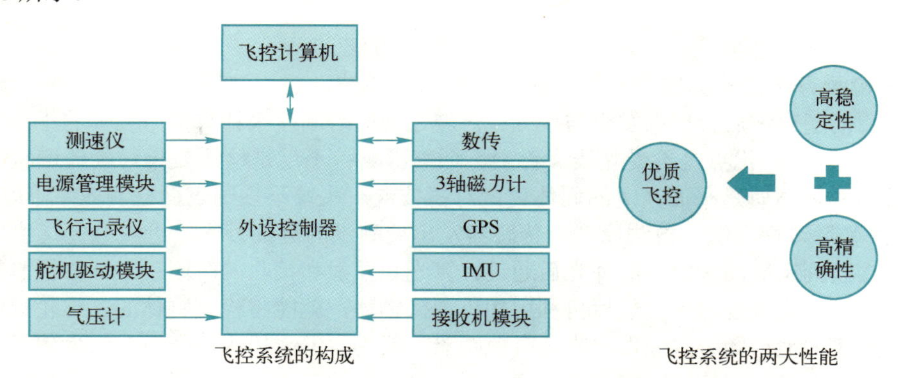

图 4-10　无人机飞控系统的构成及性能

（2）导航系统

导航系统为无人机提供参考坐标系的位置、速度、飞行姿态等信息，引导无人机按照指定航线飞行，相当于无人机的“眼睛”。无人机机载导航系统主要分 GPS 和惯性制导两种，但分别有易受干扰和误差积累增大的缺点。未来无人机的发展要求障碍回避、物资或武器投放、自动进场着陆等功能，需要高精度、高可靠性、高抗干扰性能，因此多种导航技术结合的“惯性＋多传感器＋GPS＋光电导航系统”将是未来发展的方向。

（3）动力系统

按照动力来源不同，无人机动力系统主要可分为 9 类：太阳能；太阳能混合物（太阳能+电池）；系留；激光；超级电容；电池；氢燃料电池；汽油、煤油、甲醇、乙醇、液化石油气丙烷等；气电混合物。

按照发动机种类，动力系统通常有电动机和内燃机（活塞发动机、涡轴发动机、涡喷发动机）两种类型。小型无人机主要以电动机为主，中、大型无人机以内燃机为主。不同用途的无人机对动力装置的要求不同，但都希望发动机体积小、成本低、工作可靠。

无人机目前广泛采用的动力装置为活塞式发动机，但活塞式只适用于低速、低空小型无人机。低空无人直升机一般使用涡轴发动机，高空长航时的大型无人机一般使用涡扇发动机。微型无人机（多旋翼）一般使用电池驱动的电动机。

随着涡轮发动机推重比、寿命提高、油耗降低，涡轮将取代活塞成为无人机的主要动力机型，太阳能、氢能等新能源电动机也有望为小型无人机提供更持久的生存力。

（4）通信链路系统

通信链路系统是无人机的重要技术之一，负责完成对无人机遥控、遥测、跟踪定位和传感器传输，上行数据链实现对无人机遥控，下行数据链执行遥测、数据传输功能。普通无人机大多采用定制视距数据链，而中高空、长航时的无人机则都会采用视距和超视距卫通数据链。

现代数据链技术的发展推动着无人机数据链向着高速、宽带、保密、抗干扰的方向发展，无人机实用化能力将越来越强。随着机载传感器、定位的精准程度和执行任务的复杂程度不断上升，对数据链的带宽提出了很高的要求，未来随着机载高速处理器的高速发展，射频数据链的传输速率将成倍增加，在全天候要求低的领域可能还将出现激光通信方式。

2. 技术难点

（1）路线规划和自动避障

由于路途情况比较复杂，现在的无人机还很难进行自主路线规划。要想实现自主路径规划，解决自动避障问题势在必行，如何安全地让飞机避开障碍物，同时又不偏离航线，这是无人机目前面临的主要难题之一。

目前主要的无人机障碍物检测方法包括以下几种方法。

超声波检测方法。检测原理：超声波装置发出超声波，超声波遇到障碍会反弹，超声波装备接受反弹后的超声波后会根据发出与接受超声波之间的时间差来计算前方物体的距离。有效距离一般为 5 m 以内。优点是不受光线、粉尘、烟雾影响；不足是检测效果与物体形状有较大关系，要求反射物体材质是平面光滑的固体物，对树枝或石头等不规则表面检测效果不好。

TOF 探测障碍物方法。检测原理：传感器发出调制过的近红外光，近红外光遇物体后会反射。传感器接收到反射回来的近红外光后通过计算光线发射和接收的时间差来计算检测物体离自身的距离，从而产生深度信息。然后再利用相机拍摄物体，就能将检测物体的三维轮廓以不同颜色代表不同距离的地形图方式表现出来。有效距离一般为 10 m 以内。优点是深度信息计算速度快，不受物体表面灰度和特征影响，可以精准探测到物体的三维信息；不足是太阳光的直射、反射会对 TOF 检测光造成干扰。

结构光测距方法。检测原理：传感器投射出一个具有特定形状的红外光图形，遇到前方物体后，该红外光图形会反射给传感器，然后根据反射回来结构光图案在摄像机上的位置和形变程度来测算出前方物体的三维深度图信息。有效距离一般为 3～5 m。优势是不受制于物体的体征，在光线不强的情况下可用；不足是会受到可见光的干扰，在强光情况下不能用。

双目立体视觉。检测原理：左右摄像头拍摄前方物体，识别出物体的阴影形状、表面纹理、位置和方向，然后以无人机为中心建立起坐标系，通过三角测距的方法计算出前方物体与无人机之间的距离，从而构造前方物体的空间三维模型。有效距离一般为 15 m 以内。优势是检测精度高，不受物体的形状和强光的影响，可生成三维深度图；不足是算法复杂影响续航能力，且在光线不强的环境下检测效果不好。

从主流的障碍物测距的工作原理和优缺点来看，任何单种的测量方法都难以胜任物流配送的所有场景。目前的一种解决方案是根据主要的应用场景将两种或以上的障碍物测距方法集成在一架物流无人机上，使得物流无人机在大多数的场景下能够检测出运行前方出现的障碍物，包括像树枝、电线这样细小的障碍物。物流无人机只有具备超视距且全程自主飞行的能力才能体现出物流无人机的高效和经济价值，显然只能实现大多数场景下检测出障碍物的技术方案还不能令物流无人机的使用者、政府监管部门和民众放心。除了在障碍物检测方面上存在不足，物流无人机在避障上的功能也需要进一步检验。空中特别是偏远地区有着许多鸟类等飞行物。物流无人机在空中自主配送过程中，极有可能在前后上下左右 6 个方向的某一个方向突然出现鸟类等飞行物，如果物流无人机不能立刻灵敏地做出躲避动作，那么就会发生碰撞。

（2）续航能力

碍于电池的重量和体积，目前的无人机为减轻机身的起飞质量，搭载高蓄电量的大型电池。但物流无人机必须保证长时间、大航程的作业，因此，降低能耗、提升能量的利用效率是目前相对可行性方案。表 4-2 显示了目前市场上主流无人机续航能力。

表 4-2　市场上主流物流无人机续航能力

机　　型	航程（km）	飞行时间（min）	可负载重量（kg）	用　　途
顺丰 （极侠无人机）	20	空载：31 负载 1 千克：16	1	物流配送
京东	10 目标航程：45	/	5～30	物流配送
邮政（迅蚁）	20	/	5	物流配送
智航 凌云物流无人机	40	45	标准载荷：3 最大载荷：5	物流配送

（3）安全性问题

在恶劣天气下，特别是强降雨天气下，如何保障物流无人机的安全飞行也是当下急需解决的重要问题。由于无人机的大部分控制系统由电子元件构成，在降雨天气下，如果不能保证各部件的防水性能或者没有采取合理的防水措施，将会导致无人机短路，中断工作任务甚至危害到其他人的生命安全。

砸伤地面人员的风险。物流无人机存在因为技术故障或其他原因坠落砸到地面行走路人的风险。无人机是新兴行业，物流无人机更是新兴行业里的“新宠儿”，虽然技术取得突破性的进展，但还有很大的提高空间。SB-DJI 无人机炸机资讯站每个月都会发布其编制的国内各主要无人机厂商的“炸机指数”，从某种程度反映了民用无人机“炸机”不是个别案例。

人为“劫机”的风险。物流无人机在自主配送过程中存在被人“劫机”的风险。一些出于某种目的的人可以在物流无人机飞行时用某种工具将其射落或者在物流无人机降落的过程中将其劫走。除了这种粗暴的劫机方式外，物流无人机还可以被黑客“拐走”。在亚马逊宣布其物流无人机配送计划“Prime Air”后，有部分黑客公然宣称能够通过数据链路侵入物流无人机的飞控系统改变其原设定的配送途径从而拐走亚马逊的物流无人机。可见在整个配送过程中，物流无人机可能伤害别人，也可能被别人伤害。

4.3.4　无人机在物流行业中的应用

1．无人机在物流行业中的应用场景

（1）大载重、中远距离支线无人机运输

送货的直线距离一般在 100 km～1000 km，吨级载重，续航时间达数小时。应用场景主要有跨地区的货运（采取固定航线、固定班次，标准化运营管理）、边防哨所、海岛等物资运输以及物流中心之间的货运分拨等。

（2）末端无人机配送

空中直线距离一般在 10 km 以内（对应地面路程可能达到 20～30 km，受具体地形地貌的影响），载重在 5～20 kg，单程飞行时间在 15～20 min，易受天气等因素影响。应用场景主要包括派送急救物资和医疗用品、派送果蔬等农土特产物品等业务。

（3）无人机仓储管理

例如大型高架仓库，高架储区的检视和货物盘点；再如集装箱堆场、散货堆场（例如煤堆场、矿石堆场和垃圾堆场）等货栈堆场的物资盘点或检查巡视。

2．无人机的物流行业布局

继亚马逊 2013 年 12 月首次公开宣布正在试验使用无人机配送商品，国外的 UPS、Google、WalMart、DHL、GeoPost、Matternet、Bizzby Sky、Flytrex Sky 与国内的顺丰、京东、菜鸟、邮政等多家电商企业、物流企业都相继宣布其无人机配送的研发项目和试验进度。

Amazon。2013 年 12 月，亚马逊首次对外公布其 Prime Air 无人机配送包裹计划。2019 年 6

月亚马逊公布的 Prime Air 无人机，有 6 个自由度和 6 个螺旋桨，能够垂直起飞和着陆，可以携带 5 磅（约合 2.3 kg）以下的包裹，为半小时路程内的客户提供送货服务，续航里程最多可达 15 英里（约合 24 km）。

DHL。2013 年启动无人机快递的项目，并于 2014 年 9 月在政府官方授权下采用第二代四轴无人机在德国进行了为期一个月的快递试飞，向距离 12 km 的于斯特小岛运送药物。第二代无人机最大载重为 1.2 kg，最大飞行时间约为 45 min，最高飞行速度约为 65 km/h。地方政府在北海上空划出一个专供无人机快递飞行的特定空域，同时要求无人机在没有民用航空客机经过时才能在这片区域飞行，且其不能够飞越居民住宅的上空。目前已研发出第三代无人机，拥有直升机的机身和运输机的机翼，翼展 2 m，通过旋翼垂直起降，当飞行高度达到 40 米时，机翼旋转 90°，与日常的飞机相近。装载 2 kg 以内，体积不大于 4.4 L 的包裹，飞行速度可达 80～126 km/h。

UPS。2019 年 7 月底，UPS 宣布注册了一家全新的子公司 UPS Flight Forward Inc.，这家公司专注于开发和运营无人驾驶的航空系统，用于商业运输。早在 2016 年，UPS 便已开始无人机配送服务的探索，当时与美国加州的 Zipline 公司以及全球疫苗免疫联盟合作，尝试使用无人机提供全球范围内的血液和疫苗等药品运送。2017 年，UPS 进行了无人机投递快递包裹的测试，采用了卡车+无人机结合的方法，卡车将货物和无人机运送至距离配送地点足够近的距离，然后释放无人机完成最后几公里的配送。

BIZZBY Sky。总部位于伦敦的 BIZZBY Sky 测试了一些诸如钥匙、文件、药物等小物件的紧急派送任务，即 C2C（客户到客户）服务。相比于其他载货无人机，BIZZBY sky 体积较小、重量较轻，但具有更强的灵活性，主要定位于运送如文件、钥匙、手机、紧急药品等小件物品。

Zipline。与全球特快货运 UPS 以及全球疫苗免疫联盟 Gavi 合作，在卢旺达建立无人机运输网络，利用无人机为当地的医疗站运送药品。卢旺达的中西部地区主要为山区，丘陵起伏，地形复杂，特别是农村地区之间交通不便，医药物资运输速度和范围受到限制，导致很多居民在生病时无法得到及时的药品供给。该项目计划每天向偏远地区的 21 家诊所飞行 50～150 架无人机，专门用来输送血液和血浆。飞机载重在 1.5 kg 左右，一次飞行最远可达 115 km，飞行速度达 97 km/h。

顺丰速递。顺丰在 2012 年提出无人机物流概念。2015 年 3 月，顺丰正式公开了该公司的无人机送货计划，与极飞科技合作研发全天候无人机，尝试利用无人机在山区、偏远乡村等农村地区为顺丰网点间运输配送。其 4 轴无人机最大挂载为 1 kg，空载飞行时长为 30 min，满载飞行时长 16 min。2017 年 6 月，顺丰与江西赣州市南康区联合申报的物流无人机示范运行的空域申请得到正式批复，成为国内第一家获得正式审批的物流无人机示范空域企业。2020 年 8 月，顺丰大型无人机 FH-98 首次完成从宁夏至内蒙古的基于业务场景下的载货飞行。按照顺丰的规划，未来要通过“大型有人运输机＋支线大型无人机＋末端小型无人机”三段式空运网，实现 36 h 通达全国。

京东物流。2016 年京东提出在农村地区使用无人机承担从配送站到乡村推广员的商品运输任务，解决农村电商最后一公里的配送需求。2016 年 6 月京东在宿迁进行了首次无人机配送试运营，2017 年在西安和宿迁实现常态化运营。2019 年 1 月，京东物流无人机成功实现在印尼首次飞行，这是中国物流无人机在海外的首次成功飞行。技术方面，已开发出多旋翼或固定翼以及电动、油动或油电混合动力等多形态、多动力的多种机型，部分机型能够执行最大载货 30 kg、飞行距离 30 km 的配送任务。目前，配送范围覆盖国内陕西、江苏、青海、海南等 9 个省份。

菜鸟物流。菜鸟 E.T.物流实验室 2015 年底组建后进行无人机产品开发。2018 年 6 月，菜鸟 E.T.物流实验室联合天猫，将无人机运用到传统的茶叶运输环节。2019 年 5 月，菜鸟 E.T. 物流实验室与合作伙伴成功实现全球首度无人直升机跨琼州海峡飞行。菜鸟无人直升机起飞重量达

600 kg，搭载两个货箱，最高时速 160 km/h，飞行高度可达 3000 m，续航时间 4 h，抗风可达 7 级，具有良好的商业价值。

苏宁物流。2016 年，苏宁宣布成立苏宁物流研究院和 S 实验室，双管齐下打造苏宁智慧物流生态系统。无人机配送是苏宁 S 实验室重点探索的项目之一，2017 年，苏宁无人机历时 23 min，飞行 15 km 完成配货，创造了国内无人机物流飞行新纪录，随后苏宁无人机正式进入常态化运营。

中通。中通快递无人机主要聚焦末端配送及支线运输，利用末端配送无人机对跋山涉水、孤岛等地形地势复杂地区的快件进行收派服务，提升网络覆盖率，提高整体服务时效。2018 年 10 月，中通快递在陕西获得军方在内的相关监管部门的空域批文，正式启动常态化运行；2018 年 11 月，中通快递第一代油电混合物流无人机——普罗米修斯 1600A 发布，并于 12 月完成山区恶劣天气条件下首次载货飞行。

迅蚁无人机。迅蚁 2015 年成立，专注于为农村及别墅园区无人机配送提供整体解决方案。2016 年 9 月 19 日，迅蚁与中国邮政浙江安吉分公司联合开通了中国第一条无人机快递邮路，开通之后，无人机邮路缩短到了 10 km，飞行时间约 15 min。2017 年 12 月，迅蚁推出面向大众消费者的无人机物流配送服务——“迅蚁速运”，“迅蚁速运”主要利用智能物流无人机的空中运力，以服务站为中心建立半径 10 km 的配送圈，只要在服务覆盖区域内，任何用户都可以通过微信小程序“迅蚁速运”下单，直接使用这项服务。

智航无人机。成立于 2014 年 10 月，是集研发、生产、销售为一体的无人机企业，产品主要应用在安防、警用、物流等领域。其“凌云”系列无人机广泛应用于物流配送领域。

大疆无人机。成立于 2006 年，是一家无人飞行器控制系统及无人机解决方案的研发和生产商，其无人机产品主要应用在航拍、遥感测绘、森林防火、搜索及救援等领域。

当前主要物流无人机产品如表 4-3 所示。

表 4-3　主要物流无人机产品

公　司	产　品
顺丰	四旋翼无人机、方舟八旋翼无人机、Manta Ray 固定翼垂直起降无人机、飞鸿-98 大型物流无人机、“双尾蝎”无人机
京东物流	京东 Y-1 多旋翼、Y-2 多旋翼、Y-3 多旋翼、V-2 固定翼、电动六轴多旋翼、电动六轴多旋翼 2 代、VTOL 垂直起降固定翼无人机、京东重型固定翼无人机
菜鸟	菜鸟无人直升机、菜鸟小鹭
苏宁物流	苏宁固定翼无人机、电动六旋翼无人机
中通	普罗米修斯 1600A 油电混合物流无人机
Amazon	Prime Air 无人机
DHL	四旋翼无人机、4 轴 8 桨多旋翼无人机、垂直起降固定翼无人机
UPS	车载无人机
迅蚁	无人机捷雁系列
智航	八旋翼“凌云”、四旋翼“幻影”“腾云”无人机、“天眼”无人机
大疆	农业值保机、悟 inspire2、灵眸 Osmo Pro/Raw

3. 无人机在物流配送中的应用模式

（1）配送车（无人车）+无人机

配送车在离开仓库之后，只需行走在主干道上即可，然后在每个小路口停车，并派出无人机进行配送，完成配送之后无人机会自动返回配送车再执行下一个任务。

（2）配送站（快递柜）+无人机

终端自助快递柜在收到用户放入的快件后向调度中心发送收件请求，调度系统自动派出合适的无人机，并向无人机发送相关任务指令以及目的地坐标，无人机收到任务指令后飞往目的地，终端自助快递柜将实时引导无人机着陆并进行自动装卸快件，快件在送达目的快递柜之后，终端自助快递柜智能系统将向用户发送领件信息。

（3）无人机+配送员

无人机集中将货物送达指定地点，由配送员再进行配送至客户。

（4）无人机+无人车

距离较远时，无人机将货物送达客户区域，由该区域的无人车驳接，配送至客户手中。

（5）子母型无人机

该模式将多旋翼式无人机作为子机，直接运载货物，而将固定翼无人机作为母机，能够装载和释放多架子机，以此实现无人机物流中多点对单点和单点对多点的结合。

4. 无人机在物流应用中的监管

出于安全的考虑，对无人机的应用监管非常严格。主要安全威胁在于：一方面，干扰民航飞机安全飞行。无人机在机场附近飞行可能会影响航班的正常起降，扰乱机场的正常运营秩序；如果无人机与飞机发生冲撞，严重的会导致飞行事故。另一方面，无人机意外坠落会危害公民人身和财产安全。国内现已发生多起无人机坠落致害事件。随着无人机飞行高度、载重、续航能力的提升，无人机还有可能被不法分子利用实施走私、贩毒甚至刺杀等犯罪活动。为此，国内外均对无人机飞行持严格谨慎态度，实行严格资质管理和运行管制。

美国对于无人机的适航标准是：最低能见度 3 km 以内；最大飞行高度不得超过距离地面 400 m；最高时速为 100 km/h。

英国要求重量在 20 kg 及以下的无人机在飞行时，其使用者要保持对无人机直接的视觉接触；重量在 20～150 kg 之间，无人机的飞行则要遵守《空中航行指令》的所有规定。2016 年 7 月，英国民航局首次批准亚马逊在农村、近郊地区进行测试，内容包括超出视线范围的无人机运营、无人机识别并躲避障碍物及一人操作多部无人机。

在中国，重量小于或等于 7 kg 的微型无人机，飞行范围在目视距离半径 500 m 内，相对高度低于 120 m 范围内，不需要执照；超出该范畴的则在飞行资质管理范围内。对飞行空域的要求：民用无人驾驶航空器飞行应当为其单独划设隔离空域，明确水平范围、垂直范围和使用时段。可在民航使用空域内临时为民用无人驾驶航空器划设隔离空域；飞行密集区、人口稠密区、重点地区、繁忙机场周边空域，原则上不划设民用无人驾驶航空器飞行空域；隔离空域由空管单位会同运营人划设。2019 年 10 月，中国民航局向杭州迅蚁公司颁发了《特定类无人机试运行批准函》和《无人机物流配送经营许可》，是全球范围第一个针对城市人口密集区的官方运行许可。

4.4 智能快递柜

4.4.1 智能快递柜的概念与特征

1. 智能快递柜的概念

在整个物流产业链当中，配送位于末端服务的环节，同时也是最为关键的直接面对顾客的环节，特别是在配送产品的最后一公里，这一公里是由顾客一同参与，顾客能直观地感受物流配送的满意度。如果这最后一公里由快递员送货上门完成，势必导致成本高、顾客不方便接收等一系列问题。为解决“最后一公里”存在的种种问题，智能快递柜应运而生。快递柜在方便了顾客提取快递，大大节约成本的同时，也节省了时间，提高了货物寄存的安全性、智能性，实现了物流配送人性化作业管理。

智能快递柜是指在公共场合（小区），可以通过二维码或者数字密码完成投递和提取快件的自助服务设备。当前丰巢、速递易、菜鸟等不断加大终端快递柜建设投入，智能快递柜逐渐应用于小区、学校、办公楼，成为一种重要的末端配送装备。

2. 智能快递柜的特征

智能快递柜主要具有以下特征。

1）智能化集中存取。快递柜是一个基于物联网能够将快件进行识别、暂存、监控和管理的设备，快递柜与服务器一起构成智能快递终端系统，由服务器对系统的各个快递柜进行统一管理，并对快件的入箱、存储以及领取等信息进行综合分析处理。

2）24 小时自助式服务。当收件人不在时，派送员可以将快件放在附近的快递箱中，等收件人有空时再去取回。

3）远程监控和信息发布。通过自主终端，结合动态短信，凭取件码取件，以及微信公众号提醒收件人取件，还有自动通知快递公司批量处理快件的智能化新模式，可以改善快递的投送效率及用户邮件的存取体验。

3. 智慧快递柜的应用意义

首先，智能快递柜可以降低人力成本，减轻快递员的工作负荷。快递员的工作任务一般都比较繁重，加班派送是常态，快递员数量与不断激增的快递量相比明显不足。而智能快递柜可以增加派件数量，提高快递员的工作效率，在一定程度上缓解了用人难题。

其次，智能快递柜提高了用户隐私保护力度，取件时间更随意。送货上门固然可以方便收件人，但也存在一些时间上的不方便和安全隐患，智能快递柜则解决了这些问题，是高效安全的投递方式。智能快递柜的推行使用，使得快递行业的配送业务得到了明显的改进，彻底解决了无人在家、重复投递、收件难等问题，方便了消费者和派送员，同时又规避了代收快递的风险，一举解决了困扰物流行业多年的快递投递及代收难题。

4.4.2 智能快递柜的结构和功能

1. 智能快递柜的结构

快递柜有不同的规格，以丰巢快递柜为例，从柜体来看，通常分为标准柜和拓展柜。标准柜由 1 个主柜和 4 个副柜（共 84 格）组成，拓展柜则是两侧副柜可以进行拓展、增加，或者根据实际需求进行缩减。一个快递柜组通常由不同规格的格口组成，不同的快递柜公司制造的快递柜格口尺寸会有不同，大部分有大、中、小三种尺寸的规格。

智能快递柜的真正的核心技术是其内部的组件，由主控机、锁控板、电源适配器、散热风扇以及监控系统等组成，每一个副柜要应用到一张锁控板，如图 4-11 所示。

2. 智能快递柜的功能

智能快递柜主要的功能有寄件、取件、暂存、广告、监控、照明和语音提示等。

（1）寄件功能

寄件是快递柜最基本的功能，主要是方便个人用户。传统的寄快递模式是用户要找到快递员才能寄快递，可供用户选择的快递公司少，价格不能进行比较，而且相对麻烦，有了智能快递柜之后，用户只需要选择好理想的快递公司，根据格口大小，再把要寄的物品放进快递柜，扫二维码支付快递费用就可以了，相应的快递员在投递快件的时候，看到有物品要寄出，就会顺便揽收快件，整个流程简单方便。

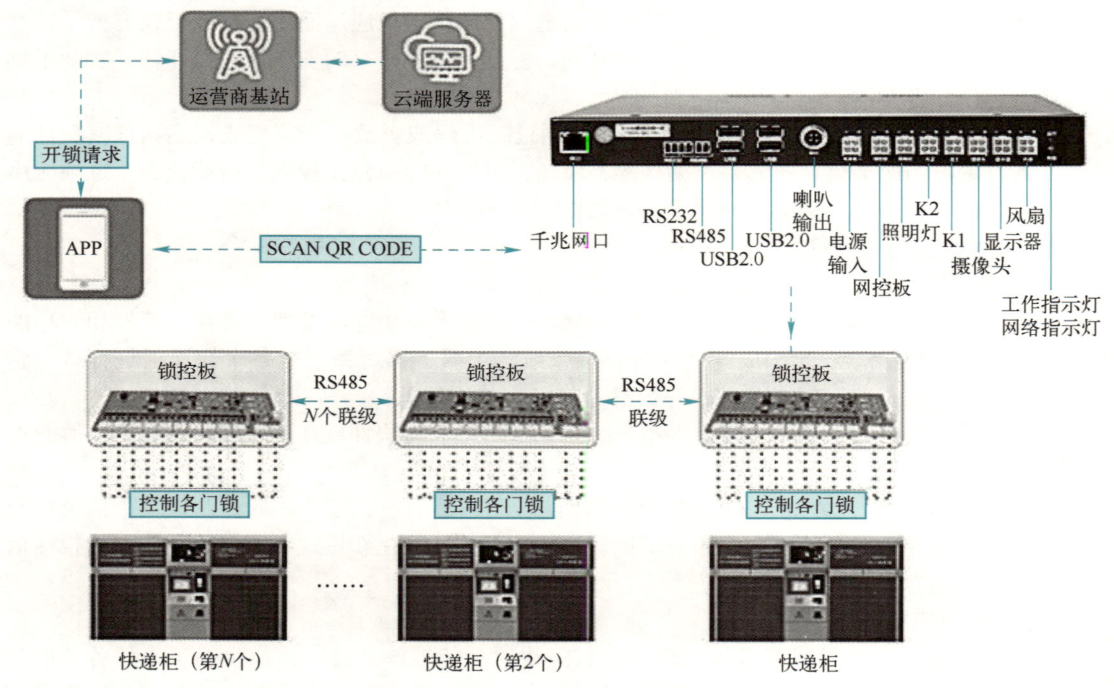

图 4-11　智能快递柜内部组件及原理

主要流程：用户线上下单填写寄件信息；到柜扫码/输入寄件码；支付运费开箱投递；快递员取件打印运单；发件。

（2）取件功能

取件是快递柜设计的初衷，将快件放进快递柜，一是节省时间，也就是说一天之内快递员能投递更多的快递，提升了配送效率；二是方便了消费者，例如，上班族、学生等没有办法守在家里等快递，有了智能快递柜之后，他们的活动灵活度就大大增加了，从另一方面看，这也是一种促进消费的行为。

主要流程：快递员选择货品对应格口大小；扫描运单；输入手机号；开箱放入快件；触发取件微信/短信消息；扫描/输入取件码，取出快件。

（3）暂存功能

除了寄件和取件的功能以外，快递柜还有暂存的功能，企业用户可以完成物品的多次存和取，轻松实现物品交换、库存管理。例如玩具租用、家电租用、洗衣、租书等。个人用户也可以使用，用于暂存物品，只要填写好存件人、取件人的信息，选择所需的格口尺寸、取件时间等就可以了，这样的功能有点类似于储物柜。

（4）广告功能

智能快递柜的主柜屏幕在没有人取件或寄件时会播放广告，也就是说有人走近快递柜或者在准备使用快递柜之前，映入眼帘的就是广告，同时副柜上可以贴上广告贴纸等，有一种非常直观的宣传效果，广告既属于智能快递柜的一项功能，又是其利润来源之一。

（5）监控、照明和语音提示功能

每一个智能快递柜的上方都会有一个监控器，可以实时记录寄件人、取件人的时间，这为货物遗失等问题提供了有效的证据。

为了方便用户晚上操作，在夜间当用户靠近使用快递柜时，快递柜自用灯会自动亮起，当用户走了之后会自动熄灯，这样的感应系统既可以方便用户，又不会浪费电源。

有的智能快递柜还配有语音提示功能，在用户的每一步操作之前会有语音提示，例如在取件时，会语音提醒用户“请打开二维码或按取件码取件”，当取件完成后，会提醒用户“柜门已打开，取件后请关好柜门”，这样的语音提示及时提醒用户该做什么，怎么做，极大地减少了差错事故的发生，十分人性化。

4.4.3 智能快递柜的行业应用

1. 主要建设模式

（1）电商平台自建自营

电商企业为了实现线上线下的对接，进一步完善用户体验，建立自己的自提柜。如京东自提柜、菜鸟快递柜，采取免费使用的方式为用户提供自提服务，重点在于提升电商企业自有物流的服务质量，从而增加客户黏性，提高市场占有率。但智能快递柜投入巨大，不是所有企业都有实力自建。

（2）快递企业自建自营

快递企业建立自己的智能快递柜，是为了强化自身快递末端服务水平，提高快递员工作效率，同时提升客户的服务体验。其中最具代表性的是顺丰组建的丰巢，以及中国邮政的速递易等。对于快递企业来说，智能快递柜可以节省人力成本，提高投递效率，所以，快递企业建设智能快递柜旨在降低运营成本。

（3）第三方企业建设运营

第三方企业主要依靠自己丰富的软件开发经验和成熟的科研团队建立智能快递柜，作为快递公司与用户之间的中介，收取一定的租用费用。如云柜、富友收件宝、格格货栈和近邻宝等，通过销售、租赁设备以及出租货柜等获得收益。其实，前两类快递柜在运营过程中，除了满足自身快递业务需求外，对于多出来的箱体，也对其他快递企业开放，兼具第三方职能。

2. 智能快递柜的应用现状

智能快递柜的发展已有近二十年的历史，目前全球应用智能快递柜的主要地区有中国、美国、西欧、东南亚部分国家、南美部分国家，全球市场正处于高速增长阶段，各国的应用模式也不尽相同，如图 4-12 所示。

<table>
<tr><th colspan="5">国外快递柜应用案例</th></tr>
<tr><th>国家</th><th>覆盖区域</th><th>提供商类型</th><th>对用户收费情况</th><th>代表企业</th></tr>
<tr><td rowspan="2">日本</td><td rowspan="2">社区及公共场所</td><td>政府</td><td>免费</td><td>Yamato</td></tr>
<tr><td>小区物业</td><td>收取物业费</td><td>—</td></tr>
<tr><td>德国</td><td>社区</td><td>物流公司</td><td>免费</td><td>DHL</td></tr>
<tr><td>美国</td><td>便利店及药店
社区</td><td>电商企业
物流企业</td><td>免费</td><td>Amazon
UPS</td></tr>
</table>

日本
(Yamato)

德国
(DHL)

美国
(UPS)

美国
(Amazon)

图 4-12 国外智能快递柜的应用模式

我国自 2012 年 9 月中邮速递易率先推出“速递易”智能快递柜以来，行业不断发生着变化。2015 年 4 月顺丰联合申通、中通、韵达、普洛斯 4 家物流公司成立丰巢科技（其后 4 家公司陆续退出），业务迅速覆盖全国各城市，目前成为快递柜终端数量最多的企业。2018 年 8 月，菜鸟驿站推出具有刷脸功能的菜鸟智能柜，开始进军快递柜市场，用户可在 2 秒内极速开柜取件。2019 年 2 月，京东以提升用户体验为目的，在北京、上海、广州、深圳、成都等快递业务集中的城市，一次性投放了数千组智能快递柜，加快了智能快递柜的终端布局。同时富友收件宝、江苏云柜、日日顺乐家等企业也在持续加大快递柜投入布局。数据显示，2019 年主要城市布设智能快件箱已达 40.6 万组，新增 13.4 万组，增幅接近 50%。从市场占有率上看，丰巢和中邮速递易依然处于行业领先地位，在数量上具有绝对优势。

当前主要快递柜产品如表 4-4 所示。

表 4-4　我国智能快递柜的主要产品情况

名　　称	上线时间及地点	服 务 特 点
丰巢	2015 年 4 月深圳	经营收寄快递、同城急送、物品暂存、手机回收、线上商城
中邮速递易	2012 年 9 月成都	利用智能快递柜及其他多种终端提供便民服务
富友收件宝	2011 年 7 月上海	提供快递收寄和线上商城服务
江苏云柜	2014 年 3 月南京	自主研发联网智能储物系统“云柜系统 CloudBox”
日日顺乐家	2015 年 4 月青岛	海尔集团旗下智慧便民服务平台，打造社区最后一公里生活服务圈
格格货栈	2014 年 2 月南京	提供快递服务及多种社区 O2O 服务，一线城市种类较丰富
菜鸟智能柜	2018 年 8 月全国多地	由菜鸟驿站推出，可刷脸极速取件
京东快递柜	2019 年 2 月全国多地	目的是提升用户体验
近邻宝	2013 年 10 月北京	经营快递服务、近邻商城、休闲娱乐业务
递易智能	2013 年 12 月上海	专注高校“最后一公里”服务及末端配送的创新公司
1 号柜	2013 年 12 月深圳	集智能快件柜、体验柜、广告柜、线上购物商城于一体
智码开门	2013 年 5 月武汉	快递收发、物品存储、售货等，和一些有文件存取需求的单位合作
享收小盒	2018 年 6 月上海	形式上与其他快递柜存在差别，一户一盒，具有收寄快递等功能

3. 智能快递柜的未来发展——无人配送站

智能快递柜结合无人车、无人机，实现整个快递配送过程的无人化运营，是当前的一个重要发展方向。丰巢、菜鸟、京东等均提出无人配送站的发展规划和设计方案。

丰巢：新八面智能快递柜。直径约 2.5 m，高 4.2 m，采用了 8 面体立体视觉设计，内部采取智能存储技术，可容纳超 600 个快递；配备人脸识别功能，轻松“刷刷脸”就能取件；最大的亮点在于可以上乘无人机、下接无人车开展 7×24 小时高效作业，做到人、柜、机、车+用户协同。（扩展视频 4-3）

菜鸟：“快递擎天柱”菜鸟快递塔。高度超过 5 m，呈正八面体，可以存储 600～800 件包裹；配备自动传动系统，通过对接无人机、无人车，将实现 24 小时全天候无人传送投递；菜鸟快递塔还能面向所有最后 100 m 服务开放，不仅可以作为存储及提货点，方便收取，还能进行新零售探索，满足即时仓储和配送需求。（扩展视频 4-4）

京东：无人配送站。提供全时段寄件服务，扫码开箱及自动称重，终端可存储至少 28 个货箱，具有 1 个发货箱，能存放 1 辆终端无人车并为其充电。它可以实现真正的全程无人配送中转。该配送站运行时，无人机将货物送到无人智慧配送站顶部，并自动卸下货物。货物将在内部实现自动中转分发，从入库、包装，到分拣、装车，全程 100%由机器人操作，最后再由配送机

器人完成配送。（扩展视频 4-5）

可以看出，目前无人配送站（智能快递柜）情景的末端智能解决方案正在从“人、柜+用户协同”到“人、柜、机、车+用户协同”的方向演进。如果整个无人配送站（智能快递柜）再“移动”起来，又是一个迭代的版本。“移动的盒子”完全可以承担现在“派件三轮车”的职能，实现“人、柜、机、车、站+用户协同”。

4.5 地下智慧物流管网

4.5.1 地下智慧物流管网的概念与特征

1. 地下智慧物流管网的概念

地下智慧物流管网是通过使用自动导引车、两用卡车或胶囊小车等运载工具或介质，以单独或编组的方式在地下隧道或管道等封闭空间中全自动化地运输货物，最终将货物配送到各终端的运输和供应系统。

在城市，地下物流系统与物流配送中心和大型零售企业结合在一起，实现网络相互衔接，客户在网上下订单以后，物流中心接到订单，迅速在物流中心进行高速分拣，通过地下管道物流智能运输系统和分拣配送系统进行运输或配送。也可以与城市商超结合，建立商超地下物流配送。

地下物流系统末端配送可以与居民小区建筑运输管道物相连，最终发展成一个连接城市各居民楼或生活小区的地下管道物流运输网络，并达到高度智能化。当这一地下物流系统建成后，人们购买任何商品都只需点一下鼠标。所购商品就像自来水一样通过地下管道很快地“流入”家中。

案例 4-3　京东地下物流系统

二维码 4-3

京东将在未来建立起地下智能轨道交通网。京东的地下物流运转流畅，快递被装进一个个连接 5G 的智能胶囊盒子，然后通过地下管道从仓库运到中转站，再从中转站运到每座写字楼下面的快递点，最后交由 AI 机器人送达。（资料来源：腾讯网，2019 年 11 月）（扩展视频 4-6）

2. 地下智慧物流管网的特征

1）与客运节点的物流隔离。地下智慧物流管网系统与客流系统分离，实现人货分流，能够最大限度保障交通安全。

2）对地下空间的高度利用。充分利用地下交通资源，减少对地面有限交通资源的占用。

3）货物运输的全自动化。货物运输过程采用自动化输送设备，实现了无人化运行，能够 24 小时流转，极大提高运送效率。

3. 利用地下智慧物流管网进行物流配送的优势

地下物流系统是一种新兴的运输和供应系统，是现代物流创新发展的新技术，是一种具有革新意义的物流配送模式。在城市道路日益拥挤，拥堵越来越严重的情况下，地下物流系统具有巨大优越性。目前世界上的一些发达国家，包括美国、德国、荷兰、日本等在地下物流系统的可行性、网络规划、工程技术等方面展开了大量的研究和实践工作。研究表明，地下物流系统不仅具有速度快、准确性高等优势，而且是解决城市交通拥堵、减少环境污染、提高城市货物运输的通达性和质量的重要有效途径，符合资源节约型社会的发展要求，是城市可持续发展的必要选择。其优势主要体现在以下 3 个方面。

1）城市土地资源利用结构方面：降低公共道路等设施的土地占用，缓解城市交通拥堵等问题。

2）货运效率方面：降低城市货物运输成本，提高服务质量；同时可以避免恶劣气象灾害条件引发的交通拥堵和物流损坏等问题，从而实现安全可靠、经济高效。

3）社会资源和城市环境方面：运载工具采用清洁能源，可以降低货物运输过程中的能源消耗和环境污染，同时还可以减小由各种货运车辆的震动造成的道路沿线交通噪声危害。

4.5.2 地下智慧物流管网的模式及构成

1. 发展模式

目前地下智慧物流管网系统的发展模式大致可以归纳为基于地铁等隧道、管道舱体和车辆 3 种地下物流系统发展模式。

（1）基于地铁等隧道形式

依托地铁、隧道等轨道交通系统进行物流运输和分配，主要采用客货同列、按厢分载的运作方式，将地铁一物两用，充分节约资源和成本。

例如“城铁系统+地铁站自提柜”模式，通过智慧分拣将批量货物配送到城市各地铁站，再简单分拣放入地铁包裹自提货柜，客户下班坐地铁到站后提货回家，这种模式比较容易实现。

（2）基于管道舱体形式

根据运输载体的不同可将货物的运输管道又分为气力运输、浆体运输和舱体运输管道。不同的运输载体可分别适用于不同条件下的货物运输。

（3）基于车辆形式

一般采用以电池作为能源和动力进行驱动，并且具有自动导航功能的特殊车辆完成地下货物运输，如两用卡车和自动导向车等。基于车辆形式的物流发展模式是目前地下物流领域研究的热点，具有较好的发展前景。

从目前城市运输和供应系统的发展情况来看，实现自动导航是地下物流运输的主要趋势。地铁地下物流系统概念模型为开放式嵌入系统，在依托地铁网络完成运输的运作过程中易受到客运的干扰和限制；而舱体地下物流系统概念模型需要驱动车辆或者外加驱动力才能运行，运行过程占用整个通道段，很难适应小批量、多批次的城市配送需求，另外管道的到达性差，还需要通过地面短驳完成最终配送。相对来说，车辆地下物流系统发展模式更加适应城市物流配送的固有特性和绿色高效的发展趋势，其中车辆的设计又是关键。

对于以上三种不同的物流发展模式，其不同的运输特性和适应性决定了其不同的应用范围，在进行设计和建设的时候，应该综合考虑城市自身的发展特点进行选择。

2. 系统构成

总体来看，地下智慧物流管网系统是一种“地下干线运输+综合管廊+配送塔”的物流体系：物品经过地下运输系统运输分拣中心分拣，再经过地下管廊自动配送到商业设施地下仓储中心，或地上与地下结合的社区智能配送塔，客户凭密码或手机在小区配送塔自提包裹，如图 4-13 所示。

整个运作过程可分为 3 个模块。模块 1：结合轨道交通完成从港口、火车站、高铁站、空港城到各城区的主干道输送；模块 2：结合综合管廊增加物流输送功能，一次开挖，共享复用，完成从区集散点经次干道至各小区各建筑物的输送；模块 3：与园区、小区地产结合，通过楼宇自动化、配送塔完成到户到家的终极目标。以上 3 个层次的板块，也可以反向运行。

从具体构成上看，主要包括以下 4 个方面。

1）运输工具。自动化的货物运输系统的运输工具主要是 AGV、类火车系统或者囊体。

2）地下设施。运输设备在专用的设施中运行，如隧道、轨道、管道、专用集卡通道等。

3）物流节点。用于进行货物接收、分拣、发运、存取的终端和物流中心等节点（S_1～S_4），来服务不同的地区和客户。

4）中心控制系统。用于实现车辆的调度、应急处理和网络的发展建设等运营管理问题。

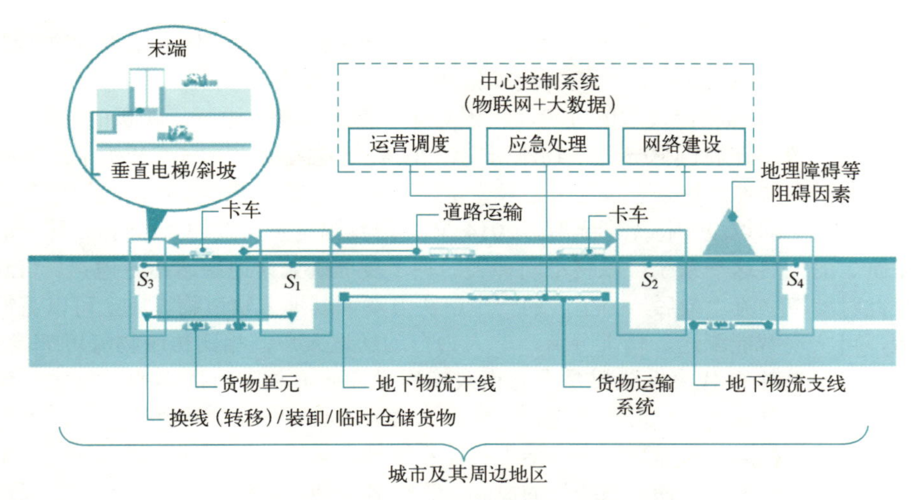

图 4-13　城市地下智慧物流管网系统示意图

4.5.3　地下智慧物流管网的行业应用

早在 19 世纪末期，人们已经开始利用气力管道系统（PCP）和水力管道系统（HCP）来运输颗粒状的货物，这可以作为地下物流系统的初级形式。早期系统是以电力的轨道运输方式和以气力或水力的管道运输方式。当时科技水平发展程度不高，所以自动化控制水平不高，而且都不备自动导航的功能。

英国是最早研究地下物流系统的国家之一。20 世纪初，由于工业化的快速发展，伦敦街头变得拥堵不堪，邮件递送业务经常受到影响，因此地下邮局被引入。1927 年，英国伦敦街头地下的“邮局地铁”首次开通，全长 37 km，曾被视为“工程学奇迹”，在最繁忙的时候，它每年可递送 14 亿封信件。

随着经济和技术的飞速发展，城市面临着交通拥堵、用地紧张、生存空间拥挤、环境恶化等问题。自 20 世纪末以来，地下智慧物流管网系统的研究越来越受到重视。其中以英国、美国、荷兰、日本和德国等为主要代表的相关政府部门及学术机构，针对港口、机场等交通枢纽提出了建设地下物流系统的可行性研究。

当前世界各国在地下智慧物流管网方面的规划与应用主要包括以下内容。

日本的 Dual Mode Truck（DMT）系统，最大的特点是其运载工具可以在地上道路和地下轨道上行驶，避免了长距离地下隧道的开挖，既能实现城市内部与城际间的货物运输无缝衔接，同时又能够合理地控制工程建设造价。

美国的 Freight Shuttle System（FSS）系统，是一种适用于相距不到 500 km 的两个点之间的货物运输的专用系统，为其特别设计的货运机车可以装载 45 英寸（约合 114.3 cm）的集装箱。

英国提出的 MOLE Underground Freight Pipeline（MUFP）系统，采用了 MOLE 公司提供的直线感应电机驱动的专用货运机车，依据运载货物的尺寸类型分为 Bulk、Urban 和 Container 三种机车形式，可分别用于运输包裹、小型托盘和集装箱。

德国的 CargoCap 系统采用的运载工具，是在管道中成编组运行的胶囊小车，其最大的特点，是将地下物流系统与城市交通结合起来规划建设。

美国 Freight Rapid Transit（FRT）系统可以同时进行货物运输和回收垃圾。Hyperloop 是一个地下真空密封管道中超高速的运输货物的系统，采用磁浮驱动，理论上能够以 1126 km/h 的速度运输大型集装箱。

瑞士的 Cargo Sous Terrain（CST）系统由地下运输隧道和高效环保的城市货物配送中心组成，内部采用悬挂式运输机与自动无人驾驶车相结合的运输方式。

随着城市化的发展和物流技术的进步，我国对地下物流系统也进行了积极的探索。2000 年开始，钱七虎院士最早在我国倡导地下物流研究，2004 年我国对地下物流开始了最早的应用，当时广州从瑞典引进技术，规划建设地下垃圾管道输送系统，使垃圾通过封闭的管道到达回收站等待处理，让小区里的垃圾变得无影无踪。2014 年，由我国自主研发的“LuGuo 种子输送分类贮藏智慧系统”面世，这一系统可以将不同种类的种子袋准确无误地送达指定地点。“LuGuo 系统”实际是针对城市物流“最后一公里”的一个解决方案，其地上轨道物流完全可以流畅衔接地下管道物流，可实现智能配送、精准分流，非人力自动送达入户，相比传统物流可节能 90%。

在概念方案研究中，代表性成果是上海市政工程设计研究总院所提出的上海洋山港地下货运交通系统方案、上海地下垃圾运输系统、虹桥国家会展中心地下货物运输方案、沿海地下集装箱捷运系统方案等。我国北京通州副中心地下物流系统规划采用与地铁公用隧道的方式来建设，创造性地提出了“地铁＋地下物流系统”的概念，充分利用地下物流系统的自动化特征和地铁轨道的富余来运输货物，节省地下物流系统造价，减少地面货运车辆。

案例 4-4　雄安地下物流配送系统

雄安新区致力于构建智能融合的城市空间物流配送新体系，建立地下物流中心、地下管道输送、地上智能末端站点和智能社区配送于一体的立体化配送网络。针对地下物流的具体解决方案是：利用地下管廊与楼宇自动连接，实现货物全流程自动化流转，自提柜按户设定，方便客户取件。（资料来源：网易科技报道，2019 年 4 月）

二维码 4-4

本章小结

智慧配送装备，是应用于物流配送过程中，具备复杂环境感知、智能决策、协同控制等功能，能够实现自动化、智能化、无人化运行的物流装备。具备无人化运行、智能感知与决策、强调人机交互等特征。

典型的智慧配送装备主要包括无人配送车、配送无人机、智能快递柜、地下智慧物流管网等。无人配送车，具备感知、定位、移动、交互能力，能够根据用户需求，收取、运送和投递物品，完成配送活动。无人机有固定翼、多旋翼、无人直升机等多种类型，可用于大载重、中远距离支线运输，也可用于末端货物配送。智能快递柜，能够完成末端自助投递和提取快件，具有智能化集中存取、24 小时自助式服务、远程监控和信息发布的功能特征。地下智慧物流管网，通过使用自动导引车、两用卡车或胶囊小车等运载工具或介质，以单独或编组的方式在地下隧道或管道等封闭空间中全自动化地输送货物，已成为当前城市规划建设中的重点工程。

当前，涵盖地面智能快递柜、无人车，空中无人机以及地下智能物流系统的立体化、无人化智慧配送系统，已成为研发应用的重点和未来发展的趋势。

本章练习

一、思考题

1．什么是智慧配送装备，有何特征？

2．无人配送车有何能力要求？

3．无人配送车与智能网联汽车的关系是什么？

4．无人机具有哪些特征？

5．比较各类型无人机的特点。

6．无人机主要由哪些系统构成？

7. 智能快递柜的未来发展趋势是什么？

8. 什么是地下智慧物流管网，有何意义？

9. 地下智慧物流管网的构成主要包括哪些模块？

二、讨论题

综合运用各种无人化配送装备，畅想未来无人配送的场景是怎样的？

三、设计与实训

通过实训，了解智慧物流配送系统的基本构成，学会无人配送站的规划设计方法，掌握无人配送装备的功能选型及作业流程。

以所在院校为例，完成以下实验任务。

（1）提出院校无人配送站的整体设计思路。

（2）明确院校无人配送站的主要设备及功能参数，并测算数量需求。

（3）以某一订单为例，描述院校无人配送站的完整工作流程。

四、案例分析

“丰鸟大战”快递柜

2015 年，顺丰、申通、中通、韵达、普洛斯联合投资成立丰巢。菜鸟用户用丰巢快递柜取货时，用户能够清楚地在手机淘宝中看到快递员的联系方式、取货码、包裹进入到丰巢快递柜，以及取件的情况。但自 2017 年 5 月 30 日开始，这两个环节突然就看不到了，凡是被放到了丰巢快递柜的包裹，淘宝订单物流信息的末端只留下了简单的签收记录。这一状况持续到 6 月 3 日中午尚未恢复。

依托于淘系电商平台和接入到商家 ERP 系统的服务，阿里巴巴方面可以持有订单的全部数据，其中也包含商家回传的发货、快递交接包裹的节点数据。菜鸟通过系统或者跟快递系统接口调用，即可持有物流路由信息（配送流程跟踪数据）。顺丰丰巢则掌握着快递员 ID、包裹物流单号、买家 ID（手机号）、丰巢取件码这 4 个快递公司最重要的资产。这 4 个数据项，阿里系有其中 3 个。缺失的取件码，如果通过菜鸟裹裹（菜鸟 APP）发送，则可以掌握快递员终端配送，并联通消费者。

就是为了打通这个阻隔，菜鸟提出：所有快递柜信息的触发必须通过菜鸟裹裹，取件码信息无条件给到菜鸟，丰巢需要返回所有包裹信息给菜鸟（包括非淘系订单）。顺丰当然“难以接受”，由此拉开了这场大战。

2017 年 6 月 1 日，顺丰和菜鸟物流公然放话“决裂”，双方表示不再合作，互相“拉黑”。当天下午 2：32，菜鸟网络官微发出一则“菜鸟关于顺丰暂停物流数据接口的声明”称，顺丰主动关闭了丰巢自提柜和淘宝平台物流数据信息回传。随后，顺丰回应：菜鸟以安全为由单方面切断丰巢的信息接口，并指责菜鸟索要丰巢的所有包裹信息（包括非淘系订单），认为菜鸟有意让其从腾讯云切换至阿里云。

此事发生以后，掀起了不小的风波，很多公司纷纷表态站队，一时间形成了鲜明的立场。顺丰一方：京东，美团，网易等；菜鸟一方：圆通，全峰、易果生鲜、苏宁、EMS 等。双方的战火，也随着事件的发酵越烧越旺，眼看着又一轮大战即将到来，国家邮政局适时地站了出来，安抚双方，双方最终握手言和，并在 6 月 3 日中午 12 点宣布恢复数据接口对接。

事件之后，菜鸟在布局菜鸟驿站的同时，7 月投资入股速递易（10%）。顺丰在 8 月募集完 80 亿元资金后，开始与 e 栈母公司中集集团展开了深入的合作。9 月全资收购中集 e 栈。2018 年 5 月，菜鸟入场，布局应用菜鸟智能快递柜。2018 年 6 月，申通、韵达从丰巢撤资，不再持有丰巢的股权。加上此前已经撤出的中通，“通达系”已经全面退出丰巢。

根据案例回答问题。

（1）快递柜在物流配送中的功能作用是什么？

（2）思考丰巢和菜鸟围绕快递柜进行争夺的主要是什么？为什么？

第5章 智慧装卸搬运装备

学习目标

- 了解装卸搬运装备的概念与类型；
- 理解智慧装卸搬运装备的概念与特征；
- 掌握巷道式堆垛机的概念类型、系统组成与管理维护要求；
- 掌握自动导引搬运车的概念类型、系统组成、关键技术与应用发展；
- 掌握搬运机械臂的概念类型、系统组成、技术参数与应用发展。

引例

京东X事业部智能仓储机器人

京东X事业部是专注于智能物流技术研发与应用的重要部门。无人仓一智能仓储机器人则是其智能化仓储的典型代表部分。京东X事业部研发的智能仓储机器人主要包括地狼AGV、分拣AGV及交叉带分拣机、京东天狼系统、京东无人叉车、飞马机器人、智能巡检机器人。在京东的智能仓储机器人方案应用中，主要有5个典型的场景：存储和拣选、仓内搬运、分拣、拆码垛、室内智能巡检。（资料来源：百度网—全球链仓，2020年2月）

5.1 智慧装卸搬运装备概述

二维码5-1

5.1.1 装卸搬运装备的概念与类型

1. 装卸搬运装备的概念

装卸搬运是指在同一地域范围内进行的，以改变货物的存放状态和空间位置为主要内容和目的的活动，包括装上、卸下、移送、拣选、分类、堆垛、入库、出库等活动。装卸搬运是一种附属性、伴生性的活动，是一种支持、保障性活动，是一种衔接性的活动。装卸搬运的方式主要有吊上吊下、叉上叉下、滚上滚下、移上移下以及散装散卸等方式。

装卸搬运装备是指用来搬移、升降、装卸和短距离输送物料或货物的机械设备。装卸搬运装备是实现装卸搬运作业机械化的基础，是物流装备中重要的机械设备。它不仅可用于完成船舶与车辆货物的装卸，而且还可用于完成库场货物的堆码、拆垛、运输以及舱内、车内、库内货物的起重输送和搬运。

2. 装卸搬运装备的作用

大力推广和应用装卸搬运装备，不断更新装卸搬运装备和实现现代化管理，对加快现代物流发展，促进国民经济发展，有着十分重要的作用。主要表现在以下几个方面。

1）提高装卸效率，节省劳动力，减轻装卸工人的劳动强度，改善劳动条件。

2）缩短作业时间，加速车辆周转，加快货物的送达。

3）提高装卸质量，保证货物的完整和运输安全。特别是体积大且笨重货物的装卸，依靠人力难以完成，并且保证不了装卸质量，容易发生货物损坏或偏载，甚至危及行车安全，采用机械作业，则可避免这种情况发生。

4）降低装卸搬运作业成本。装卸搬运设备的应用，势必提高装卸搬运作业效率，而效率的提高会使货物分摊的作业费用相应减少，从而使作业成本降低。

5）充分利用货位，加速货位周转，减少货物堆码的场地面积。采用机械作业，由于堆码可达到一定的高度，加快了装卸搬运的速度，及时腾空货位，减少了场地面积。

3．装卸搬运装备的主要类型

（1）按作业性质分类

按装卸及搬运两种作业性质不同可将装卸搬运设备分成装卸机械、搬运机械及装卸搬运机械三类。

装卸机械：手动葫芦最为典型，固定式吊车如卡车吊、悬臂吊等吊车虽然也有一定的移动半径，也有一些搬运效果，但基本上还是被看成单一功能的装卸机具。

搬运机械：如各种搬运车、手推车及斗式输送机、刮板式输送机之外的各种输送机等。

装卸搬运机械：在物流领域很注重装卸、搬运两功能兼具的设备，这种设备可将两种作业操作合二为一，因而有较好的系统效果。典型装备有叉车、跨运车、龙门吊以及气力装卸输送设备等。

（2）按设备工作原理分类

按装卸搬运设备的工作原理可将装卸搬运设备分为叉车类、吊车类、输送机类、作业车类和管道输送设备类。

① 叉车类，包括各种通用和专用叉车。

② 吊车类，包括门式、桥式、履带式、汽车式、岸壁式、巷道式各种吊车。

③ 输送机类，包括辊式、轮式、皮带式、链式、悬挂式等各种输送机。

④ 作业车类，包括手推车、搬运车、无人搬运车、台车等各种作业车辆。

⑤ 管道输送设备类，包括液体、粉体的装卸搬运一体化的以泵、管道为主体的一类设备。

（3）按有无动力分类

主要可分为以下 3 类。

① 重力式装卸输送机，辊式、滚轮式等输送机属于此类。

② 动力式装卸搬运设备，又有内燃式及电动式两种，大多数装卸搬运机具属于此类。

③ 人力式装卸搬运设备，用人力操作作业，主要是小型机具和手动叉车、手推车、手动升降平台等。

5.1.2 智慧装卸搬运装备的概念与特征

1．智慧装卸搬运装备的概念

装卸搬运经历了人工装卸搬运、机械化装卸搬运和智能化装卸搬运三个发展阶段。人工装卸搬运当前依然存在，主要体现在快递行业、生产制造行业、轻型运输行业、农林业等行业领域，其主要缺点是投入人力多、增加成本、效率低下、判断失误等。机械化装卸搬运提升了效率，解决了部分人力所无法完成的装卸搬运工作。但机械化、人工化搬运无法适应当前智能化运作环境，特别是当前电商物流运作、智能制造领域，强调的是确保效率、降低成本、智能防盗、保证安全等，智慧装卸搬运装备的到来将颠覆传统的人工搬运、机械搬运模式，逐渐走向智能搬运。

智慧装卸搬运装备，是在机械化装卸搬运装备的基础上，引入应用传感定位、人工智能、自动控制等技术手段，能够自动化、智能化完成货物搬移、升降、装卸、短距离输送等作业的物流装备。

无论是生产制造物流领域，还是电商、流通领域的大型配送中心，均将自动导引搬运车（AGV）、机械臂等智慧装卸搬运装备的应用作为提升装卸搬运效率的重要手段，装卸搬运的自动化、智能化整体水平不断提升。

2．智慧装卸搬运装备的主要特征

主要体现在以下 3 个方面。

1）无人化作业。对传统机械设备进行升级，通过导航、定位以及多重传感器的部署，使机械设备可以自动感应识别作业位置并精准对接，完成无人自动存取搬运的功能。如把传统有人叉车改造为无人叉车，传统岸桥改造为无人岸桥。

2）柔性化衔接。装卸搬运是物流各环节有效衔接的重要桥梁和润滑剂。智慧装卸搬运应能够适应复杂物流环境，按照设定的工作流程，完成入库、存储、拣选、搬运、上料、下料等环节的自动化运作，柔性连接物流或生产制造中的每个环节。

3）智能化控制。通过作业控制系统，能够整体调度和监控整体智能作业流程，包括无人叉车、机器人、机械臂以及辊道等。通过系统对作业流程节拍的控制，多台机器人路径规划、实时状态监控、柔性增减机器人数量及地图布局修改及交通管制等功能，使得整个系统最大程度提高作业效率和柔性可拓展程度。

5.1.3 典型智慧装卸搬运装备

典型的智慧装卸搬运装备主要包括自动堆垛机、智能起重机、智能机械臂、智能叉车、自动导引搬运车（AGV）等。

1．自动堆垛机

自动堆垛机通过运行机构、起升机构和货叉机构的协调工作，自动完成货物在货架范围内的纵向和横向移动，实现货物的三维立体存取。主要用于自动化立体仓库货物存取，通常在巷道内使用，也称为巷道式堆垛机。

2．智能起重机

智能起重机是在传统起重机械的基础上，利用传感器技术、高精度定位技术和远程遥控技术，实现起重装卸作业的智能化、无人化。包括智能天车、无人操作龙门吊、无人操作岸桥等。

3．智能机械臂

智能机械臂是指具有和人类手臂相似的构造，或者与人类手臂有许多相似的能力，可以由人类给定一些指令，按给定程序、轨迹和要求实现自动抓取、搬运和操作的自动装置。

4．智能叉车

智能叉车通过激光导航以及多重传感器的部署，使得叉车可以自动感应识别货架上相应推盘的位置并精准对接，完成无人自动存取的功能。

5．自动导引搬运车

自动导引搬运车（AGV）是指装备有电磁或光学等自动导引装置，能够沿规定的导引路径行驶，具有安全保护以及各种移载功能的搬运车。AGV 集声、光、电、计算机技术于一体，应用了自控理论和机器人技术，装配有电磁或光学等自动性导引装置，能够按照使用人员设定好的导引路径行驶，具备完成目标识别、避让障碍物和各种移载功能，同时具有自我安全保护的应急能力。

因智能叉车与自动导引搬运车有类似原理，智能起重机“有轨运行+定位”的原理类似于巷道式堆垛机，故本章重点介绍巷道式堆垛机、自动导引搬运车和机械臂三种类型装备。

5.2 巷道式堆垛机

5.2.1 巷道式堆垛机的概念与特征

1. 巷道式堆垛机的概念

巷道式堆垛机是通过运行机构、起升机构和货叉机构的协调工作，完成货物在货架范围内的纵向和横向移动，实现货物的三维立体存取的设备。

巷道式堆垛机是立体仓库中用于搬运和存取货物的主要设备，是随立体仓库的使用而发展起来的专用起重机。

巷道式堆垛机的主要用途是在高层货架的巷道内来回穿梭运行，将位于巷道口的货物存入货格，或者取出货格内的货物运送到巷道口。

2. 巷道式堆垛机的特征

巷道式堆垛机主要具有以下五个特征。

1）整机结构高而窄。采用有轨巷道式堆垛机的高架仓库货架很高，而货架巷道非常狭窄，堆垛机的宽度一般只与所搬运的单元货物的宽度相等。

2）结构的刚度和精度要求高。堆垛机的金属结构设计除需满足强度要求外，还有结构的刚度和精度。制动时，机架顶端水平位移一般要求不超过 20 mm，结构振动衰减时间要短。载货台在立柱上的升降导轨的不垂直度一般要求不超过 3～5 mm。

3）取物装置复杂。堆垛机配备有特殊的取物装置，常用的有伸缩货叉、伸缩平板，工作时，能对两侧货架作业存取货物。

4）堆垛机的电力拖动系统要同时满足快速、平稳和准确三个方面的要求。一般要求停车定位精度≤±5 mm，起升定位精度≤±3 mm。

5）安全要求高。必须配备齐全的安全装置，并在电器控制上采取一系列连锁和保护措施。

5.2.2 巷道式堆垛机的分类

1. 按堆垛机高度分类

按堆垛机高度可分为低层型、中层型和高层型。

1）低层型堆垛起重机：起升高度在 5 m 以下，主要用于分体式高层货架仓库及简易立体仓库。

2）中层型堆垛起重机：起升高度在 5～15 m。

3）高层型堆垛起重机：起升高度在 15 m 以上，主要用于一体式的高层货架仓库。

2. 按支承方式分类

按支承方式可分为悬挂式、地面支承式两种。

1）悬挂式堆垛机：行走机构安装在堆垛机门架的上部，地面上也铺设有导轨。

2）地面支承式堆垛机：行走轨道铺设于地面上，上部导轮用来防倾倒或摆动。

3. 按结构形式分类

按结构形式可分为单立柱堆垛机和双立柱堆垛机，如图 5-1 所示。

1）单立柱堆垛机：由一个立柱组成，自重轻、刚度差，起重量 2000 kg 以下。

2）双立柱堆垛机：由两个立柱组成，刚度好、速度快，起重量可达 5000 kg。

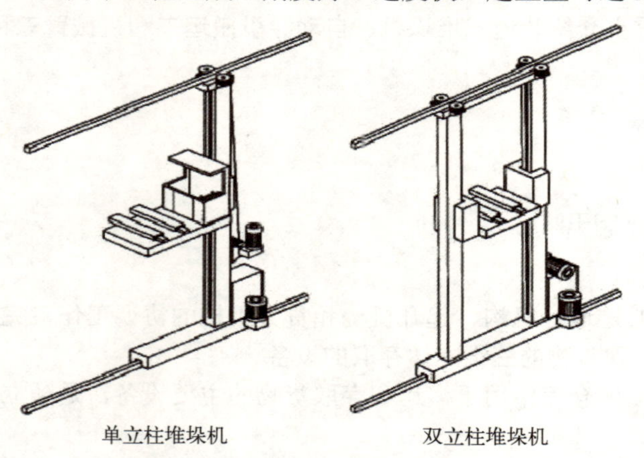

图 5-1 单立柱与双立柱堆垛机

4. 按作业方式分

按作业方式分可分为单元式、拣选式、拣选-单元混合式三种类型。

1）单元式堆垛机：是对托盘单元进行出入库作业的堆垛机。

2）拣选式堆垛机：是由操作人员向（或从）货格内的托盘（或货箱）中存入（或取出）少量货物，进行出入库作业的堆垛机，其特点是没有货叉。

3）拣选-单元混合式堆垛机：具有单元式与拣选式综合功能，其载货台上既有货叉装置，又有司机室，可以满足两种作业方式的要求。

5.2.3 巷道式堆垛机的系统组成

1. 巷道式堆垛机的工作原理

巷道式堆垛机的工作原理是：由行走电机通过驱动轴带动车轮在下导轨上做水平运动，由提升电机带动载货台做垂直升降运动，载货台上的货叉做伸缩运动。通过上述三维运动可将指定货位上的货物取出或将货物送到指定的货位。

通过认址器、光电识别以及光通信信号的转化，实现计算机控制，也可实现触摸屏的手动和半自动控制。通过认址器获取实际运行位置，货叉下面的行程开关控制货叉伸出的距离，货叉下面的接近开关控制货叉的回中定位。

2. 巷道式堆垛机的主要结构

巷道式堆垛机主要由起升机构、运行机构、载货台及取货装置、机架 4 个结构模块以及电器部分组成，如图 5-2 所示。

（1）起升机构

起升机构是使载货台垂直运动的机构。一般由电动机、制动器、减速机、滚筒或轮以及柔性件组成。为了使起升机构结构紧凑，常常使用带制动器的电机。

除了一般的齿轮减速机外，由于需要比较大的减速比，因而采用蜗轮蜗杆减速机和行星减速机的也不少。

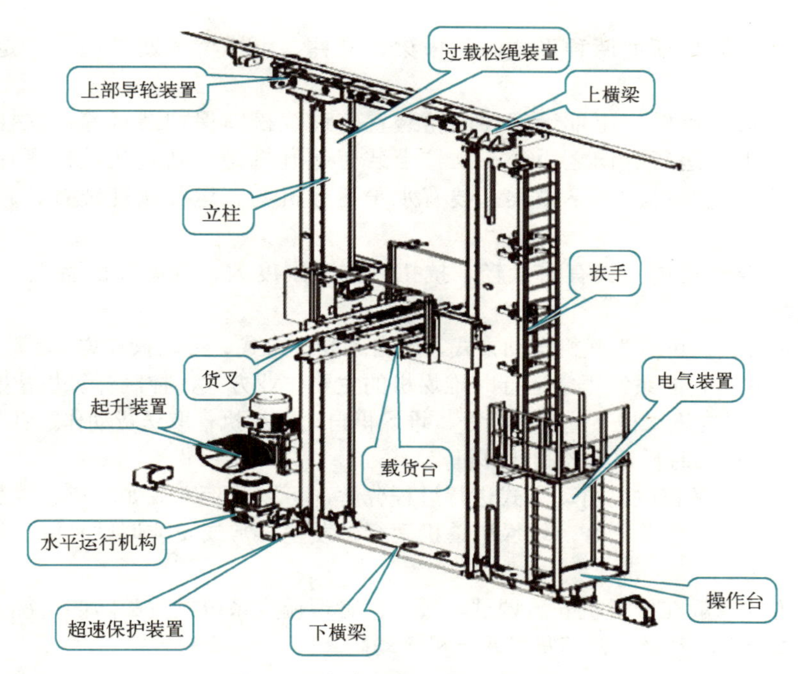

图 5-2　巷道式堆垛机的主要结构

常用的柔性件有钢丝绳和起重链两种。起重链传动装置多数装在上部，常配有平衡重块，以减小提升功率。

（2）运行机构

运行机构是堆垛机水平运行的驱动装置。一般由电动机、联轴器、制动器、减速箱和行走车轮组成。

行走轮结构分有轮缘和无轮缘两种结构，有轮缘的车轮，当堆垛机货叉作业时，会对车轮产生啃轨力。所以为了防止啃轨现象，多采用无轮缘车轮，并在下横梁底部安装侧面导向轮。

（3）载货台及取物装置

载货台：通过钢丝绳或链条与起升机构连接，可沿着立柱导轨上下升降。取货装置安装在载货台上；有司机室的堆垛机，司机室一般也在载货台上。

取物装置：根据托盘的形状，单元货物的尺寸与重量等，目前已设计出了各种取货装置，包括人力取货，采用电磁或真空吸盘的存取装置，利用动力输送机的存取装置，利用机械臂的取货装置以及最常用的伸缩货叉装置等。

货叉装置是堆垛机存取货物的执行机构，装设在堆垛机载货台上。货叉可以横向伸缩，以便向两侧货格送入（或取出）货物。货叉根据其叉子的数量不同，可分为单叉货叉、双叉货叉和多叉货叉。为缩小巷道宽度并能保证足够的伸缩行程，货叉机构采用三级直线差动式伸缩货叉，由伸缩货叉（上）、伸缩货叉（中）、固定货叉及导向轮等组成，采用齿轮齿条传动。

（4）机架

机架是堆垛机的主要承载构件，可分为单立柱和双立柱两种结构类型。一般都是由立柱、上横梁和下横梁三大部分组成。

立柱有矩形管或工字钢和钢板焊合的箱型结构两种形式，采用冷拉扁钢作为起升导轨。

上横梁是由钢板焊合或槽钢焊接的开口断面。下横梁有钢板焊接的箱式矩形断面或采用槽钢拼接而成的开口断面两种形式。下横梁、立柱、上横梁间通过法兰、定位销和高强度螺栓副连接。

上横梁上装有定滑轮、上部运行导向轮装置、过载松绳保护装置等；立柱两侧的起升导轨，供载货台上下运行导向之用；在立柱上装有起升机构、高度认址检测片、终端限位装置、电控柜及安全梯等；在下横梁上装有水平运行机构、运行认址装置、超速保护装置的限速器等。

整个机架（金属结构）具有重量轻、抗扭、抗弯刚度大、强度高的特点。

（5）电气控制系统

按电气控制方式，可分为联机自动方式、半自动操作方式、手动操作方式。

联机自动方式是仓储系统正常运行时堆垛机的主要作业方式，控制计算机按照业务流程规划出入库路径，实时向堆垛机下达作业指令，堆垛机自动连续执行取送货动作，并将运行状态、作业过程和完成情况实时反馈给控制计算机。

半自动操作方式是将联机自动方式进行过程分解，可以单步完成如取货、放货、堆垛机运行至巷道内某一货位等作业指令，堆垛机单机运行、发生异常或安装调试时可以使用这种控制方式。

手动操作方式一般在堆垛机安装调试阶段或在管理调度系统发生故障的情况下使用，可以操作堆垛机完成行走、升降、伸缩货叉等单机运动。

3. 巷道式堆垛机的技术参数

（1）速度参数

速度参数主要包括水平运行速度、起升速度、货叉伸缩速度。

堆垛机一般具有变频调速功能。这 3 项参数的高低，直接关系到出入库频率的高低。

（2）尺寸参数

尺寸参数主要包括起升高度、存取高位极限高度、存取低位极限高度、整机全长。

堆垛机尺寸参数涉及合理利用有效空间，增加库容量，也是评价堆垛机设计水平的标准之一。

（3）其他技术参数

其他技术参数主要包括额定载重量、电源类型及额定功率、货叉下挠度、堆垛机的噪声以及电机减速机的可靠性等。

4. 巷道式堆垛机的控制系统

巷道式堆垛机的控制系统包括可编程控制器 PLC、变频器、检测元件、识别系统、网络系统、人机接口和管理监控系统的接口等。

（1）可编程控制器 PLC

堆垛机的控制器现主要用可编程控制器 PLC 进行控制。PLC 采用可以编制程序的存储器，用来在其内部存储执行逻辑运算、顺序运算、计时、计数和算术运算等操作的指令，并能通过数字式或模拟式的输入和输出，控制堆垛机的运行过程。

（2）变频器

堆垛机上一般有 3 个电机，分别为水平电机、垂直电机和货叉电机。为了能够精确定位和控制速度，3 个电机均由变频器控制，PLC 的控制器通过模拟量的控制实现无级调速，堆垛机运行时稳定可靠。

（3）检测元件

堆垛机上设置了各种检测元件，堆垛机根据开关的状态进行动作，检测元件可以分为水平检测、垂直检测、货叉检测、载货台检测、保护检测以及位置检测系统。

水平检测：包括前后认址、前后端、前后限速的 U 型光电开关；水平保护开关有前后限位的行程开关。

垂直检测：包括垂直认址、上下限速的 U 型光电开关；垂直保护开关有上下限位、松绳和过载保护的行程开关，有限速保护的行程微动开关。

货叉检测：包括货叉的左位、右位的行程开关，左右区、中位检测的接近开关。货叉保护开关有上叉检测的接近开关，防止上叉链条断。

载货台检测：包括有货货位的镜反光电开关、探测货位虚实的背景抑制开关。保护开关有检测前后超宽的对射光电开关，检测超高、左右歪斜的镜反开关。

位置检测：堆垛机水平和垂直方向上安装了激光测距仪或者编码器，位置检测的停准精度一般在±5 mm 之内，可以达到±2 mm。

（4）识别系统

信息识别系统在自动化立体仓库中的作用非常重大，能够实现物料信息的准确可靠。为实现这些功能，可用条码和射频等识别技术对托盘信息进行采集。

（5）网络系统

网络系统根据实际情况可以配置不同的网络结构，红外通信是移动设备通信的理想选择。无线以太网当前已经广泛应用到立体仓库堆垛机系统中，可大大节省安装和调试以及维护时间。网络协议可以采用 MPI、PROFIBUS 和 TCP/IP 等。

（6）人机接口

每台堆垛机配备触摸屏，操作和维护人员可以通过触摸屏能够操作、查看堆垛机检测元件信息和中间状态等，为维护提供可靠的信息。

（7）管理监控接口

堆垛机与上位机计算机能够进行实时通信，接收上位调度计算机的指令进行作业，并将作业信息上报给计算机。同时，堆垛机控制系统中还配备有完善的报警保护检测系统，能够自行判断堆垛机各种检测元件是否有故障。

5. 巷道式堆垛机的安全保护装置

（1）运行保护

在运行和升降方向，距终端开关一定距离处设强迫减速开关，以确保及时减速。

货叉伸缩机构只有在堆垛机运行机构和起升机构都不工作时，才能启动。反过来，如果货叉已离开中央位置，堆垛机运行机构便不能启动，而起升机构只能以慢速工作。

（2）钢丝绳过载和松弛保护

当载货台上承受载荷超过最大或最小允许值时，通过钢丝绳的拉力大小，调节装置中的弹簧产生不同行程，从而切断起升装置电机回路电源，使装置及时停止运转。

（3）钢丝绳断绳保护

断绳保护装置由螺杆、压缩弹簧、左右安全钳及连杆机构等组成。钢丝绳一旦断裂，断绳保护装置就会夹紧在起升导轨上，从而保证载货台在断绳时不致坠落。

（4）下降超速保护

不论什么原因，一旦载货台下降发生超速现象，此保护装置立刻将载货台夹住。

（5）其他保护装置和措施

货格虚实探测装置。在入库作业中，货叉将货物单元送入货格之前，先用一个机械的或者光电的探测装置检查一下该货格内有无货物。如果无货，则伸出货叉将货物存入货格，如果已有货，则报警停止进行后续的运作。

空出库检测。在出库作业中货叉伸进货格完成取货动作之后，如果在货位上检测不到有货物存在，则报警。

伸叉受堵保护。货叉伸出受堵时，伸缩机构传动系统中装设的安全离合器打滑进行保护。如果延续一定时间后，货叉尚未伸到头，即报警。

货物位置和外形检测。如果货物单元在载货台上位置偏差超过一定限度，或者倒塌变形，检测装置便报警，堆垛机不能继续工作。

堆垛机停准后才能伸货叉。货叉在货格内进行微升降时，用检测开关限制微升降行程或限制其动作时间，以防止货叉微升降过度，损坏货物、机构或货架。

5.2.4 巷道式堆垛机的管理与维护

1. 巷道式堆垛机的操作方式

（1）手动控制方式

用于出入库频率不高、规模不大的仓库。

（2）半自动控制方式

这种控制方式，其控制设备除手动操纵器外，一般还设有简单的继电器逻辑控制装置。除自动停准功能外，还能自动换速、自动认址、自动完成货叉伸缩存取货物的功能，适用于出入库比较频繁、规模不大的仓库。

（3）全自动控制方式

在堆垛机上便于地面操作的部位装有设定器，操作人员站在巷道口的地面，通过机上设定器，设定出入库作业方式和地址等数据。适用于出、入频率高，堆垛机台数不多且未配置输送机的中小规模（货位一般不超过 2000 个）仓库。

图 5-3 显示了巷道式堆垛机控制柜的操作面板，可以进行手动和自动的切换操作。

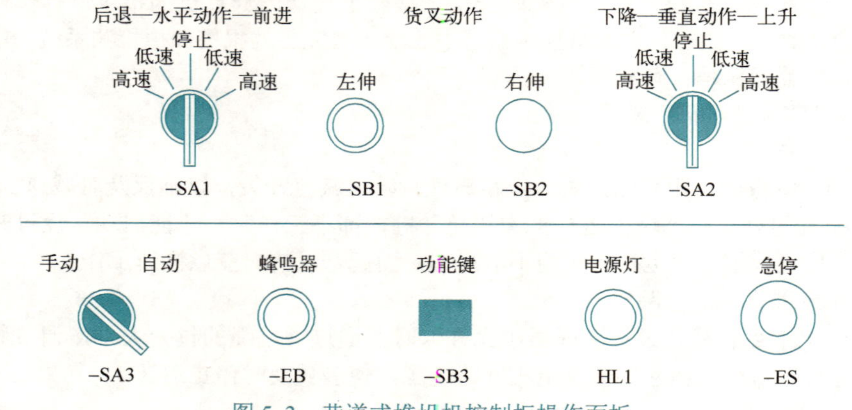

图 5-3 巷道式堆垛机控制柜操作面板

（4）远距离集中控制方式

设定器安装在地面集中控制室内。操作者通过设定器设定出入库地址和作业方式，并输入到地面或堆垛机上的控制装置中，经过计算和判断，发出堆垛机运行的控制命令，实现堆垛机的远距离集中控制。这种方式适用于出入库频繁，规模比较大，有多台堆垛机和输送机，仓库容量（货格数在 2000 个以上）较大的仓库，特别是低温、黑暗、有害等特殊环境的仓库。可以节省人力，改善劳动条件，提高仓库作业效率，但初始投资和维护费用较高。

2. 巷道式堆垛机的维护保养

（1）电气维护

定期检查各关键部分，包括 PLC、认址器、货位探测、载货台探测、货物超高及歪斜探测、行程开关、变频器及操作面板等是否正常。

保持检测开关的清洁，尤其是光电开关的光电。

定期检查、紧固所有接线端子，确保电路畅通。

操作堆垛机时要遵循操作说明，操作时用力要适度。

注意操作安全，保证堆垛机运行时巷道内无人。

变频器中所设定的内容不得随意更改，否则会引起堆垛机工作不正常。

堆垛机的操作须由经过培训的专人进行。

为了提高各电气开关的使用寿命，在立体仓库停止运行后，请关闭堆垛机供电。

为延长堆垛机寿命，并使其运行良好，建议立库长时间关闭前，先将所有堆垛机开至最后一列、最低一层，并且保证无错再关闭电源。

（2）机械日常维护与保养

堆垛机在安装、调试结束后，用户应对设备进行正确的维护保养，以确保设备的完好和延长使用寿命。

润滑：包括对水平运行机构、载货台、驱动机构等进行润滑。

调整：包括水平导向轮调整；上部导向轮调整；超速保护装置的调整；过载、松绳保护装置的调整；货叉伸缩机构调整；水平运行认址装置调整；起升认址装置调整；光电开关调整等。

5.3 自动导引搬运车（AGV）

5.3.1 自动导引搬运车（AGV）的概念

自动导引搬运车（Automated Guided Vehicle，AGV），是指装备有电磁或光学等自动导引装置，能够沿规定的导引路径行驶，具有安全保护以及各种移载功能的搬运小车。

AGV 作为无人自动导引搬运车，集声、光、电、计算机技术于一体，应用了自控理论和机器人技术，装配有电磁或光学等自动导引装置，能够按照使用人员设定好的导引路径行驶，具备完成目标识别、避让障碍物和各种移载功能，同时具有自我安全保护的应急能力。

AGV 一般由导向模块、行走模块、导向传感器、微处理器、通信装置、移载装置和蓄电池等构成。微处理器是控制核心，把 AGV 的各部分有机联系在一起，通过通信系统接收地面管理站传来的各种指令，同时不断地把小车的位置信息、运行状况等数据传回地面站，控制整车的运行。AGV 首先要根据模拟工作地图进行编程，然后按照预定程序完成行走轨迹，当传感器检测出的位置信号超出预定轨迹位置时，数字编码器把相应的电压信号送给控制器，由控制器根据位置偏差信号调整电机转速，进行纠正偏差，从而实现 AGV 行走系统的实时控制。

AGV 是轮式移动机器人（Wheeled Mobile Robot，WMR）的一种类型。轮式移动机器人一般有三种形式：RGV、AGV 和 IGV。

RGV，即有轨制导车辆（Rail Guided Vehicle），又叫有轨穿梭小车，RGV 可用于各类高密度储存方式的仓库，小车通道可设计任意长，可提高整个仓库储存量，并且在操作时无须叉车驶入巷道，使其安全性更高。利用叉车无须进入巷道的优势，配合 RGV 在巷道中的快速运行，有效提高仓库的运行效率。

AGV，即自动导引搬运车（Automated Guided Vehicle），装备有电磁或光学等自动导引装置，能够沿规定的导引路径行驶。

IGV，即智慧型引导运输车（Intelligent Guided Vehicle），和 AGV 相比，IGV 柔性化程度更高，无须借助任何标记物行驶；并且路径灵活多变，可根据实际生产需求灵活调度，规划简单，满足绝大工厂的使用需求。

从自动化及智能化角度而言，RGV<AGV<IGV。RGV 是有轨运动，只能沿着轨道穿梭；AGV 有部分需要借助标识，例如磁条、二维码等；IGV 则能够完全自主运行。

案例 5-1　京东“小黄人”

京东东莞麻涌智能分拣中心：占地 1200 m^2 的工作台上，300 余个代号为“小黄人”的分拣机器人正在进行取货、扫码、运输、投货，整个过程井然有序。依靠惯性导航和二维码技术，这些“小黄人”不仅能自动识别快递面单信息，自动完成包裹的扫码及称重，以最优线路完成货品的分拣和投递。同时，还能自动排队、充电，即使出现故障，维修时间也仅仅需要 20 s 左右。（视频来源：央视网，2017 年 7 月）（扩展视频 5-1）

5.3.2 AGV 的分类

AGV 一般可按三种方式来分类，即导引方式、驱动方式和移载方式。

1．按导引方式分类

按导引方式主要划分为电磁导引、磁带导引、激光导引、二维码导引、视觉导引、光学导引、惯性导引等类型。

（1）电磁导引

电磁导引是较为传统的导引方式之一，目前仍被许多系统采用，它是在 AGV 的行驶路径上埋设金属线，并在金属线上加载导引频率，通过对导引频率的识别来实现 AGV 的导引。优点是引线隐蔽，不易污染和破损，导引原理简单而可靠，便于控制和通信，对声光无干扰，制造成本较低。缺点是改变或扩充路径较麻烦，导引线铺设相对困难。

（2）磁带导引

磁带导引技术与电磁导引相近，用在路面上贴磁带替代在地面下埋设金属线，通过磁感应信号实现导引。优点是灵活性比较好，改变或扩充路径较容易，磁带铺设也相对简单。缺点是此导引方式易受环路周围金属物质的干扰，由于磁带外露，易被污染难以避免机械损伤，因此导引的可靠性受外界因素影响较大。适合于环境条件较好，地面无金属物质干扰的场合。

（3）激光导引

激光导引是在 AGV 行驶路径的周围安装位置精确的激光反射板，AGV 通过发射激光束，同时采集由反射板反射的激光束，来确定其当前的位置和方向，并通过连续的三角几何运算来实现 AGV 的导引。若将激光扫描器更换为红外发射器或超声波发射器，则激光引导式 AGV 可以变为红外引导式 AGV 和超声波引导式 AGV。优点是 AGV 定位精确；地面无须其他定位设施；行驶路径可灵活多变，能够适合多种现场环境，它是目前国外许多 AGV 生产厂家优先采用的先进导引方式。缺点是制造成本高，对环境要求相对较高（外界光线、地面要求、能见度要求等）。

（4）二维码导引

地面上布置有二维码进行导航，其地图相当于是一个大号的围棋棋盘，机器人可以到达所有点。优点是 AGV 定位精确，导航灵活性比较好，铺设、改变或扩充路径也较容易，便于控制通信，对声光无干扰。缺点是路径需要定期维护，如果场地复杂，则需要频繁更换二维码，对陀螺仪的精度及使用寿命要求严格，对场地平整度有一定要求，价格较高。

（5）光学导引

采用光学检测技术引导 AGV 的运行方向，一般是在运行路径上铺设一条具有稳定反光率的色带。车上设有光源发射和接受反射光的光电传感器，通过对检测到的信号进行比较，调整车辆的运行方向。优点是灵活性比较好，改变或扩充路径较容易，铺设相对简单。缺点是易受外界因素影响，容易遭到污损、破坏。

（6）视觉导引

AGV 上装有 CCD 摄像机和传感器，在车载计算机中设置有 AGV 欲行驶路径周围环境图像数据库。AGV 行驶过程中，摄像机动态获取车辆周围环境图像信息并与图像数据库进行比较，从而确定当前位置并对下一步行驶做出决策。优点是由于不要求人为设置任何物理路径，在理论上具有最佳的引导柔性，随着计算机图像采集、储存和处理技术的飞速发展，该种 AGV 的实用性越来越强。缺点是容易受到室内光线的影响。

（7）惯性导航

惯性导航是不依赖外部信息以及不易受到干扰的自主式导航系统。惯性导航是 AGV 通过测量载体在惯性参考系的加速度，然后自动进行运算，从而获得货物的瞬间加速度和位置等数据，并且将其运用到导航坐标系中，从而得到在导航坐标系中的速度以及偏航角位置等数据。优点在于给定了初始条件后，无须外部参照就可以确定货物的位置、方向以及速度等。缺点是远距离运行时的定位精度较低，一般配合二维码导引和视觉导引等方式运行。适用于各种复杂地理环境和外界干扰下的精确定位和定向，而且能够不断测量位置的变化，精确保持动态的精准。

2. 按驱动方式分类

根据驱动的方式，AGV 有不同的驱动方法，主要包括以下四种。

（1）单驱动

用于三轮车型：一个驱动兼转向轮，两个固定从动轮（分布在车体轴线的两边）。这种车型可以前进、后退、左右转弯（转角小于 90°）。因三轮结构的抓地性好，对地表面要求一般，适用于广泛的环境和场合。

（2）差速驱动

常见有三轮和四轮两种车型：两个固定驱动轮（分布在车体轴线的两边），一个（三轮车型）或两个（四轮车型）从动自由轮，转弯靠两个驱动轮之间的速度差实现。这种车型可以前进、后退、左右转弯（转角大于 90°）、原地自旋，转弯的适应性比单驱动强。若是三轮车型，对地表面的适用性和单驱动类似。若是四轮车型，因容易造成其中某一个轮悬空而影响导航，故对地表面平整度要求苛刻，适用范围受到一定限制。

（3）双驱动

用于四轮车型：两个驱动兼转向轮，两个从动自由轮。这种车型可以前进、后退、全方位（万向）行驶。突出特点是可以在行驶过程中控制车身姿态的任意变化，适用于狭窄通道或对作业方向有特别要求的环境和场合。缺点和差速驱动的四轮车型类似，对地表面平整度要求苛刻，适用范围受到一定限制；此外，结构复杂，成本较高。

（4）多轮驱动

用于八轮车型：四个驱动兼转向轮，四个从动自由轮。这种车型可以前进、后退、全方位行驶。应用于重载行业输送，结构复杂，成本较高。

3. 按移载方式（执行机构）分类

按移动方式主要划分为叉车式、潜伏顶升式、翻盘式、牵引式、背负式、推挽式、龙门式等类型。

（1）叉式 AGV

叉车式有落地叉式、平衡叉式等类型，可以完成托盘及类似物料的平面搬运和堆垛，适用于仓储和生产线上物料自动搬运堆垛。

（2）潜伏顶升式 AGV

通过潜入分拣设备或者输送设备下进行顶升取货，特点是车身薄，可以双向行驶，适用于托盘或货架货物搬运。如货到人拣选系统中的 KIVA 机器人和类 KIVA 机器人。

（3）翻盘式 AGV

AGV 上装有可以翻转的货盘，货物放置在托盘上搬运至指定位置，通过翻盘作业投放到指定地点。京东“小黄人”系统搬运机器人就属于这种类型，广泛应用于大型配送中心货物分拣。

（4）牵引式 AGV

牵引式是指不承载或不完全承载搬运对象重量的 AGV。其尾部安装自动或手动脱钩机构，可在 AGV 尾部拖挂物料车进行物料配送，比较灵活，适用于较大批量的货物搬运。

（5）背负式 AGV

AGV 背负一个或多个辊筒或链条输送设备，可实现货物在输送线上的衔接，适用于在无人工干预的情况下实现全自动上下物料及托盘货物等。

（6）推挽式 AGV

AGV 双侧向移动伸臂推拉托盘货物，托盘在辊道上滚动，可实现在同高站台之间的货物搬运。作业效率高，站台不需要动力，适合多站台之间的货物搬运。

（7）龙门式 AGV

有龙门式框架结构，单侧面落地移动铲叉，可进行高低站台或货物装卸货物。转向灵活，适合有不同高度要求的货位之间的货物装卸。

5.3.3 AGV 的系统结构及关键技术

从系统角度看，AGV 系统主要包括两大部分，即控制系统和基础硬件。其中，控制系统主要包括总控系统、车载控制器和导航系统等部分；基础硬件主要包括车体、驱动器、传感器、电池等部分，如图 5-4 所示。

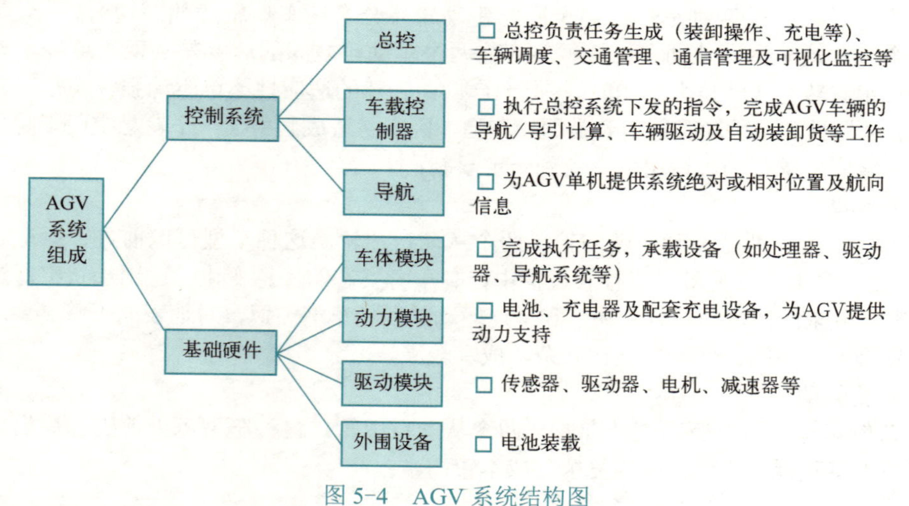

图 5-4　AGV 系统结构图

1．AGV 硬件结构

AGV 硬件结构主要包括小车车体、电池和充电装置、驱动装置、导向装置、车载控制器、通信装置、安全保护装置、移载装置、信息传输与处理装置等，具体结构如图 5-5 所示。

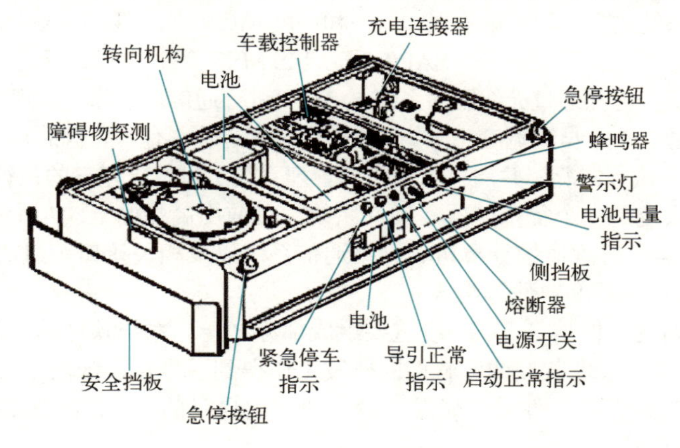

图 5-5 AGV 硬件结构示意图

（1）AGV 小车车体

车体由车架和相应的机械装置所组成，是 AGV 的基础部分，是其他总成部件的安装基础。

（2）电池和充电装置

AGV 小车常采用 24 V 或 48 V 直流蓄电池为动力。蓄电池供电一般应保证连续工作 8 小时以上的需要。

（3）驱动装置

AGV 的驱动装置由车轮、减速器、制动器、驱动电机及速度控制器等部分组成，是控制 AGV 正常运行的装置。运行指令由计算机或人工控制器发出，运行速度、方向、制动的调节分别由计算机控制。为了安全，在断电时制动装置能靠机械实现制动。

（4）导向装置

接受导引系统的方向信息通过转向装置来实现转向动作。

（5）车载控制器

接受控制中心的指令并执行相应的指令，同时将本身的状态（如位置、速度等）及时反馈给控制中心。

（6）通信装置

实现 AGV 与地面控制站及地面监控设备之间的信息交换。

（7）安全保护装置

安全系统包括对 AGV 本身的保护，对人或其他设备的保护等。安全保护装置应能够提供多重安全保护，包括主动安全保护装置和被动安全保护装置。

（8）移载装置

与所搬运货物直接接触，实现货物转载的装置。

（9）信息传输与处理装置

主要功能是对 AGV 进行监控，监控 AGV 所处的地面状态，并与地面控制站实时进行信息传递。

2．AGV 控制系统与关键技术

AGV 控制系统主要包括 AGV 地面管理系统、AGV 车载控制系统、AGV 自主定位及导航系统、AGV 运动控制驱动系统、AGV 能源系统、AGV 无线通信系统等。

（1）AGV 管理监控系统

AGV 管理监控系统的主要功能是管理、监控和调度 AGV 执行搬运作业任务。AGV 管理监控计算机一方面与上一级的信息管理系统（SAP/ERP/WMS/MES 等）主机进行通信，产生、发送以及回馈搬运作业任务，另一方面通过无线网络系统与 AGV 进行通信，按照一定规则发送物料的搬运任务，并进行智能化交通管理、自动调度相应的 AGV 完成搬运物料任务，同时接受 AGV 反馈的状态信息，监控系统的任务执行情况，并向上一级信息管理系统主机报告任务的执行情况。

AGV 管理监控系统是一个复杂的软、硬件系统，目前中高端的 AGV 系统均有 AGV 管理监控系统，硬件由服务器、管理监控计算机、网络通信系统以及相关接口等组成，软件由相关的数据库管理系统、管理监控调度软件等组成。

AGV 管理监控调度软件是 AGV 系统重要组成部分之一。系统软件的成熟程度制约着 AGV 的发展与推广。近年来，管理监控调度软件的研发工作得到了重视，国内 AGV 生产厂家纷纷建立自己的 AGV 管理监控调度软件系统研发平台，研制出自己的 AGV 管理监控调度软件产品。

（2）AGV 车载控制器

AGV 车载控制器是 AGV 控制系统的核心，负责完成人机交互、路径规划、任务执行、定位与导航控制、电源管理、自主避障、安全信息提示，以及与 AGV 管理监控计算机进行通信，反馈 AGV 的当前状态，并接受 AGV 管理监控系统的调度和工作指令等任务。AGV 车载控制器的性能和可靠性直接影响 AGV 产品的性能和可靠性。

早期的 AGV 车载控制器硬件通常采用工控机或通用 PLC 作为主控单元，通过比较复杂的控制软件和多种 A/D、D/A 接口完成人机交互、路径设定、任务调度、定位与导航控制、运动控制、电源管理、自主避障、安全信息提示，并与管理监控计算机进行通信、反馈 AGV 的当前状态，接受调度和工作指令等任务。

近年来，随着计算机技术的飞速发展，嵌入式计算机的软硬件水平都得到很大提高，已经可以满足 AGV 产品的各种需要。同时，与工控机相比，嵌入式计算机系统具有结构紧凑、成本低、功耗小等明显优势，而这些对于必须使用自身携带电源的 AGV 产品尤其重要。因此，AGV 车载控制器硬件采用嵌入式计算机系统将是未来的技术发展趋势。

（3）AGV 自主定位及导航系统

AGV 根据路径偏移量来控制速度和转向角，从而保证 AGV 精确行驶到目标点的位置及航向。AGV 定位导航主要涉及以下技术要点。

1）定位。确定移动机器人在运行环境中相对于全局坐标的位置及航向，是 AGV 导航的最基本环节。目前 AGV 定位方法主要有卫星定位、惯性定位、电子地图匹配定位等。其中，惯性定位为相对定位方式，可以获得连续的位置及姿态信息，但存在累积误差；卫星定位、电子地图匹配等定位方式为绝对定位，可以获得精确的位置信息，但难以获得连续姿态信息。相对定位与绝对定位方式存在较强的互补性，通常采用将两者结合的组合定位方法。

2）环境感知与建模。为了实现 AGV 自主导航，需要根据多种传感器识别多种环境信息，如道路边界、地形特征、障碍、引导者等。AGV 通过环境感知确定前进方向中的可达区域和不可达区域，确定在环境中的相对位置，以及对动态障碍物运动进行预判，从而为局部路径规划提供依据。

3）路径规划。根据 AGV 掌握环境信息的程度不同，路径规划可分为两种类型：一种是基于环境信息已知的全局路径规划；另一种是基于传感器信息的局部路径规划，后者环境是未知或部分未知的，即障碍物的尺寸、形状和位置等信息必须通过传感器获取。主要解决三类问题：行驶路径规划，解决 AGV 从出发点到目标点的路径问题，即“如何去”的问题；作业任务调度，根据当前作业的请求对任务进行处理，包括对基于一定规则的任务进行排序并安排合适的 AGV 处理任务等；多机协调工作，如何有效利用多个 AGV 共同完成某一复杂任务，并解决过程中可能出现的系统冲突、资源竞争和死锁等一系列问题。

4）导航。前已述及，主要包括电磁导引、磁带导引、激光导引、二维码导引、视觉导引、光学导引、惯性导引等方式。当前同步定位与建图技术（SLAM）导航、惯性+视觉导航、无反射板激光自主导航等新技术正不断得到应用。

5）避障。移动机器人根据采集的障碍物的状态信息，在行走过程中通过传感器感知到妨碍其通行的静态和动态物体时，按照一定的方法有效避障，最后达到目标点。实现避障与导航的必要条件是环境感知，在未知或者是部分未知的环境下避障需要通过传感器获取周围环境信息，包括障碍物的尺寸、形状和位置等信息，因此传感器技术在移动机器人避障中起着十分重要的作用。避障使用的传感器主要有超声传感器、视觉传感器、红外传感器、激光传感器等。同时，还需要先进的避障算法支撑，传统的算法有可视图法、栅格法、自由空间法等，更先进的智能复杂算法包括遗传算法、神经网络算法、模糊算法等。

（4）AGV 运动控制系统

前已述及，AGV 驱动方式主要包括单舵轮驱动、差速驱动、双舵轮驱动及多舵轮驱动等四种方式。AGV 运动控制系统主要针对不同驱动形式下的动力分配和车轮控制开展工作。

（5）电机驱动总成

AGV 的电机驱动总成由伺服电机和减速机构组成，用于 AGV 本体驱动以及装卸载机构的驱动，是 AGV 的核心部件，对 AGV 的成本和性能影响很大。

目前主要采用的是直流驱动技术，而直流驱动系统中直流电机的最大弊端是噪声过大、电刷打火、转子污染、电机温度过高。交流电机比直流电机有更高的效率，交流电机的密封性比直流电机的要好很多，防护等级高很多，尤其不需要定期更换电刷，给将来使用者带来了很多便利，发展交流电机驱动 AGV（特别是重载 AGV），是未来趋势。

（6）AGV 能源系统

AGV 能源系统是 AGV 系统的关键系统之一，包括电池智能充电管理系统、智能电池充电机、电池电量检测和电池。

AGV 用蓄电池的特性对 AGV 单机的设计影响很大，目前国内外厂家采用的蓄电池主要分铅酸电池和镉镍电池两大类。铅酸蓄电池充放电倍率低，适合慢充慢放，充电时间长，连续工作时间也较长；而镉镍蓄电池充放电倍率较高，适应快充快放，充电时间短，连续工作时间比铅酸电池较短；一般根据 AGV 的作业特点如生产的间歇性、工作班次、AGV 的运行时间来选择合适的 AGV 用蓄电池。

在一些应用场合，如 AGV 行驶路径为固定路径，可用非接触感应供电取代电池供电，非接触感应供电方式由车载控制器通过耦合取电板从地下敷设的高频恒流线路上获取电能，经车载 AC-DC 转换后供给车载元件，从而实现了 AGV 在运动中非接触感应供电，代替了传统 AGV 的电池供电系统。

（7）AGV 无线通信系统

AGV 系统中有多台 AGV 同时工作，为了指挥各台 AGV 按照 AGV 管理系统所接受的任务协调地工作，即对 AGV 指派任务，进行交通管理等，所有的 AGV 以及系统中的其他自动化物流设备均由 AGV 管理监控计算机进行统一控制。

AGV 需要将当前的状态报告给 AGV 管理监控计算机与 AGV 之间的数据交换需要通过通信系统来完成，有固定运行线路的 AGV 可以通过在运行线路上埋设的导线进行感应通信，而全方位运行的 AGV 由于没有固定的运行线路，所以一般是使用无线通信方式与主机交换数据，当环境中干扰源较多时，通信系统必须有较高的可靠性，否则会引发 AGV 系统的误动作。无线通信系统技术的提升和硬件成本的降低可以促进 AGV 的发展。

5.3.4 AGV 的发展与应用

1. AGV 的发展现状

第一辆 AGV 诞生于 1953 年，它是由一辆牵引式拖拉机改造而成的，带有车兜，在一间杂货仓库中沿着布置在空中的导线运输货物。从 20 世纪 80 年代以来，AGV 系统已经发展成为物流系统中最大的专业分支之一，并出现产业化发展的趋势，成为现代化企业自动化装备不可缺少的重要组成部分。

综合分析 AGV 技术的发展，主要有以下两种发展模式。

第一种是以欧美国家为代表的全自动 AGV 技术，这类技术追求 AGV 的自动化，几乎完全不需要人工干预，路径规划和生产流程复杂多变，能够运用在几乎所有的搬运场合。这些 AGV 功能完善，技术先进；同时为了能够采用模块化设计，降低设计成本，提高批量生产的标准，欧美的 AGV 放弃了对外观造型的追求，采用大部件组装的形式进行生产；系列产品的覆盖面广，各种驱动模式、导引方式、移载机构应有尽有，系列产品的载重量可从 50 kg 到 60000 kg。

第二种是以日本为代表的简易型 AGV 技术，或只能称其为 AGC（Automated Guided Cart），该技术追求的是简单实用，极力让用户在最短的时间内收回投资成本，这类 AGV 在日本和我国台湾企业应用十分广泛，从数量上看，日本生产的大多数 AGV 属于此类产品（AGC）。该类产品完全结合简单的生产应用场合（单一的路径、固定的流程），AGC 只是用来进行搬运，并不刻意强调 AGC 的自动装卸功能，在导引方面，多数只采用简易的磁带导引方式。

我国在 1976 年研制出第一台 AGV，建成第一套 AGV 滚珠加工演示系统，随后又研制出单向运行载重 500 kg 的 AGV，双向运行载重 500 kg、1000 kg、2000 kg 的 AGV，开发研制了几套较简单的 AGV 应用系统。近些年来，随着“中国制造 2025”“工业 4.0”的发展，智慧物流提上日程，AGV 也驶入发展快车道，据不完全统计，2015 年我国 AGV 厂商数量不到 40 家，2020 年已经攀升到 400 多家。

当前国外主要 AGV 生产企业包括 Egemin、E&k Automation、Elettric80、JBT、DS Automation、BA System等；国内生产企业主要有新松、GEEK+、爱智威、旷世艾瑞思、快仓、井松自动化、若步智能、米克力美、锥能马路创新、昆船、科益展、机科、嘉腾、未来机器人、海康机器人、国自机器人等。

案例 5-2　国内主要 AGV 生产厂家

本例重点介绍新松机器人、爱智威、艾瑞思、快仓、极智嘉、井松自动化、若步智能、米克力美、锥能马路创新、国自机器人等国内 AGV 生产企业的设备及技术情况。（资料来源：亿欧网—朱凡雪，2019 年 7 月）

二维码 5-2

2. AGV 在物流行业中的应用

从物流自动化需求领域看，汽车、家电、3C 电子、电商快递、烟草等行业是我国 AGV 应用最广泛的领域，其中汽车行业、家电制造等生产制造物流领域仍是 AGV 主要需求市场，如图 5-6 所示。

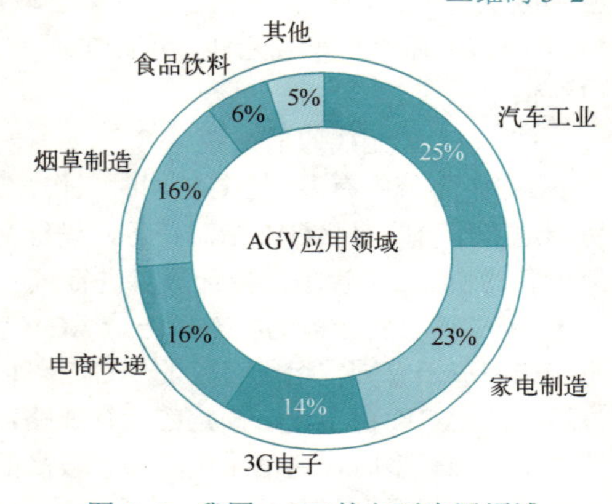

图 5-6　我国 AGV 的主要应用领域

主要应用场景包括以下内容。

（1）工厂内部物流

工厂内部物流的物料搬运是 AGV 最早的工作场景之一。在许多工厂生产车间或者仓库里，由于需要重复性搬运物料、产品或托盘，因而 AGV 就有了“用武之地”。在这些工作中，AGV 的基本功

能是从 A 点到 B、C、D 点间的往复输送，以节省人工与时间成本，并提升搬运效率。

（2）电商分拣

分拣工作是电商物流较复杂的环节，往往人工工时耗费多。为此，亚马逊最早将 Kiva 机器人应用于订单拣选过程中，只需机器人主操作系统选定进行分拣包装的产品类型，下达命令后，机器人能够通过最优路线找到其所需产品所在的货架，然后将货架整体移动到机器人所在的工作台，方便工作人员进行扫码分拣包装工作，有效提升分拣效率。

目前，国内各大电商及快递公司的大型仓库也采用了 AGV 机器人辅助分拣方式。此前采用人工分拣，仓储中心需配备大量的员工，而且分拣效率难以提高，而应用了 AGV 机器人后，大幅削减了人工成本，提高了分拣效率。未来仓储物流领域将是 AGV 的主要应用场景之一，AGV 也将在分拣、运输及仓储等领域获得进一步升级，持续提升工作效率。

3．典型产品方案

（1）智能包裹分拣

解决方案：包裹分拣机器人可实现海量包裹的精确投递、快速分拣与归类，通过移动机器人与工业级读码设备的协作，实现包裹的自动识别并将包裹运送至对应的分拣口，如图 5-7 所示。

适用场景：大型配送中心包裹分拣。

（2）智能货架搬运

解决方案：由一系列的移动机器人、可移动货架、补货、拣货工作站、WMS 系统、RCS 系统等硬件、软件系统组成。以人工智能算法软件系统为核心，在工作站完成包括上架拣选、补货、退货、盘点等仓库内全部作业流程，如图 5-8 所示。

适用场景：补货、上架、拣选、库内作业。

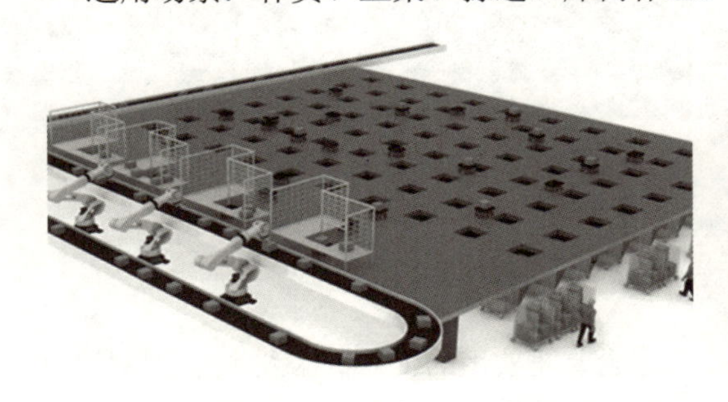

图 5-7　智能包裹分拣方案（马路创新）

图 5-8　智能货架搬运方案（快仓）

（3）智能移载搬运

解决方案：通过视觉识别包裹单信息，分拣机器人可自动规划最优路径，从而将分拣包裹运送至对应的投递格口内，采用分拣 AGV 与搬运 AGV 共同联动，通过大数据解析出冷、热门目的地，系统实时动态分配格口，保证当前波次笼车最优配比，大大提升了格口利用率，同时配合齐格封发功能，提高了封发作业效率，如图 5-9 所示。

适用场景：扩容分拣、包裹分拣、包裹接力分拣。

（4）智能料箱搬运

解决方案：根据客户多样化场景提供多种智能料箱搬运解决方案，例如在生产制造业中可以提供货架到产线的对接搬运，在电商行业可以实现从货架到工作站进行在线或者离线分拣的应用。AGV 机器人本体现有货叉式和夹抱式两种存取机构，可以灵活应对不同容器和场景，能一次搬运多个料箱，以实现提高智能仓的拣选效率，如图 5-10 所示。

适用场景：转运和存储多场景。

图 5-9　智能移载搬运方案（快仓）

图 5-10　智能料箱搬运方案（快仓）

（5）智能托盘搬运

解决方案：实现托盘在仓库内存储、堆卸、转运等环节的自动化与智能化，解除传统方案中对叉车工的依赖性，提高企业的物流运转效率。该方案融合了四向托盘穿梭车、全向无人堆高机器人、智能托盘搬运机器人、托盘移载机器人等智能硬件以及智能机器人管理系统、智能仓库管理系统，组成了一个强大、柔性的搬运整体解决方案，适用于食品、医药、服装、汽车、物流、电子制造业等多个行业，如图 5-11 所示。

适用场景：托盘搬运机器人（全向无人堆高机器人、地面托盘搬运机器人、固定载具式托盘搬运机器人等）应用于低密度柔性搬运场景。四向托盘穿梭车系统以及托盘搬运机器人可以配合应用于高密度存储场景。

图 5-11　智能托盘搬运方案（快仓）

5.4　搬运机械臂

5.4.1　搬运机械臂的概念

自 1959 年英格伯格和德沃尔设计出了世界上第一台真正实用的工业机器人“尤尼梅特”以来，工业机器人已有 60 余年发展历程，其自动化、智能化程度越来越高。

对于工业机器人概念的界定，美国机器人协会（RIA）认为：工业机器人是一种用于移动各种材料、零件、工具或专用装置的，通过程序动作来执行各种任务，并具有编程能力的多功能操作机（Manipulator）。国际标准化组织（ISO）对工业机器人的定义为：工业机器人是一种具有自动控制的操作和移动功能，能完成各种作业的可编程操作机。我国科学家对机器人的定义是：“机器人是一种自动化的机器，这种机器具备一些与人或生物相似的智能能力，如感知能力、规划能力、动作能力和协同能力，是一种具有高度灵活性的自动化机器”。

判断一个机器设备是否为机器人，通常考虑三大特征：一是拟人功能，在机械结构上有类似人的行走、腰转、大臂、小臂、手腕、手爪等部分，在控制上有计算机，还有许多类似人类的“生物传感器”；二是可编程，能够根据需要编程调整设备工作状态，产品换型时，只需通过改变相应程序，便可适应新产品，具备高度柔性；三是通用性，可以在无人参与的情况下，自动完成多种操作或动作功能。

搬运机械臂，也可称之为搬运机械手、搬运机器人，是用于物流搬运领域的工业机器人，其具有和人类手臂相似的构造，或者与人类手臂有许多相似的能力，可以由人类给定一些指令，按给定程序、轨迹和要求实现自动抓取、搬运和操作的自动装置。

搬运机械臂广泛适用于电子、食品、饮料、烟酒等行业的纸箱包装产品和热收缩膜产品码垛、堆垛作业，特别是在高温、高压、多粉尘、易燃、易爆、放射性等恶劣环境中，以及笨重、单调、频繁的操作中代替人作业，能够使人从繁重工作中解放出来，提升工作效率。

案例 5-3　京东“6-AXIS”

六轴机器人 6-AXIS，几乎就是每个人心目中的经典机械手，由控制、驱动、机械本体等单元组成，是个勤勤恳恳的搬运工，负责拆码垛等工作，具有 165 kg 大载荷量和 ± 0.05 mm 高精度的特点。（视频来源：京东 X 事业部官网，2020 年 9 月）（扩展视频 5-2）

5.4.2　搬运机械臂的分类

根据动作形态的不同，搬运机械臂可分为直角坐标型、圆柱坐标型、极坐标型、关节型、并联型等类型。

1．直角坐标型

直角坐标型机械臂在全世界范围内是较为普遍的一种，由于它的结构比较简单，而且有较高的稳定性，并且它的运动方式很简单，不会轻易发生动作错误的情况，在焊接、搬运和喷涂等较为简单的工作中得到比较广泛的使用。

在实际工作中可能会发生稍微改变动作轨迹或是任务的情况，不过直角坐标型机械臂可以做到简单快速地改变组合形式从而改变其维数、行程和载能力，就可以适应新的工作要求。可以改变它的手部结构，增加自由度，这样就可以稍微改变一下功能，来从事另外的工作。

这种机械臂有较为明显的不足之处，即它的整体尺寸较大，在生产现场会占用较大的空间，有效的工作范围却比较小，在灵活性、柔软性和通用性上还不是很有优势，如图 5-12 所示。

2．圆柱坐标型

圆柱坐标型机械臂的活动范围比较广，运动耦合性较弱，控制也较简单，运动灵活性稍好。但自身占据空间也较大。

在生产和物流现场主要负责对工作对象小范围的搬运工作，如图 5-13 所示。

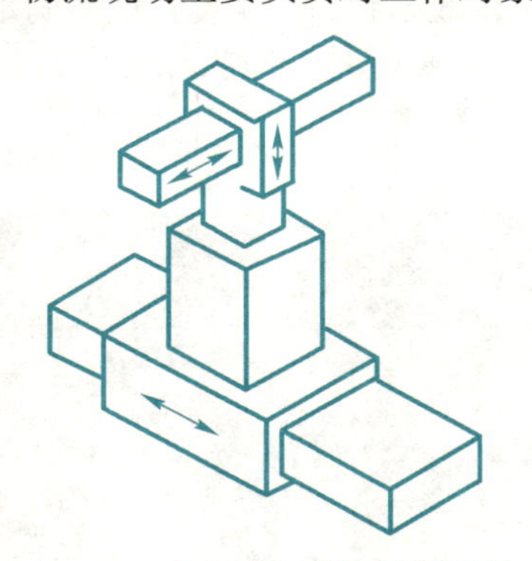

图 5-12　直角坐标型机械臂结构

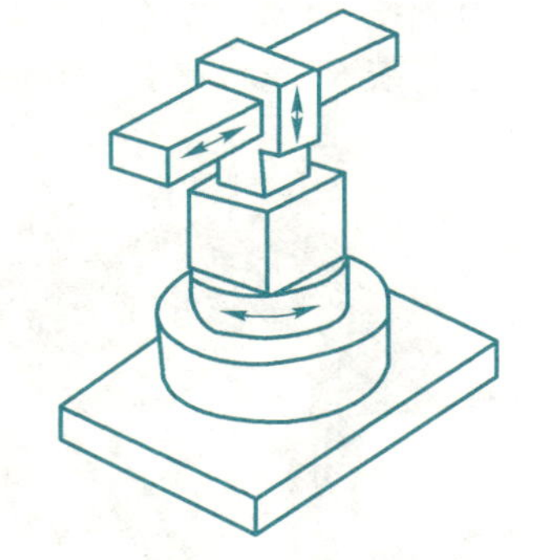

图 5-13　圆柱坐标型机械臂结构

3．极坐标型

极坐标型机械臂有突出优点，即本体结构的自由度较多，可以在工作时实现两个旋转和一个伸缩运动，这样就使机械臂在本体占用空间较小的情况下还能实现大范围的动作。但也是由于需要经过坐标变换计算和工作对象的位姿控制操作，所以控制方式较为复杂，如图 5-14 所示。

4．多关节型

多关节型机械臂在性能方面是最强大、最全面的，由于它由多个关节组合而成，所以在动作范围上很广，而且可以实现通过多种运动轨迹来达到目标位置，这可以使机械臂适应不同的工作环境，而且可以适应多变的工作任务。

然而这种机械臂也是需要经过坐标变换计算和工作对象的位姿控制操作的，虽然这会导致控制方式复杂，从而控制难度变大，但因为它有着动作迅速，通用性较高，设计动作轨迹较为自由等突出的优点，并且此类机械臂与人类手臂构造最为相似，因此，这类机械臂是当前国内外发展重点。

现在的实际生产与物流运作中，连续路径弧焊、装配、喷漆、搬运、码垛、装箱等灵活性要求较高的工作中对于多关节型机械臂的应用较多，如图 5-15 所示。

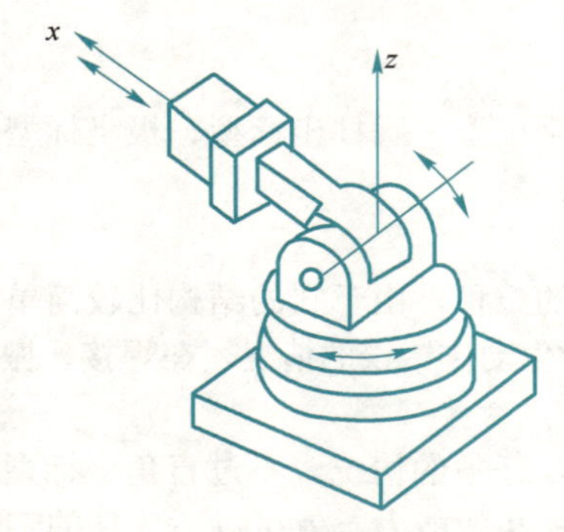

图 5-14　极坐标型机械臂结构

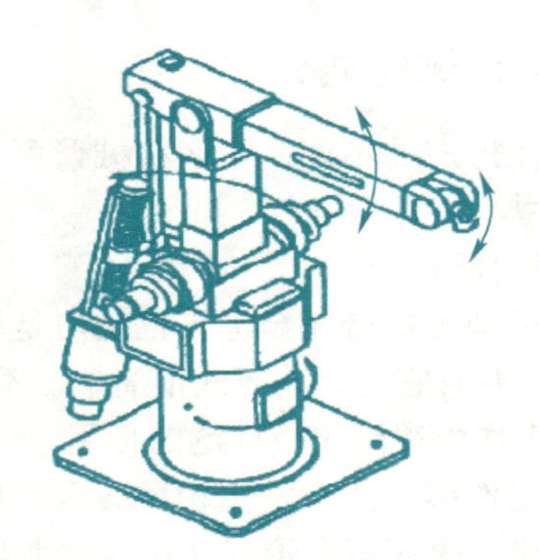

图 5-15　多关节型机械臂结构

5. 并联型

并联机械臂是一种动平台和定平台通过至少两个独立的运动链相连接，机构具有两个或两个以上自由度，且以并联方式驱动的一种闭环机构。

并联机械臂的特点：无累积误差，精度较高；驱动装置可置于定平台上或接近定平台的位置，这样运动部分重量轻，速度高，动态响应好；结构紧凑，刚度高，承载能力大；完全对称的并联机构具有较好的各向同性；工作空间较小。

并联机械臂应用于物流搬运领域，具有良好的工作效率和搬运精度，能够满足大批量集中订单的分拣搬运工作。例如，京东应用的分拣机器人就是一种并联机械臂，其拣选速度可达 3600 次/h，相当于传统人工拣选的 5～6 倍，如图 5-16 所示。

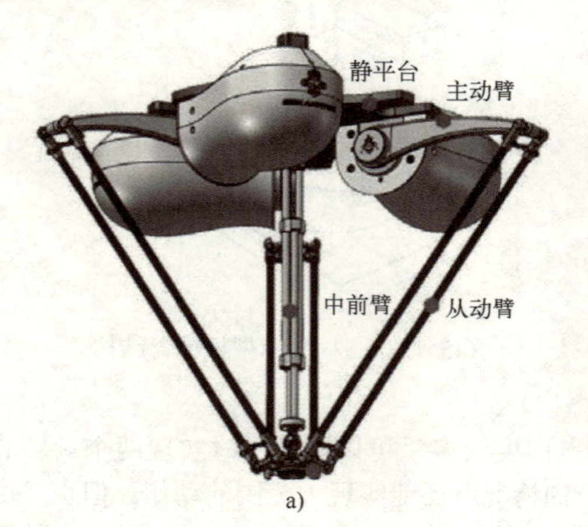

a)

b)

图 5-16　并联机器人

a) 动平台　b) 京东并联分拣机器人

5.4.3 搬运机械臂的主要技术参数

1．机械臂负载

机械臂负载是指机械臂在规定的性能范围内，机械接口处能承受的最大负载量（包括手部），用重量、力矩、惯性矩来表示。

如果要将零件从一台机器处搬至另外一处，需要将零件的重量和机械臂抓手的重量计算在负载内。

2．自由度

自由度是指机械臂的运动灵活性。在设计机械臂时，满足工况要求的前提下，尽量减少自由度。自由度越多，机械臂的机构就越复杂，刚度就越弱，且相应的控制系统也比较复杂。

机械臂单关节具有单自由度，通常自由度数与关节数相等。例如，六轴机械臂有 6 个自由度，包含旋转（*S* 轴），下臂（*L* 轴）、上臂（*U* 轴）、手腕旋转（*R* 轴）、手腕摆动（*B* 轴）和手腕回转（*T* 轴）。6 个关节合成实现末端的 6 自由度动作，如表 5-1 所示。

表 5-1 常见六轴机械臂本体运动轴的组成

轴类型	轴名称				动作说明
	ABB	FANUC	YASKAWA	KUKA	
主轴（基本轴）	轴 1	J_1	*S* 轴	A_1	本体回旋
	轴 2	J_2	*L* 轴	A_2	大臂运动
	轴 3	J_3	*U* 轴	A_3	小臂运动
次轴（腕部运动）	轴 4	J_4	*R* 轴	A_4	手腕旋转运动
	轴 5	J_5	*B* 轴	A_5	手腕上下摆运动
	轴 6	J_6	*T* 轴	A_6	手腕圆周运动

3．最大运动范围

选择机械臂时不仅要关注负载，还要关注其最大运动范围。

最大垂直运动范围是指机械臂腕部能够到达的最低点（通常低于机械臂的基座）与最高点之间的范围。

最大水平运动范围是指机械臂腕部能水平到达的最远点与机械臂基座中心线的距离。

还需要参考最大动作范围（用度表示）。这些规格不同的机械臂区别很大，对某些特定的应用存在限制。

4．重复精度

重复精度是机械臂在完成每一个循环后，到达同一位置的精确度（差异度）。机械臂通常可以达到 0.5 mm 以内的精度，甚至更高。

例如，如果机械臂是用于装配搬运制造电路板的零配件，就需要一台超高重复精度的机械臂。如果所从事的应用精度要求不高，那么机械臂的重复精度也不用那么高。

精度在 2D 视图中通常用“±”表示。实际上，由于机械臂并不是线性的，可以在公差半径内的任何位置。

5．工作速度

工作速度是指机械臂在工作载荷条件下，匀速运动过程中，机械接口中心或工具中心点在单位时间内所移动的距离或转动的角度。

速度对于不同的用户需求也不同，它取决于工作需要完成的时间。规格表上通常只是给出最大速度，机械臂能提供的速度介于 0 和最大速度之间。其单位通常为度/秒。一些机械臂制造商还给出了最大加速度的参数。

6. 控制方式

控制方式指机械臂控制轴的工作方式，包括伺服控制和非伺服控制。伺服控制是当前的主要应用方式，又包括转矩控制、速度控制和位置控制三种控制方式，可根据具体应用功能需要进行灵活选择。

转矩控制主要通过外部模拟量的输入或直接的地址赋值来设定电机轴对外的输出转矩的大小，主要应用于需要严格控制转矩的场合。

速度控制主要通过模拟量的输入或脉冲的频率对转动速度进行控制。

位置控制是伺服中最常用的控制，一般是通过外部输入的脉冲的频率来确定转动速度的大小，通过脉冲的个数来确定转动的角度，所以一般应用于定位装置。

7. 驱动方式

驱动方式指的是关节执行器的动力源形式，主要有电气驱动、液压驱动、气压驱动等。

电气驱动所用能源简单，机构速度变化范围大、效率高，速度和位置精度都很高，且具有使用方便、噪声低和控制灵活的特点。

液压驱动的特点是功率大、结构简单，可以省去减速装置，能直接与被驱动的连杆相连，响应快，伺服驱动具有较高的精度，但需要增设液压源，而且易产生液体泄漏，故目前多用于特大功率的机器人系统。

气压驱动的能源、结构都比较简单，但与液压驱动相比，同体积条件下功率较小，而且速度不易控制，所以多用于精度不高的点位控制系统。

8. 防护等级

机械臂与食品相关的产品、实验室仪器、医疗仪器一起工作或者处在易燃的环境中，其所需的防护等级各有不同。制造商会根据机械臂工作的环境不同而为同型号的机器人提供不同的防护等级。

机械臂防护等级（IP 等级）由两个数字所组成，第 1 个数字表示电器防尘、防止外物侵入的等级，第 2 个数字表示电器防湿气、防水侵入的密闭程度，数字越大表示其防护等级越高。如标准防护等级 IP40，油雾防护等级 IP67。

5.4.4 搬运机械臂的结构组成

搬运机械臂由执行机构、传动装置、驱动装置、控制系统、感知系统五个部分组成。具体包括以下内容。

1. 执行机构

搬运机械臂执行机构是机械臂本体的基本构件，主要包括手部、腕部、臂部、腰部、基座等部分，如图 5-17 所示。

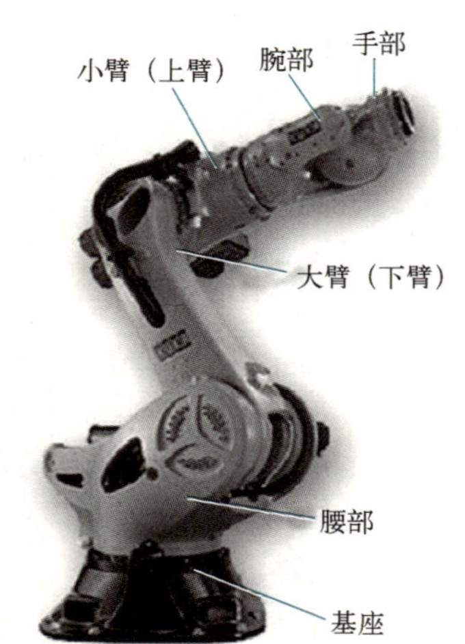

图 5-17 机械臂本体的基本构件

（1）手部

手部又称末端执行器，是机械臂直接进行工作的部分，可以是各种夹持器。主要有夹钳式取料手、吸附式取料手、专用操作器与转换器、仿生多指灵巧手等类型，如图 5-18 所示。

（2）腕部

手腕是连接末端执行器和手臂的部件，通过手腕调整或改变工件的方位，它具有独立的自由度，以便机械臂末端执行器适应复杂的动作要求。手腕一般需要 3 个自由度，由 3 个回转关节组合而成。主要功能是带动手部完成预定姿态，是机械臂中结构最为复杂的部分。

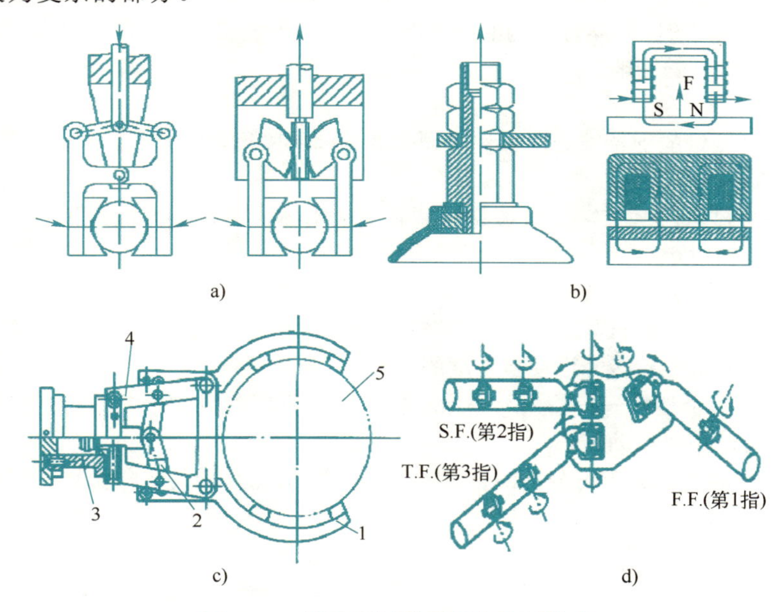

图 5-18　搬运机械臂手部夹持器样式

a) 夹钳取料手　b) 吸附式取料手　c) 夹持圆柱形物料的机械式夹持器　d) 拟手指式

3 自由度手腕能使手部取得空间任意姿态，图 5-19 显示了 3 自由度手腕的几种结合方式。其中 R 为滚转，即相对转动的两个零件的回转轴线重合，可实现 360°无障碍旋转；B 为弯转，即两个零件的转动轴线相互垂直，相对转动角度一般小于 360°。

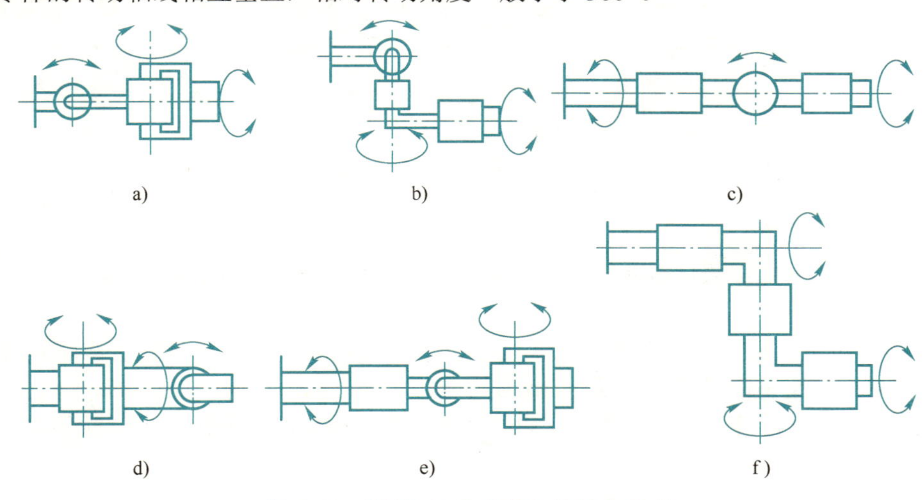

图 5-19　腕部（3 自由度）的结合方式

a) BBR 型　b) BRR 型　c) RBR 型　d) BRB 型　e) RBB 型　f) RRR 型

（3）臂部

臂部用以连接腰部和腕部，通常由两个臂杆（小臂和大臂）组成，用以带动腕部做平面运动。

（4）腰部

腰部是连接臂和基座的部件，通常是回转部件，腰部的回转运动再加上臂部的平面运动，能使胸部作空间运动。腰部是执行机构的关键部件，它的创造误差、运动精度和平稳性，对机器人的定位精度有决定性的影响。

（5）基座

基座是整个机械臂的支持部分，部件必须具有足够的刚度和稳定性。

2．传动装置

传动装置即机械臂的关节，在机械臂机械系统（本体）中，执行机构各构件间通过关节连接在一起，并可以相对运动。

机械臂一般有两种运动关节——转动关节和移（直）动关节，由驱动置通过联轴器带动传动装置（一般为减速器），再通过关节轴带动杆件运动。在大多数情况下，机械臂中一个关节提供一个自由度，未来可能有多个运动自由度的关节。

每个关节连接两个杠杆——输入与输出杠杆，关节设置的目的是，使相连接的输入与输出杠杆可在控制下实现相对运动。

按相对运动的形式，关节可分为线性关节、正交关节、回转关节、扭转关节和旋转关节，如图 5-20 所示。

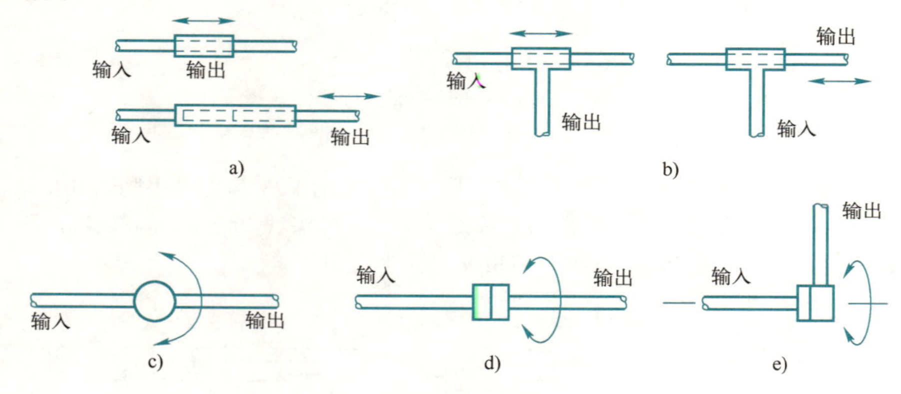

图 5-20　关节的基本形式

a) 线性关节　b) 正交关节　c) 回转关节　d) 扭转关节　e) 旋转关节

3．驱动装置

机械臂驱动装置主要包括电动驱动器、液压驱动器、气动驱动器三种类型。

（1）电动驱动器

电动驱动器的能源简单，速度变化范围大，效率高，转动惯性小，速度和位置精度都很高，但它们多与减速装置相连，直接驱动比较困难。

电动驱动器的类型主要包括直流伺服电机（又分为有刷电机和无刷电机）、交流伺服电机、步进电机、舵机和力矩电机。

（2）液压驱动器

液压驱动器的优点是功率大，可省去减速装置而直接与被驱动的杆件相连，结构紧凑，刚度好，响应快，伺服驱动具有较高的精度。但需要增设液压源，易产生液体泄漏，不适合高、低温及有洁净要求的场合。故液压驱动器目前多用于特大功率的机器人系统或机器人化工机械。

液压驱动器的类型包括液压缸和液压马达（又分为回转马达和摆动马达）。

（3）气动驱动器

气动驱动器的结构简单，清洁，动作灵敏，具有缓冲作用。但也需要增设气压源，且与液压驱动器相比，功率较小，刚度差，噪声大，速度不易控制，所以多用于精度不高，但有洁净、防爆等要求的点位控制机器人。

气动驱动器的类型包括气缸和气动马达（又分为回转马达和摆动马达）。

4. 控制系统

控制系统包括控制柜（电源模块、CPU、接口模块、数字量模块、模拟量模块、位置控制模块、通信模块等）、伺服系统（伺服电机、伺服电机驱动器、编码器）、示教器、PC、人机交互设备（触摸屏等）、现场数字量输出设备及安防系统。

机械臂控制系统工作原理主要包括示教、计算、伺服驱动、反馈四个步骤，基本原理如图 5-21 所示。

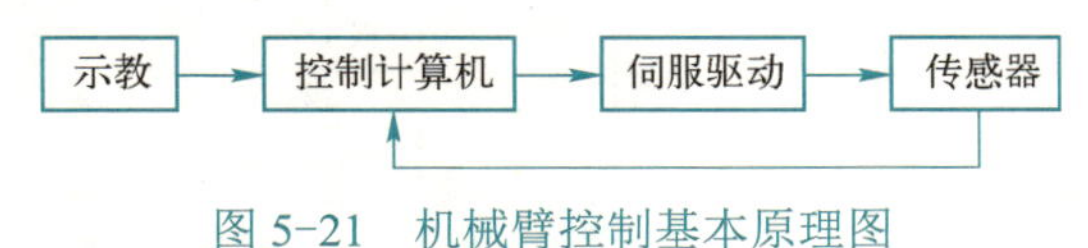

图 5-21 机械臂控制基本原理图

（1）示教

通过计算机来指示机械臂将要去完成什么作业，也就是给机械臂的作业命令，这个命令实质上是人发出的。

（2）计算

这一部分是机械臂控制系统中的计算机来完成的，它通过获得的示教信息要形成一个控制策略，然后再根据这个策略（也称为作业轨迹的规划）细化成各轴的伺服运动的控制策略。同时计算机还要担负起对整个机械臂系统的管理，采集并处理各种信息。因此，这一部分机械臂控制系统的核心部分。

（3）伺服驱动

就是通过机械臂控制器的不同的控制算法将机械臂控制策略转化为驱动信号，驱动伺服电动机，实现机械臂的高速、高精度运动，去完成指定作业。

（4）反馈

机械臂控制中的传感器对机械臂完成作业过程中的运动状态、位置、姿态进行实时反馈，把这些信息反馈给控制计算机，使控制计算机实时监控整个系统的运行情况，及时做出各种决策。

5. 感知系统

机械臂感知系统，主要用于控制机械臂执行机构的运动位置，并随时将执行机构的实际位置反馈给控制系统，并与设定的位置进行比较，然后通过控制系统进行调整，从而使执行机构以一定的精度达到设定位置。

感知系统实时检测机械臂的运动及工作情况，根据需要反馈给控制系统，与设定信息进行比较后，对执行机构进行调整，以保证机械臂的动作符合预定的要求。

作为感知系统的传感器大致可以分为以下两类。

一类是内部信息传感器，用于检测机械臂各部分的内部状况，如各关节的位置、速度、加速度等，并将所测得的信息作为反馈信号送至控制器，形成闭环控制。

另一类是外部信息传感器，用于获取有关机械臂的作业对象及外界环境等方面的信息，以使机械臂的动作能适应外界情况的变化，使之达到更高层次的自动化，甚至使机械臂具有某种“感觉”，向智能化发展，例如视觉、声觉等外部传感器给出工作对象、工作环境的有关信息，利用这些信息构成一个大的反馈回路，从而将大大提高机械臂的工作精度。

主要传感器有电位器、测速发电机、光学编码器、触觉传感器、滑觉传感器、力觉传感器、腕力传感器、接近传感器、视觉传感器等。

例如，机械臂视觉定位系统，主要由三部分组成：图像采集、数据传输和图像处理。工作流程一般是：首先是通过图像采集设备采集货品的图像，然后将数据传输到计算机进行图像分析和相关的计算分析，再由控制系统控制机械手到指定的位置对货品进行抓取，如图 5-22 所示。

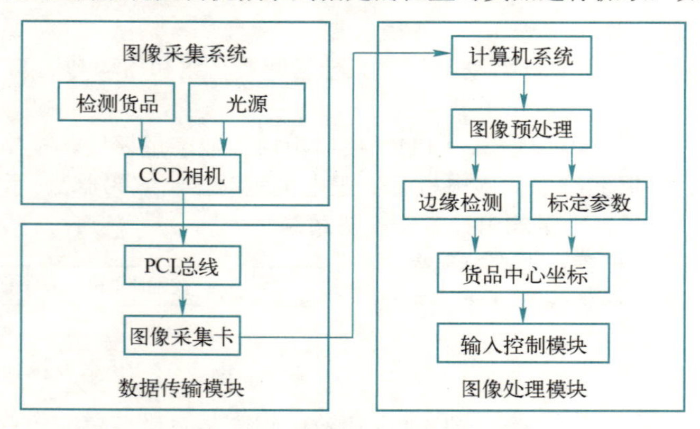

图 5-22　机械臂视觉系统基本构成

5.4.5　搬运机械臂的发展与应用

1．机械臂的发展历程

机械臂从特征上大体可以分为三个发展阶段：

第一代机械臂：20 世纪 50～60 年代，随着机构理论和伺服理论的发展，机械臂进入了实用阶段。1954 年美国的 G．C．Devol 发表了“通用机械臂”专利；1960 年美国 AMF 公司生产了柱坐标型 Versatran 机械臂，可进行点位和轨迹控制，这是世界上第一种应用于工业生产的机械臂。20 世纪 70 年代，随着计算机技术、现代控制技术、传感技术、人工智能技术的发展，机械臂也得到了迅速的发展。1974 年 Cincinnati Milacron 公司成功开发了多关节机械臂；1979 年，Unimation 公司又推出了 PUMA 机械臂，它是一种多关节、全电机驱动、多 CPU 二级控制的机械臂，采用 VAL 专用语言，可配视觉、触觉、力觉传感器，在当时是技术最先进的机械臂。

第二代机械臂：进入 20 世纪 80 年代，随着传感技术，包括视觉传感器、非视觉传感器（力觉、触觉、接近觉等）以及信息处理技术的发展，出现了第二代机械臂——有感觉的机器人。它能够获得作业环境和作业对象的部分相关信息，进行一定的实时处理，引导机械臂进行作业。第二代机械臂在工业生产中得到了广泛应用。

第三代机械臂：智能机械臂，它不仅具有比第二代机械臂更加完善的环境感知能力，而且还具有逻辑思维、判断和决策能力，可根据作业要求与环境信息自主工作。第三代机械臂的中央计算机控制手臂和行走装置，使机械臂的手完成作业，脚完成移动，机械臂能够用自然语言与人对话。智能机械臂在发生故障时，通过自我诊断装置能自我诊断出故障部位，并能自我修复。

2．机械臂在我国的发展应用现状

我国机械臂起步于 20 世纪 70 年代初期，从“七五”开始国家进行资金投入，对机械臂及其零部件进行攻关，完成了示教再现式机械臂成套技术的开发和研制。

1986 年，国家高技术研究发展计划开始实施，智能机械臂主题跟踪世界机械臂技术前沿，已经取得了一大批科研成果，并成功地研制出了一批特种机械臂。

从 20 世纪 90 年代初起，我国的国民经济进入了实现两个根本转变时期，掀起了新一轮的经济体制改革和技术进步热潮。我国的机械臂又在实践中迈进一大步，先后研制出了点焊、弧焊、装配、喷漆、切割、搬运、包装码垛等各种用途的机械臂，并实施了一批机械臂（机器

人）应用工程，形成了一批机器人产业化基地。

我国已将突破机械臂关键核心技术作为科技发展重要战略，国内厂商攻克了减速器、伺服控制、伺服电机等关键核心零部件领域的部分难题，核心零部件国产化的趋势逐渐显现。

案例 5-4　普罗格 3D 视觉智能分拣机械臂系统

普罗格 3D 视觉智能分拣机械臂系统是指从料框内将随机堆叠的物品依次抓取的系统，该系统设备由三维视觉技术获得物体的三维位姿，引导机器人进行抓取和精确放置。具有分拣速度快、分拣精度高、适用性强、可定制化服务和连续性工作的优势。（资料来源：普罗格官网，2020 年 9 月）

二维码 5-3

3. 机械臂的发展趋势

（1）向轻型化、柔性化发展提速

当前，机械臂的应用场景愈加广泛，苛刻的生产环境对机器人的体积、重量、灵活度等提出了更高的要求。与此同时，随着研发水平不断提升、工艺设计不断创新，以及新材料相继投入使用，机械臂正向着小型化、轻型化、柔性化的方向发展，类人精细化操作能力不断增强。

例如，日本 SMC 致力于为机械臂研制高品质的末端执行器，研发的新型汽缸体积缩小了 40%以上，重量最高减轻了 69%，耗气量最高减少了 29%。日本爱普生首款新型折叠手臂六轴机械臂 N2，可在现有同级别机械臂 60%的工位空间内完成灵活操作；折叠手臂六轴机械臂 N6 采用内部走线设计，其折叠手臂可自然进入高层设备、机器、架子等狭窄空间；T3 紧凑型 SCARA 机械臂将控制器内置，避免了在设置和维护过程中进行复杂的布线，大大提高了成本效率并保持较低的总运行成本。德国费斯托（Festo）的新型全气动驱动机械臂，将刚性的“抓取”转变为柔性的“围取”，能完成灵活抓取不同大小部件的任务。

（2）人机协作成为重要发展方向

随着机械臂易用性、稳定性以及智能水平的不断提升，机械臂的应用领域逐渐拓展，人机协作正在成为机械臂研发的重要方向。

传统机械臂必须远离人类，放在保护围栏或者其他屏障之后，以免人类受到伤害，这极大地限制了机械臂的应用效果。人机协作将人的认知能力与机器人的效率结合在一起，从而使人可以安全、简便地进行使用。例如，瑞士 ABB 的双臂人机协作机器人 YuMi 可与工人协同工作，在感知到人的触碰后，会立刻放慢速度，最终停止机械臂的运动。德国库卡（KUKA）的协作机器人 LBRiiwa 可以以每秒 10 mm 或 50 mm 的速度抵近物体，并在遇到阻碍后立刻停止运动。优傲 e-Series 协作式机器人可设定机械臂保护性停止的停止时间和停止距，并内置力传感器提高精度和灵敏度，满足更多应用场景的需求。

（3）工业互联网成布局重点

随着新一代信息技术与制造业进一步加速融合，制造业愈加显著地表现出网络化、智能化的前沿发展趋势，机器人龙头企业纷纷落子工业互联网，例如，库卡机器人可与基于云技术的库卡 Connect 相连，实现机械臂与设备的联网，实时查看和分析机械臂的运行状态，减少系统停机时间、进行预测性维护等，并通过大数据分析持续提高生产率、质量和灵活性。ABB 推出 ABBAbility 工业云平台，并与华为展开合作联合研发机器人端到端的数字解决方案，实现机械臂的远程监控、配置和大数据应用，进一步提升生产效率和节约成本。

本章小结

智慧装卸搬运装备，是在机械化装卸搬运装备的基础上，引入应用传感定位、人工智能、自动控制等技术手段，能够自动化、智能化完成货物搬移、升降、装卸、短距离输送等作业的物流装备。

典型的智慧装卸搬运装备主要包括自动堆垛机、AGV、机械臂等。巷道式堆垛机是通过运行机构、起升机构和货叉机构的协调工作，完成货物在货架范围内的纵向和横向移动，实现货物的三维立体存取。AGV 集声、光、电、计算机技术于一体，应用了自控理论和机器人技术，装配有电磁或光学等自动性导引装置，能够按照使用人员设定好的导引路径行驶，具备完成目标识别、避让障碍物和各种移载功能，同时具有自我安全保护的应急能力。搬运机械臂具有和人类手臂相似的构造，或者与人类手臂有许多相似的能力，可以由人类给定一些指令，按给定程序、轨迹和要求实现自动抓取、搬运和操作。

本章练习

一、思考题

1. 什么是智慧装卸搬运装备，其特征是什么？
2. 巷道式堆垛机的工作原理是什么？
3. 巷道式堆垛机的系统组成主要包括哪些部分？
4. 什么是自动导引搬运车（AGV）？AGV 与 RGV、IGV 的区别是什么？
5. AGV 的导引方式主要有哪些，各有什么优缺点？
6. 机械臂主要有哪些类型？
7. 简述搬运机械臂的主要结构组成。
8. 什么是机械臂的自由度？

二、讨论题

1. 结合对物流企业智慧运作场景的调查，讨论 AGV 在物流装卸搬运领域的主要应用场景有哪些？

2. 讨论如何实现自动堆垛机、AGV 和机械臂在物流搬运领域的综合应用，如何进行衔接？

三、设计与实训

某出版社图书存储、分拣工作采用人工叉车存储，人工分拣，而这种模式效率较低，出错率也高，仓库图书摆放错乱差，分拣消耗时间和人力。针对这种现状，出版社拟采用 AGV 取代传统仓库人工搬运，把自动化、智能化引入出版行业，实现“高层立体存储，低位货架拣选”的新模式。

目前，图书仓库主要包括 3 个区域：高层货架存储区，采用 5 层货架整体高度 9 m，用于存放整盘图书（托盘尺寸 1.2 m × 1 m），使用人工叉车方式；拆零拣选区，采用低层拣选货架，采用摘果式拣选方式，由人工进入货架区进行订单拣选，拣选完成后使用手推车搬运至出库区；在出库区，人工按订单进行图书包装装箱，放在暂存区准备装车出库。

改造目标：大大降低人工劳动强度，大幅提高拣货准确率；改变传统人工拣选模式，充分使用自动化搬运设备，大大提升拣选效率。

根据以上实训背景，请完成以下任务。

（1）浏览极智嘉（GEEK+）公司网站（https://www.geekplus.com/），了解 AGV 的主要类型。

（2）根据仓储及拣选搬运环节实际需要，从网站中选择合适的 AGV 搬运设备，描述该设备功能参数。

(3) 描述设计改造后的图书仓库整体搬运流程。

四、案例分析

上海洋山港四期：全球规模最大、最先进的全自动化码头

洋山深水港区四期，采用国际上最新一代的自动化集装箱装卸设备和一流的自动化生产管理控制系统，整体实现无人化智能码头，是全球规模最大的自动化集装箱码头。总用地面积 2.23km^2，其中正在申请纳入保税港区扩区范围的有 1.67km^2。码头岸线 2350 m，设计年吞吐量 630 万标准集装箱。目前已建成集装箱深水泊位 7 个，其中 7 万吨级 2 个、5 万吨级 5 个；自动化箱区 61 个，非自动化箱区 8 个（危险品和超限箱区）。

洋山港四期开港拥有桥吊 10 台，轨道吊 40 台，自动引导车（AGV）50 辆。桥吊主小车为人工干预的远程操控，副小车为全自动化作业模式；水平运输采用自动导引的运输车，无须司机操控；堆场装卸则采用自动轨道式龙门起重机。未来洋山港将拥有桥吊 26 台，轨道吊 120 台，自动引导车 130 辆。

相对于传统的集装箱码头，洋山港码头最大的特点是实现了码头集装箱装卸、水平运输、堆场装卸环节的全过程智能化的操作。这就意味着整个码头和堆场内将不再有人，不仅岸桥不需要人驾驶，连集装箱卡车也不再需要，直接由自动运行的无人驾驶 AGV 小车把集装箱运到堆场，堆场的桥吊也是无人操作。原先的码头操作员全部转移到监控室，对着计算机屏幕就能完成全部作业。

根据案例回答问题。

(1) 洋山港应用了哪些智慧搬运装备，各承担什么功能？

(2) 思考智能化装备应用于港口物流搬运中有何意义和作用？

(3) 请描述无人港口运作的基本流程。

第6章　智慧分拣输送装备

学习目标

- 了解智慧分拣输送装备的概念与特征;
- 理解智慧分拣输送装备系统的原理与构成
- 掌握主输送装置、自动分拣装置的类型及功能原理;
- 熟悉智慧分拣输送装备的应用与发展。

引例

全能智慧输送机

和传统的输送系统相比，全能智慧输送机系统加装了智能化中央管理器，在关键部位安置超声波传感器、温度传感器、振动传感器、电阻应变片等信号感应接收传递部件，可以及时监测系统各个环节的运行情况，通过把接收到的信号传递给中央管理器，实现关键设备运行状态在线检测、关键设备智能润滑、输运量智能检测统计、故障智能报警、故障智能诊断与修复等功能。（资料来源：大河网，2018年3月）

二维码 6-1

6.1　智慧分拣输送装备概述

6.1.1　智慧分拣输送装备的概念

分拣输送装备是物流运行过程中用于完成货品输送和分拣工作的设备工具，主要包括输送装备和分拣装备。

1. 输送装备

输送是使用设备工具在一定的线路上连续不断地沿同一方向输送的物料搬运。区别于一般性的搬运活动，输送通常指的是连续型搬运活动。

连续输送装备也称输送机，是以连续的方式沿着一定的路线从装货点到卸货点均匀输送货物、成件包装货物的机械设备。

输送机在一个区间内能连续搬运大量货物，搬运成本非常低廉，搬运时间比较精确，货流稳定，因此，广泛用于现代物流系统中。从国内外大量自动化立体仓库、物流配送中心、大型货场来看，其设备除了起重机械之外，大部分都是由连续输送机组成的搬运系统，如进出库输送机系统、自动分拣输送机系统、自动装卸输送机系统等。

2. 分拣装备

商品在从生产企业流向顾客的过程中，总是随着商品数量和商品集合状态在变化。因此，有必要将集装化的货物单元解体，重新分类，形成新的供货单元。

分拣就是根据顾客的要求，迅速、准确地将货物从其储位拣取出来，并按照一定的方式进行分类、集中，等待配装送货的作业过程。分拣输送装备，是按照订单需求对物品进行分拣，并将分拣出的物品送达指定位置的机械设备。

分拣对物流的各环节都起到了非常关键的作用。例如，在物流配送作业的各环节中，50%的人力劳动直接与拣货作业相关，30%～40%的工作时间也将消耗在拣货工作中，企业在拣货作业方面的人工支出成本占到物流配送中心总成本的15%～20%。

按照分拣手段的不同，可以将其分为人工分拣、机械分拣和自动分拣三大类。

人工分拣基本上靠人力搬运，或者可以利用最简单的器具和手推车等，这种分拣方式劳动强度非常大，但是分拣的效率却非常低。

机械分拣大多指利用机械（如输送机）为主要的输送工具，通过在各分拣位置配备作业人员进行分拣，这种分拣方式投资不多，也可以在一定程度上减轻劳动强度，提高分拣的效率。

自动分拣则是指货物从进入分拣系统到指定的位置为止，所有的作业均是按照计算机的指令自动完成的。因此，这种分拣方式的分拣处理能力相当强，分拣的货物品种和数量也非常大。随着智能技术的深入应用，自动分拣装置已逐渐具备了智能识别、智能决策、智能调整、智能控制等功能，向智慧分拣装置发展。

3. 智慧分拣输送装备

现代物流运作过程中，输送装备和分拣装备往往结合使用，共同完成货物出入库和拣选工作，同时在智能技术的支持下，形成智慧分拣输送装备系统。

智慧分拣输送装备，是运用信息感知、自动识别、智能控制技术，根据计算机指令或进行自主判断，实现物流分拣输送自动化、智能化运作的机械设备。

智慧分拣输送装备系统由中央计算机控制，应用大量传感器、控制器和执行器，能够自动完成货品的进出库、装卸、分类、分拣、识别、计量等工作，在现代物流运作中具有十分重要的作用，是生产制造和物流运作过程中，组成机械化、连续化、自动化、智能化流水作业线中不可缺少的组成部分，是自动化仓库、配送中心、大型货场的生命线。

智慧分拣输送装备系统能够充分发挥速度快、流向多、效率高、差错率低和基本实现智能化、无人化作业的优势，目前已在国内外大多数大型配送中心应用。

如图 6-1 所示，配送中心每天接收来自不同供应商的数以万计的商品，并按商品品类等信息进行准确、快速分类后存储至指定地点，当配送中心接到订单发货指示后，智慧分拣输送装备系统要在最短的时间内从上述指定地点中精准迅速地找到所需商品，并从不同储位上取出商品，按配送信息的不同，运送到不同的区域或站台集中打包，以便装车发运。智慧分拣输送装备系统的运行效率、准确率、可用度等，是决定配送中心物流系统的作业效率、作业成本、作业质量和用户满意度的重要因素。

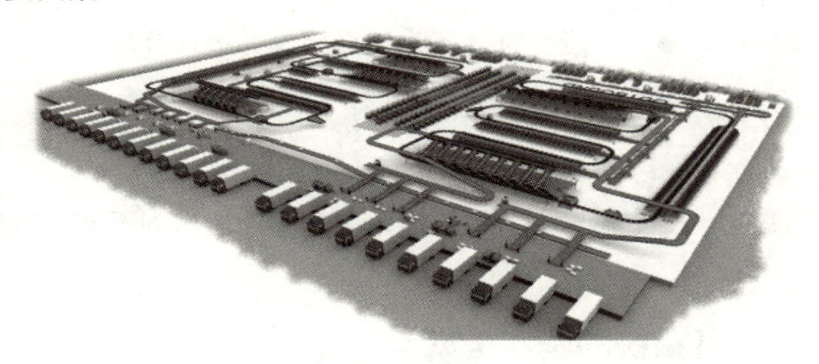

图 6-1　配送中心智慧分拣输送装备系统

智慧分拣输送装备系统具有以下特征。

1）能连续、大批量地输送分拣货物。由于采用大生产中使用的流水线自动作业方式，智慧分拣输送装备系统不受气候、时间、人的体力等限制，可以连续运行。其分拣输送能力一般可以达到连续运行 100 个小时以上，每小时可分拣 7000 件包装商品，如用人工则每小时只能分拣 150 件左右，同时分拣人员也不能在这种劳动强度下连续工作 8 小时。

2）误差率极低。分拣输送的分拣误差率大小主要取决于所输入信息的准确性大小，这又取决于信息的输入机制。如果采用人工键盘或语音识别方式输入，则误差率在 3%以上，如采用条码、射频标签等扫描输入，除非条码、射频标签的制作本身有差错，否则不会出错，可大大降低误差率。

3）基本实现无人化。建立智慧分拣输送系统的目的之一就是为了减少人员的使用，减轻员工的劳动强度，提高人员的使用效率，因此智慧分拣输送系统能最大限度地减少人员的使用，基本做到无人化。人员在分拣输送作业中的使用仅局限于以下工作：送货车辆抵达分拣输送线的进货端时，由人工接货；由人工控制分拣输送系统的运行；分拣线末端由人工将分拣出来的货物进行集载、装车；智慧分拣输送系统的经营、管理与维护。

案例 6-1　顺丰最“快”包裹是怎样炼成的？

顺丰“快”的原因，不单单只是顺丰管理有效、飞机多、小哥跑得快，而且不能忽视顺丰的自动分拣系统。顺丰华南运营枢纽，新安装的全套自动化分拣系统 1 小时至少处理 7.1 万件包裹，相当于 150 人的工作效率。（资料来源：搜狐网，2019 年 1 月）（扩展视频 6-1）

二维码 6-2

6.1.2 智慧分拣输送装备系统的工作原理

智慧分拣输送装备系统按照预先设定的计算机指令对物品进行分拣，并将分拣出的物品送达指定位置，一般由输送机械部分、电器自动控制部分和计算机信息系统联网组合而成。它可以根据用户的要求、场地情况，对货品按用户、地名、品名进行自动分拣、装箱、封箱的连续作业。

智慧分拣输送装备系统工作原理：被拣货物经由各种方式，如人工搬运、机械搬运和自动化搬运等送入分拣系统，经合流后汇集到一条输送机上。物品接受激光扫描器对其条码的扫描，或通过其他自动识别的方式，如光学文字读取装置、声音识别输入装置等方式，将分拣信息输入计算机中。计算机将所获得的物品信息与预先设定的信息进行比较，将不同的被拣物品送到特定的分拣道口位置上，完成物品的分拣工作。分拣道口可暂时存放未被取走的物品。当分拣道口满载时，由光电控制，阻止分拣物品不再进入分拣道口。

分拣输送工作过程由收货、合流、分拣和分流、分运四个阶段组成。

收货。配送中心接收货物时，在货物的外包装上贴上标签（包括商品品种、货主、储位或发送地点等），将货物运送到指定地点（如货架、加工区域、出货站台等）。当货物准备出库时，标签引导货物流向指定的输送机的分支上，以便集中发运。

合流。在智慧分拣输送系统中，货物有多条收货机接收并进入分拣系统，合并于一条汇集输送机上，即合流。

分拣和分流。把货物标签上的信息输入到控制系统，当货物到达分拣口时，由控制系统给自动分拣机发出指令，开动分支装置，进行分拣和分流。

分运。分拣出来的货物离开主输送机，按配送地点的不同运送到不同的理货区域或配送站台集中，以便装车配送。

6.1.3 智慧分拣输送装备系统的基本构成

智慧分拣输送装备系统一般由自动控制和计算机管理系统、自动识别装置、分类机构、主输送装置、前处理设备及分拣道口组成，如图 6-2 所示。

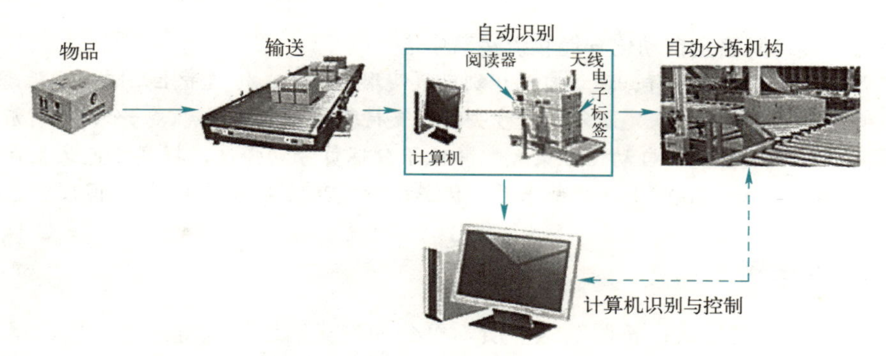

图 6-2　智慧分拣输送装备系统的基本构成

1. 自动控制和计算机管理系统

自动控制和计算机管理系统是整个自动分拣的控制和指挥中心，分拣输送系统的各部件的一切动作均由控制系统决定。其作用是识别、接收和处理分拣输送信号，根据分拣输送信号指示输送机构运行，指挥分类机构按一定的规则（如品种、地点等）对货物进行自动分类，从而决定货物的流向。

分拣输送信号的来源可通过条码扫描、键盘输入、质量检测、语音识别、高度检测及形状识别等方式获取，经信息处理后，转换成相应的输送单、拣货单、入库单或电子拣货信号，自动分拣作业。

2. 自动识别装置

自动识别装置是物料能够实现自动分拣的基础系统。在物流配送中心，广泛采用的自动识别系统是条码自动识别系统和无线射频系统。

自动识别系统的光电扫描器安装在分拣机的不同位置，当物料在扫描器可见范围时，自动读取物料上的条码信息，经过对码软件即可翻译成条码所表示的物料信息，同时感知物料在分拣机上的位置信息，这些信息自动传输到后台计算机管理系统。

3. 自动分拣装置

自动分拣装置是指将自动识别后的物料引入到分拣机主输送线，然后通过分类机构把物料分流到指定的位置。

分类机构是分拣系统的核心设备。主要包括挡板式分拣机、滑块式分拣机、浮出式分拣机、倾斜式分拣机、托盘式分拣机、悬挂式分拣机、滚柱式分拣机、分拣机器人等。

4. 主输送装置

主输送装置的作用是将物料输送到相应的分拣道口，以便进行后续作业，主要由各类输送机械组成，又称主输送线。

主要包括带式输送机、链式输送机、辊子输送机、垂直输送机等。

5. 前处理设备

前处理设备是指分拣系统向主输送装置输送分拣物料的进给台及其他辅助性的运输机和作业台等。

进给台的功能有两个：一个是操作人员利用输入装置将各个分拣物料的目的地址送入分拣系统，作为物料的分拣作业指令；二是控制分拣物料进入主输送装置的时间和速度，保证分类机构能准确进行分拣。

6. 分拣道口

分拣道口也称分流输送线，是将物料脱离主输送线使之进入相应集货区的通道。一般由钢带、传送带、滚筒等组成滑道，使物料从输送装置滑入缓冲工作台，然后进行入库上架作业或配货工作。

案例 6-2　菜鸟网络全自动化仓储物流运营中心

菜鸟广州增城全自动化仓库，通过自动识别包裹实现货找人。传送带上每隔一段距离就有传感器，可识别纸箱上的条码，再决定纸箱下一步去哪，支持路线合并和分流，一个订单对应的包裹会被传送到不同货架装入商品。自动化方案大幅降低了分拣员劳动强度，提高了包裹生产的时效性（10 min 出库）和准确率（100%）。（视频来源：优酷视频，2019 年 9 月）（扩展视频 6-2）

6.2　主输送装置

输送机有多种分类形式：按照输送介质，可分为带式输送机、链式输送机、辊子输送机等；按照输送机所处位置，可分为地面输送机、空中输送机和地下输送机；按照结构特点，可分为具有挠性牵引构件的输送机和无挠性牵引构件的输送机；按照安装方式，可分为固定式输送机和移动式输送机；按照输送的货物种类，可分为输送件货输送机和输送散货输送机；按照输送货物的动力形式，可分为机械式、惯性式、气力式、液力式等。以下就几种典型输送机进行介绍。

6.2.1　带式输送机

1. 概念特点

带式输送机是以输送带作牵引和承载构件，通过承载物料的输送带的运动进行物料输送的连续输送设备。

带式输送机是连续输送机中效率最高，使用最普遍的一种机型，广泛适用于采矿、冶金、家电、电子、电器、机械、烟草、注塑、邮电、印刷、食品以及物件的组装、检测、调试、包装及运输等各行业。主要用于在水平和倾斜（倾角不大）方向输送大量散粒物料或中小型成件物品。

主要具有以下特点。

（1）输送物料种类广泛

输送物料的范围可以从很细的各种物料到大块的岩石、石块、煤或纸浆木料，能以最小的落差输送精细筛分过的或易碎的物料。由于橡胶输送带有较好的抗腐蚀性，在输送强腐蚀性或强磨损性物料时维修费用较低。

带式输送机还可以输送黏性物料和有一定温度的热料，也可以输送成件物品。

（2）输送能力范围宽

带式输送机的输送能力可以满足任何要求的输送任务，既有轻型带式输送机完成输送量较小的输送任务，又有大型带式输送机实现每小时数千吨甚至上万吨的输送任务。

（3）输送线路的适应性强

输送机线路可以适应地形，在空间和水平面上弯曲，从而降低基建投资，并能避免在场内和其他拥挤地区，如铁路、公路、山脉及河流的干扰。带式输送机的输送线路是十分灵活的，线路长度可根据需要延长。

（4）灵活的装卸料

带式输送机可以根据工艺流程的要求灵活地从一点或多点受料，也可以向多点或几个区段卸料。

（5）可靠性强

带式输送机的可靠性也为所有工业领域的使用经验所证实，它的运行极为可靠，在许多需要连续运行的重要生产单位，如在发电厂内煤的输送、钢铁厂和水泥厂散料的输送以及港口内船舶装卸散状物料等。

（6）安全性高

带式输送机具有很高的安全性，需要的生产人员很少，与其他运输方式相比，发生事故的机会比较少，不会因为大块物料掉下来砸伤人员或由于大型笨重的车辆操纵失灵而引起事故。

（7）费用低

带式输送机系统运送每吨散状物料所需的劳动工时的能耗，在所有运输散状物料的工具中通常是最低的，而且它所占用的维护人员的时间少，较少零件的维护和更换可在现场很快地完成，维护费用低。

2．主要类型

（1）按承载能力分类

轻型带式输送机：专门应用于轻型载荷的输送机。

通用带式输送机：这是应用最广泛的带式输送机，其他类型的带式输送机都是这种输送机的变形。

钢绳芯带式输送机：应用于重型载荷的输送机。

（2）按可否移动分类

固定带式输送机：输送机安装在固定的地点，不需要移动。

移动带式输送机：具有移动机构，如轮、履带。

移置带式输送机：通过移动设备变换设备的位置。

可伸缩带式输送机：通过储带装置改变输送机的长度。

（3）按输送带的结构形式分类

普通输送带带式输送机：输送带为平型，带芯为帆布或尼龙帆布或钢绳芯。

钢绳牵引带式输送机：用钢丝绳作为牵引机构，用带有耳边的输送带作为承载机构。

压带式输送机：两条闭环带，其中一条为承载带，另一条为压带。

钢带输送机：输送带是钢带。

网带输送机：输送带是网带。

管状带式输送机：输送带围包成管状或用特殊结构输送带密闭输送物料。

波状挡边带式输送机：输送带边上有挡边以增大物料的截面，倾斜角度大时，一般在横向设置挡板。

花纹带式输送机：用花纹带以增大物料和输送带的摩擦，提高输送倾角。

（4）按承载方式分类

托辊式带式输送机：用托辊支撑输送带。

气垫带式输送机：用气膜支撑输送带。另外还有磁性输送带、液垫带式输送机，它们的共同点是对输送带连续支撑。

深槽型带式输送机：由于加大槽深，除用托辊支撑外，也起到对物料的夹持作用，可增大输送倾角。

（5）按输送机线路布置分类

直线带式输送机：输送机纵向是直线，但是可在铅垂面上有凸凹变化曲线。

平面弯曲带式输送机：可在平面上实现弯曲运行。

空间弯曲带式输送机：可以在空间实现弯曲运行。有倾斜输送方式以及水平倾斜混合输送方式，在自然条件允许的情况下，带式输送机最好采用水平输送方式或接近水平输送方式，当输送带的布置需要有一定的倾斜时，倾斜角不能太大。否则，会引起物料沿输送带下滑，造成生产率降低甚至不能正常输送。

（6）按驱动方式分类

滚筒驱动带式输送机：包括单滚筒驱动带式输送机和多滚筒驱动带式输送机。

线摩擦带式输送机：用一个或多个输送带作为驱动体。

磁性带式输送机：通过磁场作用驱动输送带。

3．结构组成

工作原理：输送带既是承载货物的构件，又是传递牵引力的牵引构件，依靠输送带与滚筒之间的摩擦力平衡地进行驱动。

典型的带式输送机的结构如图 6-3 所示，主要由输送带、支承托辊、驱动装置、制动装置、装载装置、卸载装置和清扫装置组成。

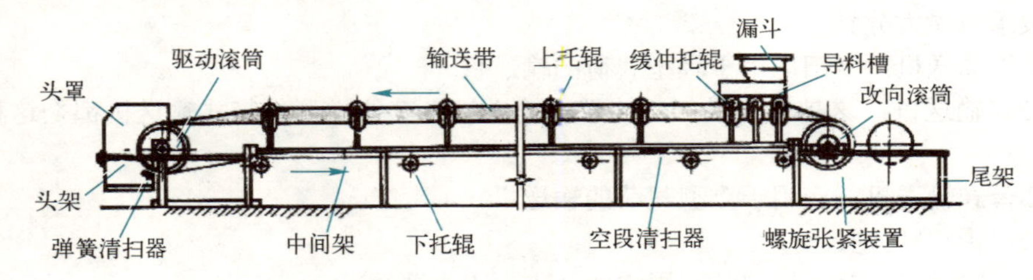

图 6-3　带式输送机结构示意图

（1）输送带

传递牵引力和承载被运货物，要求具有较高的强度，较好的耐磨性和较小的伸长率等。

（2）支承托辊

作用是支承输送带和被运物料的重量，减少输送带的垂度，使其能够稳定运行。包括上托辊和下托辊。托辊的维修或更换费用是带式输送机营运费用的重要组成部分。为了减少托辊对输送带的运动阻力，必须注意托辊两端滚动轴承的密封和润滑，以保证托辊转动灵活和延长使用寿命。

（3）驱动装置

作用是将动力（牵引力）传给滚筒及输送带，使其能承载并运行。

通用固定式和功率较小的带式输送机一般采用单滚筒驱动，即电动机通过减速器和联轴器带动一个驱动滚筒运转。电机一般采用封闭式笼型电动机，当功率较大时，可配以液力耦合器或粉末联轴器，使启动平稳。

长距离生产率高的带式输送机可采用多滚筒驱动，大功率电动机可采用绕线式电动机，便于调控，使长距离带式输送机平稳启动。

（4）改向装置

用于改变输送方向。

改向装置有改向滚筒和改向托辊组两种。改向滚筒适用于带式输送机的平行托辊区段；改向托辊组是若干沿所需半径弧线布置的支承托辊，用在输送带弯曲的曲率半径较大处，或用在槽形托辊区段，使输送带在改向处仍能保持槽形的横断面。

（5）制动装置

在倾斜布置的输送机中，为防止其停车时，在输送货物的重力作用下，发生倒转情况，需装设制动装置。

制动装置有滚柱逆止器、带式逆止器、电磁瓦块式或液压电磁制动器。

（6）张紧装置

使输送带保持必要的初张力，保证输送带与支承托辊之间有足够的摩擦力。

张紧装置的主要结构形式有螺旋式、小车重锤式、垂直重锤式 3 种。

（7）装载装置

装载装置的作用是对输送带均匀装载，防止物料在装载时落在输送机外面，并尽量减少物料对输送带的冲击和磨损。物料在下滑到输送带上时，应保持尽可能小的法向分速度（相对于带面）和尽量接近于带速的切向分速度。

（8）卸载装置

带式输送机可在输送机端部卸料，也可在中间卸料，前者物料直接从滚筒处抛卸，后者可采用自动分拣装置、卸载挡板或卸载小车。

（9）清扫装置

用以清扫黏附于输送带上的物料。

常用的清扫装置有弹簧清扫器和犁形刮板。

6.2.2 链式输送机

1. 概念特点

链式输送机是利用链条牵引、承载，或由链条上安装的板条、金属网带、辊道等承载物料的输送机。

链式输送机的主要功能元件是输送链，输送链既有传递动力的功能，又有承载能力。由于输送链链条的结构可以千变万化，所以链式输送机能适用于众多的工作环境和众多的使用要求。具有以下特点。

（1）输送物品的多样性

链式输送机几乎可以输送所有类型的物品。散料，如面粉、水泥、灰粉、煤炭和矿石等；小件物品，如电子元器件、机械零件、罐装和瓶装物品等；大件货物，如整件家电、各种整机、各种箱装件货等。以物品重量来说，小到几克的电子元器件，大到 10 吨以上的件货均可用链条来输送。

（2）苛刻输送环境的适应性

链式输送机几乎可在各种苛刻环境下正常工作，低温、高温、多粉尘、有毒介质、有腐蚀介质以及粗暴装载等各种工况都可适应。所以在低温的冷库、高温的烘干线、粗暴装载的林场、多粉尘的水泥厂以及设备涂装线均可使用链式输送机。

（3）输送物品流向的任意性

链式输送机不仅可以实现水平、垂直和倾斜输送，还可以根据工场环境条件，不需多机组合，即可进行起伏迂回的输送；不仅可以实现直线输送，还可以进行环形输送，使输送物品的流向有最大的任意性。

（4）工作时具有运载准确和稳定性

链式输送机是通过驱动链轮与链条啮合使链条实现运行的，所以，不像带传动那样会存在弹性滑动，能保证链式输送机输送速度的正确、稳定和精确的同步输送。因此，在自动化生产过程中常利用这一特点来控制生产流水线的节拍。

（5）寿命长、效率高

输送机的寿命与效率取决于输送元件。链式输送机的输送元件是输送链条，输送链条的组成元件虽然也会采用各种性能的材料来制造，但主要还是采用金属材料。即使是采用多种材料制成的链条，链条在设计与制造时也要求达到整体与部件性能的和谐与合理，因此与其他输送元件相比，输送链均具有强度高、寿命长的特点。再加上链条与链轮是啮合传动，链条铰链内部的摩擦阻力较小，所以链式输送机具有寿命长、效率高的特点。

2. 主要类型

按照输送形式，主要可分为以下四类。

（1）悬挂链式输送机

整个机组是架设在空中的，输送的物品借吊具与滑架在空间立体范围内运行。

（2）承托链式输送机

整个机组架设在地面上，输送物品放置在输送链条上，以操作者适应的高度运行，可以沿输送线做多工位操作。

（3）刮板链式输送机

被输送的块状、粒状或粉末状物料放置在料槽内，通过输送链条刮送，有较高的自动化程度。

（4）链式提升机

在输送链条上配置众多的料斗、托盘或托架，主要用来在垂直方向提升物料。

3. 结构组成

链式输送机的工作原理是：用绕过若干链轮的无端链条做牵引构件，由驱动链轮通过齿轮与链节的啮合将圆周牵引力传递给链条，在链条上或一定的工作构件上输送货物，如图 6-4 所示。

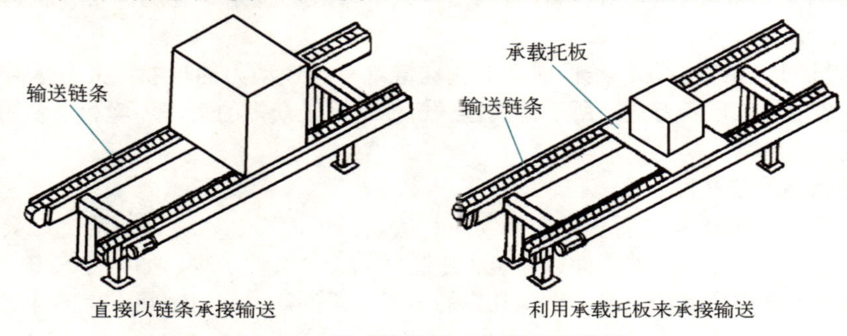

图 6-4 链式输送机工作原理示意图

链式输送机品种繁多，有些结构还比较复杂，但基本上由以下结构部件组成。

（1）原动机

原动机是输送机的动力来源，一般都采用交流电动机。视需要可以采用普通的交流异步电动机，或采用交流调速电动机。可调速的电动机有变极式的小范围内有级调速的电动机，也有能无级调速的变频、滑差交流电动机。采用可调速电机，电动机本身成本较高，但驱动装置的结构比较简单。

（2）驱动装置

驱动装置，又称为驱动站。通过驱动装置将电动机与输送机头轴连接起来，驱动装置的组成取决于要实现的功能，通常驱动装置可实现以下功能。

降低速度。由于驱动电机的转速相对于输送链条运行速度的要求高得多，所以链式输送机必须有减速机构。减速机构通常有带传动、链传动、齿轮传动、蜗杆传动和履带驱动机构等。

机械调速。输送链条的运行速度如需在一定范围内变动，虽然可通过电动机调速来实现，由于单纯用电动机调速会有电机转速低输出转矩小的弊病，所以在驱动装置中常设置机械调速装置，如机械无级变速机与变速箱等。

安全保护。链式输送机工作过程中要求有安全保护与紧急制动的功能，安全保护设备与制动设备大都设置在驱动站的高速运行部分。

（3）线体

链式输送机的线体是直接实现输送功能的关键部件。它主要由输送链条、附件、链轮、头轴、尾轴、轨道、支架等部分组成。

设计线体时一定要注意输送链条与传动链条的区别，尽管两者在结构上有时可能很相似，但在功能上仍然是有区分的。输送链需要具备承载物品以及在轨道上运行的功能，所以，正确分析输送链的受力情况及其力流（即物料重力传送到输送的支承轨道上所流经的路程）分布是很重要的，设计线体时应遵循力流路线最短与力流路线所经过的各零件尽可能等强度的原则。

（4）张紧装置

张紧装置用来拉紧尾轴，其作用如下。

保持输送链条在一定的张紧状态下运行，消除因链条松弛使链式输送机运行时出现跳动、振动和异常噪声等现象。

当输送链条因磨损而伸长时，通过张紧装置补偿，保持链条的预紧度。张紧装置有重锤张紧与弹簧张紧两种方法，张紧装置应安装于链式输送机线路中张力最小的部位。

（5）电控装置

电控装置对单台链式输送机来说，其主要功能是控制驱动装置，使链条按要求的规律运行。但在由输送机组成的生产自动线，如积放式悬挂输送线、带移行器等转向装置的承托式链条输送线设备中，它的功能就要广泛得多。除了一般的控制输送机速度外，还需完成双（多）机驱动的同步、信号采集、信号传递、故障诊断等使链条自动生产线满足生产工艺要求的各种功能。

6.2.3 辊子输送机

1. 概念特点

辊子输送机是由一系列以一定的间距排列的辊子组成的用于输送成件货物或托盘货物的连续输送设备。

辊子输送机是一种用途十分广泛的连续输送设备。特别是由辊子输送机组成的生产线和装配线越来越广泛地应用在机械加工、冶金、建材、军事工业、化工、医药、轻工、食品、邮电以及仓库和物资分配中心等各个行业。辊子输送机是各个行业提高生产率、减轻劳动强度和组成自动化生产线的必备设备。

辊子输送机沿水平或较小的倾斜角输送平直底部的成件物品，如板、棒、管、型材、托盘、箱类容器及平底、直棱的各类物件。具有结构简单、运行可靠、维护方便、经济、节能等优点；同时与生产工艺过程有良好的相容性和配套性。主要特点如下。

1）布置灵活，易于分段与连接，根据现场需要，形成直线、圆弧、水平、倾斜、分支、合流等区段以及辅助装置，组成开式、闭式、平面、立体等各种形式的输送线路。

2）功能形式多样，可以按重力式、动力式、积放式等多种输送方式输送或积存物品，能够在输送过程中升降、移动、翻转物品，并结合辅助装置，按直角、平行、上下等方式实现物品在辊子输送机之间或辊子输送机与其他输送设备之间的转运。

3）便于和工艺设备衔接配套，衔接方式简易紧凑，有时可以直接作为工艺设备的物料输入和输出段。辊子间的空隙部位便于布置各种装置和设备。

4）物品输送平稳，停靠精确，便于对输送过程中的物品进行加工、装配、试验、分拣、包装等各种工艺性操作，对输送过程易于实现自动控制。

2. 主要类型及结构

（1）按输送方式

可分为无动力式、动力式和积放式辊子输送机。

1）无动力式辊子输送机。

无动力式辊子输送机自身无驱动装置，辊子转动呈被动状态，物品依靠人力、重力或外部推拉装置移动。按布置方式分为水平和倾斜两种。

水平布置：依靠人力或外部推拉装置移动。人力推动用于物品重量小、输送距离短、工作不频繁的场合。

倾斜布置：依靠物品重力做重力式输送，结构简单，经济实用，但不易控制物品运行状态，物品之间易发生撞击，不宜输送易碎物品。适用于工序间短距离输送及重力式高架仓库的输送。

2）动力式辊子输送机。

动力式辊子输送机本身有驱动装置，辊子转动呈主动状态，可以严格控制物品运行状态，按规定的速度精确、平稳、可靠地输送物品，便于实现输送过程的自动控制。按传动方式分为链传动、带传动、齿轮传动。

链传动：承载能力大，通用性好，布置方便，对环境适应性强，可在经常接触油、水及温度较高的地方工作，是最常用的一种动力式辊子输送机。在多尘环境中工作时链条容易磨损，高速运行时噪声较大。链传动分单链传动和双链传动。单链传动结构布置紧凑，适用于轻载、低速、持续运行的场合。双链传动适用于载荷较大，速度较高，起、制动比较频繁的场合。

带传动：运转平稳，噪声小，对环境污染少，允许高速运行，但不适宜在接触油污的地方工作。带传动分平带传动、V 型带传动、O 型带传动。平带传动承载能力较大，V 型带传动次之，O 型带最小。V 型带或 O 型带传动均适宜于辊子输送机圆弧段。O 型带传动布置较为灵活。

齿轮传动：承载能力较大，传动精度高，使用寿命长，对环境适应性强，适用于重载、运行精度较高、起制动频繁、经常逆转的场合。

3）积放式辊子输送机。

积放式辊子输送机除具有一般动力式辊子输送机的输送性能外，还允许在驱动照常运行的情况下物品在辊子输送机上停止和积存，而运行阻力无明显增加，适用于辊子输送机线路中需要物品暂时停留和积存的区段。常用的积放辊子输送机有限力式和触点控制式两种类型。

限力式：辊子内部有轴向摩擦片或径向摩擦环，一般输送情况下起传递力矩的作用，物品受阻停止和积放情况下，因运行阻力矩超过限定的辊子力矩，结果使摩擦片（环）打滑，辊子与驱动装置间处于柔性连接状态。辊子的阻力矩略高于正常输送时运行阻力矩。

触点控制式：一般为带传动，当需要物品停止和积存时，停止器动作，通过物品对触点的作用，控制机械或气动系统，使辊子和传动系统脱离。积存状态下物品间挤压力很小，需要时还可使物品保持一定距离。适于输送和积存易碎怕玉物品，结构比较复杂。

（2）按辊子形式

可分为圆柱形、圆锥形和轮形辊子输送机。

1）圆柱形辊子输送机。

圆柱形辊子输送机通用性好，可以输送具有平直底部的各类物品，板、棒、管、托盘、箱类容器及有平底和直棱的工件。允许物品的宽度在较大范围内变动，一般作用在辊子输送机线路的直线段。也可以用作圆弧段。但物品在圆柱形辊子输送机圆弧段上运行时存在滑动和错位现象。为改善这种情况，多做双列布置。

2）圆锥形辊子输送机。

圆锥形辊子输送机用于辊子输送机线路圆弧段，多与圆柱形辊子输送机直线段配套使用。可以避免物品在圆弧段运行时发生滑动和错位现象，保持正常方位。制造成本高于圆柱形辊子输送机。

3）轮形辊子输送机。

轮形辊子输送机自重轻，运行阻力小，分边辊和多辊两类。

边辊输送机：辊子沿机架两侧布置，输送机中间部位可布置其他设备，适用于输送底部刚性较大的物品。辊子无轮缘的边辊输送机要求物件宽大于轮间宽度，必要时设置水平导向装置。有轮缘的边辊输送机具有导向作用，但对物品宽度尺寸有严格限制，多用于专用生产线中，输送宽度尺寸为一定规格箱、托盘及工件。

多辊输送机：结构轻便，可以作为辊子输送机直线段和圆弧段。适用于输送板、箱、托盘等平底物品。

（3）按辊子支承方式

可分为定轴式和转轴式辊子输送机。

定轴式辊子输送机辊子绕定轴旋转，辊子转动部分自重轻，运行阻力小，辊子与机架整体装配性好，是通用的辊子支承形式。

转轴式辊子输送机辊子连轴旋转，转轴支承在两端固定的轴承座内。转轴式辊子便于安装、调整、拆卸，多用于重载和运转精度要求高的场合，造价比定轴式高。

6.2.4 垂直输送机

1．概念特点

垂直输送机可以连续地垂直输送物料，使不同高度上的连续输送机保持不间断的物料输送。可以理解为，垂直输送机是把不同楼层间的输送机系统连接成一个更大的连续的输送机系统的重要设备。主要特点如下。

1）结构紧凑，占地面积小，便于工艺布置。

2）可实现货品在不同楼层间的连续不间断输送。

3）安全可靠，易于维护，运行费用低廉，有效降低输送成本。

4）货品可向上输送，也可向下输送。

垂直输送机广泛适用于冶金、煤炭、建材、粮食、机械、医药、食品等行业。能够用于粉状、颗粒状物料的垂直提升作业，也可用于托盘或包装货品在不同楼层的换层作业。

2．主要类型

从作业形式上看，垂直输送机主要可分为往复式和连续式两种类型。

（1）往复式垂直输送机

往复式垂直输送机又称垂直升降机、特种非载人电梯等，主要通过提升机实现货物的垂直输送，用于多个楼层之间的托盘或包装货物搬运。根据货物的出入口方向分为Z形、E形、C形与F形，如图6-5所示。

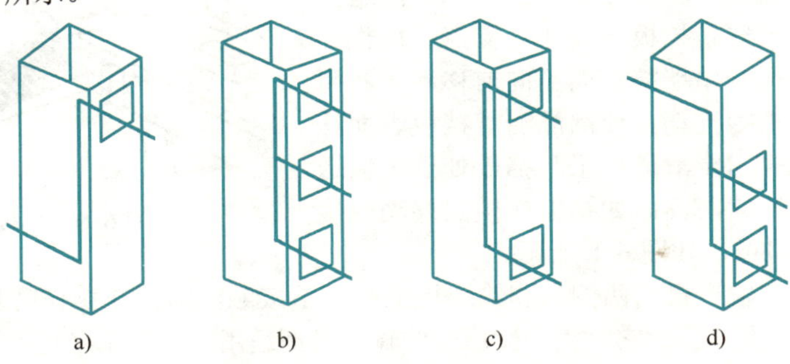

图6-5　垂直输送机的主要形式

a) Z形　b) E形　c) C形　d) F形

（2）连续式垂直输送机

连续式垂直输送机，又称为垂直螺旋输送机，主要是通过螺旋实现货品的上升或下降运动。按照螺旋的形式可分为平面输送型和叶片旋进型两种形式。

平面输送型螺旋输送机，主要是基于带式、链式或辊子输送机，在结构设计时按照螺旋形式进行构造，以实现输送时的螺旋上升或下降。可用于单件包装货物的连续垂直输送，如图 6-6 所示。

叶片旋进型螺旋输送机，是利用旋转的螺旋叶片将被输送的物料沿固定的机壳内推移而进行输送工作。主要是利用叶片旋转产生的向前的推力进行输送，可实现水平、垂直、倾斜多角度的输送，主要用于输送粉状、粒状和小块状物料，如水泥、煤粉、粮食、化肥、灰渣、砂子等，如图 6-7 所示。

图 6-6　垂直螺旋输送机（南京音飞）

图 6-7　叶片旋进型螺旋输送机

6.3　自动分拣装置

自动分拣装置主要根据用户的要求、场地情况，对货品按用户、地名、品名等进行自动分拣连续作业。自动分拣装置是物流中心进行货品输送分拣的关键设备之一，通过应用分拣系统可实现物流中心准确、快捷的工作。

按照分拣机构的结构，自动分拣装置分为不同的类型，常见的类型有下列几种。

6.3.1　挡板式分拣机

挡板式分拣机是利用一个挡板（挡臂）挡住在输送机上向前移动的商品，将商品引导到一侧的滑道排出。挡板的另一种形式是挡板一端作为支点，可作旋转。挡板动作时，像一堵墙挡住商品向前移动，利用输送机对商品的摩擦力推动，使商品沿着挡板表面移动，从主输送机上排出至滑道。平时挡板处于主输送机一侧，可让商品继续前移；如挡板作横向移动或旋转，则商品就排向滑道，如图 6-8 所示。

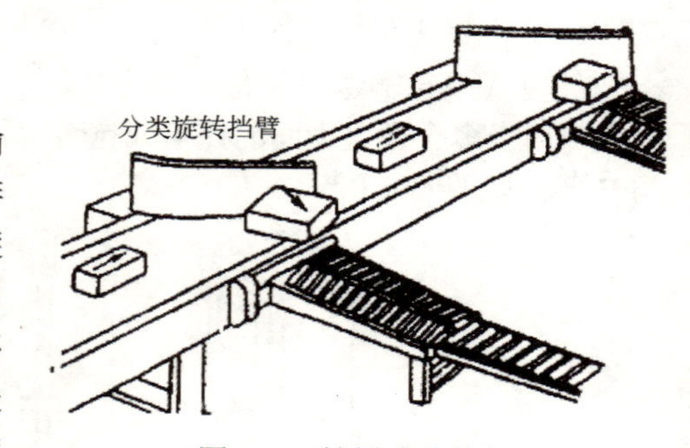

图 6-8　挡板式分拣机

挡板一般安装在输送机的两侧，和输送机上平面不接触，即使在操作时也只接触商品而不触及输送机的输送表面，因此它对大多数形式的输送机都适用。挡板本身也有不同形式，如直线型、曲线型，也有的在挡板工作面上装有滚筒或光滑的塑料材料，以减小摩擦阻力。

6.3.2 滑块式分拣机

滑块式分拣机如图 6-9 所示，它是一种特殊形式的条板输送机。输送机的表面用金属条板或管子构成，如竹席状，而在每个条板或管子上有一枚用硬质材料制成的导向滑块，能沿条板作横向滑动。平时滑块停止在输送机的侧边，滑块的下部有销子与条板下导向杆联结，通过计算机控制，当被分拣的货物到达指定道口时，控制器使导向滑块有序地自动向输送机的对面一侧滑动，把货物推入分拣道口，从而商品引出主输送机。这种方式是将商品侧向逐渐推出，并不冲击商品，故商品不容易损伤，它对分拣商品的形状和大小适用范围较广，是目前国内外应用的一种新型高速分拣机。

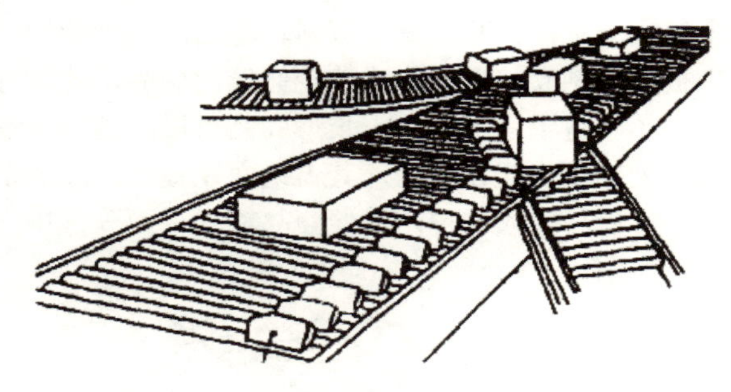
图 6-9　滑块式分拣机

6.3.3 浮出式分拣机

浮出式分拣机是把商品从主输送机上托起，从而将商品引导出主输送机的一种结构形式。从引离主输送机的方向看，一种是引出方向与主输送机构成直角；另一种是呈一定夹角（通常是 30°～45°）。一般是前者比后者工作效率低，且对商品容易产生较大的冲击力。

浮出式分拣机大致有以下几种形式。

1．胶带浮出式分拣机

这种分拣结构用于辊筒式主输送机上，将有动力驱动的两条或多条皮带或单个链条横向安装在主输送辊筒之间的下方。当分拣机结构接受指令启动时，皮带或链条向上提升，接触商品底部把商品托起，并将其向主输送机一侧移出，如图 6-10 所示。

2．辊筒浮出式分拣机

这种分拣机构用于辊筒式或链条式的主输送机上，将一个或数个有动力的斜向辊筒安装在主输送机表面下方。分拣机构启动时，斜向辊筒向上浮起，接触商品底部，将商品斜向移出主输送机。这种上浮式分拣机，有一种是采用一排能向左或向右旋转的辊筒，可将商品向左或向右排出，如图 6-11 所示。

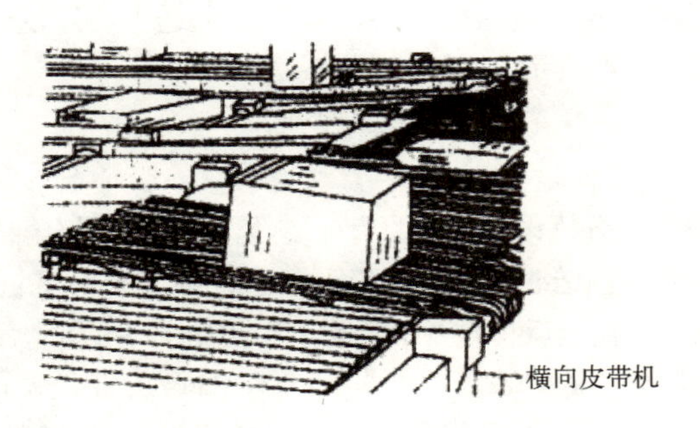

图 6-10　胶带浮出式分拣机

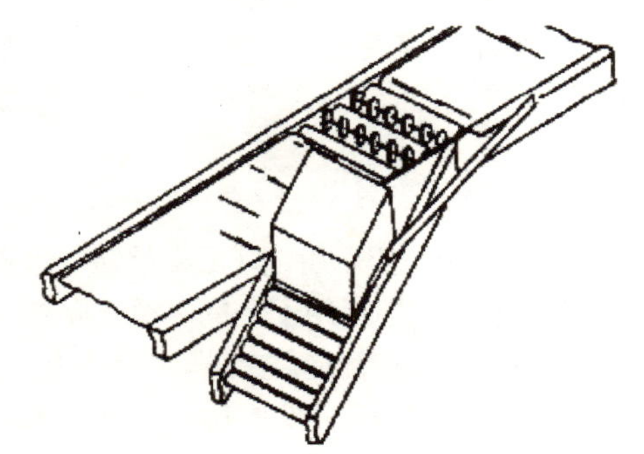
图 6-11　辊筒浮出式分拣机

6.3.4 倾斜式分拣机

1．条板倾斜式分拣机

这是一种特殊型的条板输送机，商品装载在输送机的条板上，当商品行走到需要分拣的位置时，条板的一端自动升起，使条板倾斜，从而将商品移离主输送机。商品占用的条板数随不同商品的长度而定，经占用的条板如同一个单元，同时倾斜，因此，这种分拣机对商品的长度在一定范围内不受限制，如图 6-12 所示。

2．翻盘式分拣机

这种分拣机由一系列的盘子组成，盘子为铰接式结构，向左或向右倾斜。装载商品的盘子上行到一定位置时，盘子倾斜，将商品翻到旁边的滑道中，为减轻商品倾倒时的冲击力，有的分拣机能控制商品以抛物线轨迹倾倒出商品。这种分拣机对分拣商品的形状和大小无特殊要求，但以不超出盘子为限。对于长形商品可以跨越两只盘子放置，倾倒时两只盘子同时倾斜。这种分拣机常采用环状连续输送，其占地面积较小，又由于是水平循环，使用时可以分成数段，每段设一个分拣信号输入装置，以便商品输入，而分拣排出的商品在同一滑道排出，这样就可提高分拣能力，如图 6-13 所示。

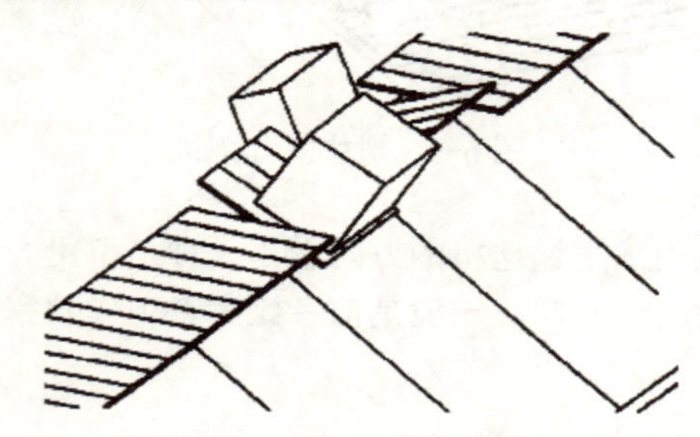

图 6-12　条板倾斜式分拣机

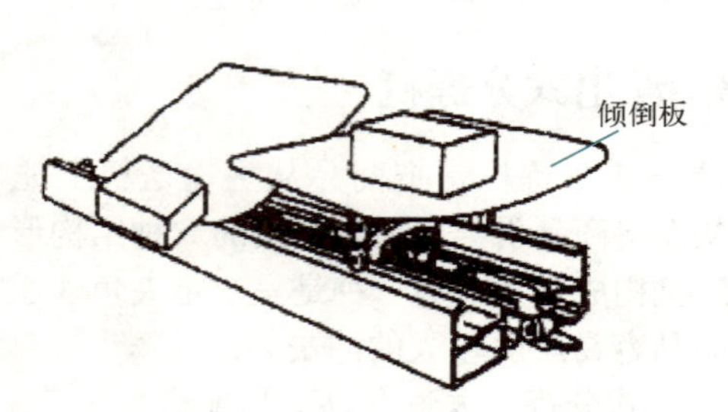

图 6-13　翻盘式分拣机

6.3.5　托盘式分拣机

托盘式分拣机是一种应用十分广泛的机型，它主要由托盘小车、驱动装置、牵引装置等组成。其中托盘小车形式多种多样，有平托盘小车、交叉带式托盘小车等。

传统的平托盘小车利用盘面倾翻，重力卸载货物，结构简单，但存在着上货位置不稳、卸货时间过长的缺点，从而造成高速分拣时不稳定以及格口宽度尺寸过大。

交叉带式托盘小车的特点是取消了传统的盘面倾翻、利用重力卸落货物的结构，而在车体下设置了一条可以双向运转的短传送带（又称交叉带），用它来承接上货机，并由牵引链牵引运行到格口，再由交叉带运送，将货物强制卸落到左侧或右侧的格口中，是当前配送中心广泛采用的一种高速分拣装置。交叉带式托盘分拣机如图 6-14 所示。

6.3.6　悬挂式分拣机

悬挂式分拣机是用牵引链（或钢丝绳）作牵引件的分拣设备，按照有无支线，可分为固定悬挂和推式悬挂两种机型。前者用于分拣、输送货物，只有主输送线路、吊具和牵引链是连接在一起的；后者除主输送线路外还具备储存支线，并有分拣、储存、输送货物等多种功能，如图 6-15 所示。

固定悬挂式分拣机主要由吊挂小车、输送轨道、驱动装置、张紧装置、编码装置、夹钳等组成。分拣时，货物吊夹在吊挂小车的夹钳中，通过编码装置控制，由夹钳释放机构将货物卸落到指定的搬运小车或分拣滑道上。

推式悬挂机具有线路布置灵活、允许线路爬升等优点，普遍用于货物分拣和储存业务。

悬挂式分拣机具有悬挂在空中，利用空间进行作业的特点，它适合于分拣箱类、袋类货物，对包装物形状要求不高，分拣货物重量大，一般可达 100 kg 以上，但该机需要专用场地。

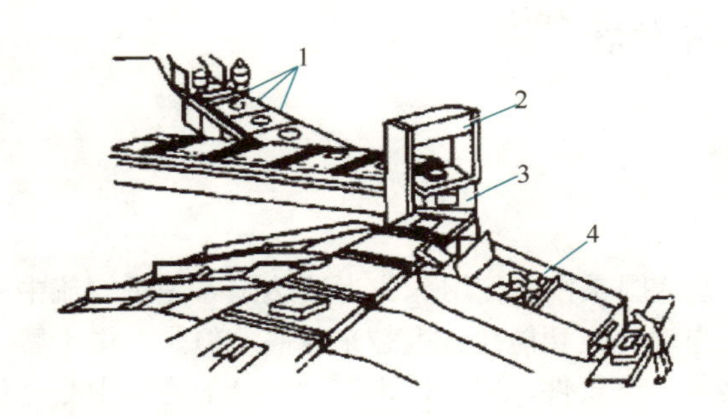

1—上货机；2—激光扫描器；3—带式托盘小车；4—格口

图 6-14 交叉带式托盘分拣机

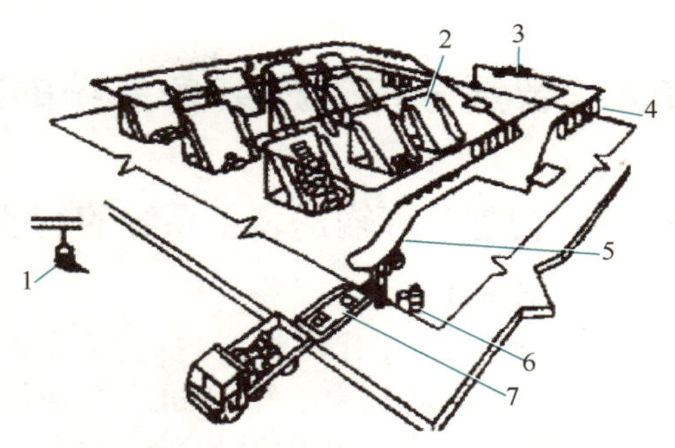

1—吊挂小车；2—格口；3—张紧装置；4—货物；5—输送轨道；6—编码台；7—传送带

图 6-15 悬挂式分拣机

6.3.7 滚柱式分拣机

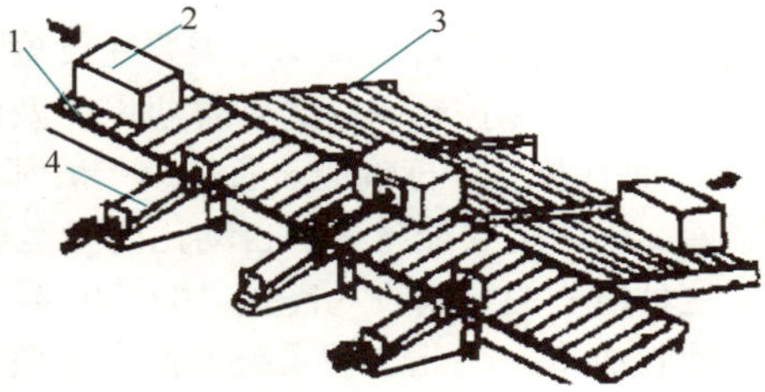

滚柱式分拣机是用于对货物输送、存储与分路的分拣设备，按处理货物流程需要，可以布置成水平形式，也可以和提升机联合使用构成立体仓库，如图 6-16 所示。

1—滚柱机；2—货物；3—支线滚柱机；4—推送器

图 6-16 滚柱式分拣机

滚柱式分拣机中的滚柱机的每组滚柱（一般由 3～4 个滚柱组成，与货物宽度或长度相当）均各自具有独立的动力，可以根据货物的存放和分路要求，由计算机控制各组滚柱的转动或停止。货物输送过程中在需要积放、分路的位置均设置光电传感器进行检测。当货物输送到需分路的位置时，光电传感器给出检测信号，由计算机控制货物下面的那组滚柱停止转动，并控制推进器开始动作，将货物推入相应支路，实现货物的分拣工作。

滚柱式分拣机适用于包装良好、底面平整的箱装货物，其分拣能力高但结构较复杂，价格也较高。

6.3.8 分拣机器人

利用机器人（搬运机械臂），基于视觉、触觉等智能控制系统，可以将来自输送线上的货品拣出，置于托盘或另一条输送线上，实现高速分拣的目的；也可将货架上或托盘上的货品拣出后置于输送带上，实现供包分拣的功能，如图 6-17 所示。

图 6-17 分拣机器人

6.4 智慧分拣输送装备系统的应用与发展

6.4.1 智慧分拣输送装备系统的行业应用

1．适用条件

20 世纪 50 年代以来，分拣输送系统在西方发达国家投入使用，成为发达国家先进物流中心、配送中心或流通中心所必需的设施条件之一，自动化、智能化程度越来越高。但是，由于智慧分拣输送装备系统要求使用者必须具备一定的技术经济条件，因此，也有大部分的物流中心、配送中心或流通中心不用智慧分拣输送装备系统。在引进和建设智慧分拣输送装备系统时需要考虑以下因素。

（1）一次性投资巨大

智慧分拣输送装备系统本身需要建设短则 40～50 m、长则 150～200 m 的机械传输线，还有配套的机电一体化控制系统、计算机网络及通信系统等，这一系统不仅占地面积大，动辄 2 万 m^2 以上，而且智慧分拣输送装备系统一般都建在自动化立体仓库中，这样就要建 3～4 层楼高的立体仓库，库内需要配备各种自动化的搬运设施，丝毫不亚于建立一个现代化工厂所需要的硬件投资。这种巨额的前期投入需要 10～20 年才能收回，如果没有可靠的货源作保证，企业很难在短期内回收成本，因此这种系统大都由大型生产企业或大型专业物流公司投资。

（2）对商品外包装要求高

智慧分拣输送装备系统比较适用于分拣底部平坦且具有刚性的包装规则的商品。袋装、包装底部柔软且凹凸不平、包装容易变形、易破损、超长、超薄、超重、超高、不能倾覆的商品不能使用普通的自动分拣机进行分拣。因此，为了使大部分商品都能用机械进行智能分拣，可以采取以下两条措施：一是推行标准化包装，使大部分商品的包装符合国际标准；二是根据所分拣的商品统一的包装特性定制特定的分拣机。但要让所有商品的供应商都执行统一的包装标准是很困难的，定制分拣机又会使硬件成本上升，并且越是特别定制的分拣机其通用性就越差。因此，要根据经营商品的包装情况来确定是否建或建什么样的智慧分拣输送系统。

2．选用原则

分拣作业是配送中心的核心作业环节之一，高效率地完成分拣作业需要多个因素配合，因此，作为分拣作业的硬件基础——智慧分拣输送装备系统就要很好地与其他影响因素匹配。选用时要遵循以下原则。

（1）适应性原则

智慧分拣输送装备系统选用时应考虑到作业对象和作业流程的要求，具有很好的适应性。首先对于分拣的货物要有必要的物理、化学特性要求，一般货物都必须满足底部平坦且具有刚性的条件，对于袋装、包装底部柔软且凹凸不平、包装容易变形、易破损、超长、超薄、超重、超高、不能倾覆的货物不能使用普通的自动分拣机进行分拣。在进行作业时要充分考虑到分拣货物的物理、化学性质及其外部形状、重量、包装等特性的千差万别，必须根据这些基本特性来选择分拣设备，这样才能保证货物在分拣过程中不受损失，保证配送作业的安全。同时还要考虑作业要求，主要是分拣的数量、频率以及种类等。

（2）系统性原则

智慧分拣输送装备系统需要一个与之相适应的外部条件，如计算机信息系统、作业环境、配套设施等。分拣系统是一个复杂的多元系统，各种子系统需要协调配合才能使整个系统正常工作。

（3）经济性原则

智慧分拣输送装备系统造价一般都比较高昂，因此，目前主要应用在电商、医药、烟草等行业，而且智慧分拣输送装备系统占地较多，在选用分拣设备时，要做好技术经济分析，尽量达到经济合理的要求。

6.4.2 智慧分拣输送装备系统的发展趋势

随着我国电商的快速发展和相关应用技术不断成熟，对电商快递自动化系统装备的需求集中爆发。预计未来，我国对以交叉带式分拣机为主的高速智慧分拣系统需求量将大幅上升，智慧分拣输送装备系统市场前景广阔。结合技术发展与市场应用，未来智慧分拣输送装备系统的发展方向总体如下。

1．技术向智能化、数字物联化方向发展

机器视觉识别与信息技术及深度学习技术的不断升级，可以更加智能、高效地采集物流系统数据，让高速智能分拣成为可能。以交叉带分拣机为代表的分拣装备随着新技术的迭代趋于成熟，同时物联网技术及 5G 技术的发展，实现了物流设备系统远程监控与维护，大大提升了自动输送分拣系统的可用性、利用率及运维效率。云平台的诞生催生了大数据，为“互联网+”“智能+”和机器深度学习的发展提供了基础，大幅提升了设备运作效率，并为设备智能化提供了发展基础。

大数据塑造了从销售前端到运营预测的一切可能性，例如预测性运输模型，并可实现机器学习，随着自动化装备各个流程中安装了更多传感器，因此有机会将整个系统连接到 IoT 网络，从而提供产品移动与作业的可见性，并启用预防性维护等功能。工业物联网网络将很快成为高效仓库管理的重要组成部分，并将提供智能仓库所依赖的连接和数据。智能化和数字物联化技术能够提高物流分拣装备的自动化程度、运行效率和准确率，是物流分拣装备技术的发展方向。

2．产品向标准化、模块平台化方向发展

智慧分拣输送装备系统是一种集光、机、电、信息技术为一体的现代化装备，它包含了存储系统、零拣系统、复核打包系统、集/合单系统、路径分拣系统、机器视觉识别系统、人机交互系统、信息管理系统等于一体。物流分拣装备受制于客户需求、场地限制等因素，目前以定制化为主，要求在定制化基础上保证产品质量，同时实现大批量生产，这必须通过产品的标准化、模块化实现。产品的标准化、模块化、平台化是实现大规模制造基础，可实现降本增效，可以更好地保证产品品质的稳定。

3．应用向产业化、细分化方向发展

由于不同行业对智慧分拣输送装备的需求存在较大差异，因此物流装备企业需要熟悉不同行业客户特点、业务流程特点、工艺要求和技术特点，熟悉客户所处行业和现代物流技术发展的最新趋势，客观分析客户自身的经济条件和管理水平，提供最为适合的系统，更好地满足客户的个性化需求。

从我国快递企业的自动化物流系统需求及业务发展来看，当前分拨中心及网点级的分拣系统从客户应用角度而言只是解决了以卸车为起点的小件分拣业务需求，其他如大件分拣的需求同样旺盛，但受限于大件自动分拣技术的瓶颈而尚未产生爆发性增长，因而未来自动分拣系统的应用需求将随着客户需求与业务形态变化向细分化方向发展，即小件分拣和大件分拣两大类别，同时朝向以传统输送分拣设备为主的自动化分拣系统和以智能 AGV、机器人设备为主的柔性分拣系统两大方向发展。

4．系统向无人化方向发展

人口红利的消失与用工成本的上升，将逐步推动各个行业向无人化发展。随着智能技术、机器人技术、无线通信技术、大数据云平台、类人仿真技术、传感技术、微型控制技术、5G 技术等新兴技术的不断发展与突破，催生了黑灯工厂、无人仓的产生。随着自动装卸技术、自动多件分离技术、自动装袋换袋技术、六面高速物品信息自动识别技术、超级电容技术等取得突破，集合系统低功耗技术、免维护技术，包括智慧分拣输送装备系统在内的仓配中心、分拨中心将整体向无人化方向发展。

本章小结

智慧分拣输送装备系统由中央计算机控制，应用大量传感器、控制器和执行器，能够自动完成货品的进出库、装卸、分类、分拣、识别、计量等工作，是生产制造和物流运作过程中组成机械化、连续化、自动化、智能化流水作业线不可缺少的部分，是自动化仓库、配送中心、大型货场的生命线。具备速度快、流向多、效率高、差错率低和基本实现智能化、无人化作业的优势。

智慧分拣输送装备系统一般由自动控制和计算机管理系统、自动识别装置、主输送装置、自动分拣装置、前处理设备及分拣道口组成。主输送装置主要包括带式输送机、链式输送机、辊子输送机、垂直输送机等。自动分拣装置主要包括挡板式分拣机、滑块式分拣机、浮出式分拣机、倾斜式分拣机、托盘式分拣机、悬挂式分拣机、滚柱式分拣机、分拣机器人等。

智慧分拣输送装备系统的应用与发展体现四个趋势：技术上向智能化、数字物联化方向发展；产品上向标准化、模块平台化方向发展；应用上向产业化、细分化方向发展；系统上向无人化方向发展。

本章练习

一、思考题

1. 什么是智慧分拣输送装备，有何特征？
2. 智慧分拣输送装备系统的工作原理是什么？
3. 智慧分拣输送装备系统主要由哪些部分构成？
4. 主输送装置的类型有哪些？
5. 自动分拣装置的类型有哪些？
6. 选用智慧分拣输送装备系统一般应坚持什么原则？
7. 思考智慧分拣输送装备系统的发展趋势是什么。

二、讨论题

1. 比较分析带式输送机、链式输送机、辊子输送机的特点及适用场景。
2. 对大型电商配送中心应用的自动分拣装置进行调查，比较分析不同类型分拣装置的特点及适用场景。

三、设计与实训

某烟草公司原有物流配送中心建于2002年，建筑面积5400 m^2，其中存储区2600 m^2，经过近十年的良好发展和销售量的不断增长，原有物流配送中心存在诸如仓储量严重不足、分拣设备能力低下、无发货暂存区等诸多问题，且用地受城市规划限制，不具备进行改扩建的条件，已不能很好地满足现有物流业务的正常运作，不能适应集中配送的要求，不能保证物流生产运作的安全、优质、高效、低成本，阻碍了公司的进一步发展。为此公司决定对配送中心在原有设施基础上进行自动化设备升级改造，拟采用穿梭板式密集仓储系统进行箱货存储，采用高速轻型堆垛机配合流利货架进行件烟自动备货，同时应用自动分拣输送作业线进行货品分拣。

根据实训背景，请完成以下任务。

（1）浏览普罗格科技公司网站 http://www.prolog-int.com，调查了解分拣输送装备主要类型及功能参数。

（2）配合存储区和备货区实际需要，选择合适的分拣输送装备，设计形成智慧分拣输送装备系统，描述该系统的主要构成。

（3）描述设计改造后的配送中心分拣输送整体作业流程。

四、案例分析

良品铺子华中物流中心

良品铺子华中物流中心是一个典型的食品流通型物流中心，讲求快速进出与周转，商品拆零出库量大，整零合一存储。为进一步优化物流中心，良品铺子与普罗格合作，将整体优化思路确定为打造货位精细化、作业简单共通化、高度信息化、作业智能化与适度自动化，引入自动化立体库、万向分拣机等自动化、智能化设备，以及普罗格物流管理相关软件等，软硬件充分结合，形成高效和谐的一体化作业，使良品铺子华中物流中心项目的智慧程度显著提高，与良品铺子的现阶段发展思路更为匹配。

项目涵盖 1 号、3 号两座厂房，其中，1 号厂房包括一层的入库、出库作业区域，以及自动化立体库；二至五层为模块化作业区域，每层楼布局一致，均为全品规布局，单独拣选，经由输送线到一层分拨集货。

良品铺子华中物流中心投入使用的自动化立体库高达 22 m，存量近百万件，采用全自动堆垛机，实现托盘商品的自动存取，通过条码自动识别功能保证入出库的准确，主要用作大批量商品存储及出库补货作业。同时，穿梭子母车与立体库进行联动作业，实现 A 品、超 A 品整件的全自动补货，密集存储，提高仓库利用率。

重力式货架区实现超 A 品密集存储，穿梭车自动补货。传统仓整件拣货峰值为 200 件/h；本项目试运行阶段整件拣货峰值已达 500 件/h，拣货行走步数为原来 1/10，拣货效率提高 3 倍。

所有完成拣选的商品通过输送线及各楼层螺旋升降机，输送至万向分拣机进行分拣作业。各滑道分拣商品通过电子标签指引完成按门店分拣作业，经由电子标签指引集货至对应门店的集货位，配送员根据 APP 提示按线路顺序将各门店商品装车配送。

良品铺子华中物流中心项目凭借具备智能算法的管理系统，根据各区域的商品属性和分拣需求进行统筹规划和布局，通过操作精准高效的智能设备，针对性地解决了大、中、小件订单的不均衡，场景复杂等问题，实现了物流综合处理能力的有机匹配和全面提升。

智能化设备让拣货员工少走路、少搬运、少判断，从而提高拣货效率，降低错误率，通过多条输送线合流，最终进入分拣机，达成货物按照门店分拣的目的。良品铺子华中物流中心项目以统一仓储管理为基础展开低成本运营，提升了内部营运管理质量，并有效提高 B2B、B2C 订单处理速度以及客户满意度，实现了信息平台统一化、物流管理标准化、订单处理迅捷化。作业效率和能力的显著提高，也标志着良品铺子华中物流中心对华中及周边地区的业务可以提供充分有力支持，解除物流服务能力的瓶颈制约，为良品铺子的高速发展增添动力。

根据案例回答问题。

（1）智慧分拣输送系统应用于物流中心的作用和意义是什么？

（2）描述良品铺子华中物流中心智慧分拣输送系统的主要构成及运作流程。

第 7 章　智慧拣选装备

学习目标

- 了解智慧拣选装备的概念与特征;
- 理解“人到货”与“货到人”拣选系统的区别;
- 掌握“人到货”与“货到人”拣选系统的主要类型、原理及应用。

引例

苏宁“超级云仓”智慧物流

苏宁“超级云仓”依靠高密度存储、SCS 货到人拣选、高速交叉分拣等国内领先的智能化设施，日处理包裹数可达到 181 万件。在新一代无人仓，包裹从下单、拣选、打包、贴标、出库全流程仅需 20 min；无人机、“5G 卧龙一号”无人配送车等科技产品让物流配送工作效率最大化。（扩展视频 7–1）

7.1　智慧拣选装备概述

7.1.1　智慧拣选装备的概念

1．拣选作业

拣选作为物流中心核心作业，是指从物流中心存储区域将物资从库位中拣选出库的过程。

拣选和分拣存在区别。分拣就是把混在一起的东西按类别等需求分开；而拣选则是从各类物品中选取出需要的。在仓储物流场景中，分拣是将物料按品种等规则进行分门别类放置的作业，是支持送货的准备性工作；拣选是将已经归类散放在料架上的物品拣出，用于配送使用的过程。分拣可以作为拣选的上一个环节，为拣选准备物料，或者作为拣选的下一个环节为配送做准备。

通常来说，拣选作业时间占整个仓储作业时间的 30%～40%，拣选搬运成本约占仓储搬运成本的 90%；拣选人员的数量占仓储作业人员数量的 60%以上；在传统拣选系统中，拣选人员 70%的作业时间是在移动，30%的作业时间真正用于挑选物资。因此，拣选作业作为仓储作业中劳动密集程度最高、作业时间最长、作业成本占比最高的环节，是物流中心最核心、最重要的组成部分，其效率决定了企业物流中心的整体运作效率。

2．智慧拣选装备

拣选装备是为从货架或料堆上拣出所需货物提供支持的工具或设备。传统的拣选装备包括拣货台车、手推车等，由拣货员将其推至货架前进行拣货。随着技术的发展，仓储管理人员可以借助 RF 枪拣选、语音拣选系统、电子标签拣选系统等进行工作。近几年，出现了新型智能拣选装备，如智能眼镜、腕表等智能终端的引入，以及将智能终端（如 iPad 等）配备到拣选小车上辅助仓储管理作业。拣货方式的改变也带来了拣选装备的升级，“货到人”拣货方式催生了 AGV 机器人、机械臂、多向穿梭车、Miniload 拣选工作站等装备技术在货物拣选中的应用，智能化、无人化机器人技术应用场景越来越广泛。

智慧拣选装备是将自动识别、导航定位、人工智能、自动化控制等技术应用于货物拣选过程中，能够实现辅助人工拣选或无人化拣选的物流装备。

智慧拣选装备具有拣选效率高、拣选差错率低、可以实现少人或无人化运作的特征，能够有效提升配送中心运行效率，减少运营成本，降低拣选人员劳动强度，在当前仓储配送中心运作中得到普遍应用。

7.1.2 智慧拣选装备的分类

从拣选作业方式来看，拣货作业可分为"人到货"和"货到人"两种主要类型。

1."人到货"拣选系统

"人到货"拣选，即拣货员根据拣选信息指示前往物流中心物资存储区域，到达指定库位，拣选指定种类及数量的物资，并运送出库至指定位置；主要以人工操作为主，技术应用为辅。

典型的智慧型"人到货"拣选系统包括 RF 拣选系统、语音拣选系统、电子标签拣选系统、智能穿戴设备拣货、智能拣货台车拣货等。

2."货到人"拣选系统

"货到人"拣选，即拣货员只在拣选区域内部执行分拣任务，无须前往物资存储区域，所需物资及相关拣选信息由系统自动输送至拣选区域；主要以技术应用为主，人工操作为辅。

典型的智慧型"货到人"拣选系统包括 Miniload 系统、穿梭车拣选系统、类 Kiva 机器人拣选系统、Autostore 系统、旋转货架拣选系统等。

与传统的"人到货"方式相比，"货到人"方式具有以下优势。

1）拣选效率提高，由于节约了行走时间，同等作业量下，货到人拣选效率更高，有数据表明甚至能达到普通人工拣选的 3～6 倍。

2）拣选准确性更高，由于简化了劳动者的操作流程，相对单一化的重复动作使得拣选差错率的控制更为有效，在常规拣选差错率 3‰～5‰的基础上通常有 10 倍的准确性提升。

3）"货到人"方式降低劳动强度，改善作业环境，大幅减少行走距离，在减少拣货人员作业量的同时，也降低了补货、容器周转等仓库内其他环节劳动强度。另外由于传统仓储作业场地占地面积较大等原因，无法大面积改善劳动者作业环境，如夏季高温期的库内作业、冷藏冷冻仓储库内的作业等，通过工作站方式，在不大幅增加成本前提下可改善员工作业环境条件。

案例 7-1 北京起重运输机械设计研究院"货到人"拣选系统

该"货到人"拣选系统主要由货架系统、Miniload 或快速穿梭车+高速提升机、输送系统、拣选工作站、信息系统、控制系统等几大部分组成，软件系统可实现批量订单的优化排序，控制系统调度穿梭车在货架系统快速准确地取货后由高速提升机和输送系统将货物送到货到人拣选工作站，拣选人员根据软件系统的指令提示完成拣选作业后，源货箱重新返回货架系统，订单货箱由输送系统送到下一道出库处理工序。（扩展视频 7-2）

7.2 "人到货"拣选系统

7.2.1 RF 拣选系统

1. 概念

RF 即射频，是指具有远距离传输能力的高频电磁波。射频技术在无线通信领域中广泛使用。手持 RF 拣选系统是通过无线网络传输订单，借助手持 RF 终端上的显示器，向作业人员及时、明确地下达向货架内补货（入库）和出库（出库）指示，具有加快拣选速度、降低拣货错误率、合理安排拣货人员行走路线、免除表单作业等显著优点，并且使用简单灵活、应用广泛，如图 7-1 所示。

2. 基本原理

RF 技术是使用小型手持计算机终端（带有条码扫描器）来传递拣选作业信息。作业时，由后台计算机系统向手持终端发出拣选指令，屏幕上会显示货位、品种数量等信息，拣选人员走到相应的货位拣取货物。使用手持终端拣货时，通常都要求扫描货物和货位条码，拣选作业准确率很高。

远程用户界面（UIM）通过射频传输在两个独立终端间传送数据，系统支持和有独立硬件的相关用户进行对话。RF 拣选是卓越的方案，可以与客户的系统在线连接。通过扩频传输，中央服务器可以连接手持终端和叉车终端。RF 终端与套指扫描器相连，员工在拣选订单时将其戴在手臂上。这意味着员工可随时随地接收订单，直接从显示屏上读取订单信息，在 RF 终端上确认订单。无线电数据通过接口传送至计算机。

3. 系统组成

RF 拣选系统主要由以下部分组成。

（1）无线网络接入设备和无线数据终端采集设备

无线基站 AP：提供基本的无线通信信道。

无线手持终端：可以运行客户端程序或浏览器程序的便携移动计算机，一般可配置激光扫描头，由程序调用专门的扫描函数控制激光头的扫描，以便采集一维或二维条码数据。

（2）无线数据终端业务执行程序

利用无线数据终端应用开发工具实现的一套可执行程序，可运行在无线数据终端设备上，可以视为对现有管理系统对应功能的替代。

（3）中间件服务进程

运行在服务器或客户机上的后台处理程序，通过该处理程序，可以实现终端业务执行程序与现有应用系统数据库之间任何形式的数据交换，保证现场操作与信息处理的同步。

4. 拣选叉车 RF 拣选系统

RF 拣选系统应用于拣选叉车上，能够提高叉车拣货的智能化水平，也是常用的拣选形式之一。它是在高位拣选叉车或拣选式巷道堆垛起重机上装置出入库显示终端，根据 WMS 和无线数字传输显示拣选系统进行作业，如图 7-2 所示。

图 7-1　手持 RF 拣选系统

图 7-2　拣选叉车 RF 拣选系统

当供应商或货主通知物流中心按配送指示发货时，拣选叉车拣选系统在最短的时间内从庞大的高层货架存储系统中准确找到要出库的商品所在位置，并按所需数量出库，将从不同储位上取出的不同数量的商品按配送地点的不同运送到不同的理货区域或配送站台集中，以便装车配送。

7.2.2 语音拣选系统

图 7-3 语音拣选系统

1. 概念

语音技术是将任务指令通过 TTS 引擎（Text To Speech）转化为语音播报给作业人员，并采用波型对比技术将作业人员的口头确认转化为实际操作的技术。企业通过实施语音技术提高了员工拣选效率，从而降低了最低库存量及整体运营成本，并且大幅减少错误配送率，最终提升企业形象和客户满意度，如图 7-3 所示。

语音拣选效率超过 RF 扫描，因为它让“手和眼睛获得自由”。语音操作者在视觉上专注于已分配的任务，而不需要键控输入到扫描单元，因而消除了键控操作的失误。同时，使用 RF 扫描，无论佩戴何种设备，都会在一定程度上限制了双手的自由，使得拿起物品尤其是重型或棘手的物品变得困难，降低了拣选速度，而用语音报告替换 RF 扫描，能够使得双手解放出来，提高精准度和生产率。

2. 基本流程

语音拣选可以简单地分为三个步骤。

1）操作员听到语音指示，指令给作业人员一个巷道号和货位号，系统要求他说出货位校验号。

2）操作员把这个货位校验号读给系统听，当系统确认后，作业系统会告诉操作员所需选取的商品和数量。

3）操作员从货位上搬下商品，然后进入下一个流程。

整个操作过程非常简单，而且当前语音识别技术非常成熟，对操作员的口音没有特别要求，语音识别度非常高。

3. 系统架构

由 WMS 通过开放数据库连接（ODBC）接口传入语音系统，语音系统拣选完毕后返回到 WMS。硬件主要包括蓝牙降噪耳麦、穿戴式随身携带小型计算机、条码扫描设备（选配）和打印设备（选配）等，如图 7-4 所示。

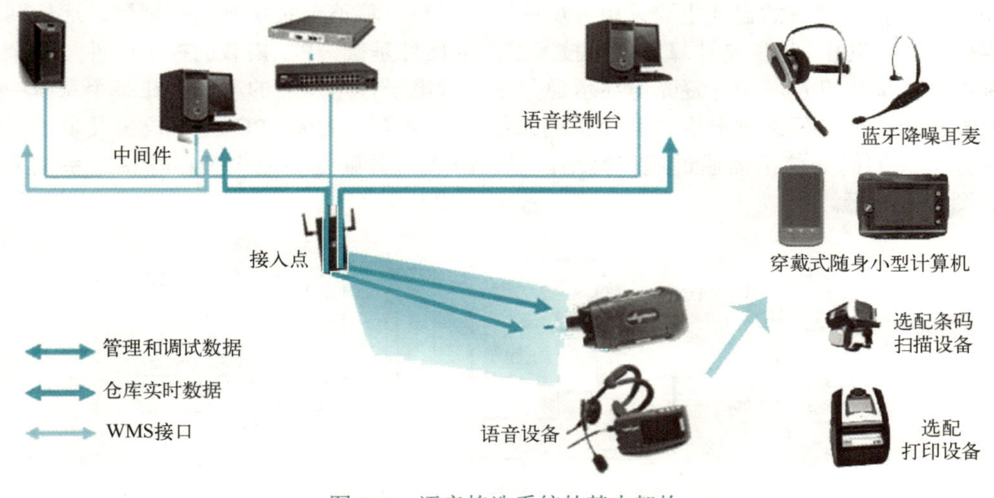

图 7-4 语音拣选系统的基本架构

7.2.3 电子标签拣选系统

1. 概念

电子标签拣选系统是以快速、准确、轻松地完成拣选作业为目的而设计的自动化拣选设备，是微电子技术和计算机软件技术快速发展的产物，使拣选作业实现了半自动化作业。电子标签拣选系统以一连串装于货架格位上的电子显示装置（电子标签）取代拣货单，电子标签指示应拣取的物品及数量，辅助拣货人员的作业，从而达到有效降低拣货错误率、加快拣货速度、提高工作效率、合理安排拣货人员行走路线的目的，如图 7-5 所示。

图 7-5 电子标签拣选系统

电子标签拣选系统简化了拣选工作的操作难度，也为物流配送体系带来了以下优势。

1）拣选作业的工作人员数目将大大减少，平均减少一半以上。

2）拣选作业消耗的时间将缩短 30%～50%。

3）拣选准确率将大幅度提升，能达到 90%以上的拣选准确率。

4）工作效率将至少提高 50%。

5）实现无纸化操作，降低拣选的成本耗费。

电子标签拣选系统的使用，能够实现对拣选作业的及时、科学、准确、连续、统一的现代化管理，物流配送作业实现规模化、现代化、自动化，降低物流配送的成本。

2. 工作原理

电子标签拣选系统是一款能有效提升物流配送作业质量和提高物流配送作业效率并帮助拣选操作员完成拣选操作的系统。其依靠明显的储位灯光的引导，省略了以前的制作订单文件、查找货品等复杂而烦琐的环节，将拣选作业简化为单纯的看、拣、按三个动作。

该系统经由控制 PC 将需拣选的物品信息，通过通信网络发送到拣选作业现场，拣选操作人员通过观看电子标签上显示的数目来拣取物品，拣取规定数量物品后按下“完成”键，将完成的信息发送到控制 PC 上，数据库的库存数量也进行相应的更改，进而完成该位置物品的拣取。

3. 系统构成

电子标签拣选系统的设计主要采用分层的设计思想，将整个系统分为控制层、通信网络层和应用操作层。其中，PC 是计算机软件技术发展的硬件基础，PC 搭载的控制软件是整个系统的控制中心；下位机及电子标签光电显示部分则是微电子技术发展的产物，在整个系统中起提示和引导作用；通信网络部分则是整个拣选系统的“神经”，控制 PC 与下位机及电子标签光电显示部分之间的通信都需通过通信网络。以上三大部分就是构成电子标签拣选系统主要部分，如图 7-6 所示。

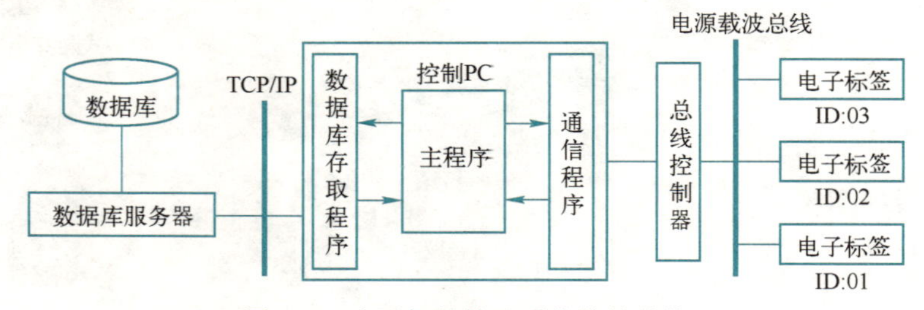

图 7-6 电子标签拣选系统整体结构

（1）控制 PC

电子标签拣选系统中的控制 PC 是整个系统的“大脑”，是整个系统的控制中心。在控制 PC 中搭载了电子标签拣选系统的操作软件。当有物品需拣取时，控制 PC 要将原始的订单或发货单进行处理，形成拣选信息，并按照一定的原则进行分类。然后，将信息发送给下位机，并通过灯光显示的部分提示拣选操作员进行操作。当拣选完成后，下位机将拣取完成的信息发送到控制 PC，PC 接收信息后将对数据库中的物品信息进行修改。

（2）下位机及电子标签的光电显示部分

下位机及电子标签的光电显示部分是拣选操作员和拣选系统进行交互的主要部件。系统的下位机一般都采用单片机或可编程逻辑控制器（PLC）来控制光电部分，但随着嵌入式技术的发展，也渐渐开始采用微处理器（ARM）来控制光电部分。电子标签的光电部分主要是用于提示拣选操作员进行拣选作业，并引导拣选操作员直接走到需拣物品的位置，节省了寻找需拣物品的时间。

电子标签的光电部分是系统与人最主要的互动部件。其主要作用是给拣选操作员以提示，主要的提示方式有声音提示、灯光提示。声音提示是用于提醒拣选操作员有物品拣取，一般使用蜂鸣器来实现；灯光提示使用于指示待拣物品的位置，一般使用发光二极管来实现。在拣选数量的显示方面，一般采用八段数码管来实现。

（3）通信网络部分

通信网络是分布在整个电子标签拣选系统的“神经”，它是整个拣选系统能够快速、准确运行的关键。系统中控制 PC 必须通过通信网络部分，才能发送命令到下位机。在通信网络的选择上要选择稳定性高、实时性好、环境适应性强的通信总线，主要包括无线通信网络、CAN 总线通信网络、RS-485 总线通信网络等形式。

7.2.4 智能穿戴拣货设备

1．概念

智能穿戴设备是应用穿戴式技术对日常穿戴进行智能化设计，开发出可以穿戴的设备的总称，如手表、手环、眼镜、服饰等。

智能穿戴设备在物流领域可能应用的产品包括免持扫描设备、现实增强技术——智能眼镜、外骨骼、喷气式背包等。国内无商用实例，免持设备与智能眼镜小范围由 UPS、DHL 应用外，其他多处于研发阶段，整体来说离大规模应用仍然有较远距离。智能眼镜凭借其实时的物品识别、条码阅读和库内导航等功能，提升仓库工作效率，未来有可能广泛应用，京东及亚马逊等国内外电商企业已开始研发相关智能设备。

2．构成及原理

智能穿戴拣货设备，其构成主要包括上位机、货物识别装置、蓝牙数据发送装置和反馈装置。上位机分别与货物识别模块和蓝牙数据发送装置相连，蓝牙数据发送装置与反馈装置无线连接。

拣货时，通过货物识别装置检测货物，并将检测结果上传至上位机；上位机将所得结果进行分类处理，若该货物是需要进行挑拣的，则通过蓝牙数据发送装置将信号发送至反馈装置；反馈装置接收到信号后通过振动模块或语音模块提醒相关人员，使得相关人员不需要去查看货物的类别即可进行拣货，从而极大地提高了拣货效率，有效降低了相关人员的劳动量，还降低了错拣率。

3. 典型应用

（1）智能眼镜

亚马逊智能眼镜配备可穿戴计算机，可以在拣选过程中快速识别商品所处的位置，而且内置有图形传感器，能够识别与某项任务相关的物品。这种传感器还有可能识别邮寄地址、条码或二维码等包裹标记。

DHL 与理光（Ricoh）、可穿戴设备解决方案供应商 Ubimax 进行合作，将“视觉分拣”技术应用于仓库的分拣流程中。DHL 员工可通过智能眼镜扫描仓库中的条码图形以加快采集速度和减少错误。DHL 还与 Vuzix 合作打造了一套“免提式”仓库解决方案，其 M100 智能眼镜与 Ubimax 开发的仓库 Vision Picking 软件协作，提供了实时的物品识别、条码阅读、室内导航和无缝信息集成，直接连接到 DHL 仓库管理系统。应用之后，分拣效率提高了 25%。

菜鸟积极推动 AR 智慧物流系统，利用微软的 Hololens 头戴式设备，看到所有快件的信息，仓库商品的重量、体积等相关信息会映入操作者眼帘。方便操作者快速找到对应商品在仓库中所处位置，并且会自动规划最优路线提示操作者拿到相应订单的商品。

（2）智能手环

UPS 使用基于摩托罗拉 RS507 蓝牙戒指成像仪的系统，这一可穿戴设备包括一个戴在手指上的支持蓝牙的免提式条码扫描仪，以及一个戴在员工手腕或髋部的小型终端。利用这一设备，UPS 员工能够更快速地获取及处理条码图像，加快拣货和包裹装车速度。

xBand 是一款多传感器可穿戴腕带，可与 xPick（一种视觉选择系统）结合使用，提供基于 RFID 的免提手动订单拣选解决方案。通过组合 xPick 和 RFID 腕带 xBand，可以实现最佳的订单挑选过程。当到达存储或检索箱时多传感器腕带能够完全直观地确认订单，从而完全不使用外部和耗时的调试步骤。xBand 的核心技术是 RFID（射频识别读取器）。通过集成的 RFID 技术，xBand 可通过蓝牙与主机设备（或平板计算机）进行通信。它可用于识别位置，确定任务是否已完成或通知用户他正在进入某个区域。例如，当员工移动他的手臂来拣选货物时，xBand 会自动扫描物体盒子或架子的 RFID 标签，并向平板计算机自动发送确认。在拣选器视野右侧的可视化旁边，xBand 能确认拣选动作的声音和放置动作是否正确，并针对不正确的拣选动作进行触觉振动反馈或提醒，如图 7-7 所示。

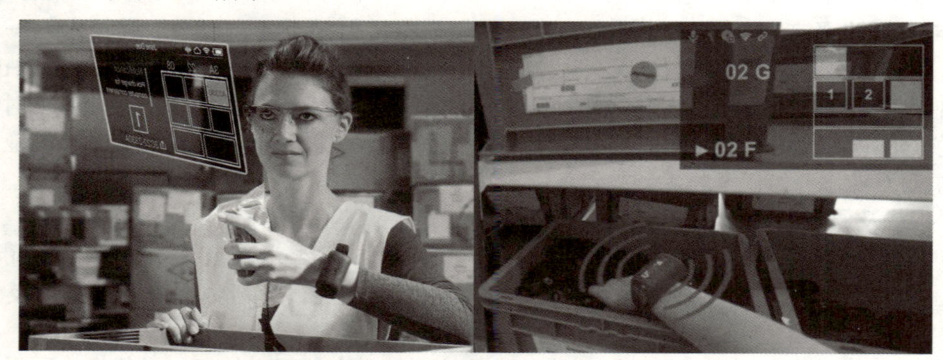

图 7-7　xBand 可穿戴腕带

（3）机械外骨骼

机械外骨骼是一种由金属材料框架构成并且可让人穿上的机器装置，这个装备可以提供额外能量来供四肢运动。在物流作业中，机械外骨骼可用于货品搬运、拣选及配送过程。

如蜂鸟即配应用的一款上半身外骨骼设备，其自重 7 kg，负载为 10～30 kg，适合频繁搬箱作业，能够有效降低腰部的受力负担。还应用一款全身外骨骼装备，由傲鲨智能研发，其设计自重 16 kg，额定负载 50 kg。整个骨骼有 12 个运动自由度。工作时，通过整个骨骼把力量传导到地面，无论人背负的物体有多重，使用者主要承担操作力，肩膀只需要承受 5～10 kg 的力，就如同背着一台笔记本计算机的重量。

7.2.5 智能拣货台车

1. 概念

智能拣货台车是针对电商、医药、快消、美妆以及离散制造等行业进行研发的一款集灵活、智能、精准等优势为一体的产品。智能拣货台车集订单的分、拣、核、包、发为一体，囊括了 RF 枪、电子标签、标签打印机、装载设备、传感器等多种设备，同时又可与 WMS、WCS 等硬件设备智能链接，具有异常信息智能反馈等功能，可实现订单作业智能分配和拣选路线智能优化。广泛应用服装、电商、医药、生产等各领域的智能分拣。

2. 设备构成

主要包括小车车体、平板计算机（或手持终端）、RFID 设备、订单箱、打印机、称重设备、电子标签设备、供电系统等，如图 7-8 所示。

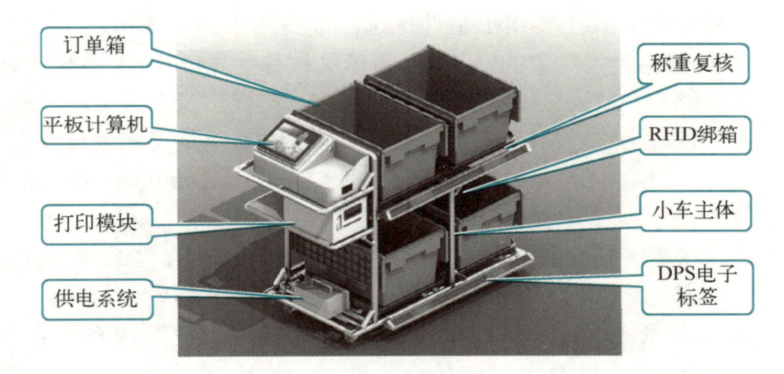

图 7-8 智能拣货台车的基本结构

3. 应用优势

应用智能拣货台车拣选的优势具体如下。

1）订单作业智能分配，拣选路线智能优化。

2）拣选人员在仓库中的走动距离可降低 30%。

3）拣选人员的搬运工作负荷可减少 70%。

4）平均订单拣选效率增加 50%以上。

5）散件小件盘点，效率提升 90%以上。

6）拣货、包装、复核工作一站式完成。

7）可在智能拣选车上完成多单同拣、按箱零拣、复核订单、打包订单等工作。

4. AGV 智能拣货台车

AGV 智能拣货台车是具有自动导引和移动功能的拣货台车，除上述拣货台车基本功能外，还可以自行导航移动至拣货位置，配合拣货人员进行拣货。

拣货基本原理：所有的拣选订单任务直接由系统下达指令到 AGV 智能拣货台车，AGV 智能拣货台车根据系统内货品的分布位置，自动导航到商品位置停泊，通过车载显示终端告诉拣选人员被拣选商品的位置和数量。这种技术进一步减少了人工作业，解放了劳动力。目前，该技术除了应用于拆零拣选，也已经在沃尔玛等企业实现了整箱拣选作业，针对新零售、冷链、大宗商品、第三方物流等领域将有良好的应用前景。

7.3 “货到人”拣选系统

7.3.1 “货到人”拣选系统的基本构成

“货到人”拣选系统主要由三部分组成，即储存系统、输送系统和拣选工作站。

1. 储存系统

储存系统从过去比较单一的立体库存储，目前已发展到多种存储方式，包括平面存储、立体存储、密集存储等，存储形式也由过去主要以托盘存储转变为主要以料箱（或纸箱）存储。无论是哪种存储方式，存储作业的自动化是实现“货到人”的基础，如何实现快速存取是考虑的重点问题。

1）AS/RS：自动化立体库（AS/RS）是最传统的存储方式，主要以托盘存储为主，其本身有很多种形式，如单深度和多深度立体库、长大件立体库、桥式堆垛立体库等。因为堆垛机本身存取能力的限制，这种储存方式主要用于整件拣选，很少用于拆零拣选。

2）Miniload：以料箱存储为对象的 AS/RS 系统又被称为 Miniload 系统，具有与 AS/RS 不同的特性和不同的作业能力。Miniload 在 20 世纪 80～90 年代已经在日本广泛应用于拆零拣选，其中尤其以“货到人”拣选为主。Miniload 有多种形式，尤其是货叉和载货台形式多达数十种，使其具有广泛的适应性，其存取能力最高可达每小时 250 次。Miniload 当前仍然是“货到人”拆零拣选的重要存取方式。

3）旋转式货柜：这是一种更加“迷你”的“货到人”拣选存储系统，其形式有数十种之多，但仍然受限于其存取能力和储存能力，在工厂的应用最为广泛。

4）自动导引搬运车系统（AGVS）：AGV 开始是作为一种输送系统存在的，广泛应用于汽车装配、烟草等制造企业以及港口等场合。随着 AGV 的不断发展，不仅其形式发生了改变，其应用场合亦发生了根本性的变化。亚马逊推出的 Kiva 系列机器人，实际上已将 AGV 的应用从单纯的输送转变为一个集存取与输送于一体的“货到人”系统（AGVS），其应用前景广阔。

5）Multi-Shuttle 多层穿梭车：取代 Miniload 完成存取作业，以满足每小时多达 1000 次的存取作业的需求，将存取效率提升了一大步。随着这一理念的提出，相似的技术层出不穷，如旋转货架系统、AutoStore 系统、纵向穿梭车系统等。这些系统的一个共同特点是高效、柔性，是“货到人”拣选系统的主要发展方向。

6）2D 和 3D 密集存储系统：这是一个集 Miniload、穿梭车、提升机等多种系统于一体的全新一代存储系统，分为托盘和料箱两种方式。其存储效率是传统立体库存储的 1.5～3 倍，被称为存储系统的里程碑成果。

2. 输送系统

“货到人”拣选技术的关键技术之一是如何解决快速存储与快速输送之间的匹配问题。例如，采用多层输送系统和并行子输送系统的方式，可完成多达每小时 3000 次以上的输送任务，相比存取作业具有获得更高的效率，能够满足（甚至远远超过）“货到人”快速拣选输送的要求，关键是要将输送系统置于整个货到人系统中进行综合考虑，实现存取、输送与拣选系统的良好衔接。同时，由于“货到人”系统输送流量较大，会导致设备成本大幅度增加，从而导致物流系统整体成本大幅度增加，需要综合考虑输送成本与输送效率的平衡。

3．拣选工作站

拣选工作站的设计非常重要。一个工作站要完成每小时多达 1000 次的拣选任务，依靠传统的方法是无法想象的。通过采用电子标签、照相、RFID、称重、快速输送等一系列技术，能够使得拣选工作站满足实际作业需求。许多物流装备和系统集成企业都把拣选工作站作为研究“货到人”系统的重要内容，不断提升拣选工作站效率。

拣选工作站主要包括进货装置、提示装置和周转装置三个部分。需要拣选的货品通过输送系统到达拣选工作站进货装置；提示装置，通过中央显示屏、数码显示器等形式提示需要拣选货品所在位置、拣货数量以及需要放置的货位；周转装置，用于放置拣选出的货品，一般包括多个货位或槽口。拣选人员在利用拣选工作站进行拣选时，只需根据提示装置提示进行拣选，同时可以多订单同时拣选，能够大幅提高拣货效率，降低拣选人员的疲劳程度。

基于无人化的拣选工作站，用机器人代替拣选人员作业，依靠多轴机器人控制系统、视觉系统、末端触觉系统、多功能夹持器等先进技术以及优化算法，实现拣选作业的高度智能化、无人化运作。

案例 7-2　XYZ Robotics 拆零拣选工作站

XYZ Robotics 打造的拆零拣选工作站依靠技术端的优势，显著提升机器人拣选效率，其主要特点：多品类 SKU 全识别，自适应夹具快换系统，运动轨迹极致优化，轻柔摆放商品无损。（扩展视频 7-3）

7.3.2 Miniload 拣选系统

Miniload 轻型堆垛机系统，与托盘式立体仓库 AS/RS 结构相似，但存储货物单元为料箱/纸箱，也被称为料箱式立体仓库。Miniload 系统具有广泛的适应性，是最重要的“货到人”拆零拣选解决方案之一。目前，国内外多家物流装备企业均可提供 Miniload 系统，技术已非常成熟。

1．工作原理

在接收时，货物被放置在标准化容器或托盘中，这些容器或托盘被传送到自动存取系统的导入点；自动存取系统将容器存储并检索放置到存储缓冲区中；自动分拣系统将容器提取和存放到动态分拣位置；或通过传送带传送到分拣工作站；分拣人员挑选所需的库存单位、数量，并将剩余库存的容器运回自动存取系统存储位。

2．特点

优点：产品可存放在原纸箱中；小型自动存取机器适用于非常狭窄的过道，可实现高密度存储；可在较小的仓库占地面积内容纳高库存品种。

缺点：中低速吞吐能力。

使用场景：需要高密度存储以最大限度减少仓库空间需求的货品；适用于需要快速订单周转时间的仓库情形；适用于需要安全存储环境或配套操作的货品。

3．典型应用

Robot Miniload 智能快存系统。该系统由德马与菜鸟网络联合打造，包括机器人料箱暂存系统、3D 自动识别拣选机器人、智能分拣机器人，并配备德马最新一代高模组化输送系统。整个系统在无人操作环境下自行完成整箱入库、缓存、取货出库、拆零拣选、货物分拣、输送出库的整个作业流程，如图 7-9 所示。

图 7-9　德马与菜鸟网络联合打造的 Robot Miniload 智能快存系统

DUOSYS 箱式超高速自动仓库拣选系统。该系统的最大特点是将立体库设计成上下两层结构，在单巷道中同时设置 2×2 台堆垛机，运用先进的同步协调控制技术，使 4 台堆垛机可以独立作业、互不干涉；其效率非常高，出入库处理能力达到 2200 箱/h，适用于多品种、小批量、多批次的应用场景。（扩展视频 7-4）

苏宁云仓 Miniload 箱式仓储拣选系统。该系统主要用于小件料箱和硬纸箱的存储与拣选货位的补货。高 22 m 的双深位货架系统实现了自动存取双循环 1400 箱/h（单循环 1800 箱/h），如图 7-10 所示。

图 7-10　苏宁云仓 Miniload 箱式仓储拣选系统

7.3.3　Multi-Shuttle 多层穿梭车拣选系统

穿梭车系统根据作业对象的不同主要分为托盘式穿梭车系统和箱式穿梭车系统，前者主要用于密集存储，后者则用于“货到人”拣选。箱式穿梭车系统，也称 Multi-Shuttle 多层穿梭车系统，是高速存储拣选解决方案的典型代表，以能耗低、效率高、作业灵活等突出优势成为“货到人”拆零拣选的最佳方式，近些年得到快速发展和大范围应用。

1．工作原理

在接收时，分箱产品被放入标准实体（容器或托盘）中。完整的箱子可以原样存放；将货物运送到缓冲区的导入点。垂直升降机将容器运输至存储层。穿梭机器人可存储和取回双深的货物；拣货人员通常在工作站可一次挑选多个订单；容器中的剩余库存由穿梭机器人移回存储缓冲区。

2．特点

优点：代表极高水平的拣选效率，可达每小时 1000 次以上；人机工程学工作站可设计为操作员同时选择多个订单；极高的吞吐量和可高达 12 m 的存储容量；穿梭机器人运动范围广，可在多层水平和垂直面上移动，也可以在存储缓冲区的其他通道上通行。

缺点：资本投资要求高；货品的尺寸和重量受到限制。

使用场景：适用于极高的拣选吞吐量环境，高效率是企业的核心关键；计划通过快速的订单周转时间带来竞争优势的情形；具有高安全性、高可用性要求的货品。

3．典型应用

DEMATIC 多层穿梭车系统。该系统吞吐率极高，采用双循环、直通式和串联式升降机配置（结合高速穿梭车和智能控制系统），可快速访问库存，吞吐量高达每小时 1200 件货品；高密度存储，不同尺寸纸箱的多深位智能存储可在冷藏或冷冻环境中确保最大化的空间利用率；具有灵活性，提供各种型号，包括静态、伸缩和带式穿梭车，用于处理货柜、纸箱和纸箱流动货架的补充，可轻松添加额外穿梭车以提供更高的吞吐量；可在高效的“无灯光”环境中运行，如图 7-11 所示。

图 7-11　DEMATIC 多层穿梭车系统

ROBO techlog Multi-Shuttle 拣选系统。应用于联想物流中心的 ROBO techlog Multi-Shuttle 拣选系统，储货位储量 5352 托盘 15000 料箱，采用 7 台双深堆垛机和 14 台多层穿梭小车，运行流量达到 280 件/时、2400 箱/时，订单拣选系统采用的是手持 RF 拣选+叉车 RF 终端。（扩展视频 7-5）

国药集团应用的 MultiShuttle 系统。国药集团是中国最大的医药企业，为了满足日益增长的拆零拣选需求，国药集团上海物流中心引进了 MultiShuttle 系统，每天完成多达 30000 次的拆零拣选。这是中国第一个采用拆零“货到人”拣选系统的医药物流中心，4 个拣选工作站可以完成每小时多达 3500 次的拣选作业。同时，这一“货到人”拣选系统可以达到 99.95% 以上的准确率。未来这一模式将成为国药乃至中国医药物流的示范并全面推广。

7.3.4　类 Kiva 机器人拣选系统

Kiva 拣选技术是利用机器人顶部升降圆盘将货物举起，根据无线指令的订单将货物所在的货架从仓库搬运至员工处理区，从而实现其独特的“货到人”拣选优势。随着亚马逊 Kiva 机器人的大规模应用，类 Kiva 机器人（也称为智能仓储机器人）得到越来越多的关注和追捧。目前，类 Kiva 机器人系统在电商、商超零售、医药、快递等多个行业实现了成功应用。

1．工作原理

在接收时，产品被补充到货架上，由类 Kiva 机器人回收和搬运；在拣选时，类 Kiva 机器人将货架运到拣选站，操作员在那里进行连续拣选；操作员通常在激光指示器的帮助下同时采集多个订单，并将其点亮以确保准确性；拣选完成后机器人再将货架送回存储区。

2. 特点

优点：高度自动化，可以大幅度替代人工；项目实施速度快，交付周期短；系统投资相对固定式自动化系统更低；灵活性非常强，易于扩展，非常适用于 SKU 量大、商品数量多、有多品规订单的场景。

缺点：无法充分利用高度；拣选工作站人机工程学不理想。

使用场景：具有高度动态和不可预知的增长率，需要高度灵活性、适应性和可扩展性的拣选策略；低层建筑内的拣选作业。

3. 典型应用

快仓智能机器人系统。快仓智能系统进行移动机器人的智能调度，以移动机器人实现“货到人”作业方式，以集成众多人工智能算法的软件系统为核心，达到硬件和软件的高度整合。整个系统由近百台移动机器人、可移动货架、工作站等硬件设备组成，通过自主研发的 WMS 系统进行管控，使用 WCS 调度系统对各种物流设备进行最合理的调度，快速、安全地完成商品上架、拣选、补货、退货、盘点等作业流程。拣选工作站模式采取先拣货后分播的形式进行货物拣选，图 7-12 为快仓智能机器人系统在菜鸟网络惠阳仓内大规模应用场景。

国自机器人 Picking AGV。在“货架到人”的基础上，“货箱到人”应运而生。与类 Kiva 式移动机器人相比，“货箱到人”机器人可准确地搬运所需货箱到拣选工位，适合多 SKU 的存储和拣选场景，效率进一步提高。国自机器人在 2017 年推出的 Picking AGV 及拣选系统，是一种典型的“货箱到人”解决方案。Picking AGV 一次可直接锁定 5 个目标 SKU 箱，且从货架区到工作站只需走一次，Picking AGV 还具有一个自由旋转的装载平台，在叉卸货时无须转弯，极大降低了存储货架区巷道宽度的要求。2020 年，国自公司将 Picking AGV 升级到多层料箱拣货机器人，该产品适用于 SKU 品类多、订单分散度高的 BC 类货到人场景，单次可实现 5～8 个料箱的同步作业。工作效率比传统人工提升 3～4 倍，投资回报周期平均 1.5～2 年。Picking AGV 至今已在美国史泰博各仓库稳定运行超千台，其使用的稳定性和方案的先进性已充分得到市场的验证和肯定，如图 7-13 所示。

图 7-12　快仓智能机器人系统

图 7-13　国自机器人 Picking AGV

7.3.5 AutoStore 系统

AutoStore 系统是由 Swisslog 针对中小件商品存储拣选而推出的“货到人”解决方案，将货物放到标准的料箱里面，通过料箱堆叠的方式进行存储，可以有效利用仓库上部空间，在很小的空间内实现高密度存储，如图 7-14 所示。

图 7-14　AutoStore 系统

1. 工作原理

AutoStore 拣选，在接收时货品被放置在标准化的容器中，然后被传送到 AutoStore 系统的导入点；存储空间由垂直堆垛的托架组成，机器人沿 x 轴移动至需要放置的货位顶端，然后货品由升降机沿 y 轴向下移动至存储通道下部。

AutoStore 系统还可以将高流动量的商品分配在离拣选站台更近的区域存储，低流动量的商品分配在远离拣选站台区域进行存储，从而实现拣选效率的最优。商品的属性会随着正常拣选作业的触发频率慢慢地分化出来，从而实现动态存储，提高拣选效率。

2. 特点

优点：操作员可以同时选择一个或多个订单，多个机器人可在平面上同时移动，效率较高；无操作通道或空间损失，存储效率高；可在较小的仓库占地面积内容纳非常高的库存品种；自动优化存储系统，速度更快的机器人始终位于系统顶部；高度安全的存储环境；易于扩展系统的灵活性。

缺点：有高度限制（一般为 5 m）；取出堆叠在下层存放的货品时可能存在倒垛情况。

使用场景：需要高密度存储以最大限度减少仓库所需空间；货品包装规格完全适用的情形；也能够用于大批量零售企业（如沃尔玛、英国阿斯达）。

3. 典型应用

Komplett ASA 是一家北欧电商零售企业，向挪威、瑞典、丹麦的消费者及公司提供计算机配件、计算机及其他相关电子设备。公司采用 AutoStore 建设占地面积 25200 m^2 的挪威 Sandefjord 配送中心，包括 33700 个料箱，55 台机器人及 28 个工作站台。与先前的传统仓库相比，实施 AutoStore 系统后，总吞吐量提升 30%，仓库存储密度提升 60%。

AVNET 是世界最大的半导体、机电与电子元件经销商。AVNET 在德国波音（近慕尼黑）的配送中心使用了 AutoStore 系统。仓库占地面积 1100 m^2，系统中的 45000 个料箱存储了 35000 个品项。共有 37 台机器人用于存取货物与输送料箱至 16 个拣选站台，速度达每小时 680 个料箱，吞吐量达每小时 1000 个订单。每天拣选 5000 个订单，并收货 2000 个订单。

2020 年 7 月，中国零售电商领域的首套 AutoStore 正式落户北京，是一个用于存放与配送隐形眼镜的自动化仓库。该仓库总占地面积约 500 m^2，超过 10000 个料箱。这套 AutoStore 系统的高密集储存能力极大程度上解决了客户对成品集中存储、高效准确拣选的双重需求。

7.3.6　旋转货架“货到人”拣选系统

旋转货架系统与 Miniload 系统一样，均是非常成熟的货到人拣选解决方案，适合存储小件商品。随着对旋转货架系统的技术创新，其效率得到了大幅度提高。此外，旋转货架系统还具备高密度存储功能，可以实现自动存储、自动盘点、自动补货、自动排序缓存等一系列拣选动作。

1. 工作原理

货品储存在旋转货架的货位上，通常设置为每个拣货员/拣货站 2～3 个拣选货位；驱动货品向拣选面流转，当订单商品到达拣选口时，系统自动识别停止运转的设备，拣货员看到灯光提示即过去拣货；拣货员一次选择一个或多个订单，并通过 RF 或语音终端进行确认；拣选完成后，旋转传送带旋转以准备下一次拣选，同时也可以实现货品边进边出。

2. 特点

优点：无操作通道，实现高密度存储；可在较小的仓库占地面积内存储高库存品种；用更加柔性的工作面替代拣选工作台，如此一来，可以在订单高峰期为临时增加的工人预留足够多的操作界面。

缺点：旋转货架的补货需要等待时间，不能进行拣选；机器的总吞吐量较低。

使用场景：如果整个系统的设计是智能化的，可以同时补货和批量拣选多个订单，那么，旋转货架可以用来支持高速高吞吐量的拣选环境；更典型的应用是在吞吐量相对较低的情况下用于缓慢移动的部件存储；适合高价值的小型货物；尽管该系统单次拣选效率不高，但是非常适合于大型、SKU 数量多的场景，如电商仓库。

3. 典型应用

苏宁云仓胜斐迩旋转系统（SCS）。苏宁云仓内应用的胜斐迩旋转系统（SCS），是一种高度自动化的存拣一体化系统，与拣选站配合使用，主要用于拆零商品的存储与拣选。借助这一拣选方式，拣选效率大幅提高，每个拣选工作站每小时完成 500～600 个订单行（1200 件/h），是传统拣选方式的 10 倍以上。该系统在有限的空间内高动态运作，能够精确地操作、导航、指挥、控制每一次传输，实现零错误率拣选，同时，运用高容量的传输设备与最先进的控制技术实现高频率的存取，如图 7-15 所示。

图 7-15　苏宁云仓内应用的胜斐迩旋转系统（SCS）

瑞士医药公司 Galexis 仓库旋转货架系统。该系统与拣选到桶工作站（PTB）和拣选到箱工作站（PTT）组合，有效地提高了订单拣选的灵活性和高效性，广泛应用于电子商务、零售、医药和图书等行业。该系统由一个标准的模块、4 个旋转盘组成，每个旋转盘带有一个独立的自动储存和一个拣选单元。该系统的仓储规划节省了很多空间，也使一个标准的 4 旋盘式系统处理高达 6000 个周转箱。系统的最小组成单元可以拼组，按照特定项目的要求进行规模化组合。

本章小结

智慧拣选装备是将自动识别、导航定位、人工智能、自动化控制等技术应用于货物拣选过程中，能够实现辅助人工拣选或无人化拣选的物流装备。具有拣选效率高，拣选差错率低，可以实现少人或无人化运作的特征，在当前仓储配送中心运作中得到普遍应用。

智慧拣选装备可分为“人到货”和“货到人”两种主要类型。

“人到货”拣选，即拣货员根据拣选信息指示前往物流中心物资存储区域，到达指定库位，拣选指定种类及数量的物资，并运送出库至指定位置。典型的智慧型“人到货”拣选系统包括RF拣选系统、语音拣选系统、电子标签拣选系统、智能穿戴设备拣货、智能拣货台车拣货等。

“货到人”拣选，即拣货员只在拣选区域内部执行分拣任务，无须前往物资存储区域，所需物资及相关拣选信息由系统自动输送至拣选区域。典型的智慧型“货到人”拣选系统包括Miniload系统、穿梭车拣选系统、类Kiva机器人拣选系统、AutoStore系统、旋转货架拣选系统等。

本章练习

一、思考题

1．什么是拣选作业，与分拣作业有何区别？

2．什么是智慧拣选装备，有何特征？

3．“人到货”与“货到人”拣选系统的区别是什么？

4．“人到货”拣选系统的主要类型有哪些？

5．“货到人”拣选系统的主要类型有哪些？

6．智能穿戴设备拣货有哪些类型？

7．智能拣货台车的主要结构是什么？

8．“货到人”拣选系统主要由哪些部分构成？

9．Miniload拣选系统与Multi-Shuttle多层穿梭车拣选系统的区别是什么？

10．类Kiva机器人拣选系统的工作原理及特点是什么？

二、讨论题

1．比较分析不同类型“人到货”和“货到人”拣选系统的特点，思考其适用场景有哪些。

2．通过对某配送中心的参观与调查，思考如何促进其实现从“人到货”拣选系统向“货到人”拣选系统的改造升级。

三、设计与实训

某电子商务有限公司，主营小饰品，是饰品行业的龙头企业，同时经营多家淘宝和天猫旗舰店，由于订单单量大，仓内作业主要面临以下痛点。

一是SKU繁多，订单量大，人海战术拣货效率低。小饰品SKU数量多，每天数万笔订单完全依靠人海战术，配货极度依赖员工对产品的记忆，新手的配货效率不及老员工的1/4。大力促销时配货区1000 m^2 内拥挤到百余人，人均效率极低。

二是仓内未实现条码化管理，依赖人工记忆，易出错。饰品类产品体积小，无法实现条码化管理，仓库通过标注商品信息的方式来识别商品，很难规范库存管理，订单错配率也很高，尤其是在大力促销期间，大大影响配货质量。

为提升出库配送效率，降低员工劳动强度，提高仓库管理精细化水平，该仓库拟进行出库拣选系统升级改造，实现“货到人”拣选。通过改造优化，拟达到以下目标：精简仓内出库操作人员50%，节省人工成本；人均拣货效率提高到800单/（人×天），对比实施前效率提升2.5倍以上；库存准确率从95%提升至99%以上。

根据以上实训背景，请完成以下任务。

（1）描述对该仓库进行货到人拣货改造的总体思路。

（2）描述仓库货到人拣货系统所采用的智慧物流装备及装备功能。

（3）从某出库订单下达开始，到货品拣选装车发运，描述设计改造后仓库货到人拣选的运作流程。

四、案例分析

唯品会蜂巢式电商 4.0 系统

高速发展的电子商务已经进入了 4.0 时代，海量订单、海量 SKU、订单行小、订单时效性高且波动性大等特点使其处理难度越来越大，订单拣选已成为制约电商发展的物流瓶颈，直接影响到客户对企业服务的满意度。如何实现订单的高效精准拣选和快速响应，是电商仓储物流发展所面临的关键问题。

兰剑研发并应用于唯品会的蜂巢式电商 4.0 系统将平面式“货到人”系统在竖向空间上进行了叠加，形成了一个多层的 3D“货到人”系统，各层子系统、多类智能运动单元并行作业。该系统的成功依赖两个基础：一是硬件，即先进的智能装备；二是软件，即驱动智能装备的大规模调度算法。

（1）先进的智能装备

蜂巢式电商 4.0 系统采用的是目前业内最先进的兰剑第四代智能巷道穿梭车、超高速转载穿梭车和高速垂直提升机，三类智能运动单元柔性无缝衔接、高速稳定运行，配合高速分拣输送系统实现了对货物的精准存取。同时，兰剑基于人体工学的原理对智能拣选站台进行了优化设计，使拣选作业识别时间最短、动作频率最低、动作幅度最小、单批次处理订单量最大，并且可同时兼容 B2B 和 B2C 业务。

（2）大规模调度算法

要高效调度好成百上千台智能运动单元也要依赖两个基础：第一，实现多个智能运动单元的协同，避免作业冲突与无序；第二，随着订单的分拣或者设备的运动，实现实时的动态调度优化。据此，兰剑技术研究院有针对性地研究出两个核心算法。除此之外，兰剑还运用自己的核心技术——三维物流仿真系统进行支撑，该系统既可用于设计方案的离线仿真验证，又可在系统正式运行时，作为设备的实时在线监控平台，帮助用户监控设备的实时运行状态。

从运行效果来看，兰剑的这套系统针对性地解决了电商物流的难题。这套自动化物流系统的作业效率非常高，在操作人员减少了 60%的同时拣选效率提高 6 倍。另外，系统对仓库的空间利用非常充分，相当于两三个普通仓库的存储效率，因此占地面积较传统仓储系统大幅度减少。更重要的是，它实现了存储货物的快进快出，并且十分精准。另外，这套系统的算法也非常先进，使小车少跑路、少动。对唯品会来说，这样一套高效精准、储分一体式系统由于大量减少了人工，减少了用地面积，同时又大幅提升了订单拣选效率，因此核算下来单个订单履行成本也非常低。

根据案例回答问题。

（1）“货到人”拣选系统的优势是什么？

（2）蜂巢式电商 4.0 系统主要采用了哪些拣选装备？试描述该系统的拣选作业流程。

第 8 章　智慧包装装备

学习目标

- 了解包装装备的概念与分类；
- 理解智慧包装装备的概念与特征；
- 掌握智慧包装机器人的概念、特征、类型、原理及应用发展；
- 掌握智慧包装作业线的概念、特征、类型、原理及应用发展。

引例

京东物流推出全链路智能包装系统

京东依托智能耗材推荐系统——精卫，包括磁悬浮打包机、气泡膜打包机、枕式打包机、对折膜打包机等 18 种智能设备，实现了针对气泡膜、对折膜、纸箱等各种包装材料的统筹规划和合理使用，形成了软件硬件一体化的智能打包系统的解决方案。（资料来源：中国新闻出版广电报/网，2019 年 7 月）

二维码 8-1

8.1　智慧包装装备概述

8.1.1　包装装备的概念与类型

包装装备是指能完成全部或部分产品和商品包装过程的机械设备。包装过程包括充填、裹包、封口等主要工序，以及与其相关的前后工序，如清洗、堆码和拆卸等。此外，包装还包括计量或在包装件上盖印等工序。使用机械包装产品可提高生产率，减轻劳动强度，适应大规模生产的需要，并满足清洁卫生的要求。

按照功能不同，包装装备主要包括以下类别。

1．充填机

将包装物料按预定量充填到包装容器内的机器。可分为以下几种。

容积式充填机，包括量杯式充填机、气流式充填机、柱塞式充填机、螺杆式充填机、计量泵式充填机、插管式充填机。

称重式充填机，包括单秤斗称重充填机、组合式称重充填机、连续式称重充填机。

计数充填机，包括单件计数充填机、多件计数充填机、定时充填机。

2．灌装机

将液体产品按预定量灌注到包装容器内的机器。

包括等压灌装机、负压灌装机、常压灌装机、压力灌装机。

3．封口机

将产品盛装于包装容器内后，对容器进行封口的机器。

包括热压式封口机、熔焊式封口机、压盖式封口机、压塞式封口机、旋合式封口机、卷边式封口机、压力式封口机、滚压式封口机、缝合式封口机、结扎式封口机。

4. 裹包机

用挠性包装材料裹包产品局部或全部表面的机器。

包括折叠式裹包机、扭结式裹包机、接缝式裹包机、覆盖式裹包机、缠绕式裹包机、拉伸式裹包机、收缩包装机、贴体包装机。

5. 多功能包装机

能完成多项包装工序的机器。

成型-充填-封口机，包括箱（盒）成型-充填-封口机、袋成型-充填-封口机、冲压成型-充填-封口机、热成型-灌装-封口机。

其他，如真空包装机、充气包装机、泡罩包装机。

6. 贴标签机

采用黏合剂或其他方式将标签展示在包装件上的机器。

包括黏合贴标机、套标机、订标签机、挂标签机、收缩标签机、不干胶标签机。

7. 清洗机

对包装容器、包装材料、包装物、包装件进行清洗以达到预期清洁度要求的机器。

包括干式清洗机、湿式清洗机、机械式清洗机、电解清洗机、电离清洗机、超声波清洗机、组合式清洗机。

8. 干燥机

对包装容器、包装材料、包装辅助物以及包装件上的水分进行去除，并进行预期干燥的机器。

包括热式干燥机、机械干燥机、化学干燥机、真空干燥机。

9. 杀菌机

对产品、包装容器、包装材料、包装辅助物以及包装件上的有害生物进行杀灭，使其降低到允许范围内的机器。

包括高温杀菌机、微波杀菌机。

10. 捆扎机

使用捆扎带或绳捆扎产品或包装件，然后收紧并将捆扎带两端通过热效应熔融或使用包扣等材料连接好的机器。

包括机械式捆扎机、液压式捆扎机、气动式捆扎机、穿带式捆扎机、捆结机、压缩打包机。

11. 集装机

将包装单元集成或分解，形成一个合适的搬运单元的机器。

包括集装机、堆码机、拆卸机。

12. 辅助包装机

对包装材料、包装容器、包装辅助物和包装件执行非主要包装工序的机器。

包括打印机、整理机、检验机、选别机、输送机、投料机。

8.1.2 智慧包装装备的概念与特征

1. 概念

信息技术与机械技术的深度融合，使得传统包装设备由机械化（半机械化）走向智慧化。智慧包装装备是在机械化、自动化包装装备的基础上，运用智能感知、智能互联、智能控制等技术手段，具备自动识别包装货品、智能数据采集分析、自主规划自身行为、智能控制设备运行等功能的包装装备。

2．特征

智慧包装装备具有自动化、智能化、集成化、柔性化的特征。

（1）自动化

自动化是智能化的基础。自动化技术一般由控制系统、传动系统、运动系统、人机界面、传感器及机器视觉等部分组成，各部分协同运行实现包装装备的自动化运作与智能控制。控制系统通过数字输入/输出控制生产过程，利用网络通信技术为整个生产线的无人化智能操作及检测提供无缝衔接；传动系统用于调整主工艺速度和控制电机速度的周期性变化；运动系统非常精确地实现位置控制和速度同步；人机界面是系统和用户之间进行交互和信息交换的媒介；传感器及机器视觉，智能感知光电、压力、形状、位置，常用于包装装备的装箱、灌装、封装、冷却、加温和粘贴包装标签等工作。

（2）智能化

智能化用于对作业线的监控和自动识别。如自动识别包装材料的厚度、硬度、反弹力等，通过计算机反馈到机械手，以利于调整动作幅度；又如自动识别生产线无序传递来的不同形状物料的位置，再反馈到不同的机械手，即能准确无误地将物品按要求的位置及方向放入托盘中。智能化还用于在线监测货品运行状态、温湿度等指标。智能化也常用于排除设备故障和远程诊断。前者是将排除设备故障的方案预先输入计算机，出现故障时，计算机即进行自动诊断，并迅速排除故障，从而降低废品率及故障率；后者是通过无线网络建立的高速网络进行的，它由远程支援中心、维修网络中继站和远程支援终端组成；通过远程维修中心，可以实现远程监控、数据共享、文件传输、应用程序共享以及为终端用户提供简单易用的操作界面。

（3）集成化

集成化是指将若干功能集中在一台设备上，或将具有不同功能的设备连接成一个有机整体。设备或生产线的成套完整性是保证连续作业、均衡生产以及加工性能和产品质量的重要保障。系统集成技术通过结构化的综合布线系统和计算机网络技术完成，它将各个分离的设备、功能和信息等集成为一个相互关联、统一且协调的系统之中，以实现集中、高效和方便的管理。集成系统是一个多厂商、多协议和面向各种应用的体系结构，为解决系统之间的互联和互操作性问题。目前物联网广泛流行，包装机械的自动化，集成化必将更多引入物联网技术，如语音识别和无线射频识别技术等，这就要求不同的设备或产品之间使用的标准更趋于一致，方能建立起效率高且具有可扩充性的集成化系统。

（4）柔性化

柔性化技术是为适应产品更新周期越来越短、大批量生产方式受到挑战的形势而产生的。柔性自动化生产线一般由自动加工系统、物流系统、信息系统和软件系统四部分组成。柔性和灵活性表现在数量的灵活性，既能包装单个食品，也能适应不同批量食品的包装；构造的灵活性，是指整台设备采用模块单元组成，换用一个或几个单元，即可适应食品品种、形状和大小的变化；供货的灵活性，是指选换不同的最终包装设备，即能满足市场对食品的包装需求。柔性化也反映在计算机仿真设计上，仿真设计最能满足客户个性化的订货需求，设计人员可在计算机三维模型上修改并对生产率、废品率、能耗等进行演示，直到客户完全满意为止。

8.1.3 典型智慧包装装备

智慧包装装备主要包括智慧包装机器人，以及由包装机器人、自动包装机械组成的智慧包装作业线。

1．智慧包装机器人

智慧包装机器人是应用于包装行业的工业机器人。典型的包装机器人包括装箱机器人、码垛机器人和贴标机器人。

2．智慧包装作业线

智慧包装作业线是将自动包装机、包装机器人和有关辅助设备用输送装置连接起来，再配以必要的自动检测、控制、调整补偿装置及自动供送料装置，成为具有独立控制能力的包装作业生产线。主要由控制系统、自动包装机和包装机器人、输送装置和辅助工艺装置等部分组成。

8.2 智慧包装机器人

8.2.1 智慧包装机器人的概念与特征

早期的机器人造价昂贵，主要应用于航空、军工和汽车等高、精、尖的技术行业。随着科学技术的进步和社会需求的提高，从20世纪90年代起，工业机器人广泛地应用于程序化、繁重或者对人体有害的工作中，如完成焊接、喷涂、码垛、简单装配、搬运等工序。

包装机器人是工业机器人的一种，是应用在包装工业领域的自动执行工作的机械设备。目前，包装机器人多用于大物件的焊接和搬运中，码垛、打捆、装箱和拾放机器人相继问世。机器人越来越多地走入车间，替代枯燥繁重的劳动，被誉为包装业的“宠儿”。

和普通的包装机械相比，智慧包装机器人主要有以下两个特点。

1．灵活性高，能实现产品的快速转换

如今消费需求已向多规格、多样化发展，而传统的机械设备只能生产单一尺寸或形状的产品。而包装机器人为了执行不同的任务，可改变可编程，这使设备的灵活性大大提高，实现产品的迅速转换。例如，同一台设备，只需简单地更换其终端取件方式和程序设置，就可以处理不同尺寸和形状的产品。不仅如此，机器人的不同功能模块还能灵活组合，配置出多种功能的机器人生产流水线。正是包装机器人高度的集成性和柔性，使其在工业领域得到迅速的应用和高度的宠爱。

2．生产精准度高，产品质量有保障

在包装设备中添加的检测装置、传感器装置等，构成系统的信息反馈回路，使得包装机器人拥有更高的精准性。如具有视觉技术的包装机器人可以测量物体位置是否准确，识别物体颜色或形状是否正确，大大减少了高强度劳动力的使用，也减少了人为可能造成的失误，降低了次品率。

8.2.2 智慧包装机器人的主要类型及原理

根据机器人的工作性质进行分类，智慧包装机器人主要可以分为装箱机器人、码垛机器人、贴标机器人等。

1．装箱机器人

（1）概念

装箱机器人在包装行业较为常见。装箱机器人通过末端执行器对待装箱产品采用抓取或吸取方式，将产品送到指定的包装箱或托盘中。机构形式及自由度是设计机器人时需要考虑的主体部分，将直接关系到机器人的灵活性。用户可以根据使用环境的具体情况选择不同结构及自由度的机器人本体来满足不同的功能需求，如图8-1所示。

（2）工作原理

装箱机器人要求能够对盒装、瓶装类等货品完成装箱操作。装箱作业过程如下：定位装置检测待装箱货品是否到位；到位后装箱机器人通过末端抓手抓取（吸取）货品；伺服电机通过控制机器人提升、旋转等动作将货品搬运至空箱中；末端执行器松开货品，并返回等待；重复以上步骤。

（3）特点优势

装箱机器人作业优势主要体现在以下几个方面。

1）装箱机器人使用并联机器人作为执行机构，能够实现柔性自动化生产过程。

2）装箱机器人拥有集成视觉系统，自动完成货品的识别、定位和编号。

3）装箱机器人可以用于食品、医药、化工等多个领域的后端工序的生产加工包装。

4）装箱机器人可以代替人工，提升生产效率的同时还能降低企业人工成本。装箱机器人准确识别并同步跟踪传输线上高速运动的产品，将其整齐地摆放在包装箱内，一台装箱机器人至少可替代4～6名工人。

案例 8-1　博力实装箱机器人

装箱机器人可以将传输带上杂乱无序的包装物，按照一定的排列顺序装入箱内的自动化设备，抓手具有路径规划，平滑的弯曲半径，驱动系统采用了变频器进行控制。使用多轴设计和简便安装技术，伺服系统采用了集中供电模块，单双轴模块、灵活组合。（资料来源：博力实官网，2020年9月）

二维码 8-2

2．码垛机器人

（1）概念

码垛机器人是机械与计算机程序有机结合的产物，为现代生产提供了更高的生产效率。码垛机器人在码垛行业有着相当广泛的应用，大大节省了劳动力和空间。码垛机器人运作灵活精准、快速高效、稳定性高，如图8-2所示。

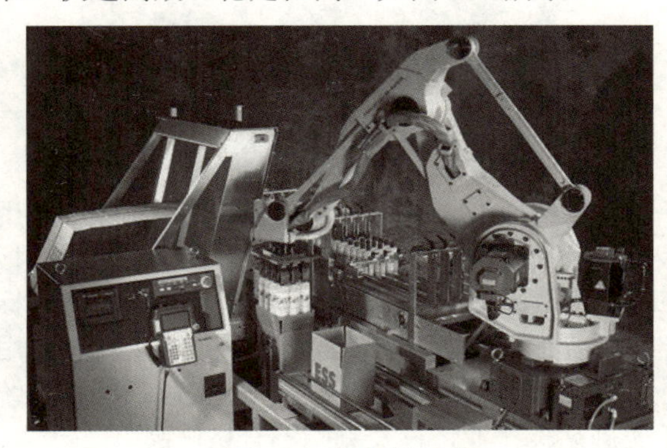

图 8-1　装箱机器人

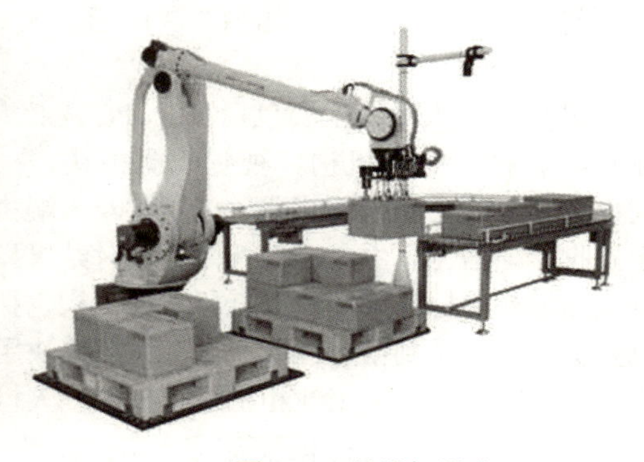

图 8-2　码垛机器人

（2）工作原理

1）货品装箱封箱后进入输送线，到达缓冲区。

2）缓冲区上方为码垛机器人，码垛机器人配备有特殊的多功能抓取器，无论包装箱尺寸或重量如何，机器人都可以使用真空吸盘牢固地夹持和传送包装箱。

3）机器人通过机械手吸盘将箱子（可一次完成多箱操作），整体垂直提升，再水平运行，经过安全通道后垂直放置在码垛区。

4）放置完成后，机械臂按照原路径返回。

5）码垛区完成码垛后，由叉车等搬运装备将其运走，再放置空闲码盘。

（3）特点优势

码垛机器人是智能高效的码垛机器，因其灵巧轻便的机械机构及灵活的作业动作等诸多特点，而明显胜过框架机械式的码垛机，成为越来越多工厂的明智选择。

码垛机器人主要针对包装应用设计，关节式手臂结构精巧，占地面积小，能便捷地集成于包装环节。同时，机器人通过手臂的摆动实现物品搬运，而使前道来料和后道码垛柔和衔接，大幅缩短了包装时间，提高了生产效率。

机器人码垛机具有极高的精度，抓放物品精准，且动作响应速度极快。机器人码放动作及驱动通过专用伺服及控制系统实现，可通过示教器或者离线编程方式重复编程，针对不同批次产品实现不同码垛模式的快速切换，并可实现 1 台机器人对多条生产线的码垛作业。

3．贴标机器人

（1）概念

在产品包装过程中，对产品进行粘贴商标、二维码等标签的环节是非常关键的，应该给予重视。在将标签粘贴在产品上的过程中，必须准确检测出产品的位置，同时提高标签粘贴的位置精度。利用机器视觉技术可以更加高效准确地进行标签的粘贴，获取产品的准确位置，通过图像处理获取所需要的信息，再由机器人完成粘贴标签的过程，这种技术可以代替人工操作，提高生产效率。

贴标机器人运用视觉技术，追踪定位搬送线上产品位置的同时，为产品自动精准粘贴标签。其打印、定位、贴标、传送一体整合，空间占位小，如图 8-3 所示。

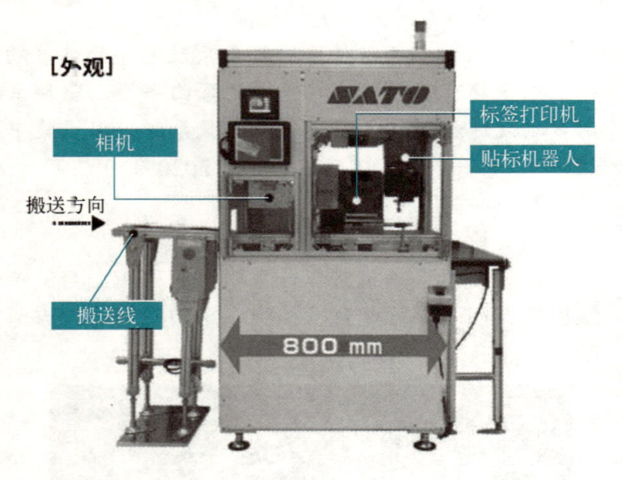

图 8-3　贴标机器人（SATO）

（2）工作原理

贴标机器人系统主要包括工业 PC、工业相机、打印贴标机构、视觉检测模块、人机交互界面、光电传感器、机械臂及末端执行器、电源、传送带等。工业 PC 是控制核心，用于接收反馈信息、生成控制指令、实时结果显示等；工业相机主要用于图像信息采集，包括贴标位置图像和贴标效果图像；打印贴标机构包括打印机和贴标机，其中打印机用于打印标签，贴标机负责将标签贴到指定位置；视觉检测模块用于判断当前标签是否满足工艺要求；光电传感器用于工位判断，并控制工业相机进行抓拍；人机交互界面用于贴标工艺参数输入、故障反馈、系统实时运行情况反馈等；机械臂及末端执行器用于实施贴标作业，以及剔除不合格产品。

其工作过程是：传送带将待贴标产品送至视觉检测工位；光电传感器响应后，工业相机自动抓拍，以获取目标物原始图像；通过以太网将图像传至上位机，上位机图像处理模块对图像进行处理，并得到相关控制指令；将控制指令作用于运动控制模块，对机械臂及末端执行器进行操作；末端执行器根据指示完成打印和贴标操作；此时，工业相机再次抓拍，以判断实际贴标效果，如果出现“标签不清”等情况，则剔除重新进行贴标，如果合格，则进行下一工序。（扩展视频 8-1）

（3）特点优势

传统贴标机械系统大都采用光电传感器监测物件的就位，并通过机械装置将物件推送到系统准备贴标位置，再进行贴标操作。这样贴出来的标签坐标精度不高，而且需要通过人工再次检查，完全不能满足大规模、高精度贴标的需求。智慧贴标机器人，基于机器视觉系统进行定位控制，具有精度高、速度快、适用性广的特点优势，主要表现在以下方面。

非接触。机器人通过摄像机获取外界图像信号，不需要与目标物体接触，这样就不会产生因机械装置与目标物体碰撞而产生的损伤，大大提高了生产系统的可靠性。加上相机系统的视野较大，只要物体在相机视野内或者感兴趣的部分在视野内，视觉系统不需借助机械靠边装置，在物体无须移动的情况下就能检测出它的实际坐标位置。

可持续性。贴标机器人可使生产长时间无间断地进行；而人工无法长时间不间断工作，也很难一直对目标物体进行观察，人工的检测结果会随着持续工作时间的延长而大大增加出错率，但机器人视觉系统可持续稳定地工作。

高精度。机器人视觉系统可以非常稳定地达到微米级别的检测精度，配合先进的机械控制系统，贴标机器人作业精度也能够达到微米级别。

功能多样性。机器人贴标系统只需一套硬件设备，根据实际需求进行软件的设计，就可集多种功能于一体。例如视觉系统通过分析物体的图像信息，可以识别出物件的种类，并进行质量检测、探伤分析；再计算出物件的坐标数据，发送到控制部分，控制部分根据坐标信息进行贴标操作；再次读取物件上的标签信息，判断所贴标签是否正确，位置是否在误差范围以内。

高效率。在大规模生产中，在包装环节应用机器人贴标系统，可以在很大程度上提高生产效率和加大生产的自动化程度，实现全过程的顺畅运行，提高运行效率。

8.2.3 包装机器人的应用与发展

1. 国外包装机器人的发展

在美国、日本、德国等国家由人工操作的包装工序已由机器人代替操作。机器人在食品、药品、化妆品等产品的包装生产中应用广泛。最早的码垛搬运机器人是美国设计的 Versation 和 Unimate 两种搬运机器人，日本和瑞典随后展开了大量的码垛机器人技术研究。日本 FANUC 公司最初致力于数控系统的研制与生产。1974 年，该公司研制出了第一台 FANUC 机器人。截至目前，FANUC 全球机器人装机量已超过 25 万台，市场份额稳居第一。FANUC 机器人公司研发并投入生产了大量的装箱及码垛机器人，其中包括 M-10iA/M-20iA 系列、M-900/M-2000iA 系列、R-1000iA/R-2000 系列，以上各系列机器人均配备了 iRVision 视觉系统，能够提供 6 千克到 1200 千克的有效载荷，能够满足工业生产中大部分产品的装箱及码垛需要。瑞典的 ABB 公司所生产的机器人已广泛应用于各个领域，其最新研发出的高速码垛机器人 IRB460 能够高速码垛，是全球最快的码垛机器人，能够提供 110 千克的最大有效载荷。

国外包装机器人仍在高速发展，趋势如下。

1）在作业精度、速度及可靠性方面不断提高，用户操作方面趋于简单和人性化，同时价格也不断下降。

2）在机器人结构方面向着模块化、可重构化方向发展，机器人控制系统的体积也越来越小。

3）在机器人控制器方面向着开放式的结构方向发展，实现标准化和模块化，便于系统的升级与维护，同时也提高了系统的可靠性。

4）在传感器方面，使用的传感器的种类也越来越多，包括位置传感器、压力传感器、视觉传感器、触觉和声音/传感器等，这些传感器的应用不仅提高了机器人的智能化程度，也提高了其工作能力。

5）在虚拟现实技术方面，使用遥控机器人作业，改善劳动者的作业环境。

总体而言，国外包装机器人大多能够以较小的占地面积在较大的工作空间内实现高精度平稳运行，且控制性能优越，在传统制造业如包装、食品等行业应用广泛，能够大幅提高企业的经济效益。

2．我国包装机器人的现状

我国的工业机器人研究起步较晚。20 世纪 70 年代中后期，国内开始研制基于示教再现或遥控操作的工业机器人实验样机；在国家“863”计划的支持下，沈阳新松机器人、上海机电一体化工程公司、北京机械工业自动化所、哈尔滨博实自动化设备有限公司等被确立为智能机器人主体产业基地；当前我国已能够研发制造包括焊接、搬运、冲压、喷涂等的各类机器人，具备了设计和应用大型机器人的能力。

当前，我国包装行业飞速发展，我国包装总量仅次于美国，居世界第二位。但是，由于缺少行业内关键技术的自主研发能力，我国包装工业仍然存在生产方式粗放、包装技术和设备不够先进等问题，自动化包装生产线大多从国外进口，这在很大程度上限制了我国包装工业的发展，从包装大国到包装强国的发展之路仍然任重而道远。包装机器人的出现为世界各国的包装产业带来快速发展的契机，然而，我国的包装机器人的研发目前仍处于初级阶段，自动化程度高的包装生产线仍需以高昂的价格从国外进口，自主研发的能力相当薄弱。但是，随着国内食品、药品市场的蓬勃发展，包装机器人技术环节的薄弱愈发凸显，以往简单模仿国外技术的方式已经远不足以满足国内包装市场的需求。目前，国内在物流生产线上大量的装箱操作仍需手工操作完成。

目前，国内只有极少数公司具备自主研发包装机器人的能力。沈阳新松机器人自动化股份有限公司是机器人技术国家工程研究中心，“863”产业化基地，是国内机器人产业的领先企业。其自主研发的 SRB360/500A 系列机型作为重载级的机器人提供了非常大的作业空间，适应恶劣生产环境，在粉尘较大的室内外均可正常运行，尤其适合重负载高效的搬运、码垛等领域。

哈尔滨博实自动化设备有限责任公司和哈工大机器人研究所基于产学研的合作模式，针对石化、化工行业劳动环境差、劳动强度大等特点，开发了一套集称重、取袋、装料、封口、码垛等于一体的全自动包装机器人码垛生产线。其中型号为 ZBM-A1200 的自动包装机器人生产效率达 1200 袋/h，称重精度达±0.1%，且具有智能化的远程故障诊断等特点，在各项性能指标和可靠性上，已达到国内领先、国际先进的水平。在该成果基础上，博实公司后续自主研发了符合散装物料包装技术发展趋势的、基于 FFS 的新称重包装机器人，加入伺服电机驱动后其生产效率达到 1600 袋/h。

总体而言，我国包装机器人技术与发达国家先进技术相比仍然存在较大差距，主要体现在机器人数量较少，密度较小，且在精密度和稳定性等方面与国外产品也存在较大差距。这主要是由于我国工业机器人研究起步较晚，很多关键部件的制造仍停留在仿制层面，且工艺技术水平不够，无法生产像减速器、交流伺服电机这样高精度、高可靠的关键部件，仍需依赖进口，且在机器人控制技术及运动优化等方面也与国外有不小差距。但我国机器人产业发展势头良好，且有老龄化等社会问题的存在，导致中国社会未来可能面临劳动力短缺的危机，对机器人产生极大需求。围绕“中国制造 2025”发展战略，结合中国制造业升级换代的刚需，我国机器人产业发展正迎来重要机遇，包装机器人发展将迎来大的发展空间。

8.3 智慧包装作业线

8.3.1 智慧包装作业线的概念与特征

1．概念

智慧包装作业线主要是按照包装的工艺过程，将自动包装机、包装机器人和有关辅助设备用输送装置连接起来，再配以必要的自动检测、控制、调整补偿装置及自动供送料装置，成为具有独立控制能力，同时能使被包装物料与包装材料、包装辅助材料、包装容器等按预定的包装要求和工艺要求与工艺顺序，完成物料包装全过程的工作系统。

采用智慧包装作业线，产品的包装不再是以单机一道一道地完成单个包装工序，而是将各自独立的自动或半自动包装设备和辅助设备，按照包装工艺的先后顺序组合成一个连续的流水线。被包装物料从流水线一端进入，以一定的生产节拍，按照设定的包装工艺顺序，依次经过各个包装工位，通过各工位的包装设备使包装材料与被包装物料实现结合，完成一系列包装工序之后，形成包装成品从流水线的末端不断输出。

智慧包装作业线是将信息技术、自动化机械以及智能型检测、控制、调节装置等应用于物流包装过程中，集纸箱成型、自动装箱、自动封箱等功能于一体，可根据客户不同的包装要求进行个性化设计和制造，从而大大提升了包装领域的安全性、准确性，进一步解放了包装劳动力。智慧包装作业线如图 8-4 所示。

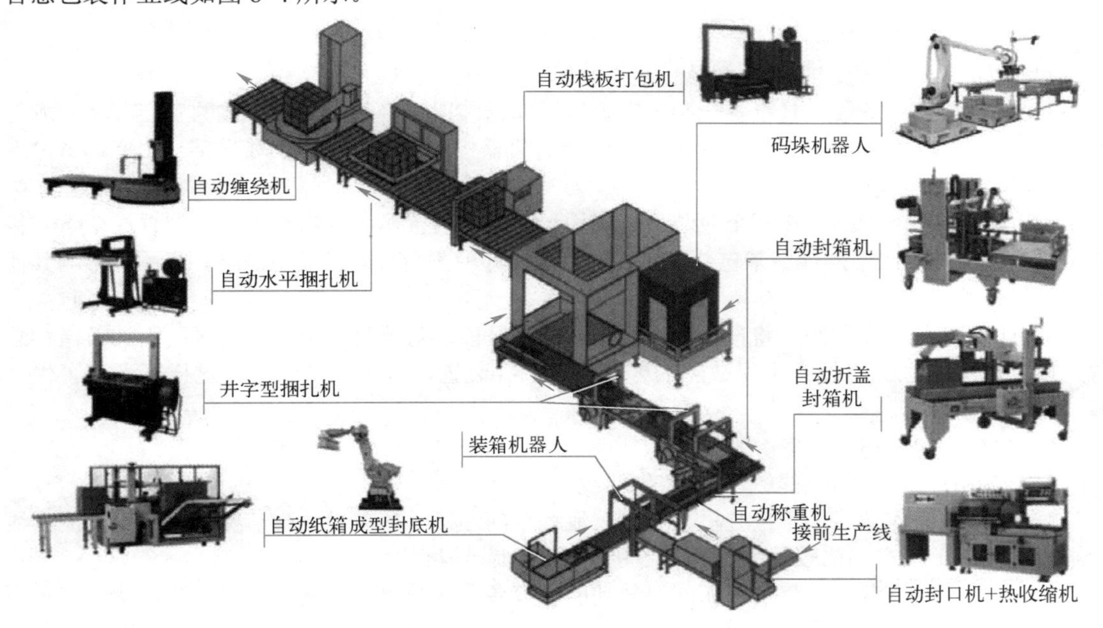

图 8-4　智慧包装作业线

2．特征

智慧包装作业线可以改善劳动条件，提高劳动生产率，提高包装产品的包装质量，合理利用资源，还可以降低产品包装成本，一般适用于少品种、大批量的产品包装，是大规模包装生产的重要环节。智慧包装作业线的特点优势主要体现在以下 4 个方面。

1）包装自动化。自动化程度是衡量包装设备和技术水平的重要标志，其内容包括工艺过程、工艺参数、物料流动、产品质量、运行故障、安全防范等的自动控制，以及包装物、包装材料或容器、包装产品、包装过程的自动检测两个方面。智慧包装作业线在整个包装作业线的工艺流程上都采用自动化设备，如包装材料或包装容器的自动整理、输入以及产品的输出，单机及机组和生产线的自动协调工作与故障的自动处理，对包装质量的在线自动检测和自动剔除不合格品等。

2）设备成套性强。智慧包装作业线多为连续作业的单机联动线和机组，成套性较强，通常是把具有不同功能的单机或机组与辅助设备配套成连续作业线，或者设计制造具有多种功能的作业线，将现代化生产中制袋、充袋、封口、称量、码垛、运输、清洗灭菌、计量、贴标、打印、检测和传递输送等功能结合起来组成成套作业线。

3）通用性较强。包装设备的通用化、系列化，包装线及装备的构成模块化，更有利于实现包装自动化。用户在物料的特性、称量精度以及裹包、封口等方面可能会有不同的要求，但有很多动作是相同或相似的，只是尺寸大小不一样。因此，智慧包装作业线通用化，可提高包装生产线的利用价值。

4）技术含量高。信息技术、传感技术等新技术的应用，形成高新技术与传统技术的复合，提高了包装生产线的工作质量、精度、速度和可靠性，促进了包装生产线向智能化、高度自动化方向的发展，如计算机控制技术应用于实现物料定量包装的精确计量、高速充填和包装过程自动控制。在智慧包装作业线的发展中，管理控制一体化的要求也越来越高。

8.3.2 智慧包装作业线的分类

1．按包装机之间连接特征分类

可分为刚性、柔性和半柔性智慧包装作业线。

1）刚性包装作业线，是指各包装机间直接用输送装置连接起来，以一定的生产节奏完成包装作业的生产线。这种生产线有一个缺点，即所有机器按同一节拍工作，如果某一生产环节出现故障，将会导致全线停产。

2）柔性包装作业线，在每个包装机之间均加设储存装置，根据需要由输送装置送至下一包装工序。这样就克服了刚性智慧包装作业线的缺陷，即使某台包装机发生故障，也不会影响其他包装机的包装作业。

3）半柔性包装作业线，将自动生产线分成若干区段，对不易出现故障的区段不加设储存装置，以提高其刚性；对经常出现故障的区段加设储存装置，以提高其柔性，这样既保证了生产率，又减少了投资。

2．按包装机的组合布局分类

可分为串联、并联和混联智慧包装作业线。

1）串联包装作业线，各包装机按照工艺流程单向连接，各单机生产节奏相同。这种流水线的结构比较简单，布局比较紧凑，要求各包装机的作业速度比较一致。

2）并联包装作业线，将具有相同包装功能的设备分成数组，共同完成同包装作业，直至完成物料包装的全部任务。在这一类流水线中，一般需加设换向或合流装置。

3）混联包装作业线，在一条生产线上同时采用串联和并联两种形式，其目的主要是为了平衡各包装机的生产节拍，实现各包装机的生产率匹配。不过，这样常会使包装生产线较长、机器数量较多，因此输送、换向、分流、合流等装置的种类也随之复杂。

8.3.3 智慧包装作业线的系统构成

智慧包装作业线的种类繁多，所包装的产品也各不相同，但其构成总体上可分为控制系统、自动包装机和包装机器人、输送装置以及辅助工艺装置 4 个组成部分。

1．控制系统

在包装作业线中，控制系统起着类似于人类大脑的作用，它将生产线中所有的设备联结成一个有机的整体。

控制系统主要由工作循环控制装置、信号处理装置以及检测装置组成。随着科学技术的发展，各种高新技术，如数控技术、光电控制、计算机控制等大量应用到智慧包装作业线中，从而使控制系统更加完善、可靠，效率也更高。

2．自动包装机和包装机器人

自动包装机和包装机器人是一种无须操作人员直接参与，主要由操作系统控制，在规定时间内各机构自动化，智能化实现协调动作并完成包装作业的机器设备，包装机器人相比自动包装机来说加入视觉识别、智能控制等人工智能技术，具有更高的智能化特征。自动包装机和包装机器人是智慧包装作业线上最基本的工艺设备，是智慧包装作业线的主体，主要包括完成包装材料（或包装容器）与被包装物料的输送、供料、计量、充填、包封、贴标签等作业的设备，如灌装机、充填机、装箱机、捆扎机、封口机等。

3. 输送装置

输送装置是将各台完成部分包装的自动包装机和包装机器人连接起来，使之成为一条自动线的重要装置，担负着包装工序间的传送任务，并且使包装材料（或包装容器）和被包装物料进入智慧包装作业线，使成品离开智慧包装作业线。

常用的输送装置大致分为重力式和动力式两种，其中动力式输送装置是利用动力源（如电动机）的驱动作用，使物料得以输送的装置，是智慧包装作业线中最常用的输送装置，不但可实现由高处向低处的输送，而且可实现由低处向高处的输送，并且输送速度稳定。

4. 辅助工艺装置

在智慧包装作业线中，为满足工艺上的要求，使智慧包装作业线能有节奏、协调地工作，需要配置一些辅助工艺装置，如转向装置、分流装置、合流装置等。

转向装置，是为了满足包装需要，用于改变被包装物体输送状态或改变被包装物料的输送方向的装置。转向装置结构形式多样，应根据不同物料、不同要求进行选择。

分流装置，是为了平衡生产节拍、提高生产率，在前台包装机完成其包装作业后，将被包装物分流给其他包装机来完成后续工序的装置。常用的分流装置有挡臂式、二直角式、摇摆式、活门式、导轨滑板式等。

合流装置，是为了达到合流作用，用于连接前道工序多台包装机与后道工序一台包装机的装置，常用的合流装置有导板式、推板式、回转圆盘式等。

8.3.4 智慧包装作业线的应用与发展

1. 智慧包装作业线的设计与应用

智慧包装作业线在设计与应用时应注意以下几个问题。

（1）满足工序的集中与分散

工序集中的特点：由于工序集中，减少了中间输送、存储、转向等环节，使机构得以简化；可缩减生产线的占地面积。但是，工序过分集中，会对包装工艺增加更多的限制，降低了通用性，增加了机构的复杂程度，不便于调整。所以，采用集中工序时，应保证调整、维修方便，工作可靠，有一定通用性。

（2）平衡工序的节拍

平衡工序的节拍是制定智慧包装作业线工艺方案的要点之一。各台包装机具有良好的同步性，对于保证智慧包装作业线的连续协调生产非常重要。平衡节拍时，反对压抑先进，迁就落后的平衡办法。

可采取如下措施：将包装工艺过程细分成简单工序，再按工艺的集中、分散原则和节拍的平衡，组合为一定数量的合理工序；受条件限制，不能使工序节拍趋于一致时，则尽可能使其成倍数，利用若干台包装机并联达到同步的目的；采用新技术，改进工艺，从根本上消除影响生产率的工序等薄弱环节。

（3）设备布局的优化

包装工艺路线和设备确定后，本着简单、实用、经济的原则布置设备，力求方案最佳。平面布置应力求生产线短、布局紧凑、占地面积小、整齐美观以及调整、操作、维修方便。另外，还应考虑可根据配送中心或厂房设施的变化，灵活安排布局并为以后的技术改造留有余地。

（4）包装作业效率的提升

对于刚性顺序组合智慧包装作业线，实际作业效率随着包装机台数的增加而相应提高，但不是简单的正比关系。当台数增加到一定数量后，再增加包装机台数，作业效率反而下降，主要是因为循环外时间损失成为影响作业效率的主要因素。

对于柔性智慧包装作业线，随着包装机台数的增加，作业效率初始提高得很快，随后变得缓慢，直至稳定。在循环外时间损失相同的条件下，柔性智慧包装作业线的作业效率总高于刚性生平线。

提高作业效率的方法主要有：采用先进设备，提高设备本身的可靠性，减少调整、维修时间；采用连续性包装机，尽可能减少或消除辅助操作时间；将工艺时间较长的包装工序用若干台包装机并联完成，或者分散在若干个工位上联合完成；定期对设备进行检修和保养，可减少设备的事故次数；设置必要的自动检测系统，实现自动诊断、自动排除、自动报警和自动保护等，减少因事故造成的停机损失；提高生产和组织者的操作、管理水平，尽量消除人为因素造成的影响。

2. 智慧包装作业线的发展趋势

面对巨大的包装市场潜力，伴随机械智能化技术水平的不断提升，智慧包装作业线的规划和设计面临一些新的变化和趋势。

1）对包装生产效率要求越来越高。高速包装机要求与前道工序要有相关衔接，不需搬运环节，包括控制衔接。整个生产线按生产及包装工序排列要做到倒序启动，顺序停机。

2）对包装设备灵活性要求越来越高。未来将要求包装设备要具有很高的柔性和灵活性，允许在一定的尺寸范围内包装物大小可以变化。因为产品的生命周期远短于设备使用寿命，变更产品及包装不至于更换昂贵的包装生产线。

3）对包装机械智能化要求越来越高。要保证生产和物流运作高效，要求包装装备必须具有高度的自动化、智能化水平，具备良好的自动识别、多维感知与智能控制功能，例如可以智能感知包装货品的形状、位置，识别包装材料的厚度、硬度、反弹力等，通过计算机反馈到机械手调整动作幅度，提高精准度，排除人工操作带来的误差。

案例 8-2　洽洽瓜子开箱、封箱、贴标包装流水线

洽洽瓜子应用全自动化的开箱、封箱、贴标包装作业方式，提高了至少 2～3 倍的效率，节省了人工和成本。从纸箱成型开始，应用 MTW-K40H18 开箱机，每分钟工作效率 15～18 箱，自动纸箱开箱机可使纸箱成型封底，输送出去；输送出去的纸箱进行装箱，将产品装进纸箱；随着动力辊筒前进，经过提升台把纸箱运送到二层；纸箱到二层进行自动折盖、一字型封箱、贴标签、称重等一系列动作；最后随传送带运送到仓库处，进行堆垛。（资料来源：迈特威智能设备官网，2018 年 3 月）（扩展视频 8-2）

二维码 8-3

本章小结

智慧包装装备是在机械化、自动化包装装备的基础上，运用智能感知、智能互联、智能控制等技术手段，具备自动识别包装货品、智能数据采集分析、自主规划自身行为、智能控制设备运行等功能的包装装备。具有自动化、智能化、集成化、柔性化的特征。

智慧包装装备主要包括智慧包装机器人和智慧包装作业线。

智慧包装机器人是应用于包装行业的工业机器人。典型的包装机器人包括装箱机器人、码垛机器人和贴标机器人。

智慧包装作业线是将自动包装机、包装机器人和有关辅助设备用输送装置连接起来，再配以必要的自动检测、控制、调整补偿装置及自动供送料装置，成为具有独立控制能力的包装作业生产线。主要由控制系统、自动包装机和包装机器人、输送装置以及辅助工艺装置等部分组成。

本章练习

一、思考题

1．什么是包装装备，包装装备主要有哪些类型？

2．什么是智慧包装装备，其具备哪些特征？

3．智慧包装机器人的主要类型有哪些？

4．智慧包装作业线可以分为哪些类型？

5．智慧包装作业线的系统构成是什么？

二、讨论题

1．智慧包装机器人与传统自动化包装机械相比，应用了哪些技术，有何优势？

2．分析讨论智慧包装作业线在物流配送中心运作中的功能与价值。

三、设计与实训

某电商配送中心主要承担区域日化用品的储存与配送功能。目前该配送中心主要采用穿梭车式立体仓库进行货品存取，货物分拣输送基本上实现了自动化运行，但在包装环节依然采用人工进行，效率较低。包装环节也成为整个配送工作的瓶颈。为解决这一问题，配送中心决定对包装环节进行优化，引入和应用智慧包装装备和包装作业线。

根据以上实训背景，完成以下工作。

（1）提出该配送中心的智慧包装作业线改造设计方案。

（2）描述该方案所采用的智慧包装装备类型及功能特点。

（3）描述智慧包装作业的整体运作流程。

四、案例分析

涤纶长丝智慧包装作业线

在传统的涤纶长丝生产过程中，自落丝、丝饼运输、包装至仓储管理的全流程作业需要由大量的人力完成，不仅存在人身安全隐患，而且，其产品防护问题始终困扰着许多化纤企业，如因碰毛、混批、成品包铲破等人为问题导致的产品品质投诉频发，产品得不到下游客户的认可，甚至无法进入高端市场。桐昆集团作为化纤行业的巨头，在实现“机器换人”、智能制造方面再次走在了行业的前列。公司投资近 1 亿元建成了由自动落筒-包装系统（ADPS）、自动化立体库仓储系统（AS/RS）组成的涤纶长丝柔性化智能包装仓储流水线，实现了全流程无人工触碰丝饼的智能化过程，为降低生产成本，提高产品品质提供了保障。

涤纶长丝智能化包装仓储流水线是结合了机械、信息和电子技术的综合高技术产品，由动力系统、电动系统、机械结构、计算机控制、传感器技术和执行元器件六大部分组成。整个智能化流水线由立体仓库系统、往复式穿梭车系统、自动化堆垛机系统、自动化输送机系统、入出库托盘输送系统和计算机集成化物流管理系统等组成，可自动完成入库、单双出库、盘库、搬库、指定点、指定入库和指定出库等多种作业任务。

ADPS 由 1 个自动落丝区、1 个外检区、2 个中间暂存区、2 套打包系统组成，待成品包打包完成后选择栈道进入 AS/RS。AS/RS 智能流水线主要由自动络筒机落丝、丝饼存至吊车、吊车自动化运输、自动称重贴标、吊车中间储存、机器人抓丝至包装流水线、自动套袋及堆垛，根据产品批号选择栈道、自动输送、自动堆垛机接丝入库、成品丝选择区域存放及出库等流程组成。

该智能化包装仓储流水线的运行、效益情况对比分析具体如下。

人力成本。与半自动化生产线相比，包括落丝工、拉丝工、计量员、质检员、打包工、搬丝工、铲车工、库管人员等在内的用工情况，智能化流水线预计可减员 103 人，若以平均每年 5 万元/人的工资水平，每年可节省用工成本 515 万元。

土地使用量。智能化流水线 AS/RS 的库容量 1.1 万吨，占地面积为 6000 m^2，节约了 8000 m^2 的土地面积。

作业效率。丝饼的自动化输送避开了许多不可控的人为因素；智能化立体库的平均入库耗时可节约 1/3，平均出库耗时可节约 1/2。

客户反馈情况。该智能化流水线自正常运行 4 个月以来，暂未收到因落筒、包装和仓储问题产生的产品品质投诉，下游客户反馈良好。而对于半自动化生产线来说，由上述原因导致的产品品质投诉平均每月约 5 起，因此智能化流水线有效提高了产品的包装品质。

设备费用投入。该智能化流水线减少了铲车、丝车等设备的投入量，这不仅减少了设备及备品备件的投入费用及其维护保养费用，而且使装卸成本降低。

根据案例回答问题。

（1）涤纶长丝智慧包装作业线的应用价值是什么？

（2）涤纶长丝智慧包装作业线采用的智慧包装装备有哪些？

（3）请描述案例中涤纶长丝智慧包装作业线的作业流程。

第 9 章　智慧集装单元化装备

学习目标

- 了解集装单元化装备的概念与类型；
- 理解智慧集装单元化装备的概念与特征；
- 掌握智慧集装箱的概念特点、系统架构与关键技术；
- 掌握智慧共享物流箱的概念原理、设计实现与运营管理。

引例

“箱箱共用”开启物流箱智能化新时代

“箱箱共用”将有源 RFID、低功耗蓝牙 BLE、蜂窝通信 M2M 及 NB-IoT 等技术完美融入了 RTP（可循环物流包装箱）结构及工艺技术中；融合移动互联网、大数据、云计算等技术，向企业用户提供可循环智能箱租赁服务；利用覆盖全国的百公里范围内服务网点，通过技术平台实现空箱就近收发，随租随还。可以说，箱箱共用开启了一个物流包装箱的智能化新时代。（资料来源：人民网，2018 年 5 月）

二维码 9-1

9.1　智慧集装单元化装备概述

9.1.1　集装单元化装备的概念与类型

集装单元化装备是指用集装单元化的形式进行储存、运输作业的物流装备。通过集装单元化，便于实现物流功能作业的机械化和自动化；能够减少重复搬运次数，缩短作业时间和提高效率，使得装卸机械的机动性增高；能够改善劳动条件，降低劳动强度，提高劳动生产率和物流载体利用率；能够使得物流各功能环节便于衔接，提高一体化程度和运作效率；能够节省包装费用，降低物流功能作业成本；能够有效地保护物品，防止物品的破损、污损和丢失。

集装单元化装备主要包括集装箱、托盘、周转箱、集装袋等。

1．集装箱

集装箱是最主要的集装器具，它为铁路、公路和水路运输所通用，能一次装入若干个运输包装件、销售包装件或散装货物。集装箱是一种包装方式，也是一种运输器具。

2．托盘

为了使物品能有效地装卸、运输、保管，将其按一定数量组合放置于一定形状的托盘上，这种托盘有供叉车从下部叉入并将台板托起的叉入口。有钢制托盘、木制托盘、塑料托盘和硬纸托盘。

3．周转箱

周转箱主要用于存放、包装和集装货物，以便以单元化形式在物流各环节中进行流转。可用于配送中心或工厂内部货物搬运；可循环使用的快递包装，也可以认为是一种物流周转箱。主要形式有可堆式周转箱、可插式周转箱和可折叠周转箱等。

4. 集装袋

集装袋是一种袋式集装容器，它的主要特点是柔软、可折叠、自重轻、密闭隔绝性强。它的使用领域很广，主要用于水泥、粮食、石灰、化肥类等易变质且易受污染并污染别的物品的粉粒状物的装运。在液体物品方面，适用于装运液体肥料、表面活性剂、动植物油、醋等。

9.1.2 智慧集装单元化装备的概念与特征

1. 概念

托盘、集装箱等集装器具是与叉车、货架等物流设备配套使用的物流单元设备，可用来存放、装载、搬运货物，是现代化物流仓储中必不可少的物流设备。然而，随着社会信息化发展与智能制造的需要，集装器具已不仅仅是一种存放、装载、搬运货物的工具，更是一种信息的载体。在使用条码的系统中，通常集装单元上的条码或看板就载有货物的相关信息，货物被取走后，相应的信息就会更新。

所谓智慧集装单元化装备，是指将信息感知、定位以及各类传感器应用于集装单元器具之中，能够在物流运作过程中具备数据采集、信息感知、定位跟踪和智能控制功能的物流装备器具，它是物流运作过程中的一个重要信息节点和智能终端。

例如，广州大库物流工业集团是一个标准物流单元容器设计、制造企业，从 2012 年起大库制造的塑料物流箱、塑料叉车托盘等便全面预嵌入超高频 RFID 芯片，定位为智慧物流箱定制、选材、追踪、感知一站式服务商，开发了防盗智慧物流箱、生鲜配送物流箱、冷链物流冷藏箱、自动仓库 mini-load 专用箱、高速分拣机专用箱等智慧集装单元化产品。汇智大库（大库集团子公司）自主研发和生产硬件化、小型化的基于超高频 RFID 技术的光感、磁感、震荡、温度、湿度、GPS 感应器，配合自主研发的智慧仓库系统、智慧物流箱追踪系统、智慧工厂生产管理系统，让大库集团全球 2000 多家客户近千万只智慧物流箱的物流动向和实时状态在汇智大库物联网追踪云平台和智能手机 APP 平台上显现，使物流可视化成为可能。作为国内专业生产塑料托盘的龙头企业，上海力卡塑料托盘制造有限公司的部分产品中也内置了 RFID 芯片，而苏州良才物流科技股份有限公司生产的一些周转箱也在其长短边预留了 RFID 芯片装置区，并且有密封圈防水设计。奕优的冷链箱产品可以根据客户所设定的温度保温 24 小时以上，冷冻可保持−18℃以下，冷藏 5℃以下，并具有 RFID、GPS 追踪应用功能，是一种不同于传统的冷藏运输新系统。

2. 特征

智慧集装单元化设备主要体现智能性和通用性两个特征。

智能性。智慧集装单元化设备应用物联网技术和信息技术，能够对智慧集装单元化设备的运行状态、位置信息、完好程度等数据进行实时收集整理，具有特殊要求的设备还需在温湿度监控、碰撞监控等方面具备监测功能，并能够对信息数据进行及时处理，实现智能监控，为决策提供支持。

通用性。标准化是物流集装单元化设备应用的基本要求。智慧集装单元化设备具备较强的流通性、共享性，必须满足通用性的要求。一方面，集装单元化设备对多数产品来说都要能适用，可以满足不同产品的集装使用需要；另一方面，智慧集装单元化设备作为物流系统中的重要信息节点，信息数据要能够嵌入相关信息系统中，平台具有通用性。

9.1.3 智慧集装单元化装备的分类

智慧集装单元化装备包括具备物联网功能的集装箱、托盘、周转箱等装备。

1. 智慧集装箱

智慧集装箱是指具备全球定位、远程监测与数据交互功能的集装箱，目的是实现集装箱在互联网下的可视化，以实现对集装箱在全球范围内的追踪和监测。

2. 智慧托盘

智慧托盘是指具备信息识别、定位监测与数据交互功能的托盘，主要应用于配送中心和仓库货架托盘货物的存放、数据获取与跟踪监控。智慧托盘与智慧集装箱原理有相似之处，本章不再展开介绍。

3. 智慧周转箱

智慧周转箱包括配送中心或企业内部使用的具有智慧功能的物流周转箱，以及面向外部对社会物流共享的智慧共享物流箱。本章将重点介绍智慧共享物流箱，它是基于共享经济理念和互联网平台，应用物联网技术和信息技术实现共享共用、顺畅周转、便捷管理的物流箱。主要在快递环节使用，能够实现快递包装的可回收循环利用。

9.2 智慧集装箱

9.2.1 智慧集装箱的概念

为准确获取货物的位置、状态和安全信息，提升集装箱物流过程的信息化水平，解决集装箱货物运输的安全问题，以美国 GE、中国 CIMC 为核心的企业提出了智慧集装箱的概念。所谓智慧集装箱，是指可进行全球定位、远程监测与数据交互的集装箱，目的是实现集装箱在互联网下的可视化，通过对集装箱在全球范围内的追踪和监测，保证全球集装箱供应链的安全，提高供应链的管理效率，提升效益。

智慧集装箱，通常是在集装箱的外部和内部使用或加装 RFID 标签、电子封条、传感器封条等传感设备，能够随时将集装箱的一些关键信息如位置、安全状况、灯光、温度和湿度的变化传送给读取器网络；管理人员管理当地读取器网络，收集、过滤获得 RFID 的信息，并将有效信息输送到交通安全信息系统（Transportation Security System，TSS）；发货人通过交通安全信息系统，不用开箱就可以实现货物的追踪，了解货物的即时方位、状态和安全状况。

智慧集装箱普遍应用后，通过集装箱智能终端实时采集集装箱状态、位置等信息，并通过蜂窝网络、卫星网络等通信手段与云平台实现通信和交互，能够形成智慧集装箱物联网系统，并构建全球集装箱贸易生态链。

9.2.2 智慧集装箱的特点优势

1. 功能特点

智慧集装箱的核心装备是传感器模块，传感器模块的主要功能有实时获取地理位置数据、碰撞跟踪、集装箱门开启或关闭监控、箱内温湿度追踪等。基于此，智慧集装箱通常具有以下功能。

1）托运人可以在世界的任何角落，对他们的货物进行实时的地理定位，并在货物到达关键位置时得到警示提醒。

2）集装箱所有者可以根据实际情况（实际的里程跟踪、异常报告信息、运转部件的实时监控等），对集装箱进行预防性维护。

3）对集装箱的远程控制，箱门开关，温度与湿度调节，均可通过定制服务来实现。

4）根据智慧集装箱产生的数据，人们可以完善供应链，分析数据，建立模型，模拟集装箱流通过程，帮助企业修正调整工作流程。

以智慧集装箱为基础的管理信息平台，也能够进一步集成到企业 IT 系统中去，强化与航运公司合作，让托运人更便捷地使用遍布各地的智慧集装箱。

2. 主要优势

（1）能够准确提供集装箱的追踪服务来满足客户的要求

传统的集装箱货运模式，存在大量的滞后现象，集装箱的起运、卸货等状态变动的更新起码是 8 个小时以后甚至更长时间。采用新技术的智慧集装箱，信息更新能够接近实时。这样能让客户能更快和更全面地了解集装箱的运输状态，提高客户的体验度。

（2）智慧集装箱能够更好地规避潜在风险

智慧集装箱拥有碰撞跟踪、箱门开闭监控、箱内温湿度追踪等功能，会及时反馈到运营公司，运营公司能够及时掌握集装箱实时箱况动态，一旦发生异常（如冷冻箱温度突然升高，干货箱湿度突然变大等），运营公司能提前做好准备，采取应急措施，尽可能地减少集装箱内货物的损失。

（3）通过智慧集装箱收集信息，更好地服务于商业决策

智慧集装箱的运用，将为运营公司运营决策提供有用的数据支撑。例如，通过客户提空箱去门店装箱，运营公司就能够知道货源的分布、货物的品种、货量情况等，再结合其他数据，可以提供非常有实际意义的商业情报和第一手的统计材料，为精准性营销提供指导和帮助。

9.2.3 智慧集装箱的系统架构

智慧集装箱基于物联网进行系统架构，如图 9-1 所示。

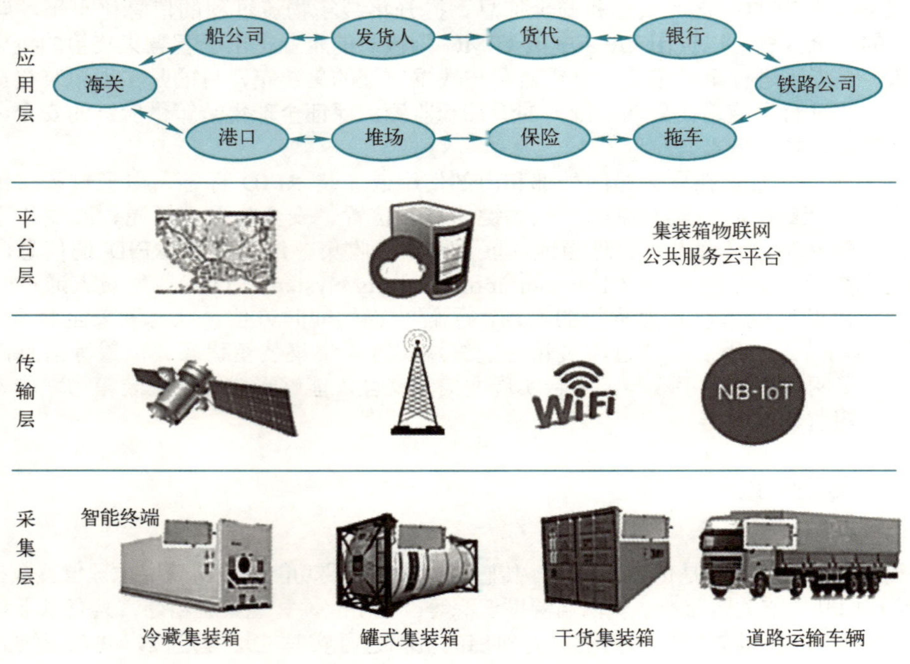

图 9-1 智慧集装箱系统架构

1. 采集层

通过在各类集装箱和运输车辆上加载智能终端，采集集装箱的身份信息、位置信息、状态信息、作业信息等。

2. 传输层

智能终端采集到的集装箱信息通过网络传输给信息平台，可能用到的数据传输网络包括蜂窝移动网络、低功耗局域网、低轨卫星网络等。

3. 平台层

指集装箱信息平台，承载集装箱信息存储、处理，并为集装箱相关的应用场景提供数据服务。

4. 应用层

不仅包含集装箱本身的堆存、装卸和运输作业相关的业务，还包含集装箱货物关联的发货、收货以及交易结算、保险等业务环节相关的应用。

9.2.4 智慧集装箱的关键技术

1. 数据采集关键技术

基于集装箱生产、流通管理以及关联的业务应用需求分析，智慧集装箱需采集的数据内容包括身份 ID、位置数据、状态数据和事件数据四大类，涉及的关键技术包括编码技术、自动识别技术、定位技术、传感器技术等。

（1）编码技术

物品编码是指按一定规则对物品赋予易于计算机和人识别、处理的代码。建立集装箱及其关联物品的统一编码体系，是实现集装箱关联系统间信息交换与共享以及高效、经济、快速整合应用的基础和前提。国际标准化组织 104 技术委员会（ISO/TC104）制定了《集装箱代码识别和标记》标准，我国集装箱标准化技术委员会牵头制定了《集装箱生产序列号》国家标准，随着集装箱物联网系统的发展，全球智慧集装箱产业联盟组织制定了《集装箱智能终端编码与标识规范》团体标准。

（2）自动识别技术

传统的集装箱管理系统依靠人工对箱号进行辨别和输入，操作速度慢，容易出现错误、疏忽和人为干预等种种问题。随着货运量的增长和现代化管理的需求，准确、可靠的集装箱自动识别技术成为集装箱管理系统中必需的部分。实现集装箱号码自动识别，无须人工录入即可将箱号自动输入信息管理系统，对海关、物流、港区管理自动化程度的提高，减少时间消耗，改进监管水平具有重要的意义。集装箱自动识别技术主要包括 RFID 技术、OCR 技术、二维码技术等。

RFID 技术。是一种无线通信技术，可通过无线电信号识别特定目标并读写相关数据，无须识别系统与特定目标之间建立机械或光学接触。智慧集装箱提出以来，最开始的技术就是以 RFID 技术为核心，ISO/TC104 从整体架构和技术要求出发，制订了相对全面的集装箱应用 RFID 标准体系，包括《集装箱 RFID 身份标签》《集装箱电子箱封》等。鉴于 RFID 技术自动识别本身的局限性，以及集装箱 RFID 标准通信协议的不完善导致没有兼容性，因此集装箱 RFID 技术并没有得到普遍推广使用。

OCR 技术。是基于图像识别中的 OCR（光学字符识别）技术发展而来的一种实用技术，它能对集装箱图像进行实时抓拍，对集装箱号和箱型代码（ISO 号码）进行识别。根据国际通行的规则，集装箱号应喷涂于集装箱的前、后、左、右、上 5 个面，箱号末尾还有校验码和箱型代码。为提高识别率，箱号识别系统通常对箱体各个面上喷涂的箱号都要进行识别，最后根据各个面的识别结果进行综合互补判断。由于集装箱经常上下叠放，一般箱顶的字体磨损都相当严重，因此，系统通常只采集前、后、左、右 4 个面的箱号图像进行识别。箱号识别系统由触发模块、控制器、图像采集模块、识别模块和补光源组成。为实现对箱体 4 个面的图像采集，一套箱号识别系统同时布置 4 台工业相机，分别负责对前后左右 4 个面的拍摄。4 路相机根据触发信号和控制器的指令进行拍摄，将图像传回计算机进行识别。由于箱号识别系统布置的复杂性，一般在大型港口码头才能使用，在集装箱流通的诸多环节仍然难以实现数据自动识别和采集。

二维码技术。二维码比传统的一维条码能存储更多的信息，也能表示更多的数据类型。随着国内物联网产业的蓬勃发展，更多的二维码技术应用解决方案被开发出来，应用到各行各业的日常经营活动中，二维码已成为移动互联网入口。全球智慧集装箱产业联盟牵头制定了《集装箱二维码通用技术规范》团体标准，统一了集装箱二维码的数据内容、编码方式、安装位置、技术要求等，并着力推动集装箱二维码的全行业应用。

（3）定位技术

位置信息是物联网很多应用和底层通信的基础，集装箱位置信息在集装箱物流运输、堆场管理等作业环节中不可或缺。在物联网中用于获取物体位置的技术统称为定位技术，该技术是物联网感知层的重要技术之一。物联网领域经常使用的定位技术主要有卫星定位技术、Wi-Fi 定位技术、RFID 定位技术、ZigBee 定位技术等。卫星定位系统主要有美国的 GPS、欧洲的 Galileo、俄罗斯的 GLONASS、中国的北斗等，目前 GPS 在集装箱定位系统中应用最为广泛。随着我国北斗三号全球卫星导航系统组网成功，北斗导航系统将越来越多地应用于智慧集装箱定位系统中。

案例 9-1　基于北斗的集装箱全球智能监控系统

吉林发布物流产业高科技创新产品——集装箱全球智能监控系统。该系统基于北斗卫星技术打造，采用“北斗+物流”新模式，实现了对国际集装箱的全程电子化监控，具有三频定位、温湿度监控、三轴碰撞度监控、异常侵入报警等功能，能为快速通关和全程监管提供有力支持。（资料来源：中国吉林网，2019 年 1 月）

（4）传感器技术

集装箱各类状态数据来源于各种传感器，传感器技术是智慧集装箱的关键技术之一。

传感器技术是实现测试与自动控制的重要环节。传感器种类及品种繁多，不同种类的集装箱重点关注的状态数据不一样。

智慧干货箱主要运输大众货物，主要需求包括箱门状态监测、箱内有无满载监测、箱内外环境温度监测等，常用的传感器包括温度传感器、霍尔传感器等。

智慧冷藏箱需要监测的环境参数包括温度、湿度、压力和氧气、二氧化碳、乙烯等气体的浓度含量，常用的传感器包括温湿度传感器、压力传感器、气体传感器等。

智慧罐箱需要监控危化品泄漏情况、运输介质状态、环境状态等，常用的传感器包括超声波传感器、倾角传感器、压力传感器、加速度传感器等。

2．数据传输关键技术

集装箱智能终端采集的数据，通过蜂窝网络、卫星通信网络等技术手段实现集装箱的远程数据传输，从而实现集装箱信息的实时获取与共享。窄带物联网（Narrow Band Internet of Things，NB-IoT）是物联网（IoT）领域一个新兴的技术。在智慧集装箱应用中也受到重点关注。

（1）蜂窝移动通信技术

蜂窝移动通信是采用蜂窝无线组网方式，在终端和网络设备之间通过无线通道连接起来，进而实现用户在活动中可相互通信，其主要特征是终端的移动性，并具有越区切换和跨本地网自动漫游功能。蜂窝移动通信是成熟的通信网络，但由于漫游资费高且不可控，许多通过蜂窝网络实现数据传输的应用集中在国家区域范围内，随着全球漫游资费的降低，通过蜂窝网络来实现智慧集装箱数据的网络传输才能具备普适经济价值。另外，由于蜂窝网络主要服务于“人”的移动互联，在地球海洋、森林等大面积的无人区域并没有蜂窝网络覆盖，因此不能满足智慧集装箱全球流通实时跟踪的需求。目前国内外厂商通过手机通信网络来实现智慧集装箱的信息服务，还主要集中在贵重货物、冷链货物集装箱以及危险化学品运输的罐式集装箱上，普通干货集装箱的应用还很少。

（2）低轨卫星通信技术

低轨道卫星移动通信指利用运行轨道比地球同步轨道低得多的一组卫星，实现移动用户之间或移动用户与固定用户之间的通信。低轨卫星通信的优点在于：覆盖全球性，多个卫星组成的星座可以实现真正的全球覆盖，可以在单一网络平台实现运营；部署统一性，低轨卫星的单一网络无须协调不同网络之间的技术、政治、商业等存在的差异，技术协调难度比较低；资费稳定性，低轨卫星单一网络的成本控制简单易行。低轨卫星通信技术解决了蜂窝网络通信需要全球漫游等在全球范围内运营的瓶颈问题，为智慧集装箱的发展打开了另外一个空间，但目前其资费成本仍高于蜂窝网络，加之功耗问题，暂时只能作为辅助通信手段。

（3）NB-IoT 技术

NB-IoT 构建于蜂窝网络，支持低功耗设备在广域网的蜂窝数据连接，也叫作低功耗广域网（LPWAN）。NB-IoT 支持待机时间长、对网络连接要求较高设备的高效连接，NB-IoT 设备电池寿命可以提高至少 10 年，同时还能提供非常全面的室内蜂窝数据连接覆盖。

NB-IoT 聚焦于低功耗、广覆盖的物联网市场，是一种可在全球范围内广泛应用的新兴技术，具有覆盖广、连接多、速率低、成本低、功耗低、架构优等特点，将是智慧集装箱通信技术的重要选择。

从智慧集装箱物联网系统架构出发，研究分析智慧集装箱数据采集和数据传输关键技术现状与未来应用发展趋势，有利于引导智慧集装箱相关技术研发，促进智慧集装箱产业发展，从而提升智慧集装箱供应链效率。

案例 9-2　鹿特丹港 Container 42 智慧集装箱

鹿特丹港开发的 Container 42 智慧集装箱，配备了传感器和通信技术，将在未来两年内环游世界，收集到目前为止看不见的数据，包括振动、俯仰、位置、噪声、空气污染、湿度和温度都将被记录。（资源来源：搜航网，2019 年 6 月）

二维码 9-2

9.3　智慧共享物流箱

9.3.1　智慧共享物流箱的概念

共享物流箱的理念来源于共享经济。所谓共享经济是指利用互联网等现代信息技术，整合、分享海量的分散化闲置资源，满足多样化需求的经济活动总和的经济现象，涉及三大主体，即需求方、供给方和共享平台。共享经济以互联网为平台，参与者以不同方式付出或受益，更加平等、有偿地共享一切社会资源。共享经济的核心是使资源利用效率最大化，充分利用闲置的资源，优化资源配置，减少重复投资，创造有价值的服务形态，显然是符合可持续发展理念的新经济模式，值得推广运用。而建立在这一理念基础之上的共享包装，主要是指通过最大化增加包装的使用次数，实现包装单次成本的最低化，以及资源的最大化利用。它与具有专门性、专属性的传统意义上的包装明显不同，更体现出共享性、通用性的器具特征。

伴随国民经济由高速增长向高质量发展转型，生产组织方式向供应链加速变革，其中关键的一环就是包装，对物流包装的标准化、协同化、共享化要求越来越迫切。2019 年 3 月，国家发展改革委等 24 部委联合发布《关于推动物流高质量发展促进形成强大国内市场的意见》，其中提出要支持集装箱、托盘、笼车、周转箱等单元化装载器具循环共用服务运营体系的建设，鼓励和支持公共“物流包装池”的循环共用模式。

在传统管理模式下，由于存在数据盲区，用户无法实时掌握物流包装位置和分布情况，也无从知晓被使用或空闲的状态信息，从而导致包装物整体利用率低于 50%，年平均周转数低于 4 次，并且导致每年高达 15%～20%的丢失率。而智能物流包装因为融入了物联网、云计算、大数据、人工智能等新兴技术，可以使循环包装与智慧供应链更好地融合。智能化是物流包装技术发展的方向，通过大数据驱动的人工智能，可以实现社会资源的自动化最佳调度。5G、物联网、大数据、人工智能、传感器、3D 打印等新技术不断涌现和广泛应用，给物流包装行业发展赋予了新动能，提供了新机遇和重要支撑。因此，如何利用新技术促进物流包装循环共用发展是一个重要问题，智慧共享物流箱应运而生。

所谓智慧共享物流箱，是基于共享经济理念和互联网平台，在物流箱上应用物联网技术，集成条码、RFID、DPS、LBS、Wi-Fi 及各种传感器等智能化模块，实行统一编码，实时定位跟踪，能够实现物流箱共享共用、顺畅周转、便捷管理，并通过大数据支撑供应链上下游企业的库存、生产、物流优化，满足用户对箱体及货物的各种数据及状态需求。

案例 9-3　顺丰循环包装箱——丰・BOX

丰• BOX 共享物流箱，有效解决了快递包装成本高、破损多、操作效率低、资源浪费等问题，其不仅开创了用拉链代替封箱胶纸、易拆封、可折叠、防盗、内绑定、无内填充等产品结构创新，还增加了防水、阻燃、隔热保温等特殊性能。（扩展视频 9-1）

9.3.2　智慧共享物流箱的设计与实现

1. 设计要求

要实现智慧共享物流箱的多次使用、多功能适配和便于管理，在设计过程中应符合以下要求。

首先，要解决物流箱能多次使用的问题，必须选择在运输过程中耐用、抗磨损的包装材料。目前，虽然耐用、抗磨损的材料很多，但适用于包装设计成型需要的耐磨又轻便的材料尚不多见，亟须进行针对性研发。因为传统的纸、塑料、玻璃、陶瓷、木质等包装材料在耐用、抗磨损等方面都不同程度地存在缺陷。

其次，要解决共享物流箱运输过程中空隙率最小化问题。共享包装与传统包装最大的区别就是，包装箱送至客户手中之后，必须将包装箱回收，而传统包装是不可逆的，不需要回收。这个回收过程的空箱运输成本，是降低共享物流箱使用成本的一个最为主要的环节。因此，对共享包装进行可多次、可不同折叠的结构设计，是解决该问题的主要途径之一。

最后，要解决共享物流箱运输与回收过程中的管理问题。共享物流箱要实现大规模的应用，必须解决人为管理的问题。传统包装通过条码或者二维码人为扫描，进行货物的输送，其性质属于单边输送，不需要回收，因此，在管理上相对简单。但是共享包装要完成输送与回收的全过程，其管理相对于单边输送要复杂很多。因此，一套可行的操作系统及先进的智能化终端将成为物流箱真正实现共享的关键。

2. 功能需求

基于设计要求，智慧共享物流箱需要实现以下功能。

一是设计应满足环境友好的要求，降低包装的整个生命周期对环境的污染。

二是通过采用绿色材料，使包装满足可循环使用要求，或通过结构造型设计使包装回收后可再利用。

三是满足低资源消耗率的要求，包括包装生产制作和回收再使用低资源消耗与低成本。

四是充分运用数字智能技术，改善物流系统，提高其运行效率。

3. 设计实现

在具体的设计实践中，主要围绕材料选择、结构造型设计与智能化技术应用三个方面进行充分考虑。

（1）材料选择

箱体材料的合理性是实现共享物流箱设计的基础，共享物流箱箱体材料必须满足可循环使用的条件，具体可包括物理性能要求和化学性能要求两个方面。在物理性能方面，第一，材料须足够坚固耐用，以免使用过程中被碰撞磨损而毁坏；第二，包装材料应较轻，从而降低物流成本；第三，材料须缓冲性能好，具有较强抗震防摔作用。在化学性能方面，材料应具有隔热、保温、防水等功能，良好的阻隔作用可以避免箱体材料对内包装物的物质迁移。从稳固性、重量、热稳定性、化学稳定性、抗震性以及回收利用等情况来看，塑料、纸等材料均可作为共享快递包装材料选择的参考。

（2）结构设计

共享物流箱的结构需要符合以下要求：保护商品在快递运输、存储、装卸、分拣、配送整个流通过程中的安全性，抗震防摔、结实耐用、防窃；便于物流、快递员、消费者各方使用，便于堆码、拆卸、回收再利用；具有环保性，其造型应尽量减少存储、堆码空间，结构减量化，降低生产回收成本。基于此，智慧共享物流箱通常采用标准化造型、可折叠结构以及可拆卸模块化结构，以满足上述要求。

标准化造型。通常考虑可压缩化、可成长化设计等，来满足不同商品单一和集合物流的需求。这里的可压缩化设计是指一个标准化的造型可以通过材质自身或一定的结构，使形态根据需要按一定比例缩小和扩大；可成长化设计则是通过将具有 1/4、1/2、1/1 比例关系的包装箱组合、叠加而形成新的标准化造型整体。如图 9-2 所示，将共享物流箱设计成大、中、小三种规格，以适应包装不同大小物体的需求；三种规格标准的包装箱，既可以满足用户的不同需求，又可通过将两小型组合为一中型、两中型组合为一大型的方式，以减少包装空隙率，便于物流中的管理和运输。

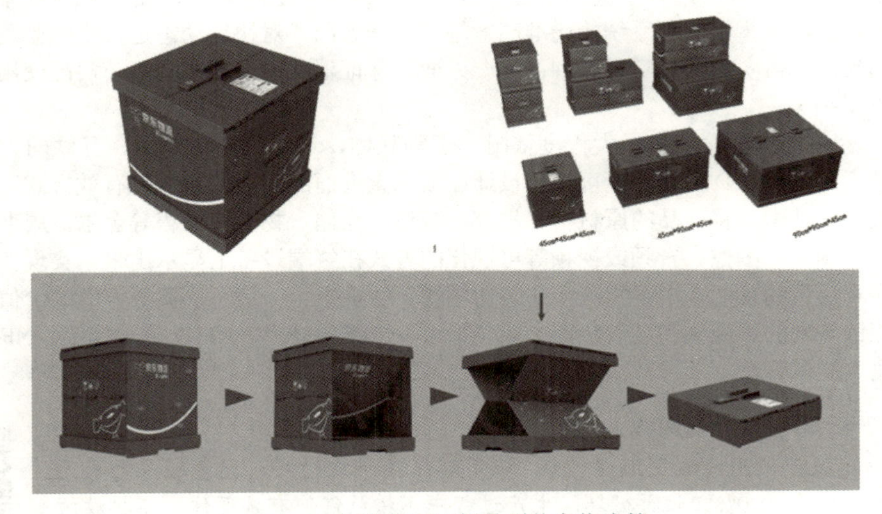

图 9-2　标准化和可折叠型共享物流箱

可折叠结构。是在内装物充填前或取出后，容器可以折叠存放的结构形式。与标准化包装相比，可折叠结构、压缩结构包装能够根据内包装尺寸灵活调节包装高度，从而减少空间浪费，并且减少缓冲物的使用，有利于节约资源。可折叠、压缩结构在设计时需注意折叠结构内部支撑结构设计，以保证包装的稳定性与安全性。这类共享快递包装适用于对防护性能要求不高、内装商品形态不确定的商品包装。

可拆卸模块化结构。使共享物流箱进行可拆卸组装设计，既可以根据需要组装包装尺寸，又便于共享快递包装的维修与回收再利用。当包装某一面破损后，可替换其破损面，从而减少资源浪费，这种包装结构形式主要适用于大型包装件的包装运输。如图 9-3 所示，是一款能够进行模块化搭建的共享包装快递箱，可以根据内部产品尺寸的不同，更换不同高度的侧板，以搭建适合不同尺寸大小的包装。

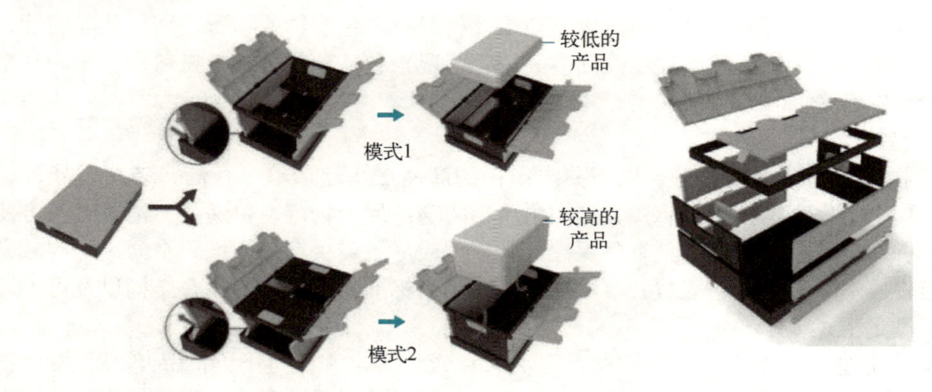

图 9-3　可拆卸模块化共享物流箱

（3）智能化技术应用

共享物流箱循环回收再利用体系的实现需依靠智能化技术的支撑，并增强共享物流箱的管理功能，从而减少在物流过程中因管理不当造成的包装损耗，解决共享物流箱共享性、安全性、环保性等问题。

依靠大数据等技术搭建共享快递平台，建立包装溯源及追踪系统，使包装信息流通与检测更精准高效，保证共享物流箱系统的精准高效施行。一方面，对快递动态进行实时监测，对消费者与共享物流公司可实现信息实时查询；另一方面，保证消费者与共享物流公司的使用方便，各方的利益不受损失。

现代信息化物流运输信息很大程度依附于运输载体，通过推广物联网、互联网、大数据、云计算等技术新业态，物流箱智能可视化设计已成为查询商品及运输信息的有效方式。共享物流箱可通过数字化技术，将商品的原材料、生产、制造、仓储、物流、销售等全生命周期的信息数据，以文字、图形、图像、音频或视频等可视化的方式在终端设备上显示出来，实现实时交互、处理、监控和决策的目的，增强物流箱在防伪溯源、智能定位、信息决策等方面的价值，从而助力实现供应链管理的可视化和高效化。一般包括可变二维码技术、RFID 电子标签、NFC 技术、AR 增强现实技术。

案例 9-4　苏宁共享快递盒 2.0 版

苏宁物流投放使用共享快递盒 2.0，采用环保高科技材料，重量轻，无毒无害，坚固耐用，可 100%回收再循环，生产过程中不排放任何有毒气体、不排放污水，让可循环的快递盒本身也绿色环保。（资料来源：天极网，2017 年 12 月）

二维码 9-3

9.3.3　智慧共享物流箱的回收与运营

1．回收模式

共享物流箱使用过程中的最大难题在于如何回收。目前共享物流箱的回收体系主要为企业自营回收，包括以下两条途径。

一是快递员当面回收，即快递员将快递送至顾客手中，由其当面签收并拆包后，快递员将物流箱带回。这是目前共享物流箱主要的回收模式。该模式优点是直接，减少很多中间环节，可以加快物流箱的周转速度，但是缺点在于快递员工作积极性不高，尤其是在公司对回收物流箱的物质激励不足的情况下更为突出。此外，由快递员直接回收，还会极大影响快递员的每天送件量，不但会影响到快递员的收入，还会在一定程度上增加快递公司的人力成本。

二是共享物流箱自提柜回收，即快递员将快递送至共享快递柜后，发信息给顾客。顾客自行到共享快递柜，打开快递柜后，将物流箱直接折叠后放回快递柜，等快递员方便时回收。共享快递自提柜采用完全开放化设计，除了专门用来回收共享物流箱，同时也承载纸制物流箱的回收。苏宁物流目前已在北京、上海、广州、南京、杭州、济南、西安、深圳等 13 个城市使用该模式进行物流箱回收。相对于第一种回收模式，本模式可以有效减少快递员的工作量，降低无效配送量，但是在一定程度上增加了用户的劳动量。

2. 运营模式

目前共享物流箱的研发、生产和运营主要是由各电商公司和各快递物流公司独立完成。该模式主要优势在于可以有效利用现有的快递配送网络，但缺点在于各企业各自为政，不利于发挥自身核心优势。

同时，也可以借鉴托盘共享模式来构建共享物流箱运营模式。共享物流箱的研发和生产由专业的物流设备公司或快递包装公司承担，使用、推广、回收由电商公司或者快递公司承担，维修、清洗、报废等则由物流设备公司或快递包装公司独立完成。

共享物流箱运作流程如下，如图 9-4 所示。

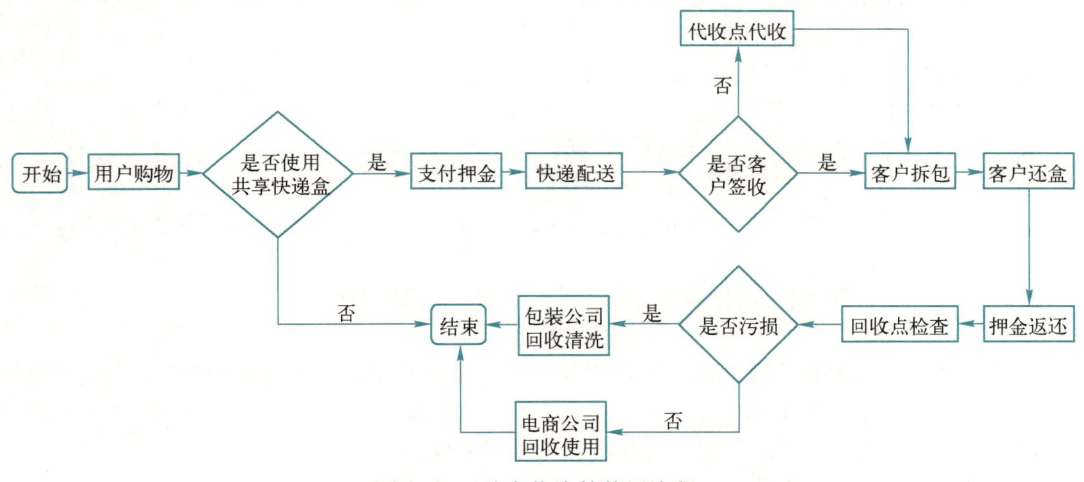

图 9-4　共享物流箱使用流程

1）用户在电商网站上购物支付时给予其选择是否使用共享物流箱的选项，选择使用需要依靠信用担保或扣除一定押金。

2）快递由电商公司自身的物流体系或快递公司送至用户手中，或者放在代收点、智能快递柜中由用户自取。

3）用户取出货物后，将物流箱交给快递员或回收点，经扫码确认后，担保解除或押金返回至客户账户。

4）回收点对于返还的物流箱，需要进行目视辨别，无明显污损痕迹的物流箱直接交由快递员回收再次使用。存在可视污损痕迹的物流箱暂存在回收点，累计到一定数量后交由物流设备公司或快递包装公司人员回收并维修、清洗。

本章小结

智慧集装单元化装备，是将信息感知、定位以及各类传感器应用于集装单元器具之中，能够在物流运作过程中具备数据采集、信息感知、定位跟踪和智能控制功能的物流装备器具，它是物流运作过程中的一个重要信息节点和智能终端，具有智能性和通用性特征。

典型的智慧集装单元化装备包括智慧集装箱和智慧共享物流箱。智慧集装箱，是指具备全球定位、远程监测与数据交互功能的集装箱，目的是实现集装箱在互联网下的可视化，以实现对集装箱在全球范围内的追踪和监测。智慧共享物流箱，是基于共享经济理念和互联网平台，应用物联网技术和信息技术实现共享共用、顺畅周转、便捷管理的物流箱。

本章练习

一、思考题

1．什么是集装单元化装备，主要有哪些类型？

2．什么是智慧集装单元化装备，具备哪些特征？

3．智慧集装箱的功能特点和优势是什么？

4．智慧集装箱的系统架构包括哪些内容？

5．智慧集装箱的关键技术有哪些？

6．智慧共享物流箱的概念和原理是什么？

7．智慧共享物流箱设计的要求和方法是什么？

8．智慧共享物流箱的回收和运营模式有哪些？

二、讨论题

1．对我国北斗卫星定位系统的功能进行调查，讨论思考北斗技术应用于智慧集装单元化装备的意义和内容。

2．分析讨论如何应用智能化技术提升共享物流箱的智慧运营水平。

三、设计与实训

通过实训，理解智慧共享物流箱的作用及原理，学会智慧共享物流箱的设计方法，掌握智慧共享物流箱的运营管理流程。

以所在学校物流快递情况为实训背景，完成以下工作。

（1）对学校快递包装现状进行调查，思考应用智慧共享物流箱的意义。

（2）提出智慧共享物流箱的设计方案。

（3）描述共享物流箱在校内运营的整体流程。

四、案例分析

“共享快盆”绿色可循环快递箱

党的十九大报告明确提出“推进绿色发展”，绿色发展理念与创新、协调、开放和共享并列为五大发展理念。国家对于快递行业的环保要求在逐步提高，“共享快盆”的出现使得绿色包装走进百姓的生活。

共享快盆是基于物联网核心技术的共享智能包装箱，一种含有向量芯片的共享包装箱，绿色环保，操作轻便，经久耐用。拥有自主研发的“共享快盆 APP”和“共享快盆神器 APP”，APP 利用该技术提供共享快盆的共享智能物流服务，通过数字化管理的方法将线上线下物流业务进行整合，建立共享快盆用户应用平台，为用户提供共享快盆智能管理、信息数据查询以及物流服务，高度完善了线上线下无缝对接的物流产业链。

共享快盆有 6 号和 10 号两个尺寸，适合一般大小和较大货物的包装。共享快盆设计轻巧，便于搬运，安全强度超过同容积的包装箱；采用 U 型结构，盆体呈 U 型，可重叠堆放，节省空间（约省 80%空间）；应用鲁班结构，不同的共享快盆盆体可相互连接相互叠加，根据占地面积自由组合，无须使用扎带和堆放货架；能够有效保护货物，盆体的安全性以车体原理设计，盆体的抗压性以桥梁原理设计，在运输和堆叠时，有效保护箱体内的货物安全；应用一次性海关锁，在物流配送过程中，保障货物安全是最重要的，共享快盆采用一次性的可视码海关锁。在运输过程中海关锁确保共享快盆没有被打开过，收货者可对海关锁的唯一性进行确认。

共享快盆使用场景主要包括：一是批发零售。快盆节约批发零售时间，使用快盆定向发货，一秒开关，提升物流打包速率。二是企业仓储。智能仓储节约空间，快盆仓储能够在自身变换状态时节约仓储空间，智能系统手机扫盆自动识别。三是同城配送。实时定位保护货物，使用快盆寄送货物，通过“快盆 APP”实时定位保护货物安全。四是电商发货。快盆代替传统纸箱，快盆包装可重复使用，打包无须胶带，长期使用成本低廉。

共享快盆平台依托数字产业体系，建立全新的蜂巢式运营模式，可保障物流安全，每一个环节都严格划分责任，通过蜂巢的模式，建立共享快盆运行大数据库，对快递行业进行分析、研究、预测，深层次挖掘、满足客户全方位需求。共享快盆持续加快企业转型升级，“智能”和“绿色”将是共享快盆未来发展战略中的重要环节。

根据案例回答问题。

（1）绿色可循环快递箱的应用价值是什么?

（2）归纳共享快盆快递箱设计有何特色。

（3）思考共享快盆快递箱是如何进行智慧运行的。

第10章　智慧物流信息装备

学习目标

- 理解智慧物流信息装备的概念与分类；
- 掌握智慧物流识别与追溯装备的类型、功能及应用；
- 掌握智慧物流定位与跟踪装备的类型、功能及应用；
- 掌握智慧物流监控与控制装备的类型、功能及应用。

引例

信息技术助力物流行业转型升级

近年来，物流正经历一场向协作化、智慧化、绿色化转型的时代变革。通过广泛运用大数据、云计算、物联网、区块链等新一代信息技术手段，整合物流系统，重塑商业发展关系，再造产业发展新结构，打造产业发展新生态，正在深刻地改变产业发展方式和分工体系，已经成为物流转型升级的重要源泉和重大力量。（资料来源：知乎，2019年10月）

二维码10-1

10.1　智慧物流信息装备概述

10.1.1　智慧物流信息装备的概念

1. 物流信息技术

物流信息技术是指建立在计算机和网络通信技术平台上，在物流的各个功能环节采用的各种信息技术，包括硬件技术和软件技术两大类，如通信网络技术、自动识别技术、空间信息技术、物流系统自动化技术，以及这些技术手段支撑下的数据库技术和面向行业的管理信息系统等软件技术。

从构成要素看，物流信息技术作为现代信息技术的重要组成部分，本质上都属于信息技术范畴，可以分为4个层次。

1）物流信息基础技术，即有关元件、器件的制造技术，是整个信息技术的基础。例如微电子技术、光子技术、光电子技术、分子电子技术等。

2）物流信息系统技术，即有关物流信息的获取、传输、处理、控制的设备和系统的技术，建立在信息基础技术之上，是整个信息技术的核心。主要包括物流信息获取技术、物流信息传输技术、物流信息处理技术及物流信息控制技术等。

3）物流信息应用技术，即基于管理信息系统、优化技术和计算机集成制造系统而设计的各种物流自动化设备和物流信息管理系统，例如自动化分拣与传输设备、自动导向搬运车、集装箱自动装卸设备、仓储管理系统、运输管理系统、配送优化系统、全球定位系统及地理信息系统等。

4）物流信息安全技术，即确保物流信息安全的技术，主要包括密码技术、防火墙技术、病毒防治技术、身份识别技术、访问控制技术、备份与恢复技术及数据库安全技术等。

2．物流信息装备

物流信息装备是指用于物流管理中进行信息采集、信息传输、信息加工与应用等环节的装备，是物流信息技术在物流领域应用的实物表现，是物流信息技术与具体物流业务相结合的产物。与其他行业相比，多数技术装备没有明显的差别，能够反映行业特点的主要在于物流信息的采集和流程监管中的智能终端，可以划分为物流动态信息采集装备、物流设备跟踪与控制装备和物流自动化设备三类。

物流动态信息采集装备用于保证对物流过程的完全掌控。动态的货物或移动载体本身具有很多有用的信用，例如，货物的名称、数量、重量、质量、出产地；或者移动载体（如车辆、轮船等）的名称、牌号、位置、状态等一系列信息。这些信息可能在物流中反复使用。因此，正确、快速地读取动态货物或载体的信息并加以利用可以明显提高物流的效率。传统的物流动态信息采集装备中，以条码技术的应用最为广泛，磁条、语音识别、便携式数据终端、射频识别技术也有一定程度应用。

物流设备跟踪和控制装备主要用于对物流的运输载体及物流活动中所涉及的物品进行跟踪与监控。物流设备跟踪的手段有多种，可以用传统的通信手段如电话等进行被动跟踪，也可以用射频识别技术手段进行阶段性的跟踪。目前，国内使用最多的还是利用 GPS 和北斗等卫星定位技术进行跟踪。基于卫星定位技术的跟踪与控制装备，可以使用货主及车主及时了解车辆与货物的位置与状态，保障整个物流过程的有效监控与快速运转。

物流自动化设备是自动化控制技术与物流各业务环节相结合的产物，应用的热门场景是配送中心。配送中心每天需要拣选的物品品种多、批次多、数量大，因此在超市、医药、快递等行业的配送中心，物流自动化拣选设备得以应用和推广。

3．智慧物流信息装备

基于物流信息装备的概念，智慧物流信息装备是指智慧物流系统运行所必需的，能够提供物流信息采集、传输、处理与应用的装备。智慧物流信息装备既包括传统的物流信息装备，也包括由于物联网、云计算、大数据和移动互联网等新技术应用而出现的专门针对智慧物流场景的各种信息装备。智慧物流信息装备有的以独立的装备实体存在，如条码阅读器、RFID 阅读器等；有的以信息模块的形式存在于智慧物流装备之中，如无人机、无人车中的信息感知模块；也有的以信息系统、云平台形式整合控制各智慧物流装备，如智慧物流云计算平台、供应链控制塔等。

10.1.2 智慧物流信息装备的分类

1．按照存在形态划分

按照存在形态划分，智慧物流信息装备主要包括硬件和软件两大类。

计算机术语中，硬件是计算机硬件的简称，是指计算机系统中由电子、机械和光电元件等组成的各种物理装置的总称。智慧物流信息装备中的硬件是指智慧物流信息管理中所使用的由电子、机械和光电元件等组成的各种物理装置的总称，主要表现为各种类型的信息采集、存储和输出设备，如条码阅读器、条码打印机、射频识别电子标签、射频阅读器、传感器等。

计算机术语中，软件是一系列按照特定顺序组织的计算机数据和指令的集合。智慧物流信息装备中的软件泛指物流企业或者企业的物流部门所使用的信息系统。包括运输管理系统、仓储管理系统、配送管理系统、货代管理系统、车辆管理系统、货物保险投保理赔系统等。

2．按照物流信息管理环节划分

按照物流信息管理的环节划分，智慧物流信息装备可以划分为信息采集设备、信息传输设备和信息处理与应用设备。

智慧物流信息采集设备，主要用于在智慧物流运行中感知和识别数据信息，包括条码技术设备、射频识别技术设备、智能传感器与智能模块、跟踪定位技术设备等。

智慧物流信息传输设备，主要用于智慧物流系统运行中的网络通信与数据传输，包括近距离通信系统设备、移动互联网系统设备、无线局域网系统设备、无线传感网系统设备等。

智慧物流信息处理与应用设备，主要用于智慧物流信息的处理和应用，一般以软件或智能终端的方式存在，如智慧物流信息管理系统、智慧物流信息平台、业务管理软件、供应链中台和智能车载终端等。

3. 按照智慧物流技术架构划分

按照智慧物流技术架构，智慧物流被划分为感知层、传输层和应用层三个层次，对应的智慧物流信息装备也可被划分为感知层信息装备、传输层信息装备和应用层信息装备。

智慧物流感知层信息装备主要实现对智慧物流系统中的货物、设施设备、作业过程和运行环境的信息感知和控制。按其功能又可划分为物流识别与追溯装备、物流定位与跟踪装备、物流监控与控制装备等。智慧物流识别与追溯装备广泛应用于物流运作末端，主要解决货物信息的数字化管理问题，包括条码技术设备、射频识别技术设备和集成化数据采集器等。物流定位与跟踪装备以独立装备或模块嵌入形式应用于物流运输和配送中，重点解决货物运输和配送过程中的透明化问题。智慧物流监控与控制装备广泛应用于智慧物流场所和作业过程，重点解决智慧物流中的情景感知和自动化控制问题，主要包括智能安防监控设备、智能环境监控设备、智能穿戴设备、用户信息认证设备、自动化控制设备等。

智慧物流网络层信息装备主要指使智慧物流节点接入网络并利用网络传输信息数据的设备及部件，同时也包括由上述装备及相关技术组建构成的网络系统。基本的网络设备包括计算机与服务器、集线器、交换机、网桥、路由器、网关、网络接口卡（NIC）、无线接入点（WAP）、打印机和调制解调器、光纤收发器、光缆等。网络系统包括接入网系统和传输网系统。接入网系统包括以光纤接入、无线接入、以太网接入、卫星接入等各类方式接入所构成的网络系统及其设备，主要实现底层的传感器网络、RFID 网络最后一公里的接入。传输网系统由公网与专网组成，包括电信网（固网、移动通信网）、广电网、互联网、专用网（数字集群）等构成的网络系统及其设备。

智慧物流应用层信息装备主要指能够满足智慧物流功能要求，在完成智慧物流作业活动中使用的物流信息装备及系统。应用层装备又可以分为应用管理系统和应用执行装备。应用管理系统，是由各类物流装备通过信息管理平台、数据集成平台进行集成控制而构成的具有综合功能和管理功能的装备系统，包括自动化立体仓库系统、仓储分拣作业系统、运输配送管理系统等。应用执行装备，是完成智慧物流仓储、运输、配送、包装、搬运、分拣等各功能环节作业活动的物流装备，包括堆垛机、AGV、机器人等，智慧物流信息装备主要以智能信息模块的方式存在于各种装备中。

本章后续内容中，主要对智慧物流系统中信息采集和流程监管中所涉及的硬件形态装备进行分析和介绍，主要包括物流识别与追溯装备、物流定位与跟踪装备和物流监控与控制装备等。

10.2 智慧物流识别与追溯装备

智慧物流识别与追溯的实现源于自动识别技术的发展与应用。通过应用一定的识别装置，自动获取被识别物品的相关信息，并提供给后台的计算机处理系统来完成相关后续处理，从而使消费者能够了解符合质量安全的生产和流通过程，提高消费者的放心程度。智慧物流系统中使用的自动识别技术主要有条码技术、射频识别技术、生物识别技术、图像识别技术等，其中以条码技术和射频识别技术的应用最为广泛。

10.2.1　条码技术装备

条码技术（Bar Code Technology，BCT）是在计算机的应用实践中产生和发展起来的一种自动识别技术。它是为实现对信息的自动扫描而设计的，是实现快速、准确而可靠地采集数据的有效手段。条码技术的核心内容是利用光电扫描设备识读条码符号来实现物体的自动识别，并快速、准确地把数据录入计算机进行数据处理，从而达到自动管理的目的。条码技术的应用解决了数据录入和数据采集的瓶颈问题，为物流管理提供了有利的技术支持。智慧物流系统中使用的条码技术装备主要有条码打印设备、条码扫描器以及条码自动识别系统等。

1．条码打印设备

条码打印设备主要用于条码标签的打印，分为条码打印机打印方式和软件配合激光打印机方式。条码打印机是一种专用的打印机，和普通打印机的最大区别就是，条码打印机的打印是以热为基础，以碳带为打印介质（或直接使用热敏纸）完成打印，这种打印方式相对于普通打印方式的最大优点在于可以在无人看管的情况下实现连续高速打印。按照用途划分，主要包括以下 5 种。

1）办公和事务通用条码打印机。在这一应用领域，针式条码打印机（见图 10-1）一直占领主导地位。由于针式条码打印机具有中等分辨率和打印速度、耗材便宜，同时还具有高速跳行、多份复制打印、宽幅面打印、维修方便等特点，目前仍然是办公和事务处理中打印报表、发票等的优选机种。

2）商用条码打印机（见图 10-2）。商用条码打印机是指商业印刷用的条码打印机，由于这一领域要求印刷的质量比较高，有时还要处理图文并茂的文档，因此，一般选用高分辨率的激光条码打印机。

3）专用条码打印机。专用条码打印机一般是指各种微型条码打印机、存折条码打印机、平推式票据条码打印机、热敏印字机等用于专用系统的条码打印机。

4）家用条码打印机。家用条码打印机是指与家用计算机配套进入家庭的条码打印机，目前低档的彩色喷墨条码打印机逐渐成为主流产品。

5）便携式条码打印机（见图 10-3）。便携式条码打印机一般用于与笔记本电脑配套，具有体积小、重量轻、可用电池驱动、便于携带等特点。

6）网络条码打印机。网络条码打印机用于网络系统，要为多数人提供打印服务，因此要求这种条码打印机具有打印速度快，能自动切换仿真模式和网络协议，便于网络管理员进行管理等特点。

图 10-1　针式条码打印机

图 10-2　工业级条码打印机

图 10-3　便携式条码打印机

2．条码扫描器

条码扫描器，又称为条码阅读器、条码扫描枪，如图 10-4 所示。它是用于读取条码所包含信息的阅读设备，利用光学原理，把条码的内容解码后通过数据线或者无线的方式传输到计算机或者别的设备。广泛应用于超市、物流快递、图书馆等。

图 10-4　条码扫描器

条码扫描器按扫描方式分为接触式和非接触式两种；按操作方式分为手持式和固定式两种；按原理分类可分为光笔扫描器、CCD 扫描器、激光扫描器和拍摄扫描器 4 类条码扫描器；按扫描方向可分为单向和全向条码扫描器，其中全向条码扫描器又分为平台式和悬挂式两种。在智慧物流系统中，常用的商业条码扫描器主要有以下 4 种。

1）CCD 扫描器。CCD 扫描器是利用光电耦合（CCD）原理，对条码印刷图案进行成像，然后再译码。CCD 扫描器采用发光二极管的泛光源照明整个条码，再通过平面镜与光栅将条码符号映射到由光电二极管组成的探测器阵列上，经探测器完成光电转换，再由电路系统对探测器阵列中的每一光电二极管依次采集信号，辨识出条码符号，完成扫描。选择 CCD 扫描器时，需要重点考虑景深和分辨率两个因素，优秀的 CCD 应无须紧贴条码即可识读，而且体积适中，操纵舒适。

2）激光手持式扫描器。激光手持式扫描器属单线扫描，其景深较大，扫描首读率和精度较高，扫描宽度不受设备开口宽度限制，主要有转镜式和颤镜式两种。转镜式采用高速马达带动棱镜组旋转，使二极管发出的单点激光变成一条激光线。颤镜式的制作成本低于转镜式，但这种原理的激光枪不易提高扫描速度，一般为 33 次/s，个别型号可以达到 100 次/s。商业企业在选择激光扫描器时，需要重点考虑的因素是扫描速度和分辨率，而景深并不是关键因素。

3）全角度激光扫描器。全角度扫描器是通过光学系统使激光二极管发出的激光折射成多条扫描线的条码扫描器，主要目的是减轻收款人员录入条码数据时对准条码的劳动，选择时应着重注意其扫描线花斑分布，即在一个方向上有多条平行线，在某一点上有多条扫描线通过，在一定的空间范围内各点的解读概率趋于一致。

4）条码识别软件。条码识别软件是指具备识读一、二维码及相关应用功能的手机条码识别软件。软件功能主要包括条码获取、文件管理、网页书签等内容，用户可以使用此软件识读 DM 码、QR 码等内容信息，并进行 WAP 上网码跳转、各类应用码识读、条码信息收藏、网页书签收集等相关的业务应用操作。条码识别软件能扫描条码到各款智能手机，并与之成为一体，使得手机变身数据采集器，能很好地应用于快递物流、医疗管理、家电售后、销售管理、政府政务等各个行业，帮助企业提高移动办事效率，降低规模成本。

3. 条码自动识别系统

条码自动识别系统是由条码符号设计、制作及扫描识读组成的自动识别系统。构成要素包括条码、条码识读装置、通信系统、处理器以及执行机构。条码识读装置即各种类型的条码扫描器，其功能是译读条码符号并转化成计算机可以识别的二进制编码，然后输入计算机。条码自动识别系统可以完成条码的读入，以及条码信息的通信和传输。

条码读入由扫描器和译码器完成，扫描器负责获取条码信息，译码器则用来分析扫描器读入的信号，并解读出条码的编码信息。经扫描并被译码的信息通常需要传送到中央处理计算机进行处理，一般在条码译码器内部由单片机或者专用集成电路来完成译码及传送。它采用串行接口或键盘接口与中央处理计算机连接。由于条码识别与生产控制流程、信息管理作业等相关，因此，还需要建立相应的条码采集系统，将各点、位获取的条码信息通过网络传输，集中进行处理。

在早期的条码识别系统装备中，扫描器和译码器是分开的。现在的设备大多已合成一体，整个设备完整、方便、灵巧。只要计算机配置了网络控制器这类的接口软件、硬件，条码系统就能同时处理多个条码识读装置输入的条码信息。

10.2.2 射频识别技术装备

射频识别技术（Radio Frequency Identification，RFID），是自动识别技术的一种，通过无线射频方式进行非接触双向数据通信，利用无线射频方式对记录媒体（电子标签或射频卡）进行读写，从而达到识别目标和数据交换的目的。智慧物流中使用的射频识别技术装备主要包括电子标签、阅读器和集成应用系统。

1. 电子标签

电子标签又称射频标签、应答器、数据载体。电子标签作为数据载体，能起到标识识别、物品跟踪、信息采集的作用。电子标签的工作频率是最重要的指标之一。工作频率不仅决定着射频识别系统的工作原理（电感耦合还是电磁耦合）、识别距离，还决定着电子标签及读写器实现的难易程度和设备的成本。按工作频率可划分为低频、中高频、超高频与微波三类。

（1）低频段电子标签

低频段电子标签，简称低频标签，工作频率范围为 30 kHz ～ 300 kHz，典型工作频率为 125 kHz 和 133 kHz。低频标签一般为无源标签，工作能量通过电感耦合方式从阅读器耦合线圈的辐射近场中获得。低频标签与阅读器之间传送数据时，低频标签需位于阅读器天线辐射的近场区内，阅读距离一般情况下小于 1 米，典型应用包括动物识别、容器识别、工具识别、电子闭锁防盗等。与其他频段相比，主要优势体现在：标签芯片一般采用普通的 CMOS 工艺，具有省电、廉价的特点；工作频率不受无线电频率管制约束；可以穿透水、有机组织、木材等；非常适合近距离、低速度、数据量要求较少的识别应用。劣势主要体现在：标签存储数据量较少；只适合低速、近距离识别应用；与高频标签相比，标签天线匝数更多，成本更高。

（2）中高频段电子标签

中高频段电子标签的工作频率一般为 3 MHz ～ 30 MHz，典型工作频率为 13.56 MHz。高频电子标签一般也采用无源方式，其工作能量同低频标签一样，也是通过电感（磁）耦合方式从阅读器耦合线圈的辐射近场中获得。标签与阅读器进行数据交换时，标签必须位于阅读器天线辐射的近场区内。中频标签的阅读距离一般情况下也小于 1 米，最大读取距离为 1.5 米。高频标签由于可方便地做成卡状，典型应用包括电子车票、电子身份证、电子闭锁防盗（电子遥控门锁控制器）等。高频标准的基本特点与低频标准相似，由于其工作频率的提高，可以选用较高的数据传输速率。

（3）超高频与微波标签

超高频与微波频段的电子标签，简称微波电子标签，其典型工作频率为 433.92 MHz、862(902)～928 MHz、2.45 GHz 和 5.8 GHz。微波电子标签可分为有源标签与无源标签两类。工作时，电子标签位于阅读器天线辐射场的远区场内，标签与阅读器之间的耦合方式为电磁耦合方式。阅读器天线辐射场为无源标签提供射频能量，将有源标签唤醒。相应的射频识别系统阅读距离一般大于 1 m，典型情况为 4～7 m，最大可达 10 m 以上。阅读器天线一般均为定向天线，只有在阅读器天线定向波束范围内的电子标签可被读/写。以目前技术水平来说，无源微波电子标签比较成功的产品相对集中在 902～928 MHz 工作频段上。2.45 GHz 和 5.8 GHz 射频识别系统多以半无源微波电子标签产品面世。半无源标签一般采用纽扣电池供电，具有较远的阅读距离。微波电子标签的典型特点主要集中在是否无源、无线读写距离、是否支持多标签读写、是否适合高速识别应用，读写器的发射功率容限，电子标签及读写器的价格等方面。对于可无线写的电子标签，在通常情况下，写入距离要小于识读距离，原因在于写入要求更大的能量。微波电子标签的数据存储容量一般限定在 2 KB 以内，主要功能在于标识物品并完成无接触的识别过程。典型应用包括移动车辆识别、电子身份证、仓储物流应用、电子闭锁防盗（电子遥控门锁控制器）等。

2. RFID 阅读器

阅读器是将标签中的信息读出，或将标签所需要存储的信息写入标签的装置。根据使用的结构和技术不同，阅读器可以是读/写装置，是 RFID 系统信息控制和处理中心。如图 10-5 所示，在 RFID 系统工作时，由阅读器在一个区域内发送射频能量形成电磁场，区域的大小取决于发射功率。在阅读器覆盖区域内的标签被触发，发送存储在其中的数据，或根据阅读器的指令修改存储在其中的数据，并能通过接口与计算机网络进行通信。阅读器的基本构成通常包括收发天线、频率产生器、锁相环、调制电路、微处理器、存储器、解调电路和外设接口等。

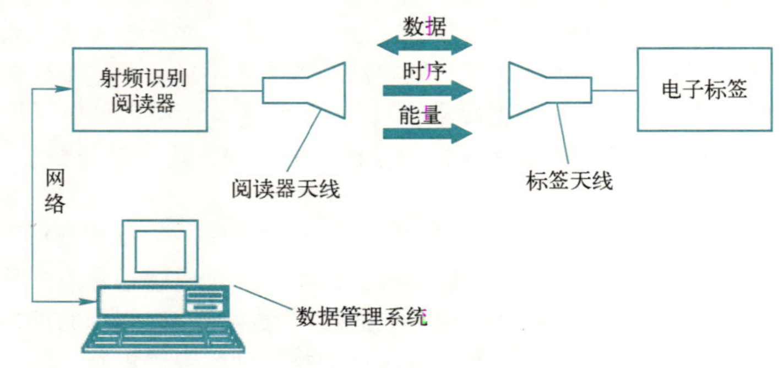

图 10-5 RFID 阅读器工作原理示意图

与条码扫描器相比，RFID 阅读器具有明显的优势：不需要光源；标签能在恶劣的环境下工作；读取距离远；可同时处理多个标签；可实时追踪人员、物品及仪器设备；安全性强；系统集成简便；超低功耗，主动标签技术可靠性高。因此，RFID 已经在制造业、物流、港口、码头、车辆及人员管理等方面得到广泛应用。

3. RFID 系统

根据应用功能不同，可以把 RFID 系统分成四种类型：EAS 系统、便携式数据采集系统、物流控制系统和定位系统等。

（1）EAS 系统

EAS（Electronic Article Surveillance）是一种设置在需要控制物品出入的门口的 RFID 系统，如图 10-6 所示。这种系统的典型应用场景是商店、图书馆、数据中心等，当未被授权的人从这些地方非法取走物品时，EAS 系统会发出警告。EAS 技术的应用可以有效防止物品被盗，无论是大件的商品，还是小件的物品。应用 EAS 系统之后，物品不再锁在玻璃橱柜里，可以让顾客自由地观看、检查，这在自选日益流行的今天有着非常重要的现实意义。典型的 EAS 系统一般由三部分组成：一是附着在商品上的电子标签；二是电子标签灭活装置，以便授权商品能正常出入；三是监视器，在出口形成一定区域的监视空间。

图 10-6 EAS 系统

（2）便携式数据采集系统

便携式数据采集系统是使用带有 RFID 识读器的手持式数据采集器。这种系统具有比较大的灵活性，适用于不易安装固定式 RFID 系统的应用环境。手持式阅读器（数据输入终端）可以在读取数据的同时，通过无线电波数据传输方式（RFDC）实时向主计算机系统传输数据，也可以暂时将数据存储在阅读器中，再一批一批地向主计算机系统传输数据。

（3）物流控制系统

在物流控制系统中，固定布置的 RFID 读写器分散布置在给定的区域，并且读写器直接与数据管理信息系统相连，而射频识别标签是移动的，一般安装在移动的物体、人上面。当物体、人流经过读写器时，读写器会自动扫描标签上的信息并把数据信息输入数据管理费用信息系统存储、分析、处理，达到控制物流的目的。

（4）定位系统

定位系统用于自动化加工系统中的定位以及对车辆、轮船等进行定位支持。读写器放置在移动的车辆、轮船上或者自动化流水线中移动的物料、半成品、成品上，射频识别标签嵌入到操作环境的地表下面。射频识别标签上存储有位置识别信息，读写器一般通过无线或有线方式连接到主信息管理系统。

4. EPC/RFID 物品识别系统

EPC（Electronic Product Code），中文名为产品电子代码，是新一代的产品编码体系，采用 96 位（二进制）方式的编码体系，旨在对每个单品都赋予一个全球唯一编码。一个完整的 EPC/RFID 物品识别系统由 EPC 编码标准、RFID 电子标签、识读器、Savant 网络、对象名解析服务以及 EPC 信息服务系统等六个方面组成。

1）EPC 编码。EPC 提供对物理对象的唯一标识。储存在 EPC 编码中的信息包括嵌入信息（Embedded Information）和参考信息（Reference Information）。嵌入信息可以包括货品重量、尺寸、有效期、目的地等。其基本思想是利用现有的计算机网络和当前的信息资源来存储数据，这样 EPC 就成了一个网络指针，拥有最小的信息量。参考信息其实是有关物品属性的网络信息。

2）RFID 电子标签。RFID 电子标签是 EPC 码的载体，用于存储产品的 EPC 码，粘贴于商品上，用于唯一标识某个产品。RFID 电子标签有主动型、被动型和半主动型三种。主动和半主动标签在追踪高价值商品时非常有用，它们可以远距离扫描，但这种标签每个成本也较高。被动标签相对便宜，正在被积极地研究和推广。

3）识读器。识读器使用多种方式与标签交互信息，获取标签中的 EPC 编码。识读器读取信息的距离取决于识读器的能量和使用的频率。通常来讲，高频标签有更大的读取距离。一个典型的低频标签必须在一米内读取，而一个 UHF 标签可以在 3.05～6.10 m 的距离内被读取。

4）Savant 系统。每件产品都加上 RFID 电子标签之后，在产品的生产、运输和销售过程中，识读器将不断收到一连串的 EPC 码。为了在网上传送和管理这些数据，Auto-ID 公司开发了一种名叫 Savant 的软件系统，采用树状结构，以便简化管理，提高系统运行效率。Savant 系统可以安装在商店、本地配送中心、区域甚至全国数据中心中，它的主要任务是数据校对、识读器协调、数据传送、数据存储和任务管理。

5）对象名解析服务系统。对象名解析服务（Object Name Service，ONS）是一个自动的网络服务系统，采用域名解析服务（Domain Name System，DNS）的基本原理，来处理电子产品码与相应的 EPCIS（Economic Products Code Information Service，产品电子代码信息服务）信息服务器 PML（Physical Markup Language，物理标记语言）地址的映射管理和查询。当一个识读器读取到 EPC 标签的信息时，EPC 码就传递给 Savant 系统，然后在局域网或因特网上利用 ONS 找到这个产品信息所存储的位置。由 ONS 给 Savant 系统指明了存储这个产品的有关信息的服务器，并将这个文件中关于这个产品的信息传递过来。

6）EPC 信息服务系统。在 EPC/RFID 物品识别系统中，产品信息使用 PML 书写；PML 文件存储在 EPC 信息服务器中，一般由生产厂家来维护。在产品生命周期中，不同企业或企业内部可以通过 EPC 信息服务系统进行产品信息的交互和共享。

10.2.3 数据采集器

数据采集器通常有两种解释：一是指盘点机、掌上电脑等终端计算机设备，又称工具数据采集器；二是指网络数据采集用的软件。本书中特指前者，又称盘点机、掌上电脑等，是一种将条码扫描装置、RFID 技术与数据终端一体化，带有电池，可在线或离线操作的终端计算机设备，一般具有中央处理器（CPU）、只读存储器（ROM）、可读写存储器（RAM）、键盘、屏幕显示器、计算机通信接口、条码扫描器、RFID 阅读器、电源等配置，具有数据采集、数据管理和数据传输等功能。部分数据采集器除了具备基础的信息采集功能外，还具备人员识别、移动通信、信息查询、资金收付等功能。数据采集器已经在智慧物流系统中得到广泛应用，按照其数据传输方式，可以分为批处理数据采集器和无线数据采集器两类。

1．批处理数据采集器

批处理数据采集器又叫批处理式数据终端，采用掌上型或手柄结构，一般为 Windows CE 或 Android 操作系统，应用程序需要在操作系统上独立开发，具有轻便灵活、坚固耐用等特点，适合各种工业应用环境。

批处理数据采集器的典型特征是具有串行通信接口，一般通过通信基座与后台应用系统一批一批地交换数据。在工作开始之前，可以由后台应用系统以文件方式下载所需的基本数据到数据终端；工作完成后，再将结果数据以文件方式上传至后台应用系统，然后根据需要更新数据库。

批处理数据采集器的性能主要由中央处理器（CPU）和内存所决定。随着数字电路技术的发展，数据采集终端大多采用多核高速处理器，使得数据采集器的数据采集处理能力和处理速度显著提高。采集器大多数产品采用 FLASH-ROM+RAM 型内存，操作系统、应用程序、字库文件等重要的文件存储在 FLASH-ROM 里面，即使长期不供电也能够保持。采集的数据存储在 RAM 里面，依靠电池、后备电池保持数据。由于 RAM 的读写速度较快，使得操作的速度能够得到保证。手持终端内存容量的大小，决定了一次能处理的数据容量。

批处理型数据采集器一般支持扫描输入和键盘输入两种采集方式。目前大都具备大尺寸液晶显示屏，能够显示中英文、图形等各种用户信息。同时对显示精度、屏幕的工业性能都有较严格的要求。另外，利用数据采集器的串口、红外口，可以连接各种标准串口设备，或者通过串-并转换可以连接各种并口设备，包括串并口打印机和调制解调器等，实现计算机的各种功能。

如果后台系统不要求现场的实时数据，并且现场操作也不要求后台实时数据和实时指引，批处理式移动数据采集系统是比较适合的经济有效的手段。

2．无线数据采集器

便携式数据采集器是对于传统手工操作的优势已经是不言而喻的，然而一种更先进的设备——无线数据采集器则将普通便携式数据采集器的性能进一步扩展。无线数据采集器大都是便携式的，除了具有一般便携式数据采集器的优点外，还有在线式数据采集器的优点，它与计算机的通信是通过无线电波来实现的，可以把现场采集到的数据实时传输给计算机。相比普通便携式数据采集器进一步提高了操作员的工作效率，使数据从原来的本机校验、保存转变为远程控制，实时传输。

无线式数据采集器之所以称为无线，就是因为它不需要像普通便携式数据采集器那样依靠通信座和 PC 进行数据交换，而可以直接通过无线网络和 PC、服务器进行实时数据通信。要使用无线手持终端就必须先建立无线网络。无线网络设备——接入点（Access Point, AP）相当于一个连接有线局域网和无线网的网桥，它通过双绞线或同轴电缆接入有线网络（以太网或令牌网），无线手持终端则通过与 AP 的无线通信和局域网的服务器进行数据交换。

无线式数据采集器通信数据实时性强，效率高。无线数据采集器直接和服务器进行数据交换，数据都是以实时方式传输。数据从无线数据采集器发出，通过无线网络到达当前无线终端所在频道的 AP，AP 通过连接的双绞线或同轴电缆将数据传入有线 LAN 网，数据最后到达服务器的网卡端口后进入服务器，然后服务器将返回的数据通过原路径返回到无线终端。所有数据都以 TCP/IP 通信协议传输。可以看出操作员在无线数据采集器上所有操作后的数据都在第一时间进入后台数据库，也就是说无线数据采集器将数据库信息系统延伸到每一个操作员的手中。

无线数据采集器的产品硬件技术特点与便携式的要求一致，包括 CPU、内存、屏幕显示、输入设备、输出设备等。除此之外，比较关键的就是无线通信机制。目前使用比较广泛的有无线跳频技术、无线扩频技术两种。应该说两种技术各有优缺点，但是对于普通的仓储物流、零售应用来说，跳频技术由于其抗干扰能力较强，数据传输稳定，所以采用较广泛。

每个无线数据采集器都是一个自带 IP 地址的网络节点，通过无线接入点（AP），实现与网络系统的实时数据交换。

无线数据采集器与计算机系统的连接基本上采用三种方式。

1）TELNET 终端仿真连接。在这种方式下，无线数据采集器本身不需要开发应用程序。只是通过 TELNET 服务登录到应用服务器上，远程运行服务器上面的程序。在这种方式下工作，由于大量的终端仿真控制数据流在无线采集器和服务器之间交换，通信的效率相对会低一些。但是由于在数据采集器上无须开发应用程序，在系统更新升级方面会相对简单、容易。

2）传统的 C/S 结构。将无线数据采集器作为系统的 Client 端，采集器上面根据用户的应用流程要求进行程序的开发。开发平台与便携式一样，根据不同产品有所不同。这种方式下工作，数据采集器与通信服务器之间只需要交换采集的数据信息，数据量小，通信的效率较高。但是像便携式数据采集器一样，每台无线数据采集器都要安装应用程序，后期的应用升级较麻烦。

3）B/S 结构。在无线数据采集器上面内嵌浏览器，通过 HTTP 与应用服务器进行数据交换。这种方式对无线数据采集器的系统要求较高，基于 WinCE 的产品相对来讲比较容易实现。

在应用无线数据采集器时，具体采用何种方式进行，应该根据实际的应用情况而定。

10.3 智慧物流定位与跟踪装备

物流定位与跟踪是智慧物流系统中两项重要的服务与功能。物流定位是基于位置的服务（Location Based Service，LBS）在物流领域应用的结果，是物流跟踪的重要基础，而物流跟踪是物流定位的最终目的。物流跟踪原本是生产企业和物流企业用来追踪内部物品流向的一种手段，而随着卫星定位、地理信息、移动通信和物联网等技术的不断发展，智慧物流环境下的定位与跟踪已经拓展到物流的全过程。智慧物流系统中的定位与跟踪装备主要表现为综合应用以上技术的各种智能终端或系统。

10.3.1 卫星定位系统终端设备

卫星定位系统是一种使用人造卫星对物体进行准确定位的技术。目前世界上使用的卫星定位系统主要有美国的全球定位系统（GPS）、俄罗斯的格洛纳斯系统（GLONASS）、欧洲的伽利略系统（GALILEO）和我国的北斗导航系统（BDS），一般由地面控制、空间星座和用户装置三个部分组成，如图 10-7 所示。就应用而言，智慧物流系统中主要使用的是卫星定位系统的用户装置部分，即信息接收终端。信息接收终端本身一般只能提供位置信息，需要结合其他的硬件和软件才能实现定位与跟踪功能。根据我国智慧物流应用实际，本书重点介绍 GPS 接收机和北斗用户机。

1. GPS 接收机

GPS 是英文 Global Positioning System（全球定位系统）的简称，是由美国国防部研制建立的一种全方位、全天候、全时段、高精度的卫星导航系统，能为全球用户提供低成本、高精度的三维位置、速度和精确定时等导航信息。

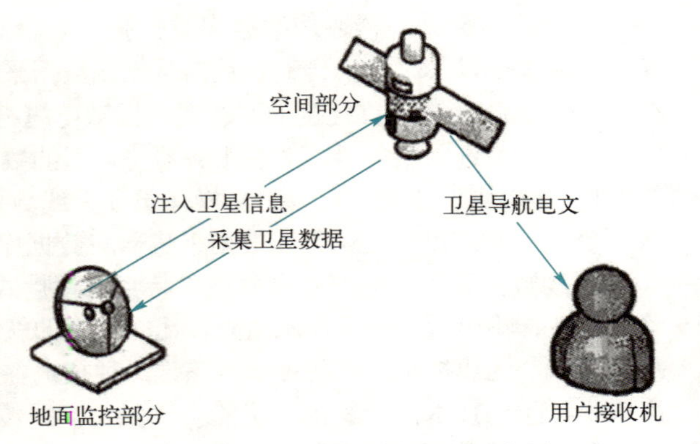

图 10-7　卫星定位系统组成示意图

GPS 接收机是接收全球定位系统卫星信号并确定地面空间位置的仪器。GPS 卫星接收机种类很多，根据用途可分为导航型、测地型、授时型等。在智慧物流系统中，使用的 GPS 接收机主要为导航型接收机。

导航型接收机主要用于运动载体的导航，它可以实时给出载体的位置和速度。此类接收机一般采用 C/A 码伪距测量，单点实时定位精度较低，一般为±25 mm，有 SA 影响时为±100 mm。导航型接收机价格便宜，应用广泛。根据应用领域的不同，导航型接收机可以进一步划分为车载型、航海型、航空型和星载型。车载型用于车辆导航定位；航海型用于船舶导航定位；航空型用于飞机导航定位，由于飞机运行速度快，因此，在航空上用的接收机要求能适应高速运动。星载型用于卫星的导航定位，由于卫星的速度高达 8 km/s 以上，因此对接收机的要求更高。智慧物流系统中，使用的主要为车载型、航海型和航空型，分别实现公路、水路和航空运输的定位和跟踪。

2. 北斗用户机

北斗卫星导航系统是我国自行研制的全球卫星定位与通信系统（BDS），是继美国 GPS 和俄罗斯 GLONASS 之后第三个成熟的卫星导航系统。北斗卫星导航系统创新融合了导航与通信能力，具有实时导航、快速定位、精确授时、位置报告和短报文通信服务五大功能。

北斗用户机是北斗卫星导航系统提供给用户使用的终端设备，按使用功能可分为普通型、定时型、数传型、指挥型和救生型等类型；按运载方式可分为手持式、车载式、机载式和嵌入式等类型，如图 10-8 所示。

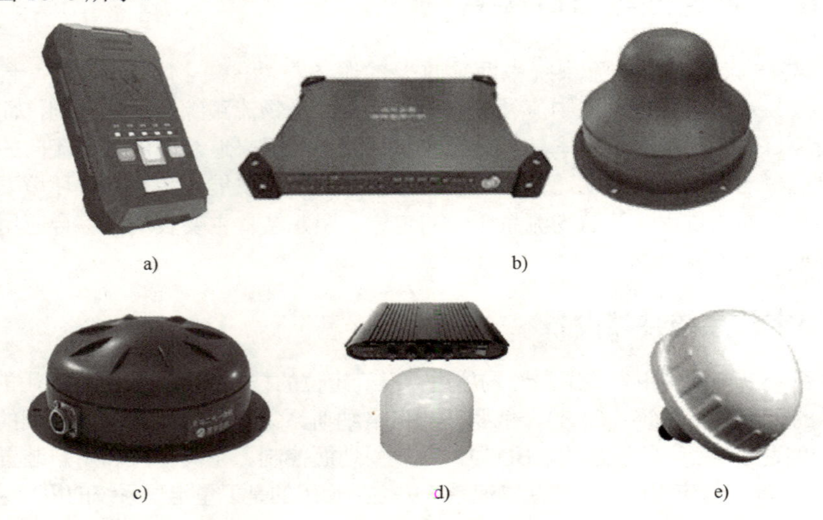

a)　b)　c)　d)　e)

图 10-8　北斗用户机

a) 北斗便携式用户机　b) 北斗指挥型用户机　c) 北斗车载一体机　d) 北斗船载数据终端　e) 北斗数传终端

普通型用户机可完成系统提供的定位、通信、导航等基本功能；定时型用户机除可完成系统提供的定位、通信、导航等基本功能外，还可完成单向授时和双向定时功能；数传型用户机通过外接传感器等设备，可实现数据、信息等的传输；指挥型用户机除可完成系统提供的定位、通信、导航等基本功能外，还可完成接收、通播等指挥功能；救生型用户机可完成飞行员跳伞后的位置报告和常用短语报告功能。智慧物流系统中，使用的主要是各种手持式、车载式、机载式和嵌入式的普通型用户机。按照国家交通运输部要求，市场上主流的产品都支持北斗/GPS 双模式。

10.3.2 智能车载终端

智能车载终端是依托卫星定位、地理信息及无线通信等技术手段，实时掌握车辆位置和状态，提供调度管理信息的软硬件综合系统。智慧物流系统中，车载终端主要应用于专线物流公司挂靠车辆、个体车主车辆、物流企业运输车辆、制造企业送货车辆和泥砂土石运输车辆等，主要解决物品公路运输过程中的透明化问题。同时，在自有车辆管理、企业商务车辆监控、公交车管理、客运车辆监控调度管理、租赁行业资产监控、出租车管理等方面，智能车载终端也有广泛应用。

1. 系统组成

如图 10-9 所示，智能车载终端系统主要由车载监控终端、通信网络及调度监控中心三部分组成。

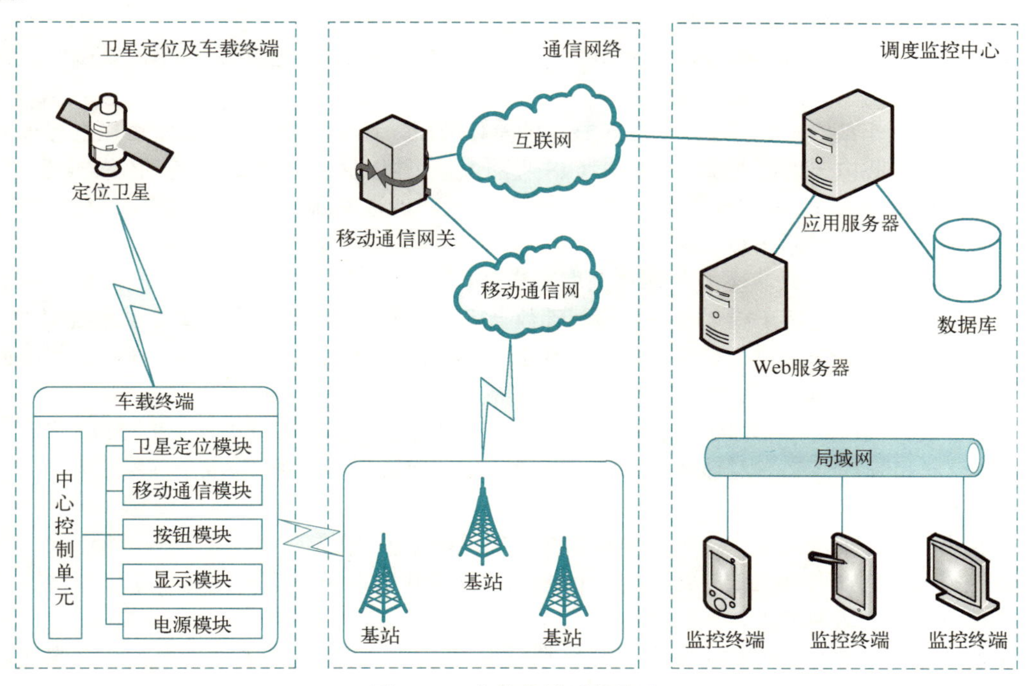

图 10-9　车载终端系统构成

（1）车载终端

车载监控终端又称车机、车载终端、车载监控终端，一般由卫星定位模块、移动通信模块、按键模块、显示模块和电源模块等组成，可实现实时定位，探测经纬度、时间、行进方向和速度的基本功能。其中，卫星定位模块使用嵌入式的卫星定位芯片，负责接收卫星定位信息；移动通信模块使用 4G 或 5G 技术与基站进行通信，发送定位信息、状态信息，或接收调度监控中心的控制信息。按照国家交通部的要求，我国市场上的大部分车载终端产品都支持 GPS 和北斗双模式定位。

（2）通信网络

通信网络是实现车载终端与调度监控中心信息交换的载体，一般指通信基站、移动通信网、网关和互联网等。通信基站接收车载终端发送的位置、状态信息，并经过移动通信网、网络和互联网发送至调度监控中心，或者向车载终端转发调度监控中心的控制信息。

（3）调度监控中心

调度监控中心负责所有车载终端的管理。应用服务器接收来自车载终端的位置、状态数据并存储在数据库中，在应用层面上进行再处理、分析和展示；在 Web 服务器的支持下，通过基于地理信息技术的电子地图匹配技术，在 Web 网页动态显示运输车辆位置，从而实现物流运输的定位追踪。

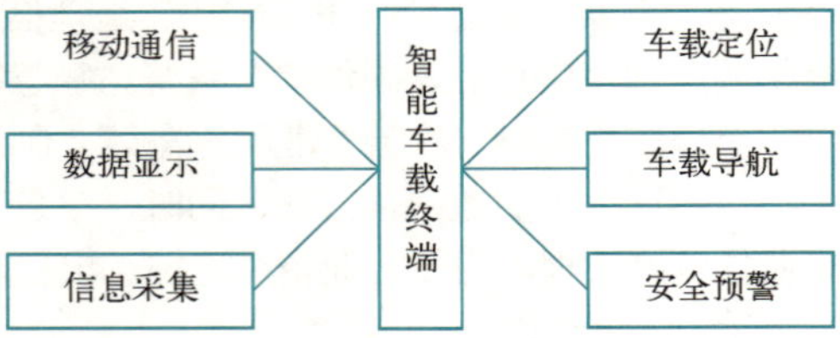

2. 主要功能

本部分主要对智能车载终端的功能进行介绍，可以划分为基本功能和扩展功能两个部分。

（1）基本功能

如图 10-10 所示，智能车载终端一般包括移动通信、车载定位、车载导航、信息采集、数据显示和安全预警等基本功能。

图 10-10 智能车载终端基本功能

移动通信。智能车载终端一般通过 4G 或 5G 技术建立移动网络连接，提供网页浏览、软件更新和数据上传与下载等服务。

车载定位。车载定位是基于卫星定位技术的具体应用，通过 BDS/GPS 系统可以进行车辆精确定位，通过加载电子地图并实时显示在 GIS 界面上，可以清楚了解车辆当前的位置信息。

车载导航。通过 BDS/GPS 系统对车辆进行定位后，通过网络分析，为用户提供最佳路径，并在 GIS 界面上实时显示出最优路径。

信息采集。信息的采集主要是通过获取交通部相关管理部门对外公布的路况信息，获取各道路实时状况，及时更新车载定位导航的基础数据库，并为用户实时调整道路提供科学依据。

数据显示。在为车辆进行定位导航后，基于 GIS 技术，智能车载终端调取在线地图或加载离线地图，实时显示地图与定位点，以及定位点周边的车辆与环境信息。

安全预警。通过获取车辆的位置坐标，将附近车辆的位置坐标投影到本车的航向和旁向上，计算两车的航向和旁向距离，当航向距离或旁向距离小于一定值时，将会触发安全预警服务。

（2）扩展功能

根据不同场景的应用需求，部分车载终端还提供以下扩展功能。

精确授时。对于使用 BDS 导航定位的产品，开通授时服务后，车载终端还可提供授时功能，其时间精度可达纳秒级。

断油断电。在必要的时候，部分车载终端可接收调度监控中心的断油断电指令，实现远程断油断电；断油断电后，车辆熄火，将不能再启动。

一键报警。为了进一步提高运输的安全性，部分车载终端支持一键报警功能，在紧急情况下，可以发送报警求救。

语音通话。部分车载终端支持通话手柄的接入，手柄接入后可以实现语音通话，并支持语音/短信调度等功能。

超速报警。在规定路段和规定的作业时间内超速报警，同时安装在车内的蜂鸣器发出响声。

油位监测。目前一般只针对柴油车，可以通过对油箱增加油位传感器对油箱的油量进行控制，杜绝偷油事故的发生。

语音/短信调度。通过安装多功能显示屏可以实现 TTS 语音播报功能。

卸料感应。对于特种车辆可通过加装传感器实现货物的装卸检测。

轨迹回放。通过调取调度监控中心中的行驶数据和位置信息，可以实现车辆行驶轨迹回收。

越界报警。调度监控中心可设定一定区域，当车辆进入或离开该区域的时候，可通过车载终端向驾驶员发出警告，并上报该位置信息和报警。

信息调度。直接将中心下发的信息显示在调度屏上，并通过语音播报出来。

图像监控。可触发拍摄或通过中心下达拍摄指令，将车辆现场图片上传到中心。

通话监听。当发出紧急信息后，系统自动启动监听功能。

油耗统计。将当前车辆油箱油量信息实时发送到中心，系统软件自动统计出异常的油量减少时间、地点以及实际的加油量、时间及地点。

黑匣子功能。可接汽车行驶记录仪，实现包括车辆自检功能、车辆状态信息、驾驶员信息、行驶数据、事故疑点、超速报警、疲劳报警等功能。

10.3.3 箱载智能监控终端

箱载智能监控终端是依托卫星定位、地理信息、无线通信以及物联网等技术手段，实时掌握货物和物流箱的位置与状态，提供监控管理信息的软硬件综合系统。箱载智能监控终端体现了物流箱运输流程中对于货物的识别、动态信息的采集、移动通信以及远程控制等需求的整合。

1．组成模块

如图 10-11 所示，箱载智能监控终端一般由信息采集模块、箱载电子标签、终端监控等组成。

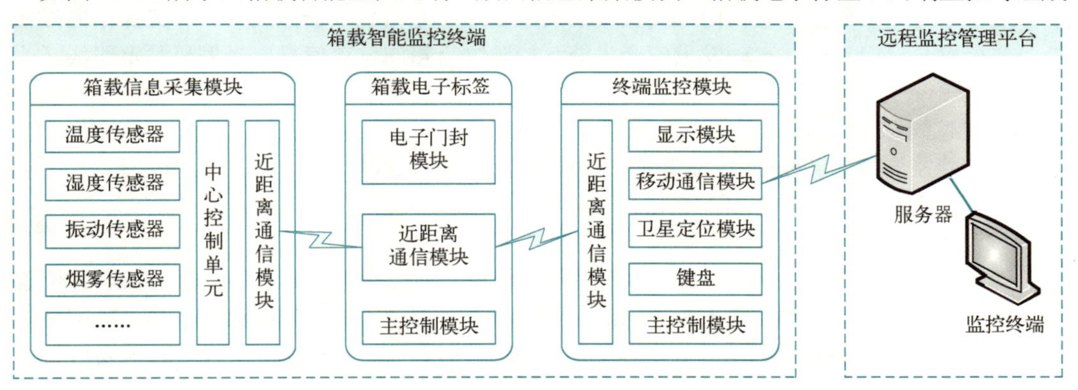

图 10-11　箱载智能监控终端构成

（1）箱载信息采集模块

箱载信息采集模块实现货物和物流箱状态信息的采集，一般由传感器、中心控制单元和近距离通信子模块等组成。传感器根据物流箱所运载货物的不同而有所差异，一般可以根据运载货物特征进行临时加装。例如在冷链运输过程中，需要加装温度和湿度传感器；在精密仪器设备运输过程中，需要加装振动和倾角传感器；在危险品运输过程中，需要加装温度、湿度、振动、倾角、烟雾等传感器。中心控制单元负责接收和处理各传感器的感知信息，然后通过近距离通信模块传输给箱载电子标签，再由集装电子标签的近距离通信模块中继给终端监控模块。其中，使用的近距离通信技术主要有 RFID、蓝牙、Zigbee 以及 Wi-Fi 等，不同产品根据实际需要选择其中的一种或几种完成近距离数据无线传输任务。

（2）箱载电子标签

箱载电子标签一般由电子门封、近距离通信和主控制等子模块组成。电子门封又名 RFID 智能电子锁，通过移动无线网络系统，对货物运输的全过程实现不间断的实时监控、实时报警，使监管单位、运输企业以及货主、客户等能实时掌握货物流向动态，确保货物运输过程中的有效监管，提高通关或查验的效率，从而降低企业成本，提升竞争能力。

（3）终端监控模块

终端监控模块用于物流箱运输过程中信息的临时存储、转发和处理，同时提供一定的监控和管理功能。根据应用场景的不同，可以划分为手持型、车载型和机载型等。

终端监控模块一般由主控制模块、显示模块、移动通信模块、卫星定位模块、键盘和近距离通信模块等组成。主控制模块实现对各子模块的集成；显示模块用于信息的显示；卫星定位模块一般使用嵌入式的卫星定位芯片，用于对物流箱和货物进行定位；键盘用于信息的输入，目前大部分产品都使用虚拟键盘代替；近距离通信模块用于收发与箱载电子标签之间的互动信息；移动通信模块负责箱载智能监控终端和远程监控管理平台之间的通信。

2．主要功能

箱载智能监控终端一般包括信息采集、状态监控、定位跟踪、流程回溯和远程监管等功能。

（1）信息采集

通过加装的各类传感器，信息采集模块可以实时采集温度、湿度、振动、倾角、烟雾等状态信息，并定时将这些信息传输给电子标签和终端监控模块。

（2）状态监控

物流箱在运输过程中，箱载智能监控终端能够对物流箱和所载货物的状态实行全程监控，对意外情况进行预警和报警。例如，通过监控各状态参数的变化情况，当参数超过阈值条件时能实现本地自动蜂鸣报警；校验箱门开关操作的安全状态，对箱载电子标签写入开关操作的授权信息，当非授权开启门封时，自动发出安全报警；校验物流箱的位置信息，当偏离预定路线（或航线）时，发出安全预警。

（3）定位跟踪

箱载智能监控终端定时向远程监控中心发送状态信息和位置信息，货主、运输企业等用户通过访问监控中心应用可以了解物流箱当前的状态和位置信息，实现对物流箱的定位跟踪。

（4）流程回溯

物流箱在运输过程中，智能监控终端具备黑匣子的功能，全程记录物流箱的状态、位置和装卸、搬运等作业信息，并且在未授权的情况下具有不可更改性。运输结束后，通过提取终端中保存的信息，可以回溯运输过程中的状态和位置变化情况，作为事故责任区分的重要依据。同时，通过回传给远程监控中心的数据，也可以远程终端回溯物流箱的运输作业流程。

（5）远程监管

箱载智能监控终端结合远程监控中心可以实现远程监控功能。远程监控中心接收并保存箱载智能监控终端发送的信息，并对物流箱运输过程中的各类信息进行集成管理；对物流箱运输过程中的意外情况，可实时向货主和运输终端管理人员发出警告；通过远程授权，控制物流箱电子门封的开启和关闭状态。

案例 10-1　集装箱智能监控终端

2018 年 10 月 11 日至 13 日，第 13 届深圳国际物流与交通运输博览会在深圳会展中心举办。深圳中集科技有限公司受邀参加并展示了其自主研制的智能集装箱，通过自有智能终端产品和大数据云平台，在实现全球集装箱实时可见的基础上，实现了全球集装箱供应链和贸易链的互通互联。（资料来源：搜狐网，2018 年 10 月）

二维码 10-2

10.4 智慧物流监控与控制装备

智慧物流监控与控制装备是智慧物流系统用于解决物流作业场所的环境监测、安防监控以及物流作业自动化等问题的装备。此类装备具有很强的通用性，一般以信息采集终端或控制终端集成在智慧物流的各个应用系统中，主要包括仓储环境监测系统、视频监控系统、入侵报警系统和出入口管理系统等。本节以智慧物流园区为基本应用场景，介绍各种装备的功能与应用。

10.4.1 仓储环境监测系统

仓储环境监测系统就是对仓储环境中的温度、湿度、烟雾、空气质量等环境指标进行监测和控制，提供安全、稳定的仓储环境的系统，是智能仓库管理系统的重要组成部分，在药品仓、烟草仓、干货仓、建材仓、商场仓等不同类型仓库中均有广泛应用。

1. 系统构成

如图 10-12 所示，仓储环境监测系统主要由前端设备、传输网络和监控中心三个部分组成。

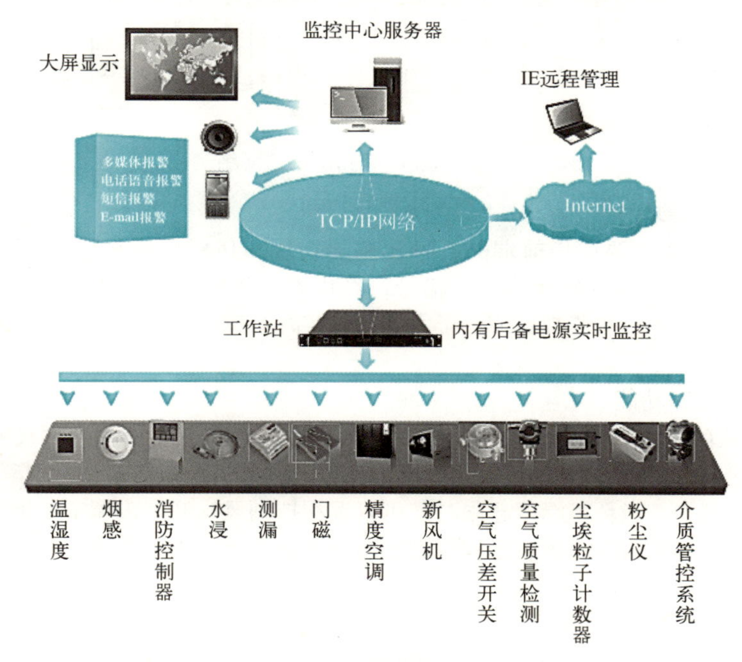

图 10-12 仓储环境监测系统结构

（1）前端设备

仓储环境监测系统中的前端设备主要包括传感器和控制器两类。传感器主要包括温度传感器、湿度传感器、光强传感器、烟雾传感器、粉尘仪等，负责各种状态参量的采集；控制器负责接收监控中心的控制信号，对空调、灯光、消防等设备进行控制。前端设备之间通过 Zigbee 等无线方式自组网，进行信息的中继和传输，通过接入点接入 TCP/IP 网络。

（2）传输网络

传输网络负责监控中心和前端设备之间的数据传输。对于本地监控，一般基于 TCP/IP 构建本地局域网；对于远程监控需要接入互联网。

（3）监控中心

监控中心主要由服务器、监控大屏和多媒体设备等组成，负责状态信息的存储、处理和显示。当某个状态参量超出系统设定的阈值时，会启动报警。报警信息会触发报警器发出报警信号，同时也会通过电话语音、短信和 E-mail 等方式发出提醒。

2．主要功能

仓储环境监测系统的功能如图 10-13 所示，主要包括环境参数采集和环境参数控制两项功能。

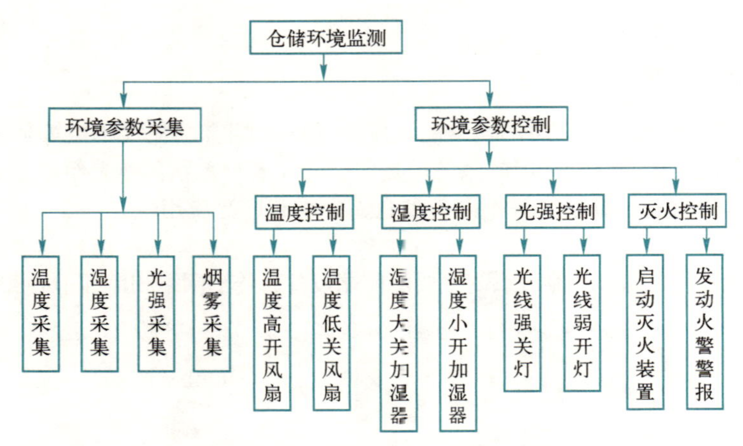

图 10-13　仓储环境监测系统功能结构图

（1）环境参数采集功能

环境参数采集功能主要依托前端的各种传感器实现。传感器感知仓储环境中的温度、湿度、光照、烟雾等物理信号并转换为电子信号，经由无线传感网和 TCP/IP 网络传输给监控中心；管理人员通过监控中心的监视器或电子大屏可以实时了解当前仓储环境中各种状态参量的值以及变化情况。

（2）环境参数控制功能

环境参数控制功能主要依托前端的各种控制器实现。当某个参量超出预设的安全范围时，系统在发出报警的同时，可以通过人工或自动的方式向前端的控制器发出控制指令，从而开启和关闭相应的设备。例如，当环境温度超限时，可以远程控制风扇开启或调节空调的温度对环境温度进行调节；当湿度值超限时，可以远程控制加湿设备的开启；当发生火情时，系统自动启动灭火装置并发出火警警报。

10.4.2　视频监控系统

视频监控系统也叫闭路电视监控系统（Closed Circuit Television, CCTV），是通过遥控摄像机及其辅助设备（光源等）直接查看被监视的场所情况，把被监视场所的图像及声音同时传达至监控中心，使被监控场所的情况一目了然，便于及时发现、记录和处置异常情况的一种电子系统或网络系统。视频监控系统在智慧物流中的应用非常广泛，能够实现物流园区、货场、港口码头、转运站、配送中心等场景的安全生产和现场管理。

1．系统构成

如图 10-14 所示，视频监控系统一般由前端设备、传输网络、监控中心和管理平台四个主要部分组成。

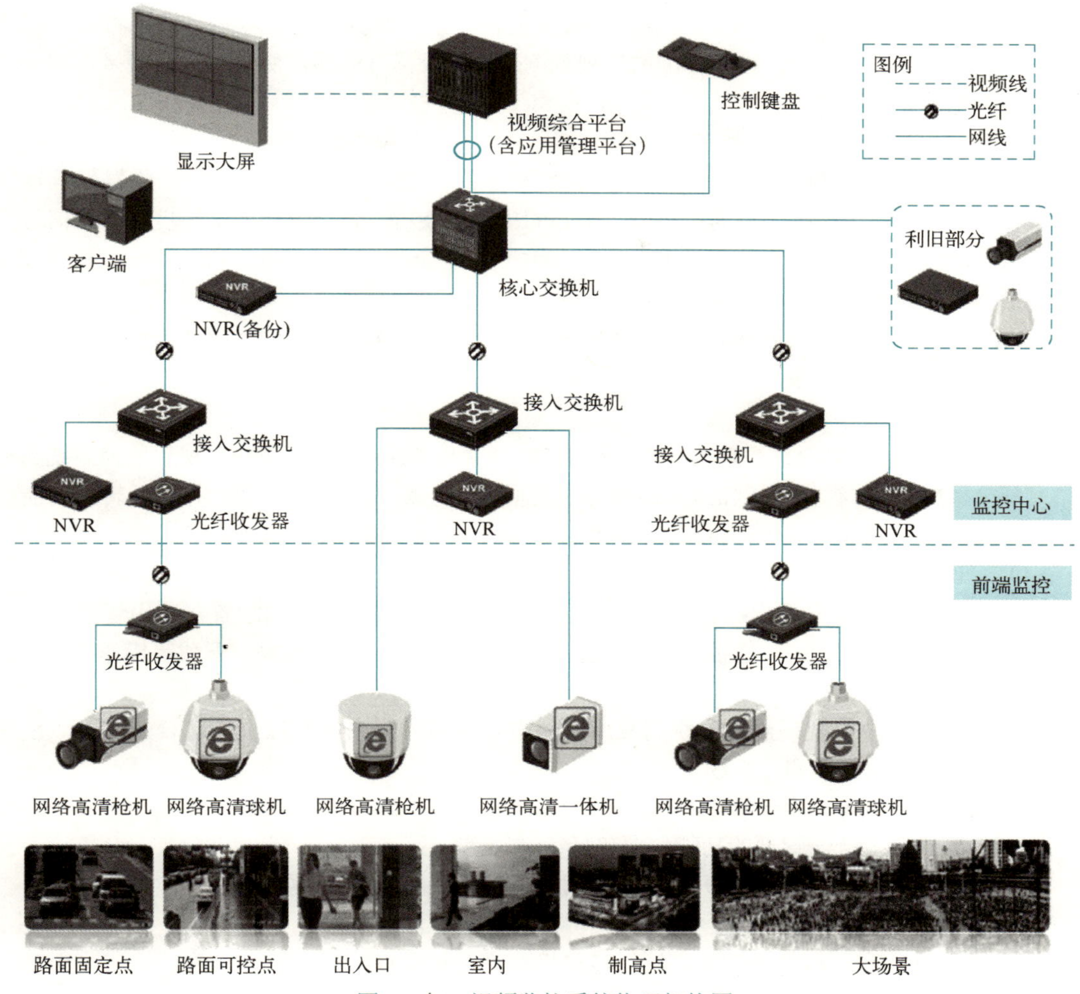

图 10-14　视频监控系统物理架构图

（1）前端设备

前端设备主要是摄像机，负责视频和音频信息的采集。如图 10-15 所示，常用的摄像机主要有半球型摄像机、云台摄像机、一体化球形摄像机、网络摄像机和枪型摄像机等，其配套设备主要有支架、护罩、云台和解码器等。支架和云台均可用于固定摄像机，但云台能够扩大摄像机的视野范围；护罩能够保护摄像机和镜头工作稳定并延长其使用寿命；解码器负责接收控制中心的控制命令并驱动云台、镜头和摄像机工作。

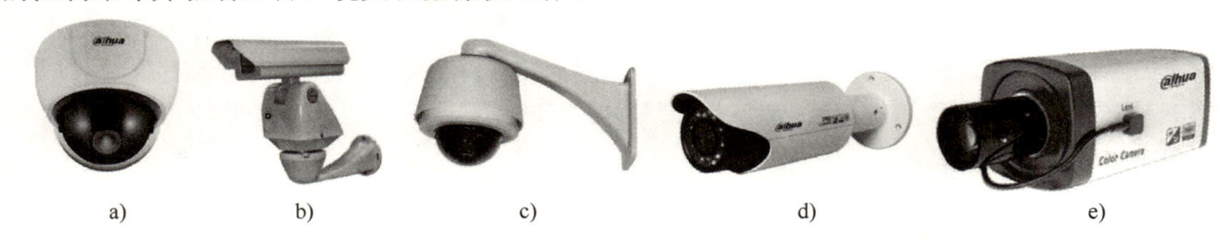

a)　b)　c)　d)　e)

图 10-15　常见摄像机

a) 半球型摄像机　b) 云台摄像机　c) 一体化球型摄像机　d) 网络摄像机　e) 枪型摄像机

智慧物流园区中一般配置高清网络枪型摄像机和球型摄像机。前端网络摄像机将采集的模拟信号转换成网络数字信号，按照标准的音视频编码格式及标准的通信协议，可直接接入网络并进行视频图像的传输。

（2）传输网络

传输网络负责采集前端与监控中心之间视频信息的传输。前端系统通过光纤收发器等网络传输设备将前端网络高清摄像机连接至监控中心的接入交换机，再通过接入交换机将网络信号汇聚到中心的核心交换机，监控中心的接入交换机负责 PC 工作站和 NVR（Network Video Recorder，网络视频录像机）存储等设备的接入。

NVR 是网络视频监控系统的存储转发部分，NVR 与视频编码器或网络摄像机协同工作，完成视频的录像、存储及转发功能。

（3）监控中心

监控中心主要由 NVR、视频综合平台和 LCD 大屏等组成。NVR 是网络视频监控系统的存储转发部分，NVR 与视频编码器或网络摄像机协同工作，完成视频的录像、存储及转发功能；视频综合平台完成视频的解码、拼接； LCD 大屏用于视频上墙显示。

（4）管理平台

应用管理平台部署在视频综合平台的服务器板卡上，形成一体化的配置，应用管理平台可以对高清视频和用户进行统一管控，并且配置 PC 工作站进行预览、回放、下载等操作。

2．应用场景

智慧物流园区中，视频监控系统的应用场景主要包括园区周界监控报警二合一管理、园区内外部重点公共区域监控和停车场安全管理等。

（1）园区周界报警二合一管理

园区周界报警二合一管理的功能主要包括：

- 周界布置室外防水红外枪机，对园区周界进行无死角 24 小时监视；
- 周界布置红外对射，对园区及围墙周界进行主动探测；
- 重点关注周界区域加设红外高清智能球机，设置预置点；
- 周界监视画面画线检测，人员跨线报警，并联动附近球机预置点；
- 报警相关视频在管理中心大屏弹窗显示，同时回放前 N 秒视频画面实时追溯。

（2）园区内外部重点公共区域监控

通过在内外部重点公共区域设置红外枪式摄像机，根据具体环境特点选配超低照度、强光抑制、宽动态以及手动/电动变焦，光学变倍等功能的摄像机，以实现园区室外公共区域的视频监控管理，具体包括对园区主要干道、活动广场、室外停车位、广场水池等重点关注区域等。

（3）停车场安全管理

停车场安全管理的功能包括：当园区停车场发生车辆擦碰、车内财物被盗等案件，让视频还原现场；每个停车场出入口设置视频监控点位，对进出车辆进行实时监控与视频存储（可以与车辆出入管理系统的摄像机共用）；地下停车场主要干道及周围角落设置视频监控点，兼顾每个车位车辆的进出与停放情况。

10.4.3 入侵报警系统

1．系统构成

如图 10-16 所示，入侵报警系统由前端入侵探测器、传输网络和接警中心组成。

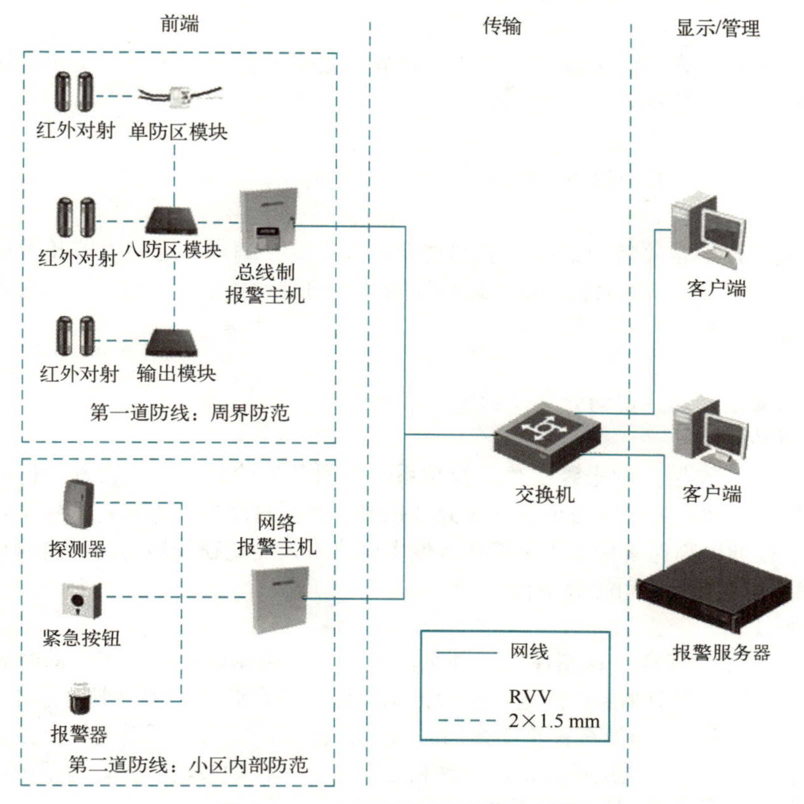

图 10-16　入侵报警系统结构示意图

（1）入侵探测器

入侵探测器是将被保护现场发生的入侵信息变成电子信号并向外传送的一种装置。俗称探头，又称报警系统的前端器材。常用的入侵探测器有点控制式和警戒线控制式两种。

点控制式是一种警戒范围较小，仅限于局部控制的入侵探测器，其特点是构造简单、工作稳定、安装简便、价格低廉，缺点是防范不够严密。常见的点控制式入侵探测器主要有磁开关入侵探测器、玻璃破碎入侵探测器、视频画面入侵探测器、触摸-感应式入侵探测器等。常用的点控报警产品主要有压力垫、防盗照相机和防盗报警器等。

警戒线控制式入侵探测器利用入侵探测器布防，形成一条无形警戒线，有人穿过即可发生警报。常见的类型主要有主动红外式、被动红外式、激光式、微波式和感应式等。

（2）传输网络

传输网络是探测器电子信号对外传输的通道。传输的主要方式有三种，即有线、无线、借用线方式。

有线传输又称专线传输，即用专用电线、电缆、光缆等传输报警信号。其优点是抗干扰能力强，又能防破坏，线被短路、断路都能被即时发现。缺点是施工麻烦。

无线传输将入侵探测器与无线发射器相连，一旦发生警情，将发出无线电信号。无线接收机收到信号产生报警，通知人员进行处理。其优点是，安装简单、机动性强、多点发射一点接收，控制距离远、面积大。缺点是可能被更强大的无线电波、雷电等杂散电场所干扰。

借用线传输即借用电话线、电力线、有线电视网等公共线路作为报警信号传输的通道。优点是施工简单，不用专门布线。缺点是防破坏能力差。

（3）接警中心

接警中心一般设置在园区的物业中心或门岗处，由接警管理计算机以及相应软件等组成，负责响应前端探测器的报警信号并及时做出处理。

2．系统功能

入侵报警器系统一般具有以下功能。

（1）设备管理

设备统一编码，即按照统一的编码规则对设备进行统一编码，远程设置和批量配置，即能够对前端 DVR 设备、快球摄像机、电子抓拍控制器等前端设备的参数进行远程配置，对同一型号和同样参数的设备进行批量设置。

（2）用户信息分类显示

实时接收报警信息，并自动分类显示报告信息。

（3）视频复核

报警系统收到前端用户的报警信息，视频系统按照预先的联动关系设置，自动弹出报警发生所在区域的现场图像，方便中心值班人员处理报警，并通过现场图像来进行核实。视频复核最迫切的目的并不是通过高像素摄像机来确认入侵者的身份，而是在最短的时间内确认是否有入侵者的存在，从而实现响应时间的最小化。

（4）实时预览

在管理平台可以对任意一路图像进行预览，并可对该路图像进行抓图、即时录像等操作。并可远程方便、快捷地对前端监控点进行云台控制、镜头参数调节。客户端拥有 1、4、9、16、25 等多种画面分割模式，即使在预览图像的时候，各种模式之间也可以进行自由切换。通过监控客户端可对前端监控点按类进行分组，自动轮巡预览显示。如按辖区、管理范围等进行图像分组，满足重要单位、重点部门监控的需要。

（5）录像回放/下载

系统提供前端回放、NVR 回放和本地回放等多种回放模式，可根据需要选择适合的回放模式。录像回放可进行速度调节、开始、暂停、停止、抓图、打开/关闭声音、回放音量调节等操作。对于录像下载，系统提供多通道的前端录像或集中存储录像按时间同时下载功能。

（6）报表统计功能

可根据信息记录进行报表统计，进行数据分析综合条件查询并打印需要的数据报表，如用户资料、事件报告、系统日志、出警单等。

（7）事件查询功能

可对用户布/撤防报告和状态报告、主机测试、故障信息等事件进行查询。

（8）防区地图功能

可针对每个用户绘制平面防区图，报警后地图上所标热点会闪烁，操作人员可打开地图，将用户具体报警位置通知出警人员，便于出警人员现场处理。

（9）短信功能

可将用户上报的各种事件信息，通过运营商，使用短信载体自动、手动、群发等方式发送到指定的手机上。

（10）计划任务

对用户布/撤防的状态进行监控，如果没有在指定的时间内上报信息，系统会自动产生提示信息。

10.4.4 出入口控制系统

出入口控制系统（Access Control System，ACS）是采用现代电子设备与软件信息技术，在出入口对人或物的进出进行放行、拒绝、记录和报警等操作的控制系统，系统同时对出入人员编号、出入时间、出入门编号等情况进行登录与存储，从而成为确保区域安全，实现智能化管理的有效措施。

1．组成及分类

出入口控制系统主要由识读部分、传输部分、管理控制部分和执行部分以及相应的系统软件组成。出入口控制系统有多种构建模式。按其硬件构成模式划分，可分为一体型和分体型；按其管理、控制方式划分，可分为独立控制型、联网控制型和数据载体传输控制型。

一体型出入口控制系统的各个组成部分通过内部连接、组合或集成在一起，实现出入口控制的所有功能。分体型出入口控制系统的各个组成部分，在结构上有分开的部分，也有通过不同方式组合的部分。分开部分与组合部分之间通过电子、机电等手段连成一个系统，实现出入口控制的所有功能。独立控制型出入口控制系统，其管理控制部分的全部显示、编程、管理、控制等功能均在一个设备（出入口控制器）内完成。联网控制型出入口控制系统，其管理控制部分的全部显示、编程、管理、控制功能不在一个设备（出入口控制器）内完成。其中，显示、编程功能由另外的设备完成。设备之间的数据传输通过有线或无线数据通道及网络设备实现。数据载体传输控制型出入口控制系统与联网型出入口控制系统区别仅在于数据传输的方式不同。其管理、控制部分的全部显示、编程、管理、控制等功能不是在一个设备（出入口控制器）内完成。其中，显示、编程工作由另外的设备完成。设备之间的数据传输通过对可移动的、可读写的数据载体的输入、导出操作完成。

2．基本要素

出入口控制系统的基本要素包括特征载体、读取装置和锁定机构。

（1）特征载体

出入口控制系统是对人流、物流、信息流进行管理和控制的系统。因此，首先系统要能对它们进行身份的确认，并确定它们出入（行为）的合法性。这就要通过一种方法赋予它们一个身份与权限的标志，我们称之为特征载体，它载有的身份和权限的信息就是特征。

在出入口控制系统中可以利用的特征载体很多，例如，磁卡、光电卡及目前应用最普遍的IC 卡等。这些特征载体要与持有者（人或物）一同使用，但它与持有者不具有同一性，这就意味着特征载体可以由别人（物）持有使用。为了解决这个问题，可采用多重方式，即使用两种以上的特征载体（视系统的安全性要求）。如果能够从持有者自身选取一种具有唯一性和稳定性的特征，作为表示身份的信息，这个问题也就不存在了。当然，来自“持有者”身上的特征称为“生物特征”，特征载体自然就是持有人。

（2）读取装置

读取装置是与特征载体进行信息交换的设备。它以适当的方式从特征载体读取持有者有关身份和权限的信息，以此识别持有者的身份和判别其行为（出入请求）的合法性。显然，特征读取装置是与特征载体相匹配的设备，载体的技术属性不同，读取设备的属性也不同。磁卡的读取装置是磁电转换设备，光电卡的读取装置是光电转换设备，IC 卡的读取装置是电子数据通信装置。

电子读取装置的识别过程是：将读取的特征信息转换为电子数据，然后与存储在装置存储器中的数据进行对比，实现身份的确认和权限的认证，这一过程又称为“特征识别”。特征读取装置有的只有读取信息的功能，有的还具有向特征载体写入信息的功能，这种装置称为“读写装置”，向特征载体写入信息是系统向持有者授权或修正授权的过程。这种特征载体是可以修改和重复使用的。人的生物特征是不能修改的，但其所具有的权限可以通过系统的设定来改变。

（3）锁定机构

出入口控制系统只有加上适当的锁定机构才具有实用性。当读取装置确认了持有者的身份和权限后，要使合法者能够顺畅出入，并有效地阻止非法者的请求。不同形式的锁定机构就构成了不同的出入口控制系统，或者说实现了出入控制技术的不同应用。例如，园区出入口的拨杆、停车场的阻车器等。锁定机构如果是一个门，控制门的启闭的系统，就是“门禁”系统。

出入口控制系统的安全性包括抗冲击强度，即抗拒机械力的破坏，这个性能主要是由系统的锁定机构决定的。门禁系统的锁定机构除了机械锁外，常用的还有电控锁，它的特征载体主要是各种信息卡，门的启闭则是由电磁力控制的。

3．系统模式

出入口控制是一个典型的自动控制系统。从识读设备获取输入信号后，控制器（由相关软件实行管理控制）根据预先设置的出入权限等有关信息与输入信息进行比对判断，当符合要求后，记录该次出入的信息（如卡号、地点、时间、出还是入等），并向执行机构输出信号使其执行开锁和闭锁工作，并将开门和关门状态反馈到控制器，这就完成了一次操作。将出入口控制系统的特征载体、特征读取（识别）和锁定机构这三个基本要素组合起来可以构成多种形式的出入口控制系统，其基本模式可以分为前置型和网络型两种。

（1）前置型

前置型又称为单机型离线式，它由一个前端控制器（门口机）独立地完成特征信息的读取、识别，并控制锁定机构的状态。通常对非法请求采取拒绝的方式，即认为请求者的操作为非法操作。前端控制器可以具有本地报警功能，对连续、多次出现的非法请求予以警告，也具有少量的信息存储能力，记录最新发生的出入信息，并可通过读出卡将其读出，在系统控制器上显示。可以说，前置型出入口控制系统的特征识别、系统管理与控制功能全部在一个设备内完成，系统的每个前端控制器之间没有任何电气、物理和数据上的联系，它们可以识别的特征量是有限的。

前置型出入口控制系统主要用于一般安全要求的场合，如办公场所、仓库等，主要产品有各类锁具（机械、电子类等）、楼宇对讲等。

（2）网络型

网络型也称为在线式。所谓网络不仅是指系统网络的拓扑结构，也是指系统各前端设备之间的功能联动，前端控制器与系统控制器之间的信息交换和系统管理。系统对非法请求产生报警或启动联动机构是网络型系统的主要工作方式和特点。网络型系统由前端控制器、系统控制器及它们之间的数据传输组成。

1）前端控制器

前端控制器通称为门口机，是前端设备的核心，它首先要完成特征信息读取、识别、锁定机构和联动机构的控制等功能；同时又是系统网络的节点设备，通过适当的通信方式，接收系统控制器的下传数据、命令，上传需要报警、存储、联动的信号和数据。其基本功能如下。

- 特征识别。通过键盘或读卡器来读取特征载体的信息并完成识别，或同时进行同一性认证。
- 锁定机构和联动功能的控制，同时监控它们的状态，具有双向门间互锁、防重复、防反传、限时/限次等功能。
- 监控功能。具有状态自检、防破坏、数据加密、报警、事件记录、电源（备用）监控等功能。
- 联网功能。利用网络或总线连接完成与其他前端控制器和系统中央管理器间的数据通信。
- 辅助输入/输出接口、报警探测器、巡更系统、联动装置的控制接口等。

2）系统控制器

系统控制器的基本功能如下。
- 构成多安全级的系统，根据防范区安全级别实行分级管理和分层控制。各级、各层不是孤立地、单独地工作，而是按规定的程序和正常顺序运行。这就要求各门口机之间要通过中央控制器进行数据交换，对发生在各个门口机的非法请求要进行统一分析和判断。
- 系统的授权。用户的权限包括出入的地点、时间、顺序、次数、与同行者的关系等。可以通过下传数据对用户授权、修改、撤销，也可以对现场授权进行存储。
- 显示、报警及控制。系统控制器可以显示系统运行状态、系统的报警信息和系统故障状态。报警显示应包括越权请求，出现诸如过期、挂失、伪造等情况下的失效证件等。
- 信息存储。系统能够在一定时间存储报警、运行等信息，并能方便地查询，系统要建立工作日志。
- 网络管理和状态监控。出入口系统控制器对系统进行全面的管理和系统状态控制。

3）数据传输网络

网络型系统的基本特点是前端控制器与系统控制器之间的数据交换，实现这一功能的网络结构有多种方式，目前应用较多的有总线方式、环线方式以及它们的级联。

总线方式。出入口控制系统的前端控制器通过总线与系统控制器相连，各个前端控制器是跨接在总线上，最后的前端控制器要端接匹配电阻，以保证阻抗匹配。系统控制器可以连接多路总线，每路总线对应一个网络接口。

环线方式。环线方式也是一种总线方式，所有的前端控制器都跨接在线路上，但可以从两个方向与系统控制器连接，实现通信。因此，在环线方式下，系统控制器要有两个网络接口，当线路有一处发生故障时，系统仍能正常工作，并可探测到故障的地点。

系统的级联。根据通信协议的转换方式，出入口控制系统可以分为单级结构和多级结构。单级结构，是出入口控制系统的前端控制器与系统控制都处于同一网络中。它们之间采用同一个通信协议，实现数据的交换和系统的管理控制。大多数出入口控制系统及智能建筑的控制层与现场层之间都采用这种结构。

前端控制器与系统控制器之间的数据交换，还可以使用其他的方式，如无线方式、数据载体传输方式。前者是无线联网的网络型系统，后者是通过可移动的数据载体来进行前端控制器与系统控制器间的通信。

本章小结

智慧物流信息装备是现代信息技术与物流行业结合的产物，是智慧物流实现的重要基础，既包括传统的物流信息装备，也包括由于物联网、云计算、大数据和移动互联网等新技术应用而出现的专门针对智慧物流场景的各种信息装备。与其他行业相比，多数技术装备没有明显的差别，能够反映行业特点的主要在于物流信息的采集和流程监管中的智能终端，可以划分为智慧物流识别与追溯装备、智慧物流定位与跟踪装备、智慧物流监控与控制装备等三类。

智慧物流识别与追溯的实现源于自动识别技术的发展与应用，可以划分为条码技术装备、射频识别技术装备，以及综合应用多种技术的数据采集器。智慧物流定位与跟踪装备主要表现为综合应用卫星定位、地理信息、移动通信和物联网等技术的各种智能终端或系统，具体包括卫星定位系统终端设备、智能车载终端和集装箱智能监控终端等。智慧物流监控与控制装备是智慧物流系统用于解决物流作业场所的环境监测、安防监控以及物流作业自动化等问题的装备，具有很强的通用性，一般以信息采集终端或控制终端集成在智慧物流的各个应用系统中，主要包括仓储环境监测系统、视频监控系统、入侵报警系统和出入口管理系统等。

本章练习

一、思考题

1．什么是物流信息装备，主要包括哪些内容？

2．什么是智慧物流信息装备？

3．智慧物流识别与追溯装备主要有哪些？

4．智慧物流定位与跟踪装备主要有哪些？

5．智慧物流监控与控制装备主要有哪些？

二、讨论题

1．如何区分数据采集器和扫描枪？

2．试分析集装箱智能监控终端对物流运输的影响。

三、设计与实训

某医药企业拟建设一个药品配送中心，根据前期调研论证，对仓储环境及配套设施有以下要求。

1）库区应有符合规定的消防、安全措施。

2）所有药品要避光、通风保存。

3）仓库要具有良好的防尘、防潮、防霉、防污染以及防虫、防鼠、防鸟功能。

4）储存麻醉药品、一类精神药品、医疗用毒性药品、放射性药品应有专用仓库并具有相应的安全保卫措施。

5）应根据药品的储存要求，设置不同温、湿度条件的库房。其中冷库温度应达到 2～10℃；阴凉库温度不超过20℃；常温库温度为 0～30℃；各库房相对湿度应保持在45%～75%。

请根据以上条件，完成以下任务。

（1）提出该配送中心仓储环境和安防系统的功能要求。

（2）针对功能要求，选择合适的监控与控制装备。

四、案例分析

运输管理如何破局？

某物流公司专业从事国内省际货物运输业务。公司有着严谨的运输组织团队，优秀的物流人员，专业的经营管理人员，但在运输管理上仍存在许多问题，严重影响公司业务发展和业绩提高。

（1）车辆调度不合理

车辆停放地点不集中,调度人员根本无法知道车辆的具体停放地址；需要车辆时才打电话咨询，导致通信费用增加，拖延时间。

调度不合理，调度员无法掌握任何一辆车的“空车/半载还是满载”等状态；导致空车没货承运，半载车辆又无法装满，又必须从异地调度另外车辆前往装载，出现调度不合理现象，增加运营成本，又浪费时间。

由于装卸货物点数、车种车型多样化（有后挡板/无后挡板、有盖/无盖、黄牌/白牌等）、约束众多（过磅、午餐、装卸、交通、甲方约束等），根据任务种类的复杂性来安排调度计划，调度人员无法及时调度距离装货/卸货最近、最合适的车辆进行作业，经常出现专门从远方调度空车到目的地承运货物现象，无法从统筹的角度系统地考虑车辆的配备，增加了运输成本。

（2）欺骗行为严重

司机懒散怠慢。本来在公司计划内的时间能完成任务，但往往是部分司机送一趟货硬是消耗了2～3倍的时间，导致车辆使用率低，生产价值不高。

司机欺骗行为严重。无中生有，在运输过程中因无人对他们进行监管，部分司机经常报销没有经过收费站的缴费凭证、维修发票、加油发票、罚款缴费单据；偷油严重，部分司机经常在途中偷窃燃油销售，这项损失每年高达300多万元；以少报多，部分司机虚开报大金额，公司很难核对，财务漏洞每年达230多万元；内外勾结，在上报客户货物重量和计算运价时往往都是采用对公司少报总量、少报运价，部分业务员或司机将超出部分的货量低价同客户结算，然后放进自己的腰包里，导致客户和业务员或司机“双赢”，而公司亏损。

（3）运输监督手段不够

超时送货。部分司机按照自己兴趣、时间安排货物运输，经常出现“超时装货/送货”现象。

超时停车。部分司机经常装卸完货品后没有立即出发/返回，而是休息一段时间后再出发/返回，给公司带来时间上的损失和车辆利用率低的结果。

超速行驶。在运输过程中，部分司机经常超速度行驶，导致出现严重的交通事故，给企业和客户带来不可估计的损失。

途中偷窃。经常有部分司机在运输途中偷窃车上的部分货物低价销售，使公司蒙受巨大损失。

不良驾驶。由于车辆是公司财产，不是司机个人产物，因此几乎所有的司机在日常运输中没有一种保护车辆的心态，随意驾驶、踩油门、急刹车、在崎岖道路上高速颠簸行驶，导致燃油损耗、车辆损害严重，给公司造成无法估计的经济损失。

根据案例回答问题。

（1）分析案例中各种问题产生的原因，并区分客观原因和主观原因。

（2）针对这些问题，结合技术应用与管理创新提出相应的对策。

参 考 文 献

[1] 魏学将，王猛，张庆英. 智慧物流概论[M]. 北京：机械工业出版社, 2020.
[2] 金跃跃，刘昌祺，刘康. 现代化智能物流装备与技术[M]. 北京：化学工业出版社, 2020.
[3] 吴霞，刘翠翠，物流技术与装备[M]. 北京：机械工业出版社, 2019.
[4] 傅莉萍. 物流技术与装备[M]. 北京：清华大学出版社, 2016.
[5] 荆振坤，阳群. 物流智能设备与应用[M]. 广州：广东高等教育出版社, 2019.
[6] 王喜富. 智慧物流物联化关键技术[M]. 北京：电子工业出版社, 2016.
[7] 比吉特·沃格尔-霍伊泽尔. 德国工业 4.0 大全——智能物流技术[M]. 房殿军，林松，蒋红琰译. 北京：机械工业出版社, 2019.
[8] 于英. 物流技术装备 [M]. 2 版. 北京：北京大学出版社, 2016.
[9] 德勤中国物流与交通运输团队. 中国智慧物流发展报告[R]. 2018(2).
[10] 彭星煜. 工业 4.0 时代已经来袭，智能物流装备全面兴起[EB/OL]. 2018-11-27. https://www.iyiou.com/p/86293.html.
[11] 王继祥. 智慧物流技术架构与技术体系[EB/OL]. 物流技术与应用(官微). 2019-12-26. https://www.shangyexinzhi.com/article/394618.html.
[12] 王继祥. 物流技术装备行业发展趋势分析与预测[J].物流技术与应用, 2020,25(01):44-45.
[13] 王成林. 物流装备技术发展趋势[N]. 现代物流报, 2015-02-13(A07).
[14] 林茂. 穿梭车式密集仓储系统设计与应用[D].山东大学, 2016.
[15] 王婷. 穿梭车式密集仓储系统资源配置优化研究[D]. 陕西科技大学, 2019.
[16] 李璐. 自动化立体仓库专利技术综述[J]. 物流技术与应用,2019,24(07):116-122.
[17] 易往信息技术（北京）有限公司. 自动化立体仓库的分类与优势[J].国内外机电一体化技术,2018, 21(04):23-24.
[18] 尹军琪. 穿梭车系统及其应用概述[J]. 物流技术与应用, 2017(05):98-100.
[19] 黎冲森. 货运自动驾驶的落地蓝图[J]. 汽车观察, 2019(08):60-65.
[20] 叶忍之. AI+交通，夯实智慧物流建设[J]. 上海信息化, 2019(08):68-70.
[21] 施浚珲. 人工智能在无人驾驶轨道列车中的应用[J]. 科技风, 2019(31):8-9.
[22] 李克强，戴一凡，李升波，边明远. 智能网联汽车(ICV)技术的发展现状及趋势[J]. 汽车安全与节能学报, 2017,8(01):1-14.
[23] 石立群. 无人卡车的发展现状与应用前景[J]. 现代商贸工业,2019,40(30):214-216.
[24] 李明聪，郭晨，袁毅. 智能船舶及其智能控制综述[J]. 船舶工程, 2019,41(01):1-5.
[25] 陈映彬. 无人船发展现状及其关键技术综述[J]. 科学技术创新, 2019(02):60-61.
[26] 李恒，李天煜. 智能船舶研发现状及其标准发展需求分析[J]. 船舶标准化与质量, 2017(06):4-6.
[27] 中国汽车工程学会. 节能与新能源汽车技术路线图[M]. 北京：机械工业出版社, 2016.
[28] 甄晓阳. 国内智能网联汽车概况及发展建议[J]. 汽车工程师,2018(12):14-17.
[29] 于明涛. 智慧物流体系中的无人配送技术——“大数据与智慧物流”连载之八[J]. 物流技术与应用, 2017, 22(11):134-136.
[30] 夏华夏. 无人驾驶在末端物流配送中的应用和挑战[J]. 人工智能, 2018(06):78-87.
[31] 中通无人机团队. 物流无人机的发展与应用[J]. 物流技术与应用, 2019,24(02):110-114.
[32] 梁璐莉，吕文红，葛家丽，等. 无人机物流发展综述[J]. 物流技术, 2018,37(12):41-45.
[33] 韩睿，李微微，沈丹阳. 基于不同外部环境和运载重量的无人机物流配送选型研究[J]. 空运商务, 2017(12):51-55.
[34] 朱新富. 小型无人机在快件收派服务中的应用及系统构建研究[D]. 东华大学, 2016.
[35] 陈一村，陈志龙，郭东军，等. 城市地下物流系统研究现状[J]. 管理现代化, 2019,39(03):91-97.
[36] 解玉满，严向前，邹宇. 自动化立体仓库中堆垛机的原理与应用[J]. 大众用电, 2018(03):22-23.
[37] 杜毅. 自动化立体仓库中堆垛机分类与结构研究[J]. 中国设备工程, 2019(22):83-84.
[38] 王鹏. 小型立体仓库堆垛机速度与路径优化研究[D]. 安徽工程大学, 2019.
[39] 王晓天. 智能仓储搬运机械臂的设计与研究[D]. 华北理工大学, 2017.
[40] 贾志强. 基于视觉定位的弹体搬运机械臂设计与研究[D]. 东北大学, 2017.
[41] 吴俊利. 搬运机械臂的抓取设计及轨迹控制研究[D]. 燕山大学, 2016.

[42] 白振成. 智能分拣系统的种类及发展趋势[J]. 物流技术与应用（微信公众号）, 2020-10-9.
[43] 孙玉坤. 电子标签拣选系统的设计及研究[D]. 燕山大学, 2018.
[44] 戴博, 杨根科. 面向高端装备制造企业的物流中心拣选系统设计[J]. 制造业自动化, 2017, 39(05):147-150.
[45] 林振强. 自动化包装作业线的组成与特点分析[J]. 物流技术与应用, 2019, 24(06):120-122.
[46] 李光, 韩芮. “工业 4.0” 视阈下智能包装装备发展趋势[J]. 包装学报, 2018, 10(01):34-41.
[47] 戴宏民, 戴佩燕. 工业 4.0 和包装机械智能化[J]. 中国包装, 2016, 36(03):51-56.
[48] 黄建军. 基于机器视觉的在线贴标系统的研究[D]. 武汉轻工大学, 2014.
[49] 王志伟. 智能包装技术及应用[J]. 包装学报, 2018, 10(01):27-33.
[50] 王鹏飞. 医药灌装封口机器人视觉定位技术研究[D]. 湖南大学, 2018.
[51] 马娟娟. 全自动包装机器人系统的研制[D]. 南京航空航天大学, 2011.
[52] 刘路, 黄兴华. 智慧集装箱——未来铁路集装箱运输的发展方向[J]. 大陆桥视野, 2011(09):60-61.
[53] 李媛红. 智慧集装箱物联网系统关键技术解析[J]. 中国自动识别技术, 2019(05):48-52.
[54] 彭璟玮, 高康, 刘奇峰. 共享快递包装箱设计要求与回收模式研究——基于绿色、共享经济学理论[J]. 绿色包装, 2019(11):48-52.
[55] 朱和平. 共享快递包装设计研究——基于设计实践的反思[J]. 装饰, 2019(10):104-107.
[56] 张烽彪, 果兴佳, 王想卫. 基于物联网的共享快递盒子[J]. 科教导刊(上旬刊), 2019(07):150-151.
[57] 林振强. 物流包装循环共用新发展[J]. 物流技术与应用, 2019, 24(11):80-82.
[58] 阮宏梁, 卜晓斌, 鲍秋杰, 李凌宇. 北斗定位智能共享物流箱系统设计[J]. 物流工程与管理, 2020, 42(09):76-78.
[59] 张树帅, 裴兆轩, 张冉强, 等. 基于 GPRS 的车载终端的软件设计与实现研究[J]. 电子测试, 2020, No.441(12):83-84.
[60] 王维芳, 钱莉, 王立端. 基于北斗高精度定位的自由流车载终端软硬件研究[J]. 软件导刊, 2020, 019(005):155-158.
[61] 朱良玉. 基于 ZigBee 和 RFID 优化定位技术的仓库环境监测[J]. 电子世界, 2020(11).
[62] 赵文慧, 张国平, 朱阿曼, 等. 基于 Modbus TCP 的库房环境监控系统的设计[J]. 电子测量技术, 2020, v.43;No.333(01):104-109.
[63] 梁懿, 潘骁彧. 基于物联网智能仓库监控系统设计与实际[J]. 通讯世界, 2020, v.27;No.357(02):119-120.
[64] 李媛红. 智能集装箱技术标准研究[J]. 中国标准化, 2020, No.566(06):53-56+61.
[65] 张涛. 浅谈智能集装箱物流运输的未来发展[J]. 中国物流与采购, 2020(12):28-29.
[66] 周海宝, 闫隽, 杜胜. 集装箱智能锁及集装箱智能锁系统：中国, 202010269072.1[P], 2020-7-24.